Ⅲ 親族・相続編

Law Practice
民　法 ［第2版］

棚村政行＋水野紀子＋潮見佳男 ［編］

Civil Law

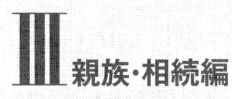

商事法務

第 2 版 は し が き

　本書の初版出版から，早くも7年が経過しました。親族法・相続法を扱う「自習用教材」・「演習用教材」である本書は，ケース・スタディを通して家族法領域の「解釈」を学べる貴重な教材として，おかげさまで評価を得てまいりました。財産法領域と異なり，親族法・相続法は，解釈の基礎となる条文の構造が「協議」に委ねられる白地条文が多く，それが「解釈」を困難にしています。また家庭裁判所という既判力のない裁判所が管轄をもつ問題も多く，民事訴訟法のみならず家事事件手続法や人事訴訟法など，適用される訴訟法も複数にわたり，なおさら見通しが悪くなっています。しかし長年の裁判実務や学説の努力によって，この領域でも「解釈」は構築されてきました。執筆者の先生方のご協力のおかげで，初版出版後の発展も加えて，第2版も最先端の「解釈」を学べるものとできたと自負しております。

　とりわけ相続法は，むしろ財産法学の応用問題ともいえる，高度で困難な「解釈」が要求される領域です。また初版出版の4年後，2018（平成30）年に行われた相続法改正，次いで所有者不明土地問題対応として行われた2021（令和3）年の改正は，配偶者居住権などの新しい制度を創設したのみならず，相続登記の義務化など実務の課題を解決すべく，多くの領域に重要な修正を施しました。立法趣旨は説明されているとはいえ，改正後の実務の「解釈」は，まだ確立途上であり，執筆者の先生方には，ことのほか困難な作業をお願いすることとなりました。要請に応えてご尽力くださった執筆者の先生方に，編者一同から厚く御礼を申し上げます。

　初版に続き第2版でも，㈱商事法務の吉野祥子さんには，多大のご尽力を賜りました。末尾ながら，編者一同，心よりの感謝を申し上げます。

2022年5月

棚村　政行

水野　紀子

潮見　佳男

初 版 は し が き

　本書は，法律基本7法についての「基本的な知識の習得」と「実践的な応用力の育成」をコンセプトとする『Law Practice シリーズ』の1つとして企画されました。『Law Practice シリーズ』は，法学部の3年生・4年生，法科大学院の未修者コースの学生，法科大学院の既修者コースの受験をめざす方を対象とする「自習用教材」です。このシリーズに属する分野のうち，民法については，すでに，2009年に，財産法に属する領域を中心に，『民法Ⅰ』・『民法Ⅱ』が千葉惠美子・片山直也・潮見佳男の編者によって刊行されました（その後，第2版が出ています）。両書は，6年あまりを経て，「自習用教材」のみならず，ゼミの「演習用教材」としても多くの大学で用いられるなど，とりわけ好評を博しています。

　本書は，民法のうち，家族法・相続法に属する領域を扱うものです。この領域については，ケース・スタディを中心とした学習素材を網羅的・体系的に集めた「自習用教材」・「演習用教材」は，法科大学院制度発足後の財産法領域における類書の急増とは対照的に，近年，その数が減少する傾向にありました。また，「自習用教材」・「演習用教材」として刊行されるものの中には，家族社会学に重点を置いたもの，実務の現状を紹介することを中核に据えたものがみられる一方で，民法の「解釈」に想いを馳せたもの——誤解を恐れずにいえば，財産法を中心に民法を学習し，財産法レベルの「解釈」に関して相応の基本的な素養を備えた学生の目にかなうもの——は，必ずしも十分な品揃えができていないように思われます。

　そのような中で，本書は，先行する『民法Ⅰ』・『民法Ⅱ』と同様，「自習用教材」・「演習用教材」として活用され，ケース・スタディを通じて家族法・相続法の「解釈」を学ぶことができるようにとの願いを込めて企画されたものです。

　本書の編集にあっては，編者3名が協議を重ね，家族法・相続法の領域全体をカバーする51項目を選び，執筆者の先生方に取り上げていただきたい論点を抽出しました。執筆者の先生には，研究教育活動のみならず，学内外

での管理運営業務等で多忙をきわめる中，適切で興味深い事例問題を作成していただき，問題の解決の道筋を示しながら，関連する判例の正確な理解や，理論の分岐点にも深く言及していただきました。編者一同，厚く御礼申し上げます。

　読者の皆様におかれましては，①まず，本題の「ケース」について，手元の教科書・判例集などを手がかりに，自らの力でチャレンジしていただき，②次に，自らの学習の結果を踏まえて，執筆者の先生方の解説を熟読し，自らの理解を確認・補整し，定着させたうえで，③執筆者の先生が用意した「発展問題」・「関連問題」に進み，家族法・相続法の領域についての豊かな素養を身につけてください。大学等の演習の場で本書が用いられる場合には，本書の解説で書かれている内容と，演習の授業で担当の先生が示される解説とを比べてみて，学問の奥深さを感じ取っていただければ，よりいっそうの学習成果を得ることができるでしょう。

　商事法務の吉野祥子さん，川戸路子さん，牧島真理さんには，本書の企画段階から刊行に至るまで，多大のご尽力を賜りました。末尾ながら，編者一同，心よりの感謝を申し上げます。

2015 年 9 月

棚村　政行

水野　紀子

潮見　佳男

●凡　　例●

1　法令名の略記

括弧内で法令名を示す際は、原則として有斐閣版六法全書巻末の法令名略語に倣うものとした。

2　判例の表示

最判平成 25・9・26 民集 67 巻 6 号 1384 頁
→最高裁判所平成 25 年 9 月 26 日判決，最高裁判所民事判例集 67 巻 6 号 1384 頁

3　判例集の略称

家月	家庭裁判月報
集民	最高裁判所裁判集民事
訟月	訟務月報
判決全集	大審院判決全集（法律新報付録）
民録	大審院民事判決録
民集	最高裁判所（大審院）民事判例集

4　定期刊行物の略称

金判	金融・商事判例	判タ	判例タイムズ
金法	金融法務事情	ひろば	法律のひろば
ジュリ	ジュリスト	法教	法学教室
税資	税務訴訟資料	リマークス	私法判例リマークス
判時	判例時報		

5　文献の略称

家族百選	水野紀子＝大村敦志＝窪田充見編『家族法判例百選〔第7版〕』（有斐閣・2008）
最判解民	最高裁判所判例解説民事篇
重判	重要判例解説（ジュリスト臨時増刊）
争点	内田貴＝大村敦志編『民法の争点（ジュリスト増刊）』（有斐閣・2007）
新注民⒄	二宮周平編集『新注釈民法⒄親族総則・婚姻・親子(1)』（有斐閣・2017）
法協	法学協会雑誌
百選Ⅲ	水野紀子＝大村敦志編『民法判例百選Ⅲ親族・相続〔第2版〕』（有斐閣・2018）
民商	民商法雑誌
民事法ⅠⅡⅢ	鎌田薫ほか編著『民事法ⅠⅡⅢ〔第2版〕』（日本評論社・2010）
民法演習ノートⅢ	窪田充見＝佐久間毅＝沖野眞已編著『民法演習ノートⅢ　家族法21問』（弘文堂・2013）

　＊最新版より古い百選については，版数を示すことにした。

■編者紹介■

棚 村 政 行 （Tanamura Masayuki）
昭和28年生まれ。昭和52年早稲田大学卒業
現在：早稲田大学法学学術院教授
主著：結婚の法律学〔第2版〕（有斐閣・2006），子どもと法（日本加除出版・
　　　2012），面会交流と養育費の実務と展望〔第2版〕（日本加除出版・2017）
　　　（共編著）

水 野 紀 子 （Mizuno Noriko）
昭和30年生まれ。昭和53年東京大学卒業
現在：白鷗大学法学部教授，東北大学名誉教授
主著：社会法制・家族法制における国家の介入（有斐閣・2013）（編著），信
　　　託の理論と現代的展開（商事法務・2014）（編著），財産管理の理論と
　　　実務（日本加除出版・2015）（共編著），相続法の立法的課題（有斐閣・
　　　2016）（編著）

潮 見 佳 男 （Shiomi Yoshio）
昭和34年生まれ。昭和56年京都大学卒業
現在：京都大学大学院法学研究科教授
主著：契約責任の構造と展開（有斐閣・1991），民事過失の帰責構造（信山
　　　社・1995），契約責任の体系（有斐閣・2000），契約法理の現代化（有
　　　斐閣・2004），詳解相続法〔第2版〕（弘文堂・2022）

執筆者一覧（50 音順）

青竹　美佳（大阪大学教授）→問題51

秋山　靖浩（早稲田大学教授）→問題49

石川　博康（東京大学教授）→問題48

石田　　剛（一橋大学教授）→問題31

石綿はる美（一橋大学准教授）→問題20

犬伏　由子（慶應義塾大学名誉教授）→問題8

今津　綾子（東北大学准教授）→問題2〔補訂〕，問題38

岩藤美智子（岡山大学教授）→問題33

梅澤　　彩（熊本大学准教授）→問題10

浦野由紀子（神戸大学教授）→問題44

大島　梨沙（新潟大学准教授）→問題15

岡本　裕樹（筑波大学教授）→問題41

片山　直也（慶應義塾大学教授）→問題30

角　紀代恵（立教大学名誉教授）→問題52

金子　敬明（名古屋大学教授）→問題50

鹿野菜穂子（慶應義塾大学教授）→問題45

神谷　　遊（同志社大学教授）→問題4

上山　　泰（新潟大学教授）→問題23

川　　淳一（成城大学教授）→問題46

木村　敦子（京都大学教授）→問題16

窪田　充見（神戸大学教授）→問題37

久保野恵美子（東北大学教授）→問題9

小池　　泰（九州大学教授）→問題19

合田　篤子（金沢大学教授）→問題24

小粥　太郎（東京大学教授）→問題39

坂田　　宏（元東北大学教授）→問題2

佐久間　毅（同志社大学教授）→問題22

※潮見　佳男（京都大学教授）→問題34

冷水登紀代（甲南大学教授）→問題⑥

下村　信江（近畿大学教授）→問題㉟

神野　礼斉（広島大学教授）→問題㉕

滝沢　昌彦（一橋大学教授）→問題③

※棚村　政行（早稲田大学教授）→問題⑫

千葉恵美子（大阪大学招聘教授）→問題⑪

床谷　文雄（奈良大学教授）→問題㉑

西　希代子（慶應義塾大学教授）→問題⑱

野々上敬介（龍谷大学准教授）→問題㊼

幡野　弘樹（立教大学教授）→問題①

羽生　香織（上智大学教授）→問題⑰

原　　恵美（中央大学教授）→問題㊸

藤原　正則（北海道大学名誉教授）→問題㉖

松尾　　弘（慶應義塾大学教授）→問題㉘

水野　貴浩（松山大学准教授）→問題㊱

※水野　紀子（白鷗大学教授）→問題㉗

宮本　誠子（金沢大学教授）→問題㊷

武川　幸嗣（慶應義塾大学教授）→問題㉜

村田　大樹（関西大学教授）→問題㊵

本山　　敦（立命館大学教授）→問題㉙

森山　浩江（大阪公立大学教授）→問題⑤

山口　亮子（関西学院大学教授）→問題⑬

山下　純司（学習院大学教授）→問題⑭

山本　敬三（京都大学教授）→問題⑦

※は編者を指す。氏名・所属の後は担当の問題番号を指す。

目　　次

◆親族編◆

● Law Practice 民法 I 巻【総則・物権編】目次 ●

● Law Practice 民法 II 巻【債権編】目次 ●

親族編

戸籍・氏名

　Aは，市役所の市民課で戸籍を担当している。最近，Aが窓口にいたときに，提出された出生届について，どう取り扱えばいいか困ったことがあった。

　それは，次のような場面であった。出生届を持参して役所に現れたのは，女性Bである。Bは，子どもが生まれて出生届を提出したが，名前の欄にはカタカナで「デーモン」と書かれていた。さらに，「父母との続柄」欄に「嫡出子」か「嫡出でない子」かをチェックする箇所もあるのだが，そこにチェックもされていなかった。Aは，「デーモン」は，英語で「悪魔（demon）」を意味することに気付いた。また，Bに，「『嫡出子』か『嫡出でない子』かチェックしていただけますでしょうか」と言ったところ，Bは「私は，婚姻をしていませんが，『嫡出でない子』というのは差別用語だと考えているので，ここにチェックをしたくありません」と答えた。以上のような事案に関する，次の問いに答えなさい。

　(1)　「デーモン」という名前は，子の名前として許されるのであろうか。

　(2)　出生届において，生まれた子が「嫡出子」であるか「嫡出でない子」であるかの記載を要求することは，憲法14条1項の平等原則に反するといえるのか。

●】参考判例【●

①　東京家八王子支審平成6・1・31判時1486号56頁

②　最判平成21・4・17民集63巻4号638頁

③　最判平成25・9・26民集67巻6号1384頁

④ 最大決平成 25・9・4 民集 67 巻 6 号 1320 頁

⑤ 最大判平成 27・12・16 民集 69 巻 8 号 2586 頁

●】解説【●

1 戸籍・出生届の法的意義

本問(1)・(2)で扱うのは，戸籍に関する問題である。(1)では，子の氏名に関する問題も取り扱う。そもそも戸籍はどのような役割を果たしているのであろうか。実は，戸籍制度には歴史的な変遷があり，その時々で役割にも変化があるのだが，現在の戸籍は，日本国民であることの公的な身分を登録する役割と，日本国民である者についての私法上の親族関係を登録する役割の2つの役割を果たしている。

本問でBは出生届を提出しているが，出生届を出すことにどのような法的意味があるのであろうか。この点については，①日本国民であることを登録し証明する，②権利主体の始期を登録し証明する，③氏名を登録し証明する，④親子関係を登録し証明する，⑤親子関係以外の親族関係を証明する，といった意味がある。ただし，④の親子関係の登録，証明については注意が必要である。というのも，内容に虚偽のある出生届を出しても，それは無効となる（ただし，最判昭和 53・2・24 民集 32 巻 1 号 110 頁は，虚偽の出生届を提出した事案において，認知届としての効力を認めている）。つまり，出生届に親子関係の登録し，証明する意義があるとしても，親子関係はまずもって民法の規律により定まることとなる。

2 子の命名についての自由とその限界

本問(1)からみていこう。出生届には，子の名を記載する欄がある。その欄に，子の名前としてふさわしくない名が記載されていた場合にどのようなルールが用意されているのか，そして，ふさわしいか否かはどのように判断されるのかがここでの問題である。子の名に関する規律としては，戸籍法 50 条 1 項が「子の名には、常用平易な文字を用いなければならない」と規定するとともに，戸籍法施行規則 60 条では，常用漢字表に掲げる漢字，戸籍法施行規則別表第 2 に掲げられている人名用漢字，および変体仮名を除い

た片仮名または平仮名を用いることができると規定している。そこで，これらの使用可能な文字を用いていれば，いかなる名も自由に付けることができるかが問題となる。

　この点に関連する事件として，参考判例①がある。この事件は，出生届の子の名の欄に「悪魔」と記載された事案である。そこで，この事件を参照しながら，「デーモン」と名付けた事例である本問(1)について考えてみよう。参考判例①は，原則として親は，常用平易な文字を用いていれば，自由に子に名を付けることができるが，例外的に，戸籍管掌者（戸籍法1条1項により，市町村長が戸籍を管掌する）は，名前の受理を拒否できる場合があるというルールを提示している。なお，「受理」とは，一般に，行政庁が他人の届出・申請等を，有効な行為として受領する行為を指す。例外にあたる場合としては，ⓐ命名権の濫用にあたる場合，ⓑ社会通念上明らかに名として不適当な場合，ⓒ一般の常識から著しく逸脱している場合，ⓓ名の持つ本来の機能を著しく損なう場合，の4つの場合を挙げている。そして，「悪魔」という名前について，参考判例①は「苛めの対象となり，ひいては事件本人（筆者注：子）の社会不適応を引き起こす可能性も十分ありうるというべき」と述べ，命名権の濫用であると判断している。もっとも，この事件では，すでに「悪魔」という名の出生届をいったん受理していたにもかかわらず，市長が本件名の戸籍の記載を抹消したことが問題となったものである。参考判例①は，結論としては，いったん受理した以上は抹消した処分は不当であると判示している。そして，この事件自体は市側が参考判例①に対して即時抗告した後に，親が戸籍の抹消に対する不服申立てを取り下げて事件は終了し，「悪魔」とは異なる名で届出が受理されることとなった。

　それでは，「デーモン」と名付けた場合も，命名権の濫用にあたり，戸籍管掌者は出生届の受理を拒めるであろうか。「悪魔」が命名権の濫用であれば，「デーモン」も濫用となりそうにもみえるが，そう単純ではない。法律の話からは少し離れるが，「デーモン demon」という言葉は，ギリシア語の「ダイモン δαίμων － daimōn（守護神・神）」に由来しており，「悪魔」という意味で用いられるようになったのは，キリスト教の影響が大きかったようである。そして，現在でも「守護神」という意味で使われる場合もあ

る。よって，「デーモン」には「悪魔」以外のポジティブな意味もある。さらに，つづり字の異なる Damon という名は，人名としてしばしば用いられている。

　ところで，戸籍管掌者の審査権限は，一般に「形式的審査」と呼ばれるものである。形式的審査とは，戸籍管掌者は戸籍の記載および届書の記載のみを照合することができるが，それ以外の証拠を追求することはできないことを指す。つまり，戸籍管掌者は，「デーモン」が「悪魔」という意味を付す趣旨なのか，あるいは Damon という名を付ける趣旨なのかを審査することはできない。審査できないのであれば，Damon という趣旨で「デーモン」という名を付ける自由を不当に制限しないように，「デーモン」という名を付された出生届を，不受理にはできないこととなろう。

　ちなみに，「礼」と書いて「ペコ」と命名するなど，その漢字の音訓にはない読み方の命名をする場合については，コントロールがなされていない。なぜなら，戸籍に漢字で氏名が記載された場合，その読み仮名は記載事項とはされていないためである。出生届に「よみかた」を記載する欄があるが，それは戸籍ではなく，住民基本台帳の事務処理上の便宜のためである。そのため，出生届を受理する段階では，子の名についてのコントロールはあくまでも文字を対象としており，読み方については制限をしていない。

　もっとも，令和3年11月より法務省法制審議会戸籍法部会において，戸籍に氏名の読み方を記載事項の含める検討がなされている。それに伴い，氏名の読み仮名の届出を行う際にコントロールを行うべきか否かについての検討もなされている。より具体的には，2つのことが問題となっている。

　第1が，読み仮名と国字（その国で公式に採用された文字）の音訓や字義との関連性である。ここでは，読み仮名と読み仮名に対応する漢字があまりに無関係な場合にコントロールをすべきか否か，コントロールをするとしてどのようにコントロールするかが問題となっている。

　第2が，読み仮名の許容性である。「悪魔」のように漢字での記載の許容性が問題となるのと同じように，読み仮名についてもコントロールが必要か，必要であるとしてどのようにコントロールを行うのかが問題となっている。たとえば，参考判例①でも言及されているように，権利濫用の法理によ

りコントロールをすることが考えられる。

　本書執筆時点では法制審議会における検討が進行中であるが，どのような解決がもたらされるか注目しておこう。

3　出生届の「嫡出子」か「嫡出でない子」かをチェックする欄と憲法上の平等原則

　本問(2)では，出生届の別の欄，すなわち，「嫡出子」か「嫡出でない子」かをチェックする欄が問題となっている。このチェック欄は，戸籍法49条2項が出生届の届書（とどけしょ）に「子の男女の別及び嫡出子又は嫡出でない子の別」の記載を求めていることに基づいている。本問のBは，婚姻をしていない女性である。嫡出子とは，おおまかにいえば，婚姻をしている男女から生まれた子を指すものであるため，Bから生まれた子は嫡出でない子となる。嫡出子と嫡出でない子とでは，法的取扱いにさまざまな相違がある。たとえば，子と父との間の法的親子関係を成立させるルールが異なる。すなわち，嫡出子の場合，嫡出推定というルール（772条以下）により父子関係が成立する。これに対し，嫡出でない子の場合，父の認知（779条）により親子関係が成立する。そのほかにも，かつては法定相続分についても，嫡出子と嫡出でない子がともに相続人となる場合には嫡出でない子は嫡出子の相続分の2分の1となるという規律があった（平成25年一部改正前民法900条4号ただし書前段）。たとえば，父が死亡し，相続人として嫡出子Pと嫡出でない子Qがいた場合，Pの相続分は3分の2，Qの相続分は3分の1だった。しかし，参考判例④は，平成25年一部改正前民法900条4号ただし書前段について，平等原則を定める憲法14条1項に違反するという決定を下した。それでは，出生届の届書で「嫡出子」，「嫡出でない子」のチェックを求めることも同法14条1項に違反するのかがここでの問題である。そして，この問いに答えたのが参考判例③である。

　参考判例③の事案も，本問と同様，親が届書中の「嫡出子又は嫡出でない子の別」を記載する欄を空欄のまま出生届を提出した事案である。区長（世田谷区で起きた事件である）は，不備を補正するよう求めたが親が応じなかった。そこで，区長は，「嫡出子又は嫡出でない子の別」を記載する欄が空欄のままであっても，届書のその余の記載事項から出生証明書の本人と届書の

本人との同一性を確認することができれば，その認定事項（たとえば，父母との続柄を「嫡出でない子・女」と認める等）を記載した付せんを届書に貼付するという内部処理をして受理するという方法があると提案したものの，これも拒絶されている。そこで，区長は，この届出を受理しないこととした。ところで，行政実務上，戸籍の記載と住民票の記載との連動を前提とした事務処理システムが全国的に構築されている。そこで，親が子についての住民票の記載を求めたが，区長はこれを拒否した。それをきっかけに，2006 年に，子についての住民票の記載などを求めて訴えが提起された。この訴訟についての最高裁の判断が，参考判例②である。参考判例③は，同一事案で，2011 年に親が子についての住民票の記載などを求めて訴訟を提起した事件についての最高裁の判断である。参考判例③の事件において，原告は，出生の届出に係る届書に「嫡出子又は嫡出でない子の別」を記載すべきものと定める戸籍法 49 条 2 項 1 号の規定は憲法 14 条 1 項に違反する旨の主張も行っている。

　参考判例③は，この憲法 14 条 1 項違反の主張に対して応答したものである。結論としては合憲という判断を行っているが，その内容を紹介する前に，法務省が 2010 年 3 月 24 日付で行った通知についても紹介する必要がある（参考判例③は 2013 年に下されており，この通知の存在を前提としている）。この通知は，嫡出でない子の出生の届出にあたり，届書の父母との続柄欄に「嫡出子又は嫡出でない子の別」の記載がされていない場合には，記載をするように補正を求め，ⓐ届出人がこれに応じない場合には，届書の「その他」欄に「出生子は，母の氏を称する」，「出生子は，母の戸籍に入籍する」などと記載することにより嫡出でない子の称すべき氏または入籍すべき戸籍を明らかにする方法による補正を求めるものとし，ⓑなお届出人が応じない場合においても，市町村長において届書，添付書類および戸籍簿の記載，関係人の供述等によって補正すべき内容を認定することができるときは，当該届書の余白または付せんに認定した内容を「出生子は，母の氏を称する」，「出生子は，母の戸籍に入籍する」などと記載したうえで出生届を受理するものとする，というものである。このⓐおよびⓑの対応は，親も戸籍管掌者も，「嫡出子」，「嫡出でない子」という言葉を用いることなく対応を行うも

のである。参考判例③の原告である両親は，この対応も拒絶していたということも知っておく必要がある。さらには，市町村長が管轄法務局または地方法務局の長の許可を得て職権により戸籍の記載をするという途も開かれている（戸44条3項・24条2項）。

　最高裁が，「嫡出子又は嫡出でない子の別」の記載を求める戸籍法49条2項1号が，憲法14条1項に反しないという立場をとった主たる理由は，「本件規定それ自体によって，嫡出でない子について嫡出子との間で子又はその父母の法的地位に差異がもたらされるものとはいえない」というものである。憲法14条1項は，「法的地位に差異」があるということを所与の前提としている。たとえば，平成25年一部改正前民法900条4号ただし書前段は，相続分という「法的地位に差異」があるので，それが憲法14条違反にあたるようなものであるかが審理された。しかし，戸籍法49条2項1号は，そのような「法的地位に差異」を生じさせていない。なぜなら，嫡出子でも嫡出でない子でも，同じく「嫡出子又は嫡出でない子の別」を記載しなければならない。さらに，法務省2010年通知のような方法による戸籍の受理も可能であるし，それを拒んだ場合にも市町村長が職権により戸籍の記載をする途もある。それが，参考判例③が用いた合憲判断の主たる理由である。実際には，参考判例②・③において出生届の不受理の対象となった子は7年以上にわたり戸籍のない状態を余儀なくされていた。しかし，それは，最高裁のロジックによれば，「法的地位の差異」ではなく，事実上生じた不利益にすぎないこととなる。いずれにせよ，この点に，同じく嫡出子と嫡出でない子の問題でありながら，相続分については違憲判決が下され，出生届の記載については合憲判決が下された分かれ目がある。

関連問題

　(1)　本問(1)に関連して，下記の参考文献も読みながら，命名についての権利は，親が持つのか，子自身が持っている権利を親が代わりに行使しているのか，検討してみよう。さらに，親の命名権（あるいは子に代わって命名を代理して行使する権利）を不当に制限せず，かつ，子に不利益が生じないような，よりよい仕組みがないか。法務省法制審議会戸籍

法部会での議論も参考にしながら検討してみよう。

(2) 本問(2)に関連して，憲法14条の平等原則違反になる前提として，「法的地位の差異」が必要となるのであれば，婚姻の際に「夫又は妻の氏を称する」（750条）というルールは，憲法14条違反となり得るのか。日本では，約96%の女性が婚姻の際に夫の姓に代えている。これは，事実上生じた不利益にすぎず，「法的地位の差異」ではないので，憲法14条違反の判断対象とはなり得ないのだろうか。この点について判断を下した参考判例⑤を確認しながら検討してみよう。

●】参考文献【●

河上正二・百選Ⅲ88頁／法務省ホームページ内にある法制審議会戸籍法部会のページ (https://www.moj.go.jp/shingi1/housei02_003012（2022年5月16日参照。審議会が終了してしばらく経過すると審議が終了した部会のページ https://www.moj.go.jp/shingi1/shingi_index_old02_01.html に移動するので注意)（本問(1)について）／山本龍彦・平成25年度重判17頁（本問(2)について）

（幡野弘樹）

家事事件の手続

　　Ａ男とＢ女は2021年6月4日に婚姻したが，当初より，Ａは千葉県佐倉市で会社員として，Ｂは宮城県大崎市で市職員として，それぞれ単身で生活していた。Ａの仕事は，年間350日以上の海外出張に明け暮れるものであった。2022年3月1日，ＡとＢの間にＣ女が生まれたが，Ａは，Ｃ誕生の当初から，自分の子どもであることに疑念を懐いていた。2024年4月初旬に，ＢからＡに対して千葉家庭裁判所佐倉支部にＣの監護に要する費用の分担（養育費の支払）を求める家事審判の申立てがあった（家事別表第2第3項。766条類推）。ＡはＣが自らの子であることを争ったが，同支部は「Ａは，Ｂに対し，子Ｃの養育費として毎月末日限り10万円を支払え」との審判をした。この審判が確定した後，Ａは，Ｃとの間に法律上の親子関係が存しないことの確認を求めて家庭裁判所に訴訟を起こすことができるか（なお，Ａは，2021年6月4日・5日のみ日本に滞在し，Ｂの暮らす町で親戚と飲み明かし泥酔しており，嫡出推定は及ばないものと主張している）。

●】 参考判例 【●

①　最大決昭和40・6・30民集19巻4号1089頁
②　最大決昭和40・6・30民集19巻4号1114頁
③　最判昭和61・3・13民集40巻2号389頁

●】 解説 【●

1　はじめに

　本問では，Ｂから，Ａに対して，Ｃの養育費の支払を求める申立てがあ

り，家庭裁判所は，Ｃは自分の子ではないというＡの主張には応答せず，Ｃがａ・Ｂ間の子であることを前提として，月10万円の養育費を支払えとの審判（家事審判）をした。この審判が確定した後，ＡがＣとの親子関係不存在確認訴訟（人訴２条２号）を提起して，養育費の支払の基礎である親子関係を争うことができるのか。司法機関である家庭裁判所が適法に審理し，審判したのにもかかわらず，再度，訴訟において争われ得る可能性があるのかが問題となる。

2　家事事件における実体法と手続法

現在市販されている『六法』の多くは，基本的な法律の各条文につき，参照条文を挙げている。ところが，民法第１編ないし第３編，つまり財産法の条文については，原則として当該紛争を処理する手続法を指し示す参照条文はない。それは，究極において民事訴訟法がその手続法であることから，これをわざわざ「参照」する必要はないからである。

他方，民法第４編の親族編および第５編の相続編になると様相はがらりと異なってくる。たとえば民法770条１項の「裁判上の離婚」の参照条文には，人事訴訟法の条文がある一方で，同法760条の「婚姻費用の分担」に関する処分や，同法907条の「遺産の分割の協議又は審判等」の参照条文には，家事事件手続法別表第２の条文が挙げられている。これらの家事事件紛争は，手続法にとっての一般法である民事訴訟法ではなく，特別法である人事訴訟法や家事事件手続法によって紛争の解決が目指されることになる。

3　家事紛争の事件類型

紛争の実質上の勝ち負けを定める民事実体法の一般法である民法の中でも，親族・相続の紛争といった家事事件に特別な配慮が必要とされているのはなぜであろうか。簡単にいくつかの事件類型別に言及しておこう。

(1)　人事訴訟事件（家事調停＋合意に基づく審判・調停に代わる審判）

人事訴訟とは，婚姻関係や実親子・養親子関係という基本的身分関係の形成や存否確認を目的とする訴えに係る訴訟である（人訴２条柱書）。このような基本的身分関係の形成・確認は重大な公益に関するものであり，高度の真実発見の要請があり（職権探知主義：同法20条），かつ，人事訴訟の結果は，特定の身分関係を対世的に確定すべきものとされている（同法24条１項・25

条1項・2項）。

　なお，人事訴訟事件とはいっても，当該訴えを提起しようとする者は，まず家庭裁判所に家事調停の申立てをしなければならない（調停前置主義：家事257条1項。なお，同法244条参照）。これに従わずに提起された訴訟は，原則として，家庭裁判所の職権で家事調停に付されることとなる（同法257条2項本文）。ただし，家庭裁判所が当該事件を家事調停に付することが相当でないと認めたときは，家事調停に付することをせず，人事訴訟手続によって裁判される（同項ただし書）。これは，旧家事審判法が家庭に関する紛争につき，まず当事者の話し合いによる解決を図ろうとしたことを引き継いでいるものといえよう。また，場合によっては，合意に相当する審判（同法277条1項）や調停に代わる審判（同法284条1項）による紛争解決がされることがある（このうち調停に代わる審判を利用できるのは離婚・離縁の訴えのみで，その他の人事訴訟は合意に相当する審判のみ可能である）。

(2) 家事事件（家事審判，家事調停）

　家事事件とは，「家事審判及び家事調停に関する事件」である（家事1条）。家事事件は，人事訴訟事件と同様に，身分関係の形成や変更を求め，かつ，当事者以外の第三者に対してもその効力を及ぼすものであり（対世効），公共の利益にも影響するため（公益性），より実体的真実に基づいた判断が求められる。また，家事事件における実体法規定が当該法律効果を具体的に定めていないため（ここに非訟性の実質的根拠が見受けられる），当該紛争が係属する家庭裁判所の後見的判断にゆだねられており，裁判所は，職権をもって事実を探知し，証拠を調べなければならない（同法56条1項：職権探知）。さらに，家事事件は，実体法上の権利義務の存否を最終的に確定するものではなく（ここが人事訴訟と異なる），一定の権利義務の存在を前提として具体的な法律関係を形成するものであり（確立した判例である。夫婦同居審判事件〔現行家事別表第2第1項〕につき参考判例①，婚姻費用分担審判事件〔現行家事別表第2第2項〕につき参考判例②参照），簡易・迅速に処理することが要請される。最後に，個人または家庭内のプライバシー情報を取り扱うため（秘密性），家事事件の手続を一般に公開することはなく（同法33条。憲82条1項参照），手続の記録についても相応の配慮が定められている（家

事47条4項・5項・254条3項）。

　家事事件は，調停によって解決することができない事項についての事件と，調停によって解決することができる事件とに区分される。前者は，家事事件手続法別表第1の事件であり（家事244条括弧書），後者は，同法別表第2の事件である（同法274条1項参照）。これは，家事事件の上記特徴の濃淡が個々の事件類型によって区々であることから2つに分けたものである。別表第1の事件は，当事者の意思で処分することができない公益性の高い事件であり，それゆえ家事調停に馴染まないものとされる。

　なお，このような家事審判手続について，参考判例①は，一定の権利義務の存在を前提として具体的な法律関係を形成するものであるとしており，その背後には，実体法上の権利義務の存否を最終的に確定する訴訟が存在することとなる（訴訟・非訟峻別論＝二分論）。本問において，Aに対して養育費の支払を命じる家事審判は，執行力のある債務名義と同一の効力（執行力：家事75条）を有するが，判例によれば，その基礎たる身分関係自体を審理することが制度上想定されておらず，身分関係の存否に関する判断は既判力を有しない。したがって，Aは，Cが自分の子でないことを親子関係不存在確認の訴え（人事訴訟：人訴2条2号）で争うことができる（なお，AがCの「出生を知った時」から1年以内であれば，嫡出否認の訴えによることも可能である。777条）。

　なお，判例の峻別論＝二分論に対しては，学説上の批判が強い（梶村太市＝徳田和幸編著『家事事件手続法〔第3版〕』〔有斐閣・2016〕148頁以下［大橋眞弓］）。そもそも，手続保障は，少額訴訟（民訴368条以下）のようにたとえどんなに簡略化された手続においても，当該手続において必要不可欠の保障を当然に備えていなければならない点に注意を要する（梶村＝徳田編著・前掲138頁以下［大橋］）。

4　家事事件手続法の特徴：手続保障を中心に

　家事事件手続法は，個々の当事者が手続の主体として自ら裁判資料を提出し，十分な主張・反論ができる機会が保障され，これにより裁判の結果について当事者の納得が得られるべきであるという手続保障の考え方について，明文の規定を置いている（なお，同時期に大幅な改正が施された非訟事件手続

法も，手続保障の観点から，条文構造が家事事件手続法とほぼ同様なものとなっている点に注目されたい）。その要点は，①当事者・利害関係参加人への手続保障を図るための制度の拡充（家事事件によって影響を受ける子の利益への配慮のための制度を含む），②国民が家事事件の手続を利用しやすい制度の創設・見直し，③管轄・代理・不服申立てといった手続の基本的事項に関する規定の整備である（金子修編著『一問一答家事事件手続法』〔商事法務・2012〕25頁参照）。

(1) **手続保障の拡充**

(ア) 参加制度の整備

当事者参加（家事41条・258条1項）と利害関係参加（同法42条・258条1項）。当事者参加とは，「当事者となる資格を有する者」がすでに係属している家事事件手続に当事者として参加することをいう（同法41条1項）。当事者となる資格がありながら当事者となっていない者については，他の当事者の申立てまたは職権によって当事者として参加させることができる（強制参加＝引込み。同条2項）。これに対して，「審判を受ける者となるべき者」（審判の名宛人となる者）は，当然に家事事件手続に参加することができ（同法42条1項），それ以外の者で「審判の結果により直接の影響を受けるもの」または「当事者となる資格を有するもの」は，家庭裁判所の許可を得て，当該手続に参加することができる（同条2項）。これを利害関係参加という。また，強制参加も認められている（同条3項）。利害関係参加人の権能については，同法42条7項を参照されたい。

(イ) 審判の告知と不服申立て

審判は，当事者・利害関係参加人等に対し，相当と認める方法で告知しなければならない（家事74条1項）。審判に対する不服申立ては即時抗告（同条2項－5項）であり，審判を受ける者や審判の結果により直接の影響を受ける者について個別の規定により不服申立ての機会を保障するものである。

(ウ) 陳述の聴取

家事審判の取消し・変更をする場合には（家事78条1項），審判を受ける者の陳述を聴かなければならないなど（同条3項），審判を受ける者や審判の結果により直接の影響を受ける者の陳述を聴取すべきことが規定されてい

る（同法 89 条・96 条 1 項・98 条 1 項・120 条等）。これらの者の陳述を聴取することと自体が重要な手続保障であると位置付けられよう。

(2) 子の福祉への配慮

両親が家事紛争の両当事者となっているような場合に，その子どもの利益を代弁することを期待するのは困難である。そこで，子の福祉に配慮した制度が設けられた。

ⓐ　子の身分関係に影響が及ぶ場合に，未成年者であっても意思能力があれば，原則として自ら手続行為をすることができる（家事 118 条参照）。

ⓑ　子も利害関係参加人となることができ，強制参加の対象ともなり得る（家事 42 条 2 項・3 項。なお同条 5 項参照）。

ⓒ　未成年者である子についての法定代理人（家事 18 条）・特別代理人（同法 19 条），および，裁判長による手続代理人の選任等（同法 23 条）の規定。

ⓓ　子の陳述の聴取その他の適切な方法による「子の意思」の把握・考慮（家事 65 条）。

(3) 記録の閲覧謄写

家事事件手続法 47 条 1 項は，当事者または利害関係を疎明した第三者について，原則として記録の閲覧謄写等を認めている。ただし，関係人のプライバシー等にも配慮して，家庭裁判所が許可しない場合もある。同条 4 項には，4 つの類型が挙げられている。

ⓐ　事件の関係人である未成年者の利益を害するおそれがある。

ⓑ　当事者もしくは第三者の私生活もしくは業務の平穏を害するおそれがある。

ⓒ　当事者もしくは第三者の私生活についての重大な秘密が明らかにされることにより，その者が社会生活を営むのに著しい支障を生じ，もしくはその者の名誉を著しく害するおそれがある。

ⓓ　事件の性質，審理の状況，記録の内容等に照らして当該当事者に同項の申立てを許可することを不適当とする特別の事情があると認められるとき（たとえば離婚訴訟において，ご近所・保育園等に対して家庭裁判所調査官が事実の調査〔家事 58 条・70 条参照〕をした結果，被告の夫が妻子に DV を加えていた

ことが明らかとなった場合に，夫がお礼参りをするおそれがあるときなど）。

　これらの規定は，自らに不利な審判をされた相手方当事者に，その根拠となった記録を開示して不服申立ての機会を与えるという手続保障の視点と，開示による当事者・第三者に与える影響という視点との微調整を図ったものである。

(4)　その他

　家事事件の申立ては書面によるものとし（家事49条1項），相手方がある事件については，申立書の写しを送付することとした（同法67条1項）。また，審理の終結（同法71条）や審判日（同法72条）についても，手続における不意打ちを防ぐために配慮した規定を置いた。

発展問題

　亡Pには，相続人Q・R・Sがいる。遺産分割審判（家事別表第2第12項）において，裁判所は，亡Pの相続人はQ・R・Sの3名であることおよび土地甲が唯一の相続財産であることを前提に，甲を3筆に分割してQ・R・Sが均等に相続すべきものと判断した。

　(1)　相続人Qは，「甲は生前のPから自分が譲り受けていたものであり，RやSには何の権利もない」と考え，審判の結果に不満をもっていた。このとき，QがRおよびSを被告として土地甲の所有権がQに存することの確認を求める訴えを提起することはできるか（最大決昭和41・3・2民集20巻3号360頁参照）。

　(2)　Pの死から1年後，Tが，自らが亡Pの子であることの認知を求める訴え（民787条ただし書参照）を提起し，勝訴した。このとき，Tは，自己を加えた4名で遺産分割をやり直すよう求めることができるか。Tの認知が，上記審判の確定後である場合はどうか（同条ただし書・910条参照）。

●】参考文献【●

高田裕成「訴訟と非訟」『民事訴訟法の争点』(有斐閣・2009)12頁／本間靖規
「訴訟と非訟──夫婦同居の審判」『民事訴訟法判例百選〔第5版〕』(有斐閣・
2015)8頁／加藤哲夫「遺産確認の訴え」『民事訴訟法判例百選〔第5版〕』(有
斐閣・2015)54頁

(坂田　宏)(今津綾子〔補訂〕)

婚姻意思

　A女は，上司の家に下宿していたところ，上司の息子B男と男女関係が生じて結婚を約束する仲となった。ところが，Bの両親が結婚に反対しているためにAとBとは結婚できず，その後，2人は別居するようになったが交際は続け，AはBの子Cを出産した。ところが，Bは，別の女性D女と知り合って結婚を約束し，Aに対しては別れ話を持ち出した。Aの家族をも含めた話し合いの席で，Aは，せめてCだけでも入籍させたいと強く迫り，Bは，いったんAとBとが婚姻届を出してCに嫡出子としての地位を得させて（789条参照），その後に離婚することを承諾して，誓約書まで書いた。この合意に従ってAとBとは婚姻届を出したが同居することはなく，他方で，Bは，Dと挙式をして共同生活を始めた。

　この場合に，AとBとの婚姻は法的には有効であるか（具体的には，Bは，Aを相手に婚姻無効の訴えを起こすことができるか）。

●】**参考判例**【●

① 最判昭和44・10・31民集23巻10号1894頁
② 最判昭和45・4・21判時596号43頁
③ 最判昭和46・10・22民集25巻7号985頁

●】**解説**【●

1　問題の所在：身分行為の有効要件としての意思

　民法742条によれば，婚姻は，「人違いその他の事情によって当事者間に

婚姻をする意思がないとき」は無効とされる（同条1号）。人違いの場合には当事者間に婚姻をする意思がないことに異論はないであろうが，では，本問のように，婚姻届を出す意思（届出意思）はあるが，実際に共同生活をする意思はない場合に，これでも，同法742条にいう「婚姻意思」があるといえるのかが問題となる。

2 実質的意思説と形式的意思説

同様の問題は養子縁組についてもあり，養子縁組の届出がされても，当事者間に養子縁組をする意思がないときは無効である（802条1号）。かつて大審院は，徴兵を逃れるための養子縁組について（当時の徴兵令では養家に住む養子については兵役が免除されていた），その目的は兵役義務を免れることにあるので，当事者間に縁組をする意思はないとして当時の旧民法851条1号（現在の802条1号に相当）により無効であるとした（大判明治39・11・27刑録12輯1288頁）。当事者の合意により縁組届を出したのだから，その目的が何であれ，養子縁組をする意思はあったともいえるはずであるが，この判決は，もっぱら徴兵逃れの目的であった場合にはそもそも縁組意思がないとしたのである。学説においては，届出をする意思さえあれば縁組意思を認めることができるとする見解もあるが（形式的意思説），多数説は，縁組意思とは，社会通念（社会習俗）上親子と認められる関係を作ろうとする意思であると解釈している（実質的意思説）。実質的意思説によれば，徴兵逃れの縁組のように，親子関係を作る目的とは異なる目的による縁組には，親子関係を作ろうとする真摯な意思はないことになろう（もっとも，徴兵逃れという目的と親子関係を作る目的とが両立し得ないものであるのか疑問なしとはしない）。

なお，徴兵逃れが目的であった場合には，その目的が違法なので，公序良俗に反するものとして民法90条により無効とされると思われるかもしれない。しかし，実質的意思説の立場により，縁組意思とは，社会通念上親子と認められる関係を作ろうとする意思であると解するなら，このような意思（社会通念上親子と認められる関係を作ろうとする意思）が公序良俗に反するはずはない。つまり，その目的が違法であるか否かの考慮は，社会通念上親子と認められる関係を作ろうとしているか否かの判断の中に含まれているので，違法であっても，同法90条が適用される以前にそもそも縁組意思がな

いことになる。もっとも，縁組意思を比較的広く解釈したうえで（多少違法でも縁組意思はあるとして），徴兵逃れのような場合には同法90条を適用すればよいとする見解もある。

　このように，徴兵逃れの目的の養子縁組は無効とされたが，では，たとえば，情交関係にある男女間での養子縁組はどうであろうか（妾養子と呼ばれることもある）。これについては，すでに戦前から，情交関係があっても縁組が当然に無効となるわけではない旨の判決があったが（大判昭和7・2・12新聞3377号14頁），そもそも情交関係と親子関係とは両立しないという批判もある。しかし，戦後も，高齢になった者が，過去に情交関係にあった姪を養子にして財産を相続させようとしたケースにおいて（叔父と姪では民法734条1項により婚姻できない），不倫な関係にあった者に財産を譲ろうとする目的の養子縁組には縁組意思が欠けているのではないかが問題とされたところ，最高裁は，縁組を有効に成立させるに足りる縁組の意思が存在すると判断した（参考判例③）。もっとも，この事件の場合，財産を相続させることが主たる目的である養子縁組などが認められるかという問題とは別に，そもそも，これは同法734条1項を回避しようとする脱法行為ではないかという別の問題もあるが，この事件では，情交関係は過去の一時的なものにすぎなかったので，同法734条との関係では問題とするほどのことではないであろう（夫婦として共同生活することを意図しているわけではない）。そうであるなら，財産を相続させることも親子関係の法的効果の一部ではあるので，財産を相続させることを主な目的とする養子縁組であっても，徴兵逃れの養子縁組とは異なり，縁組意思はあると認めてよいとされたのである。学説においても，養子縁組による法的効果の（少なくとも）一部を意図していたのであれば縁組意思が認められるとする見解が，有力になりつつある。

3　婚姻意思

　婚姻意思に話を戻そう。本問のモデルとなった事件において（参考判例①），最高裁は，届出自体については当事者間に意思の合致があり，したがって，一応夫婦という身分関係を設定する意思があったと認め得る場合でも，それが単に他の目的を達するための便法として仮託されたにすぎないものであって，真に夫婦関係の設定を欲する効果意思がなかったときには婚姻

は無効であるとした。しかし，最高裁は「他の目的を達するための便法」というが，子に嫡出子としての地位を与えることも夫婦関係の法的効果の一部ではあるのだから（789条），子に嫡出子としての地位を与えるという目的と夫婦関係を設定するという目的が両立しないわけではない。そうであるなら，前述したように，財産を相続させることを主な目的とする養子縁組においても縁組意思は存在すると考えることもできるのであるから，子に嫡出子としての地位を与えることを主な目的とする婚姻でも有効としてもよさそうにも思われる。しかし，本問の場合には，夫婦としての共同生活をすることは予定されておらず，それどころか，子に嫡出子としての地位を与えた後には離婚することが前提とされていたので，婚姻意思はないとされたのであろうか。

　ところが，他方で，死期の迫った者が財産を相続させるために出した婚姻届（臨終婚と呼ばれることもある）を有効とした判決もある（参考判例②）。吐血して手術のために入院した病院で，本人の意思に基づいて兄が婚姻届に名前を代書して実印を押して提出したが，婚姻届が受理された時点では，本人は病院ですでに瀕死状態になっていたという事案であり，したがって，この事件では，婚姻意思がいつ存在しなければならないか（婚姻届の作成時には意思はあったが提出時にはなかった）が主な争点として争われた。そして，その際，臨終婚自体が有効であることは当然の前提とされていたが，しかし，そもそも死期の迫った者が婚姻届を出しても，共同生活をすることが想定されていないことは明らかであるので，このような場合には婚姻意思は認められないのではないかが問題となるはずであろう。これに関しては，実は，参考判例②以前にも，臨終婚を有効とした判決があるが（最判昭和44・4・3民集23巻4号709頁），この昭和44年の事件では，すでに夫婦としての共同生活をしていた者が婚姻届を出したのであるから，共同生活をする意思もあったともいえたのである。しかし，参考判例②の事件では，将来結婚するつもりで交際はしていたものの共同生活はしていなかったのであり，したがって，死期が迫った状態では，もはや夫婦としての共同生活をすることは考えられないはずであるにもかかわらず，婚姻意思が認められている。

　参考判例①と参考判例②との関係は，どのように考えるべきであろうか。

どちらも共同生活を想定していない点では共通しているにもかかわらず，参考判例①では，子に嫡出子としての地位を与えることを目的としている婚姻が否定されているのに対して，参考判例②では，財産を相続させることを目的とする婚姻は肯定されている。しかし，子に嫡出子としての地位を与えることも，財産を相続させることも，婚姻の法的効果ではあるので，どちらにおいても婚姻の効果の（少なくとも）一部が意図されているという点では差はない。ここでは，もはや，形式的意思説か実質的意思説かのいずれが妥当なのかが問題なのではなく，対立している点は——抽象的に表現するなら——婚姻の法的効果を全体として受け入れるのでなければ婚姻意思が認められないと解するのか（参考判例①），婚姻の法的効果の一部でも意図していたのであれば婚姻意思を認めてよいとするか（参考判例②）であろう。そして，後者の立場からは，（参考判例①をモデルとした）本問でも，子に嫡出子としての地位を与えることは婚姻の効果の一部であり，しかも，これ（子に嫡出子としての地位を与えること）が公序良俗に反するとも思えないので，婚姻意思を認める余地があるのかもしれない。

しかし，本問で婚姻意思を認めることにはやはり躊躇を覚える。確かに，参考判例②のような臨終婚まで否定する必要はないと思われるので，婚姻の効果をすべて（1つ残らず）意図するのでなければ婚姻意思は認められないとまでいう必要はないであろう。しかし，他方で，婚姻の効果のわずかな一部でも意図されているなら，婚姻意思が認められるわけでもあるまい。婚姻の効果のどの部分を意図していたのかが重要なのであろう。

婚姻においては，少なくとも現行法によれば民法752条により当事者は同居義務を負うところ（立法論としては同居義務を前提としない婚姻制度があり得ることを否定する趣旨ではない），これは強行法規である。ところが，本問での当事者間の合意においては，（必ずしも明示の合意ではないかもしれないが）同居義務を負わないことが明らかに前提とされている。また，（特に条文はないが）婚姻に期限や条件を付けることは認められないと解されているところ，本問では，子に嫡出子としての地位を得させた後には離婚することとなっていたので，これは（一種の）期限付き行為である。このように，本問の合意には婚姻の本質的要素（同居義務の合意）が欠けており，しかも期限

が付けられているので，婚姻ということはできないのではなかろうか。他方，これに対して，臨終婚の場合には，死期が迫っているからという理由で共同生活をすることが（事実上）想定されていないだけであり，当事者の合意によって同居義務を排除しているわけではなく，また，条件や期限が付けられているのでもない。このように考えれば，参考判例①と参考判例②との関係を矛盾なく説明できる。今後は，身分行為の類型ごとに，何がその類型において重要な部分であるかを具体的に詰めていくことが課題となろう。

婚姻については，在留資格取得を目的とする偽装結婚について，婚姻意思がないので無効であるとした水戸家判平成 28・12・16（判タ 1439 号 251 頁）がある。発覚を防ぐために同居はしていたが，婚姻する意思がなかったことは両者ともに認めているので夫婦としての共同生活とはいえないであろう。

> **発展問題**
>
> A 男は，建物（以下，「甲建物」とする）を建築して妻 B 女と住んでいたが，甲建物は B の名義で登記しておいた。ところが，A は，商売に失敗して多額の借金を作ってしまったので，B 名義ではあるものの甲建物に対しても強制執行されるのではないかと恐れるようになった。そこで，これを防止するために，B とも協議のうえで離婚届を出したが，しかし，その後も A と B とは，従来どおり甲建物で円満な夫婦生活を続けていた。ところが，A には愛人（C 女）がいることが発覚し，これが原因で A と B との夫婦関係は破綻した。そこで，A は，甲建物を出てC と同棲するようになり，さらに C との婚姻届を出した。B が，A を相手にして，離婚の無効の確認を求めることができるか。

●】参考文献【●

前田陽一・百選Ⅲ4頁／滝沢昌彦・百選Ⅲ6頁

（滝沢昌彦）

婚姻障害事由と取消し

A男はB女と婚姻関係にあったが，2人の夫婦仲は冷え切っていた。Aは，すでにBとは別居し，かねてから恋愛関係にあったC女と同居している。

Aは，Bと離婚することを希望していたが，Bが離婚の協議に応じようとしないため，業を煮やして，Bに無断で勝手に役場に離婚届を提出したところ，受理された。その後，Aは，Cと協議をしたうえ，役場に婚姻届を提出し，受理された。

(1) Bは，A・Cの婚姻の取消しを請求することができるか。

(2) A・Cの婚姻届が受理された後に，Cが子Dを出産した場合，子Dは，A・Cの嫡出子といえるか。

(3) A・Cが，離婚した場合でも，Bは，A・Cの婚姻の取消しを請求することができるか。

●】参考判例【●

① 東京地判昭和36・12・20判時289号8頁

② 東京高判平成3・4・16判時1392号85頁

③ 東京地判平成9・10・31判タ1008号230頁

④ 最判昭和57・9・28民集36巻8号1642頁

⑤ 最大判平成27・12・16民集69巻8号2427頁

●】解説【●

1 婚姻障害事由

婚姻が有効に成立するためには，まずもって当事者間に婚姻をする意思が

なければならない［→問題③］。それ以外に民法は，一連の規定において婚姻障害事由を定めており，当事者にはこれに抵触しないことを求め，それを婚姻成立の要件に加えている。したがって，たとえ当事者双方が婚姻を強く望んでいたとしても，婚姻障害事由に抵触するときは，要件違反の婚姻となる。

　婚姻障害事由は，一般に婚姻関係の安定を図り，婚姻秩序を維持するという公益的な理由から定められている（その内容の合理性，相当性は常に検証される必要がある。参考判例⑤）。わが国の民法が定める婚姻障害事由は，ⓐ婚姻適齢（731条），ⓑ重婚の禁止（732条），ⓒ再婚禁止期間（733条1項），ⓓ近親婚の禁止（734条・735条・736条）である。

　以上の婚姻障害事由に抵触しているかどうかは，戸籍の記載で確認できるから，婚姻届が役場に提出された際には，戸籍事務担当者は，婚姻障害事由に抵触しないことを認めた後でなければ，婚姻届を受理することができない（740条）。

2　婚姻障害事由に抵触する婚姻：事例の考え方

　通常，婚姻障害事由に抵触する婚姻の届出が受理されることはない。しかし，戸籍事務担当者の過誤によって婚姻届が受理される場合もあるほか，前述ⓑ重婚の禁止に関しては，㋐協議離婚をした者が再婚をしたところ，協議離婚が無効であったり取り消された場合，㋑失踪宣告（30条）を受けた者の配偶者が再婚したところ，失踪宣告を受けた者が生存しており，宣告が取り消された場合（32条）など，戸籍事務担当者の審査によっても重婚状態の発生を阻止できないケースがある。

　本問は，前述の㋐の場合に該当する。すなわち，A・B夫婦については，協議離婚の届出が受理されているが，これはAがBに無断でしたものである。民法に明文規定はないが，当然のことながら，協議離婚が有効に成立するためには，当事者間に離婚をする意思がなければならない［→問題⑨］。したがって，夫婦の一方が他方に無断で離婚の届出をしても，他方の離婚意思は欠いているから，協議離婚は無効と解するのが判例・通説である。したがって，A・Bの婚姻関係は存続していることになる。しかし，実際には離婚届は受理され，戸籍上，Aは未婚の状態となっていたから，A・Cの婚姻届も受理されてしまったのである。結果として，AはBという配偶者がい

るにもかかわらず，Ｃと婚姻をしたことになり，Ａ・Ｂの婚姻（前婚）と
Ａ・Ｃの婚姻（後婚）が重婚状態になる。この場合，Ａ・Ｃの後婚が重婚の
禁止に抵触する婚姻となる。

3　婚姻の取消し

(1)　取消原因

　婚姻障害事由に抵触する婚姻は，当然に無効となるわけではなく，届出が
受理されてしまうと一応有効に成立することを前提に，取り消すことができ
るものとされている（744条1項）。もともと婚姻障害事由は公益的理由から
設けられているから，その違反による取消しは，公益取消しと称される。

(2)　取消しの主張

　無効の主張とは異なり，取消しの主張の場合，主張することのできる者の
範囲（取消権者）が法定されている。婚姻障害事由に抵触する婚姻の取消し
（公益取消し）の取消権者は，婚姻の各当事者，その親族または検察官とされ
ているほか（744条1項），ⓑ重婚の禁止およびⓒ再婚禁止期間違反の婚姻に
ついては，当事者の配偶者または前配偶者も取消権者に含まれる（同条2項）。
検察官が，公益の代表者として取消権者とされている点が公益取消しの特徴
であるが，当事者の一方が死亡した後は，取消権を失う（同条1項ただし書）。
　婚姻の取消しは，意思表示によってすることはできず，家庭裁判所に請求
しなければならない（744条1項本文・747条1項）。婚姻の取消しは人事訴
訟事件であるから（人訴2条1号），判決手続によらなければならないが，い
わゆる調停前置主義に服することになるから（家事257条1項），家庭裁判所
の調停を先行させることとなる。調停において当事者間に合意ができると，
これに基づいて取消しの審判がなされる（合意に相当する審判。家事277条1
項）。この審判が確定すると，確定判決と同一の効力を有する（家事281条）。
これに対して，調停で当事者間に合意ができない場合は，当事者は婚姻取消
しの訴えを提起することになる。訴えの被告となるのは，夫婦の一方が原告
となる場合は他の一方，夫婦以外の第三者が原告となる場合は夫婦の双方，
第三者が原告となる場合において，夫婦の一方が死亡しているときは他の一
方，夫婦の双方が死亡しているときは，検察官とされている（人訴12条）。
　以下，小問(1)について考える。Ａ・Ｃの後婚は重婚の禁止違反にあたるこ

とになり，取り消すことができる（744条1項）。取消権者には，Aの前婚の配偶者であるBも含まれるから（同条2項），Bは，A・Cの婚姻の取消しを家庭裁判所に請求することができる。もとよりBの主張は，A・B間の協議離婚の無効を前提としている。この点，離婚の無効は，無効確認の判決や審判がなくとも，当然無効と解するのが判例・通説であるから，Bとしては，A・Cを相手方として婚姻取消しの申立てをし，その前提問題としてA・Bの離婚の無効を主張することになる。

(3) 取消しの効果

婚姻の取消しは，将来に向かってのみその効力を生ずる（748条1項）。このように婚姻の取消しに遡及効がない点が，一般の意思表示の取消し（121条本文）とは大きく異なる。婚姻の場合，取消原因があるといっても，実際には夫婦としての生活が始まっていることが考えられるから，その生活事実を重視して婚姻取消しの遡及効が否定されたのである。その結果，取消原因のある婚姻も，婚姻の届出の時から取消しの審判または判決が確定するまでは，有効であったことになる。

また，婚姻が取り消された場合，将来に向かってのみ婚姻関係が消滅するという点では，離婚の効果に類似することになる。その結果，婚姻の取消しには，広く離婚の効果に関する規定（姻族関係の終了，子の監護に関する事項の決定，復氏，財産分与，祭祀財産の承継，子の氏，親権者の決定）が準用される（749条）。

なお，夫婦の財産関係については，離婚の際の財産分与の規定が準用されるほか，一般の不当利得の法理（703条・704条）に準じた規定が設けられている（748条2項・3項）。この規定は，財産分与との関係が必ずしも明確ではなく，削除論も有力であるが，財産分与の規定を優先適用すべきだとしつつ，財産分与ではカバーできないものについて不当利得的な返還の必要性を認める見解がある。

以下，小問(2)について考える。前述のように，婚姻の取消しの効果には遡及効はないから，A・Cの婚姻が重婚の禁止に違反することを理由に取り消されても，その審判または判決が確定するまで，婚姻は有効に存続していたことになる。したがって，A・Cの後婚について，その届出の日から200日を経過した後に，子Dが出生すると，子DはA・Cの嫡出子と推定される

ほか（772条），届出の日から200日を経過する前に子Ｄが出生した場合でも，子ＤはＡ・Ｃの嫡出子と扱われる（「推定されない嫡出子」大連判昭和15・1・23民集19巻54頁）。こうした子Ｄの嫡出子としての地位は，Ａ・Ｃの婚姻の取消しが確定しても覆ることはない。

4　重婚状態の消滅と婚姻の取消し

　前述のように，本問において，Ａ・Ｃの婚姻（後婚）は重婚の禁止に抵触する婚姻であり，取消しを請求することができる。もっとも，後婚の成立によって重婚状態が発生したとしても，その後に重婚状態が消滅すれば，後婚を取り消す必要はないはずである。まず，前婚（本問におけるＡ・Ｂの婚姻）が前婚配偶者（Ｂ）の死亡または離婚によって解消した場合は，後婚の瑕疵が治癒されることになり，もはや後婚を取り消すことはできないと解されている（裁判例として，参考判例①）。

　問題となるのは，後婚がいずれか一方の当事者（ＡもしくはＣ）の死亡，または離婚によって解消した後も，なお後婚を取り消すことができるかである。このうち，後婚が当事者の死亡によって解消した場合は，なお後婚の取消しを請求することができると解される。そもそも民法自身も，婚姻障害に抵触する婚姻が当事者の死亡によって解消しても検察官以外の者の取消権は消滅しないと定めている（民法744条1項ただし書の反対解釈）。また，当事者の死亡によって解消した婚姻が取り消された場合は，その者が死亡した時に取消しの効果が発生すると解されており（裁判例として，参考判例②，参考判例③），死後の婚姻取消しを認めることで，生存配偶者の相続権を否定できるという法律上の実益もある。本問でＡが死亡したという場合は，Ｂからの取消請求により，Ｃの配偶者としての相続権を否定し，Ｂの相続権を確保することができる。

　小問(3)では，Ａ・Ｃの後婚が離婚によって解消した場合でも，なおＢは，Ａ・Ｃの婚姻を取り消せるかが問われている。婚姻取消しの効果は離婚の効果に準ずることから，離婚によって解消した婚姻を改めて取り消す実益はない。そこで学説は一般に，離婚後の取消しを否定する。判例も，後婚が離婚によって解消したきは，特段の事情のない限り，後婚を取り消す法律上の利益がないから，取消しの請求は許されないとしている（参考判例④）。いかな

る場合に「特段の事情」が認められるかは明らかではないが，たとえば後婚の離婚に際して過度な財産分与がなされた場合など，前婚配偶者（B）が実質的に不利益を受けるときに後婚の取消しを認め，改めて財産関係を清算させる必要がある，との指摘がある。

なお，離婚によって解消した婚姻については，特段の事情のない限り取消しは認めないという解釈は，重婚の禁止に抵触する婚姻だけではなく，他の取消原因のある婚姻にも通じる解釈といえるだろう。

■ 発展問題 ●

A男はB女との間に子Cをもうけたが，Bが死亡したため，Aの姪であるD女と婚姻することにした。A・Dが市役所に婚姻届を提出したところ，戸籍事務担当者の過誤により受理されてしまった。その後，Aは，Dと30年間にわたって婚姻生活を送った後に死亡した。

AはDと婚姻した後，Dの協力を得ながら蓄財に励み，A名義で甲土地・乙建物を取得して，そこにDと居住していた。Dは，Aの死亡後も，甲土地・乙建物に居住している。A名義の財産については，まだ遺産分割は行われていない。

(1) Cは，A・Dの婚姻当時から，A・Dが叔父・姪の関係にあることを知っていた。Aは，A・Dの婚姻の取消しを請求することはできるか。

(2) 上記(1)の請求が認められた場合，Cは，Dに対して甲土地・乙建物の明渡しを請求することはできるか。これに対して，Dはどのような主張をすることができるか。

●】 参考文献 【●

新注民(17) 105-126頁・147-164頁（ただし，この文献における民法731条および737条については，すでに改正法が成立している）／神谷遊・百選Ⅲ 10頁／久保野恵美子・百選Ⅲ 12頁（この文献における民法733条は，すでに改正されている）

（神谷　遊）

貞操義務・不貞行為

　A（男性）とX₁（女性）は，2010年に婚姻し，2012年には子X₂が生まれ，平穏に暮らしていた。しかし，Aは2019年4月頃，独身女性Yと知り合って好意を持ち，交際を始めた。Yは，Aが妻子と暮らしていることを知っていたが，Aへの恋愛感情が募り，同年5月頃からAと性的関係を持つようになった。

　AはYとの外出が増える一方，家で過ごす時間は次第に減り，AとX₁の関係は悪化していった。2020年4月，X₁はAとYの関係を知るに至りAを強く非難したところ，Aは家を出てX₁・X₂と別居するに至った。

　X₁は別居後もAと連絡をとったものの，A・Yの関係が続いていることから復縁を断念し，2021年5月にAと協議離婚をした。X₂はX₁が養育することになった。

　X₁およびX₂はそれぞれ，以上のような状況において自身が被った精神的苦痛につき，Yに慰謝料を請求したい。2021年12月現在において，この請求は認められるか。

●】参考判例【●

①　最判昭和 54・3・30 民集 33 巻 2 号 303 頁
②　最判平成 8・3・26 民集 50 巻 4 号 993 頁
③　最判平成 6・1・20 家月 47 巻 1 号 122 頁
④　最判平成 31・2・19 民集 73 巻 2 号 187 頁

●】解説【●

1 はじめに

X₁・X₂の請求は，YのAとの関係によってA・X₁が不仲になり離婚に至ったことから，YとAとの不貞行為を不法行為とみて，精神的損害の賠償を民法709条に基づき求めるものである。以下ではまずX₁の請求を検討しよう。

一般に婚姻の効果として，両配偶者は相互に，配偶者以外の者と性的関係を持たない義務（貞操義務）を負うと解され，Aの不貞行為はX₁への義務違反にあたる。しかし，X₁が追及するのはYの責任である。Yの不法行為責任の成否は，どのように判断されるのだろうか。

判例は，このような不貞行為の相手方に対する損害賠償請求を原則として可とするが，現在の学説の多くはこれに批判的である。709条の要件に即して議論を概観してみよう。

2 判例による不法行為責任の成立要件充足の判断

X₁は，民法709条の要件の充足，すなわち，ⓐX₁の権利または法律上保護される利益の侵害，ⓑYの故意または過失，ⓒ損害の発生，ⓓYの故意または過失ある行為と損害との因果関係を主張・立証する必要がある（不法行為の要件のとらえ方は諸説あるが，ここでは上の4要件としておく）。

(1) 権利または法律上保護される利益の侵害（要件ⓐ）について

参考判例①は，要件ⓐを，「夫又は妻としての権利」の侵害としていた。しかしその後，参考判例②は，被侵害法益を「婚姻共同生活の平和の維持」ととらえ直したうえ，不貞行為の当時すでに婚姻が破綻していた場合は原則としてこの法益は存在しないとし，不法行為が成立する場面を従前に比べ限定した。

したがって現在の判例によれば，X₁の法益侵害を認めるには，不貞行為の時点では未だA・X間の婚姻が破綻していなかったことを要し，本問ではこの要件の充足が認められる。

(2) その他の要件

判例は，精神的損害（ⓒ），またその不貞行為との相当因果関係（ⓓ）の

存在を，特に問題とせずに認めている。ⓑも，YがAを既婚者と知りつつ関係を持ったのであるから，問題なく故意または過失が認められる。Aが既婚者と知らなかった場合でも，知り得たのであれば，過失が認められる可能性もある。

以上のように，判例の考え方に立てば，X₁の請求は問題なく認められる。

3　判例の問題点

しかし，判例への批判は大きい。不法行為の要件に即していえば，主にⓐ・ⓑの要件に関して問題が指摘される。

(1)　権利または法律上保護される利益の侵害

判例によれば，要件ⓐは前述のように，「夫又は妻としての権利」（㋐），または「婚姻共同生活の平和の維持」という権利又は利益（㋑）である。

㋐として，少なくとも貞操請求権は一般にあると考えられている（770条1項1号が根拠とされる。もちろん強制はできない）。もっとも，X₁の他方配偶者Aに対する権利を害したとして第三者Yに責任を負わせることは，X₁がAの人格に及ぶ排他的な支配権を——あたかも物権のように——有すると認めることになる。しかし，夫婦は相互に対等で独立した人格であり，他方を支配する関係にはないはずである。これが，㋐に関して指摘される問題である。

㋑「婚姻共同生活の平和の維持」についても同様の問題がある。どのような婚姻共同生活を送るか（あるいは送らないか）は，Aの意思次第であり，Xが強制できることではないうえ，Xの㋑の法益を害さないことを第三者Yに義務づけるのが難しいことは，㋐と同じといえる。

もっとも，以上のような問題を指摘する論者も，第三者の行為態様の悪性が強い場合には例外的に責任を認める。具体的には見解は多岐にわたるが，不法行為となるのは，他方配偶者に対する害意をもって不貞行為がなされた場合に限る見解，暴力等の違法な手段により性的関係を持った場合に限る見解，また，より狭く，原告となる配偶者に対し直接の加害行為を行った場合に限る見解等がある。

(2)　故意または過失の要件

この要件に関しては，特に過失が問題とされる。配偶者の存在を知り得た

場合，または，不貞行為が「婚姻共同生活の平和の維持」を害することを知り得た場合に過失があることになるが，このような過失は，人との社会的接触において，他者の婚姻関係の有無または夫婦関係の状態を調査・確認する義務を前提とすることになる。それは社会のあり方として望ましいのか，また他者との関係形成の自由を過度に制約することにならないか，という疑問が示されている。

(3) 有力説による場合の結論

上記のように判例を批判する有力説に従って考えるならば，X₁の請求は認められない。Yは，不貞行為によりX₁の婚姻共同生活の平和を維持する利益を害したとしても，違法手段によったわけではなく，害意もないからである。

そもそもこのような不法行為の成否を問うには，公開の法廷において，不貞行為や婚姻関係破綻の経緯等，プライバシーを暴露し合うことが不可避となる。このような不法行為の成否以前の問題も指摘され，第三者に対する責任追及ではなく，家庭裁判所において夫婦間の問題の領域として扱うべきことが主張されている。

4 参考判例④との関係

以上は，YのAとの不貞行為を不法行為とみることを前提とした議論である。他方，不貞行為により離婚させられたこと自体を不法行為とみることも考えられる。有責行為の結果，離婚せざるを得なくなったことについての慰謝料（「離婚自体慰謝料」等と呼ばれる）は，配偶者間では認められてきたが［→問題⑪参照］，これを不貞の相手方に対して請求できるのだろうか。このような請求は，不貞行為の慰謝料請求と同じようにも思えるが，例えば，A・Yの不貞関係をX₁が知って夫婦が不仲となり，同時期にAとYの関係も解消され，その後結局離婚に至ったものの，X₁が不貞関係を知って3年が経過していた場合などは，不貞行為についての慰謝料請求権は消滅時効にかかるため（724条1号。なお，参考判例③は，不貞相手と他方配偶者が同棲していた場合の慰謝料請求について，原告である配偶者が同棲を知ったときを消滅時効の起算点とする），これと区別して離婚自体慰謝料を請求する実益がありそうである。

しかし，参考判例④は，離婚は本来，夫婦間で決められるべき事柄であるとし，離婚自体慰謝料を不貞行為の相手方に対して請求できるのは，不貞行為にとどまらず，「当該夫婦を離婚させることを意図してその婚姻関係に対する不当な干渉をするなどして当該夫婦を離婚のやむなきに至らしめたものと評価すべき特段の事情があるときに限られる」として，不貞の相手方への離婚自体慰謝料の請求を原則として否定した。この判例は，不貞行為の慰謝料請求の可否に直接には関わらないものの，理論的にみて影響がないといえるのか疑問視する見解も存在し，議論はなお続いている。

5　子 X₂ からの請求

　最後に，子 X₂ からの請求について検討しよう。参考判例①はこれを原則として否定した。父と女性が同棲した結果，未成年の子が父の愛情，監護，教育を受けられず，そのため不利益を被っても，子に愛情を注ぎ監護・教育を行うことは父の意思でできるのであるから，子の不利益と女性の行為との間に相当因果関係はなく（ここでは不法行為の要件ⓓが問題とされている），その女性が害意をもって父親の子に対する監護等を積極的に阻止するなど特段の事情のない限り，子に対する不法行為にはならないという（子が母の同棲相手の男性に対してなした請求についても，参考判例①と同日の最高裁判決が同様に判示する）。

　学説は，配偶者よりもむしろ子の請求のほうを積極的に認めるもの，双方とも肯定するもの・否定するもの等，多様である。理論的には，他方配偶者からの請求に関する問題との整合性のある理由付けが求められよう。他方配偶者からの請求を認めることについて指摘されてきた問題点は，子からの請求にも同様に見出されうる。実際，他方配偶者からの請求を害意ある場合等に例外的に認めるとしたうえ，子の請求についても同様とする見解も存在する。他方配偶者からの請求につき原則として否定する見解に立ちながら，子からの請求を積極的に認めることについて，その理由を整合的に示すのは困難であるように思われる。

A（男性）とX（女性）は，2010年に婚姻し，平穏に暮らしていた。しかし，Aは2018年4月頃，独身女性Yと知り合い，同年7月頃には性的関係をもつようになった。AはYの気を惹くため，自分は独身であり，身につけているXとの結婚指輪については，亡き母の形見である等と虚偽の説明をした。Yは，男性が亡母の指輪をすることを奇妙に思ったが，Aが独身であるとの説明を信じようと思い，それ以上の追及はしなかった。

2019年5月，XはAとYの関係を知るに至り，Aを強く非難したため，XとAは不仲となった。その直後，YはXからの電話により，Aが婚姻していたことを知った。Yはその後もAと性的関係をもったが，まもなくAとの関係を解消した。

Xは，不貞行為を知ったことからAへの不信感を募らせ，そのためにAとの関係はさらに悪化し，2021年8月Aと協議離婚をするに至った。

XはYに慰謝料を請求したい。この請求は認められるか。また，YがAとの関係を解消した後3年以上が経過しており，協議離婚からは3年経過していない時点においては，XのYに対する慰謝料請求は認められるか。

● 【 参考文献 】 ●

水野紀子「不貞行為の相手方に対する慰謝料請求」円谷峻＝松尾弘編集代表『損害賠償法の軌跡と展望（山田卓生古稀）』（日本評論社・2008）133頁／潮見佳男『不法行為法Ｉ〔第2版〕』（信山社・2009）225-231頁／窪田充見・百選Ⅲ24頁／木村敦子・リマークス61号42頁

（森山浩江）

婚姻費用

　A男（夫：40歳）とB女（妻：35歳）は，婚姻して10年になり，AとBの間には，子C（5歳）とD（2歳）がいる。Aは，会社員で年収は1000万円である。Bは，Cを出産するに際して，Aから「Cが小学生になるまではBが家事・育児に専念したほうがよい」と言われ，確かにそうかもしれないと納得してそれまで勤めていた会社を辞め，日常的には家事・育児を行っていた。

　Bは，第2子Dを出産したころから，早く仕事に復帰したいと考えるようになり，Aとも何度も話し合ったが，そのころAは自身の仕事に追われており，Bの話をきちんと聞かなかった。そのため，Bは日常的にAに不満を感じるようになり，このままでは仕事に復帰できないと感じ，Bは，CとDを連れてBの実家に戻り，Bの両親の協力を得て職を探したが幼い子が2人いる状況でなかなか思うような職がみつからなかった。

　⑴　Bは，Aに対して，B・C・Dの生活費を負担するよう求めたが，Aは，Bが勝手に出て行ったのだから一切それには応じないと主張した。

　⑵　⑴につき，Aは，一切支払うことがなく11年が経過した。Bは，すでに仕事に復帰し，年500万円程度の収入を得ていたが，C・Dはそれぞれ中学生・高校生となり，出費が増えている。Bは，Aに対してどのような請求ができるか。なお，Aの年収は，1500万円とする。

　⑶　⑵において，Bは，Aが離婚に応じないため離婚の訴えを起こした。この訴えとともに，Bが婚姻前に貯めていた貯金や両親から借りて捻出したB・C・Dらの生活費も含めた財産分与の請求をするこ

とができるか。

●】参考判例【●

① 最判平成 23・3・18 判時 2115 号 55 頁
② 最判昭和 53・11・14 民集 32 巻 8 号 1529 頁
③ 東京高決昭和 58・12・16 判時 1102 号 66 頁

●】解説【●

1 夫婦間の扶養義務（752条）と婚姻費用分担義務（760条）

　成年者には自立責任がある。婚姻するまでの男女は，自立した関係にあり，それは婚姻後も変わることはない。しかし，婚姻により夫婦関係を形成することで，その関係を維持するために必要な法律上の責任を相互に負うことになる。民法 752 条は，婚姻の本質的義務として，同居・協力・扶助義務を規定している。夫婦の一方が他の一方に対して生活費を求める場合，同条に従い請求することも可能であるが，民法は，同条とは別に夫婦間の財産関係については別途同法 755 条以下に定め，夫婦間の財産に関する事項を婚姻締結前に契約（夫婦財産契約）を締結していない限り，同法 760 条以下の法定財産制に従うものとしている（日本では，夫婦財産契約の利用がほとんどない）。

　法定財産制の下では，婚姻後も夫婦各自が自己の名で得た財産はその者の財産（特有財産）となるが（762 条），婚姻生活維持のために必要な費用（婚姻費用）は，夫婦それぞれがその婚姻共同体にあった形で状況に応じて取り決めれば問題とならず（実際には明確な合意がないこともあるが），民法は「夫婦は，その資産，収入その他一切の事情を考慮して，婚姻から生ずる費用を分担する」とのみ規定している（760 条）。夫婦は共同生活維持のための協力・扶助義務を前提としたうえで，夫婦とその子を含めた家族にとって必要な家事・育児などの事実行為も含め，その共同体を維持するために必要な費

用をそれぞれの資産や収入を考慮して分担すればよく，婚姻費用が分担される限り，相互の生活は同程度に保障されることになる。なお，婚姻費用の具体的な内容は，婚姻生活から生じる衣食住費，医療費，娯楽費，交際費，子の養育費等，婚姻生活共同体を維持するために必要な費用とされている。

　従来の通説・判例は，夫婦の扶養義務（752条）は，未成熟子とならび，他の一般親族よりも程度の高い扶養の義務，すなわち「生活保持義務」であるとし，この生活保持義務は，自らの生活と同程度の義務を他の一方にも保障する義務ととらえてきたが（これに対して，一般の親族間で負う扶養義務は，「生活扶助義務」とされ，扶養権利者が要扶養状態にある場合に，扶養義務者が自らの相当な生活を維持してなお余力がある場合にその余力の限度で負う義務であるとされている），民法760条の義務が果たされている限り夫婦間の扶養義務は包摂されることになる。

　本問中，A・Bの婚姻から別居に至るまでの婚姻費用の負担につき，特にBがCを出産した後は，A・Bの話し合いによりAが金銭面で，Bは，金銭ではなく，家事・育児などの事実行為により，婚姻費用を分担していたといえる。

　なお，仮に夫婦が夫婦財産契約を締結していれば，法定財産制に関する規定である民法760条は適用されない。しかし，婚姻の効果として生じる同法752条の義務を夫婦財産契約で排除することはできず，夫婦の一方は，同条により他の一方に扶助を求めることができる。この場合でも，父母は共に子に対して扶養義務（養育費）を分担する義務を負う（子に対する扶養義務の根拠については，①877条1項とする説，②親権・監護権に基づくとする説，③親として当然に生じる義務であるとする説などに分かれる）。

2　別居中の夫婦と婚姻費用分担義務

(1)　問題の所在

　本問(1)のように夫婦が婚姻費用分担を問題とするのは別居の場面であることが多く，このような場合，婚姻の本質的義務である同居・協力義務を相互に果たしていないことが多い。それにもかかわらず，婚姻が継続している限り，Aは，婚姻費用として自身と同程度の生活に必要な費用をBに負担するのかが問題となる。

通説・実務は，夫婦が婚姻中に何らかの理由で他の一方に生活費を求める場合には，婚姻関係が継続する限り夫婦の財産関係に関する紛争として民法760条に従い処理してきた。負担の程度についても，例外的な場面を除き，生活保持義務の程度であるとしている。

　婚姻費用の分担について当事者が協議をすることができない場合には，家庭裁判所における（調停・）審判により定められることになる（家事事件手続法別表第2第2項）。従来，婚姻費用分担事件は，分担義務者が自身の生活にかかる特別経費や相手方の有責性を理由に分担額の軽減を主張していたため紛争が長期化し，請求者の生活が困窮する事態を招いていた。そこで，2003年に東京・大阪養育費等研究会により婚姻費用の算定方式と算定表が提案された。この提案から15年が経過し，社会実態の変化等を理由に，その内容を改良する必要性が指摘され，2019年に東京・大阪の家庭裁判所の裁判官を研究員とする司法研究をもとにした「改定標準算定方式・算定表」が新たに提案され，今日では新たな算定方式・算定表をもとに，婚姻費用の分担額を取り決めることが実務では定着している。この算定方式・算定表でも，夫婦双方の収入と子の有無・数，年齢に応じた標準的な分担額が算出され，各事案の個別事情が考慮され，具体的な算定額が定められる。ここで考慮される個別の事情は，この算定方式・算定表に従うと著しく不公平となる場合である。それ以外の場合は，この算定方式・算定表に従い「生活保持義務」の程度で，婚姻費用を負担することになっている。なお，2022年4月1日施行の民法改正（平成30年法律第59号）による成年年齢の引下げに伴い，養育費と同様，婚姻費用の支払について，子が18歳に達したことが直ちに減額事由にはならないとしている。

　なお，この算定表にそのまま従うと，たとえば，本問(1)の下では，義務者Aが会社員で年収1000万円，Bの年収が0円，C・Dの年齢がともに14歳以下なのでAの分担額は月22万円～24万円，本問(2)のAの年収が1500万円，Bの年収が500万円で，Cが15歳以上，Dが14歳以下なので，分担額は月28万円～30万円となる。そして，A・B間に個別に考慮される事情がない限り，BのAに対する請求は認められることになる。

(2) 有責配偶者からの婚姻費用分担請求

有責配偶者からの婚姻費用分担請求は，従来，制限または封じられていた（参考判例③では，夫婦の一方が相手の同居の要請に耳を貸さずに別居を強行し，継続したことを有責な事情としている）。しかし，別居における有責性は，離婚時の慰謝料等で考慮すればよく，婚姻費用が生活費に関わる請求であることを考慮すると迅速に支払うべきであるとする学説が多い。近年家庭裁判所の実務では，有責行為の審査に立ち入らず算定表を用いて迅速に判断される傾向にあるが，不貞の請求者に対しては権利濫用に基づき請求を否定したものもある（東京家審平成20・7・31家月61巻2号257頁）。

なお，婚姻費用分担請求をする妻が，他の男性と不貞の関係から子をもうけ，夫の嫡出子として届出をしていたが，後の法的な父子関係が否定された場合において，その子のために支出した婚姻費用を，夫が離婚後不当利得として返還請求を求める事件では判断が分かれている（肯定例として東京高判平成21・12・21判時2100号43頁，否定例として大阪高決平成20・2・28LEX/DB25400319）。

(3) 破綻した夫婦間での婚姻費用分担義務の程度

従来の裁判例・通説は，破綻した夫婦間では，婚姻費用分担義務の程度が制限・軽減されるとする。有力説も別居により共同生活関係がなく，婚姻の破綻後は生活扶助義務の程度で婚姻費用分担をすればよいとする。夫婦が生活保持義務を負うのは，夫婦が婚姻を維持するために相互に義務を負うことが前提となっているからである。もっとも，有力説は，破綻した夫婦間でも，婚姻している限り民法752条の扶養義務は残り，その程度は一般の親族間の扶養義務と同様の生活扶助義務であると考える。この考え方に従うと，扶養を求める夫婦の一方は，要扶養状態にあることが必要であり，その者が職につき収入を得るとその限度で扶養の必要性は軽減され，生活に必要な限りで他方に扶養を求めることができる。これに対して，扶養義務者は自身の生活を維持してなお余力がある限りで義務を負担するにとどまる。

本問(2)において，11年別居しているA・B間の婚姻が破綻していると認定されれば，従来の裁判例・通説に従うとAの婚姻費用分担義務は制限・軽減され，有力説に従うとBが要扶養状態である限り必要な限度で請求で

きるが，500万円程度の収入があるBは要扶養状態にはないとされる可能性が高い。もっとも，C・Dの養育費に相当する費用はいずれの説に立ったとしても夫婦双方がその資力に応じて分担するのが原則であり，資力に応じて請求が認められることになる。

3　過去の婚姻費用

生活費を支払うことなく生活を維持することは困難であり，子の医療費や教育費の支払に迫られれば，親は子のために借金をしてでもその費用を工面することもある。別居後子を養育している者が，自身とその子の生活費を工面していた場合に，この過去に支払った婚姻費用を分担義務者に請求できるか，仮にできるとして離婚時の財産分与の請求に含めて請求できるのかが問題となる。扶養料のような定期的に生じる債務は，その費用が工面されていれば経済的に困窮していなかったともとれるが，仮にこのような場合に義務を免れるとすれば義務を怠ったほうが義務者には有利となるからである。

父母は親権・監護権の有無にかかわらず，父母は子の出生時から同順位で子の監護・養育および養育費相当額を分担することになるため，父母が婚姻中か離婚しているかにかかわらず子に対し養育費を負担することになる。父母の離婚後，子の養育費の請求（子が未成年者の場合，子の監護親が非監護親に対し766条の監護費用として請求）について，家庭裁判所の審判では，必要に応じて，過去の分についても認めている。そして，過去の婚姻費用分担請求ができるかについても，過去に遡って分担額を形成決定することができるとされている（最大決昭和40・6・30民集19巻4号1114頁）。この事件は，訴訟事件ではなく家庭裁判所が審判において定めるものとされている（最判昭和43・9・20民集22巻9号1938頁）。

離婚を求める者が，訴訟事件である離婚の訴えと審判事件である財産分与の請求とともに過去の婚姻費用も請求することができるかも問題となる。離婚訴訟は，訴訟事件であるからである。判例は，離婚訴訟において財産分与の額，方法を定める際に当事者の一切の事情を考慮すべきであり，婚姻係属中における過去の婚姻費用もその事情の1つであるとして肯定している（参考判例②）。なお，2003年の人事訴訟法以前では，離婚事件の管轄権は地方裁判所にあり，財産分与請求や婚姻費用分担請求の管轄は家庭裁判所とされ

ていていたが，現行法上は離婚訴訟も家庭裁判所において行われており，管轄違いの問題は解消されている。

　Bは，Aに対する離婚訴訟の中で，財産分与の請求に際し，AがBに対してこれまで支払っていなかった過去の婚姻費用も含めて請求をすることができ，Bがこのような請求をした場合には，家庭裁判所は過去の婚姻費用も考慮して財産分与の額，方法を判断することになる。

関連問題

　⑴　本問において，Bが他の男性E男と不倫していたことがAとBの別居の原因だった場合，Bの，Aに対する婚姻費用分担請求は認められるか。

　⑵　Dの血縁上の父がEであることがDNA鑑定の結果でわかったが，AとDとの法律上の父子関係は否定されていない。Bは，Dの養育費も含めた婚姻費用分担請求をすることができるか。

●】参考文献【●

大村敦志『家族法〔第3版〕』（有斐閣・2010）58-66頁／二宮周平『家族法〔第5版〕』（新世社・2019）67-70頁／常岡史子『家族法』（新世社・2020）70-73頁，242-246頁／冷水登紀代・百選Ⅲ18頁／水野紀子・百選Ⅲ34頁／司法研修所編『養育費，婚姻費用の算定に関する実証的研究』（法曹会・2019）

（冷水登紀代）

日常家事債務の連帯責任と表見代理

Xは，2001年3月に，Kから甲土地を買い受け，その旨の移転登記を経たうえで，同年6月に，甲土地上に乙建物を建築し，その所有権保存登記を行った。その後，2013年に，XはAと婚姻した。

2020年に入り，Aが経営していた株式会社B商店が倒産した。B商店に対し5000万円の債権を有していたC会社の経営者Yは，Aと協議した結果，債権回収を目的として，Aの妻Xが所有する甲土地および乙建物をYに売却することとなった。Aは，このことを伏したまま，Xから甲土地および乙建物の権利証とXの印鑑を預かり，Xの印鑑証明書を取得したうえで，2020年4月2日に，Xを代理して，Yとの間で，①甲土地および乙建物をXがYに売却し，②その代金として，B商店の清算が終了した時にC会社がAに対して有する残債権をXに譲渡することを内容とする契約を締結した。その際，Xは，この契約の締結を知らないまま，登記手続についてYに委任する旨のX名義の委任状を作成してYに交付し，同年4月13日に，甲土地および乙建物についてXからYへの所有権移転登記が行われた。

その後，事態に気付いたXは，2021年6月に，Aと離婚し，Yに対して，甲土地および乙建物の所有権移転登記の抹消を求めた。認められるか。

●】 参考判例 【●

① 最判昭和44・12・18民集23巻12号2476頁

1 問題の所在

本問のXは，2001年に，甲土地および乙建物の所有権を取得している。その後XがAと婚姻しても，甲土地および乙建物がXの所有に属することに変わりはない。それにもかかわらず，甲土地および乙建物について，XからYへの所有権移転登記が行われている。そこで，Xは，所有権の侵害を理由として，その所有権移転登記の抹消を請求することになる。

これに対して，Yは，Xが甲土地および乙建物の所有権を喪失したことを抗弁として主張することになる。まず考えられるのは，XY間で甲土地および乙建物について売買契約が締結され，それによりXがその所有権を喪失したと主張する可能性である。しかし，そのためには，この売買についてAに代理権があったことが必要である。本問では，甲土地および乙建物をYに売却することをAがXに伏していたことからすると，それについてXがAに代理権を与えたとみることはできない。

そこで問題になるのは，日常の家事に関する夫婦の連帯責任を定めた民法761条により，日常の家事に関して夫婦相互に代理権（日常家事代理権）が認められるかどうかである。

2 日常の家事に関する夫婦の連帯責任と法定代理権の有無

(1) 日常の家事に関する夫婦の連帯責任

民法761条によると，夫婦の一方が日常の家事に関して第三者と法律行為をしたときは，他の一方も，これによって生じた債務について，連帯してその責任を負うとされている。

このような責任が認められたのは，夫婦は共同して生活する以上，そのような共同の生活を維持するのに必要な行為については，共同の生活を営む者が共同して責任を負うべきであると考えられたからである（婚姻費用の分担を定めた民法760条と共通する考え方に基づく）。また，相手方も，夫婦の共同の生活のためにされる日常的な行為については，夫婦がともに責任を負ってくれると考えるのが普通である。そのような相手方の通常の期待を保護するためにも，夫婦が連帯責任を負うべきであると考えられたわけである。

⑵　**日常の家事に関する夫婦相互の法定代理権の有無**

　民法 761 条は，規定のうえでは，日常の家事に関して夫婦の連帯責任を定めているだけであり，夫婦相互に代理権まで認められるかどうかは定かではない。

　明治民法の下では，妻は行為無能力者とされていたが，それでは家政に支障が生じることから，日常の家事については，妻は夫の代理人とみなすと規定されていた（旧 804 条 1 項）。戦後の民法改正では，男女平等の理念から，妻を行為無能力者とする規定が削除されたのに伴い，代理ではなく，夫婦の連帯責任という形に改めて民法 761 条が規定された。このような経緯から，同条は，夫婦相互に日常家事代理権を認めたものとみることはできないという考え方が当初は有力に主張された。現在でも，夫婦であっても，任意代理権の授与がない限り，他方を代理することはできないはずであり，現実には，任意代理権が明示または黙示に授与されていたかどうかによって対処できるとして，日常家事代理権を認める必要はないとする見解もみられる。

　しかし，判例は，民法 761 条は「その明文上は，単に夫婦の日常の家事に関する法律行為の効果，とくにその責任のみについて規定しているにすぎないけれども，同条は，その実質においては，さらに，右のような効果の生じる前提として，夫婦は相互に日常の家事に関する法律行為につき他方を代理する権限を有することをも規定しているものと解するのが相当である」としている（参考判例①）。夫婦が互いに代理権を有していなければ，日常の家事を処理するにあたって不便が生じるというのがその理由と考えられる。

　特に問題となるのは，夫婦の連帯責任は，少なくとも夫婦のいずれか一方が債務を負うことを前提とする点である。代理形式がとられる場合は，本人が債務を負うことが基礎付けられなければ，連帯責任を認める前提を欠くことになる。夫婦に日常家事代理権が認められないとすると，他方にその効果が帰属せず，無権代理行為をした夫婦の一方が民法 117 条の要件をみたす限りで無権代理人の責任を負うにとどまる。これによると，夫婦が連帯責任を負うという結論を常に導くことはできないという問題が生じることになる。

3　日常の家事の範囲

　民法 761 条により日常家事代理権が認められるとしても，その範囲は「日

常の家事」に限定される。問題は，この「日常の家事」の範囲はどこまでで
あり，それを判断する基準は何かである。

(1) 判例が掲げる基準

判例は，民法761条にいう「日常の家事」に関する法律行為とは，「個々
の夫婦がそれぞれの共同生活を営むうえにおいて通常必要な法律行為」を指
すものであるとする。これによると，「日常の家事」の具体的な範囲は，
「個々の夫婦」によって異なる。具体的には，ⓐ「個々の夫婦の社会的地
位，職業，資産，収入等」によって異なるほか，ⓑ「その夫婦の共同生活の
存する地域社会の慣習」によっても異なるとされる。

また，判例は，ⓒ「その法律行為をした夫婦の共同生活の内部的な事情」
やⓓ「その行為の個別的な目的」も基準となるとする。ただし，民法761条
は「夫婦の一方と取引関係に立つ第三者の保護を目的とする規定」であるこ
とに鑑み，ⓔ「さらに客観的に，その法律行為の種類，性質等」も「充分に
考慮して判断すべきである」としている（参考判例①）。

(2) その整理と理解

以上の基準は，まず，個々の夫婦に即した基準か，通常の夫婦に即した基
準かに応じて，個別的基準（ⓐⓑⓒⓓ）と定型的基準（ⓔ）に分かれる。

学説では，「日常の家事」の範囲は定型的に判断すべきであるとして，ⓔ
のみを基準とする見解も有力である。これによると，衣食住の生活や子の養
育，家族の娯楽・保健等に係る法律行為が「日常の家事」に入ることにな
る。さらに，平均的な家計を基準として，その月々の生活費の範囲を超えな
いものとする見解もある。

それに対して，判例は，「日常の家事」は「個々の夫婦」に応じて異なる
として，個別的基準（ⓐⓑⓒⓓ）も考慮すべきであるとする。これはさら
に，個々の夫婦の主観的な目的に着目した基準か，客観的な事情に着目した
基準かに応じて，主観的基準（ⓓ）と客観的基準（ⓐⓑ）に分かれる。ⓒ
は，そのいずれも含み得るものとみるべきだろう。

これらの基準の相互関係は，次のように整理することができる。

まず，定型的基準（ⓔ）によると，「その法律行為の種類，性質等」か
ら，通常の夫婦が共同生活を営むうえで通常必要な法律行為であると考えら

れる場合は,「日常の家事」にあたると考えられる。この場合でも, 個別的・客観的基準(ⓐⓑⓒ)や個別的・主観的基準(ⓓⓒ)によると,「個々の夫婦」について共同生活を営むうえで必要といえないときは, 例外的に「日常の家事」にあたらないと考える可能性もある。しかし, 民法761条は「夫婦の一方と取引関係に立つ第三者の保護を目的とする規定」であることに鑑み, ⓔも「充分に考慮して判断すべきである」とすることからすると, このような例外は認めるべきではないと考えられる。

これに対して, 定型的基準(ⓔ)によると, 通常の夫婦が共同生活を営むうえで通常必要な法律行為といえない場合でも, 個別的・客観的基準(ⓐⓑⓒ)や個別的・主観的基準(ⓓⓒ)によると,「個々の夫婦」について共同生活を営むうえで必要であるときは,「日常の家事」にあたると考えられる。たとえば, 借財のように, 定型的基準(ⓔ)ではいずれとも判断できないときも, 同様に判断される。

本問で問題となっている不動産の売買は, 定型的基準(ⓔ)によると,「日常の家事」にあたらない。個別的・客観的基準(ⓐⓑⓒ)によっても, XとAの共同生活を営むうえでXの不動産の売買が必要と考えるべき事情はない。また, 個別的・主観的基準(ⓓⓒ)によっても, Aが営む事業から生じた債務を弁済することが目的とされており,「日常の家事」にあたらないと考えられる。

4 日常の家事の範囲外の行為と表見代理

(1) 民法110条の表見代理の成否

以上のように, 夫婦の一方が他方を代理して「日常の家事」の範囲外の行為をしたときは, 無権代理であり, 本人にその効果は帰属しない。そうすると, 次の問題は, 民法761条の日常家事代理権を基本権限として, 同法110条の表見代理が成立するかどうかである。

学説では——民法110条を厳格に解釈することを前提として——これを肯定する見解もある。しかし, 判例は, 日常家事代理権を基本権限として同条を直接適用することを否定している(参考判例①)。

無権代理であるにもかかわらず, 表見代理により本人に責任を課すためには, 本人にそのような責任を負わされてもやむを得ない理由が必要である。

民法110条の越権代理については，少なくとも本人が代理行為者に基本権限を与えたことが，そのような理由として位置付けられる。そうだとすれば，代理行為者に法定代理権が認められるだけの場合に，同条を適用する前提が備わっているかどうかは疑わしい。判例は，法定代理についても同条の表見代理の成立を認めているが，学説では，これに反対する見解がむしろ有力である。

　さらに問題なのは，民法110条について，一般に，実際に行われた代理行為が基本権限の範囲をどれだけ逸脱していても，表見代理が成立する可能性が認められてきたことである。ここで同条をそのまま適用すれば，「日常の家事」をはるかに超えた重大な行為がされたときでも，表見代理が成立する可能性がある。それでは，特に「日常の家事」に限って夫婦間に代理権を認めた意味がなくなり，「夫婦の財産的独立をそこなうおそれ」がある。判例が同条の直接適用を否定したのは，このような理由による。

(2)　「日常の家事」の範囲と民法110条の類推適用

　そのうえで，判例は，「当該越権行為の相手方である第三者においてその行為が当該夫婦の日常の家事に関する法律行為の範囲内に属すると信ずるにつき正当の理由のあるときにかぎり，民法110条の趣旨を類推適用して，その第三者の保護をはかれば足りる」としている（参考判例①）。これは，民法761条を基礎としながら，「日常の家事」の範囲内に属することに対する信頼を同法110条の類推によって保護しようとするものである。

　問題は，これにより例外的に「日常の家事」の範囲内とされる場合が実際にあるのかどうかである。上述したように，判例によれば，定型的基準（ⓒ）によると，通常の夫婦が共同生活を営むうえで通常必要な法律行為であるといえない場合でも，個別的・客観的基準（ⓐⓑⓒ）や個別的・主観的基準（ⓓⓒ）によると，「個々の夫婦」については共同生活を営むうえで必要であるときは，「日常の家事」にあたる。問題が生じるとすれば，これらの基準によっても「日常の家事」にあたらないが，個別的・客観的基準（ⓐ ⓒ）に係る事情や個別的・主観的基準（ⓓⓒ）に係る事情（行為の目的や理由）について——特に代理行為者が不実の表示をするなどした結果——相手方が誤認した場合である。判例は，この場合を民法110条の類推適用により

「日常の家事」にあたるとみる可能性を開いている。これに対し，同法761条は「夫婦の一方と取引関係に立つ第三者の保護を目的とする規定」である以上，そのような誤認について正当な理由があるときは，同条の解釈・適用として「日常の家事」に入ると考えれば足りるとする見解も有力である。

　いずれにしても，本問では，相手方Ｙは，ＸとＡの共同生活を営むうえでＸの不動産の売買が必要であると信じたとは考えられず，少なくともそのように信じたことに「正当な理由」があるとはいえない。したがって，Ｙは，Ｘからの抹消登記請求を拒絶することができないという結論に異論はないだろう。

> ### ●・・・ 発展問題 ・・・
>
> 　妻Ａは，夫Ｙに隠れて株式投資にのめりこみ，200万円の負債を負うに至った。そこで，Ａは，金融業者Ｘに対し，18歳の子が大学に入学するための学資が必要であると説明し，Ｙを代理して，2020年6月1日に，利率を年10％，返済期を同年12月1日として，200万円を借り受けた。Ａは，この200万円を自己の負債の弁済にあてたが，同年12月1日を過ぎても，Ｘに200万円を返済するための資金を用意することができなかった。そこで，2021年2月1日に，Ｘは，Ｙに対し，200万円とその利息の返還を求めた。認められるか。

●】 参考文献 【●

合田篤子・百選Ⅲ20頁（参考判例①の判批）／齊木敏文「日常家事代理権と表見代理」判タ650号（1988）61頁

（山本敬三）

問題 8

夫婦財産

　A男は会社の同僚であったB女と1996年3月に結婚し，1998年5月に子Cが生まれた。1999年4月に夫Aがインドネシアに赴任することが決まり，夫Aが家族一緒に暮らすことを望んだため，妻Bは会社を退職し，それ以後妻Bは家事育児に専念することになった。

　2004年5月に夫Aは国内勤務に戻ったため，自宅を購入することにし，甲マンションの売買契約を締結した。その代金3000万円については，頭金1000万円をA・Bの預貯金からそれぞれ500万円ずつ支払い，残金2000万円は夫Aが銀行から借り入れ，マンションの登記名義は夫Aとした。夫Aは家計管理を妻Bに任せきりであり，妻Bは家計余剰金で巧みに金融資産（国債，株式など）を運用していた。また，妻Bは，夫Aと海外赴任中に始めたゴルフも上達したため，乙ゴルフクラブ会員権を妻B名義で購入した。

　2020年4月に子Cが大学卒業後就職して自宅を出た頃から，夫Aは時々外泊するようになった。これを咎めた妻Bに対し，夫AはD女と交際しているので離婚してほしいと言い出し，ついに，2020年12月に夫Aは家を出てDと暮らし始めた。妻Bは，自分が住んでいる甲マンションは，家計のやり繰りで住宅ローンを完済し，頭金の一部も自分が負担して購入した実質的には共有財産であるはずなのに，名義人である夫Aが勝手に処分してしまうのではないかと心配し，夫Aに対して2分の1の共有持分権の確認を請求した。これに対し，夫Aは離婚を前提として財産分与の話し合いで解決すべきと主張している。

●】参考判例【●

① 最判昭和34・7・14民集13巻7号1023頁
② 最判昭和36・9・6民集15巻8号2047頁

●】解説【●

1 夫婦財産制

　夫婦であることが財産関係にどのような意味を持つのであろうか。たとえば，本問の甲マンションや国債・株券，ゴルフ会員権のように婚姻中に取得された財産は夫婦のいずれに帰属し，誰が管理権限を持つのだろうか，また，婚姻中に生じた債務に対して誰が責任を負うのだろうか，こうした夫婦間の財産帰属（積極財産・消極財産を含む）や財産に関する管理権限について規律しているのが夫婦財産制の規定である。一般に夫婦財産関係について問題が生じるのは，本件のように夫婦関係が破綻した後や離婚あるいは死亡により夫婦関係が解消した場合である。そこで，離婚の際の財産分与や相続に関する遺産分割手続と夫婦財産の帰属・清算との関係も問題となる。

　まず，夫婦財産制に関しては，夫婦は夫婦財産契約と呼ばれる合意によって自分たちの財産関係を規律することができる（755条）ということになっており，この夫婦財産契約を当事者が締結していない場合に，法定財産制に従うことになる。そこで，本問でも，A・B夫婦が婚姻届出前に夫婦財産契約で婚姻中に取得した財産の帰属や管理についてあらかじめ決めていないか確認する必要がある。たとえば，A・Bが，夫婦財産契約において婚姻中に取得した財産は，相続あるいは贈与などで無償取得した財産を除き夫婦の共有財産となることを約束しておけば，本問の甲マンションや国債・株券，ゴルフ会員権などは共有財産ということになり，夫婦財産契約登記をしておけば第三者にも対抗できることになる（756条）。ただし，婚姻中に取得した財産を夫婦の共有とする内容の夫婦財産契約が存在した場合でも，税法上は，夫の収入は夫の所得として課税された事例がある（最判平成3・12・3税資187号231頁）。また，不動産に関して，第三者との関係では登記名義が

優先すると解する見解が有力である。

　しかしながら，実際には夫婦財産契約の利用は少なく，A・B夫婦も夫婦財産契約をしていなかった。本問において，A・Bの婚姻中の財産の帰属・管理権限等は法定財産制によって決まることになる。現行法の下では，法定財産制の規定は民法760条以下の3ヵ条であるが，夫婦財産の帰属に関わる規定は同法762条であり，本問で，A・Bが婚姻中に取得した財産が誰に帰属するかの点も，同条の解釈により判断されることになる。

2　婚姻中の取得財産の帰属と民法762条の解釈

　夫婦財産の帰属に関する民法762条は，1項において婚姻前の所有財産だけではなく，婚姻中に取得した財産でも「自己の名で得た財産」は夫婦各自に帰属する特有財産（個人財産）と規定しており，2項は「夫婦のいずれに属するか明らかでない財産」について共有財産と推定している。したがって，婚姻中に取得された夫婦財産にも，夫婦各自の特有財産と共有財産が存在することになる。本問では，AB夫婦は主に夫Aのみが収入を得て，婚姻中に甲マンション・金融資産・ゴルフ会員権など種々の財産を取得していたが，これら婚姻中に取得された財産が夫婦各自の特有財産か共有財産のいずれに属すると考えるべきだろうか。たとえば，本件で妻が共有財産であると主張している甲マンションについて，夫Aは，自分が売買契約上の買主となり，登記名義も自分にあるのだから，夫Aに帰属する個人財産と主張するだろう。他方，妻Bとしては，甲マンションの購入はA・B2人が相談して決めたのであって，購入費用の3000万円についても，頭金をA・Bそれぞれ500万円ずつ支払い，残金2000万円は夫Aが銀行から借りたが，住宅ローンは妻Bが家計費をやり繰りして支払い，完済したという事情があるのだから，財産取得に対する貢献度の点をみればA・Bが協力して取得した共有財産と主張している。果たして，いずれの主張が認められるだろうか。この点は，特有財産となる「自己の名で得た財産」をどのように解釈するか，また，共有推定の意味の理解に関わってくるが，次のように見解が分かれている。

　まず，第1の立場として，民法762条は別産制の原則を定めており，同条1項の特有財産＝「自己の名で得た財産」とは，一般財産法上の財産取得原

因たる法律行為の主体名義人，たとえば売買契約の買主となって取得した財産を指し，2項は，当該財産について，1項の夫あるいは妻の特有財産であることが証明できない場合の，単なる証拠法上の推定規定として機能するにすぎないとする見解がある。判例もこの立場に立って，所得税法による所得の認定が争われた事例において，民法762条1項は別産制を定めたものであって，夫の給与所得・事業所得は，その取得に妻の家事労働などの協力があったとしても，夫の特有財産と解している（参考判例②）。これは，第三者との対外関係において，夫の給与は，夫が雇用者との間の雇用契約の結果として取得した財産であるから夫の個人財産と扱われたわけである。また，婚姻生活中の不動産の取得の場合についても，対外的な売買契約の主体名義人である夫婦の一方に帰属し，その取得に他方の協力があったからといって，「直ちにその者に物権としての共有持分権を認めるのは相当ではな」いと考えられた（国税不服審判所裁決平成20・2・19裁決事例集75巻779頁）。さらに，夫婦間の内部関係でも，「一応，対外関係上の権利帰属状態即ち対外的取得行為についての主体名義人を権利者とする帰属関係にしたがって一義的に決せられる」べきとして，夫が自己の収入で購入し，夫名義の登記がなされている不動産は夫に帰属するため，妻による共有持分確認請求は認められないとされている（大阪高判昭和48・4・10判時710号61頁）。

　ただし，財産法上のルールに従っても，誰が法律行為の主体であるかは形式（名義）面だけで決まるものではなく，実質的に判断する必要がある。特に婚姻中に取得された夫婦財産に関しては，夫婦の一方が便宜的に契約上の買主や登記名義人となることもあるため，権利主体の判断にあたっては，「売買契約の当事者（買主），売買代金の出捐者（原資の負担者），登記名義人その他の所有名義人などの諸般の事情を総合的に考慮」する必要があるとされる（対外関係：東京地判平成21・2・27税務関係行政・民事判決集平成21年1月～12月順号21-8〔前掲・国税不服審判所裁決平成20・2・19の抗告訴訟〕）。たとえば，登記名義に関して，妻が登記名義人となっていても，夫が自分の経営する旅館業の収益金で国から払下げを受けた土地について，夫の特有財産であると判断されている（参考判例①。ただし，旅館業自体は夫婦の共同経営であり，夫の単独財産との認定には疑問も残る。東京地判平成21・3・

25〔2009WLJPCA03258023〕：妻の共有持分登記があった事例）。さらに，代金の出所も実質的権利者の判断において考慮されることがあるが，妻が買主となり妻名義で不動産を取得した際，夫が資金を提供していた事例で，「夫婦の一方が不動産等を購入するに当り，他方がその購入資金の全部または一部を提供することは，格別異例なことではない」として，購入資金の単なる援助（贈与あるいは貸借）とみられる場合には，夫が実質上の買主とは認定されなかった（東京地判昭和50・2・18判時796号67頁，対外関係：東京高判昭和52・10・26判タ366号224頁）。これに対し，妻が購入代金の共同負担者と認められた場合には，夫が買主となって夫名義で登記を行った不動産について，妻にも共有持分権およびこれに基づく移転登記請求が認められている（東京地判昭和35・8・6 LEX/DB27450720は，夫が買主となり登記名義人となったのは通例に従ったのみとする。東京地判平成22・9・27〔2010WLJPCA09278014〕）。本問甲マンションについても，売買契約の買主を銀行からの住宅ローンとの関係で夫Aとし，登記もA名義にしたにすぎず，購入代金は妻Bも頭金500万円を負担したわけだから，実質的には夫婦を共同買主とみて，金銭的協力に応じた共有持分（3000分の500＝6分の1の持分）を妻Bに認めることはできる。しかし，第1の立場では，実質的な権利主体の判断の中で，妻Bの家事労働といった非金銭的な協力が考慮されることはないので，Bに2分の1の共有持分権が認められることはない。

　第2の立場は，非金銭的な夫婦の協力を財産帰属において評価すべきとし，民法762条1項の特有財産となる「自己の名で得た財産」とは，単に名義だけではなく，実質的にも夫婦一方が取得した財産を指すと解する。また，同条2項の共有推定（持分は平等）は実質的な意味で働き，たとえば，婚姻中に取得した不動産の名義が夫にあっても，（家事労働などの非金銭的協力も含む）婚姻中の夫婦の協力により取得したものは実質的には夫婦共有財産となるとする（水戸地判昭和51・2・25判タ342号250頁，ゴルフ会員権等について，東京地判平成4・8・26家月45巻12号102頁）。ただし，第三者との対外関係においては，経済取引の形式的画一性から，財産の名義が夫婦の一方にあることによって同条2項の共有推定は破れるとする（神戸地判昭和53・3・16判タ369号271頁）。

さらに，第3の立場として，婚姻費用の分担規定（760条）に着目し，夫婦一方の特有財産であっても，婚姻費用として拠出されることによって，拠出した配偶者との帰属関係が断ち切られ，婚姻的消費共同生活にのみその用途を限定された，一種の目的財産に変質し，夫婦の共有財産（民法762条2項に基づく。あるいは，組合類似の関係として同法668条に基づくとする見解もある）となるとする。そこで，個々の財産の帰属の判断において，契約者や名義人が夫であったとしても，財産取得の資金の出所が婚姻費用として拠出された金銭の余剰金によるものであった場合は，夫婦の共有財産と扱われる（横浜地判昭和52・3・24判時867号87頁，浦和地川越支判平成元・9・13判時1348号124頁）。ただし，第三者との対外関係では，取引の安全との調和を図る必要があり，名義によって民法762条2項の共有推定は破れるとして，名義人の特有財産と扱われるとする（東京地判平成25・4・30金法1996号104頁）。

3　夫婦財産の帰属・管理と財産分与による清算の関係

　第1の立場によると，本問の妻Bのように，仕事を続けていれば夫と同様に財産取得が可能であったのに，夫婦の事情により仕事を辞めて専業主婦となった途端，財産取得の機会を失い，自己に帰属する財産の形成も困難となり，他方で，婚姻共同生活維持に対する家計管理や家事育児といった妻の非金銭的貢献は婚姻中の財産帰属において評価されることはない。この点に関して，参考判例②は，民法は財産分与や配偶者相続権を規定することによって，夫婦間に実質的不平等が生じないように立法上の配慮がなされているとする。そこで，判例は，離婚の際の財産分与（768条）の制度には，「夫婦が婚姻中に有していた実質上共同の財産を清算分配」する目的が含まれている（最判昭和46・7・23民集25巻5号805頁）としており，第1の立場において，婚姻中に取得された財産が夫の特有財産と扱われ，第2・第3の立場とは異なり婚姻中妻には共有持分権が認められないとしても，離婚の際には財産分与による清算の対象となる。しかし，あくまでも夫婦一方の財産取得に対する他方の非金銭的貢献は離婚の際の財産分与によってのみ評価される（東京地判平成24・8・3 LEX/DB25496062）とすれば，若干の問題が残る。離婚の際に財産分与による清算の対象となる財産であっても，たとえ

ば，本問の甲マンションについて夫Aの特有財産であって夫にのみ管理権限があるとすると，夫Aが処分してしまえば，妻Bは財産分与によって甲マンションを取得する途が失われてしまう。このような場合には，離婚を前提として，財産分与請求権を保全するため（家事105条・157条1項4号，人訴30条）に，妻Bが仮差押えや処分禁止の仮処分の申立てをすることによって，夫Aの処分権限を制限する方法がある（鹿児島地判平成14・8・9 LEX/DB28072767参照）。

　さらに，離婚の際に必ず財産分与が行われるとは限らないし，財産分与は離婚から2年以内に行わなければならない（768条2項）ため，離婚後の財産分与の手続によらずに，別個に共有持分権の確認を求める事はできるかということも問題となる。上記第1の立場において，夫名義の不動産に妻が（物権的権利として）共有持分権を主張できる場合には，離婚後財産分与の手続によらずに持分に応じた移転登記請求を認めるものがある（前掲東京地判平成22・9・27）が，非金銭的貢献に基づく実質的共同財産というだけでは，やはり，財産分与の手続によって清算するしかないことになる。

> **：関連問題**
>
> 　妻Bは婚姻中の生活費の余剰金でX信用金庫に夫A名義で500万円の定期預金にしていた。夫AがDと暮らすためのマンション購入にあてるため，定期金の解約を迫ったため，妻BはX信用金庫の顔見知りの職員に定期預金は実質的共同財産であり，夫Aが定期預金の払戻請求をしても応じないでほしいと伝えた。果たして，X信用金庫は夫Aからの払戻請求に応じなければならないだろうか。

●】参考文献【●

犬伏由子「法定財産制」石川稔＝中川淳＝米倉明編『家族法改正への課題』（日本加除出版・1993）139頁／犬伏由子＝石井美智子＝常岡史子＝松尾知子『親族・相続法〔第3版〕』（弘文堂・2020）57頁／犬伏由子・百選Ⅲ22頁

（犬伏由子）

離婚の成立①
──離婚の意思

　A男は，自己の所有する甲土地上の乙建物にて個人で釣具店を営んでいたところ，近隣に競合店が開店した影響で売上げが急激に落ち込み，開業資金の融資を受けたB銀行に対する返済が滞る一方で，取引先のCに対して多額の債務を負った。Aは，Bに対する抵当権が設定されている甲土地および乙建物を失うことは覚悟したものの，専業主婦の妻D女との生活の本拠となっている丙土地および丁建物を手放すことになることを恐れた。そこで，AがDに相談したところ，Dは，「それなら，私の名義に移しておけばいいじゃない」と提案した。Aは，Dの提案に魅力を感じたが，債務超過に陥っていることから慎重を期したほうがよいと考え，Dに対し，「突然名義を移すのは不自然だから，離婚したことにして財産分与したことにしてはどうだろうか」ともちかけた。Dは，離婚は便宜的なもので，実際の生活は変わらないのだから構わないと思い，これに応じることとした。AとDは，離婚の届出をし，Aは，Dに対して，丙土地および丁建物を譲渡し，登記を移転した。

　その後，AとDは，それまでと同様の生活を継続した。Aは，新たな販路を開拓する等して，釣具店の経営を改善し，債務超過状態を脱したが，その頃に知り合ったE女と懇意となり，自宅を出て，Eと婚姻の届出をした。

　この場合において，Dは，Aに対して，協議離婚の無効確認および同居を求めることができるか。

●】参考判例【●

① 大判昭和 16・2・3 民集 20 巻 70 頁
② 最判昭和 38・11・28 民集 17 巻 11 号 1469 頁
③ 最判昭和 57・3・26 判時 1041 号 66 頁

●】解説【●

1 協議離婚の要件：離婚意思

協議離婚が有効に成立するためには，当事者間に離婚をする意思があり，離婚の届出がされることが必要である（764 条・739 条）。明文には規定されていない（婚姻に関する民法 742 条 1 号のような条文もない）が，夫婦の一方が他方の知らない間に離婚届を勝手に作成し，届出をしても，協議離婚が無効であることに異論はないように，離婚の意思の存在が協議離婚の要件であることは当然だと考えられている。

問題は，当事者にどのような内容の意思があれば，「離婚の意思」があるといえるかである。本問では，夫婦が離婚の届出をすることに合意して，実際に届出がされている以上，離婚意思があるといえそうである。しかし，届出後も従前と同様の共同生活を続けることを意図し，現にそうしていることからすれば，離婚は「仮装」されたものにすぎないとも思われ，離婚を有効とすることに疑問が生じる。婚姻意思についても同様の問題が指摘される［→問題③］。

2 判例の立場

(1) 離婚の届出＝法的な婚姻解消の意思

参考判例①は，離婚の届出をする夫婦は，離婚が戸籍に記載され，一般社会から法律上夫婦でないものとして遇せられることを知って届出をするのが普通であり，事実上夫婦関係を継続する意思を有しながら届出をする場合には「届出後ニ於ケル関係ハ之ヲ内縁関係ニ止メ少クトモ法律上ノ夫婦関係ハ一応之ヲ解消スル意思ニテ即法律上真ニ離婚ノ意思ニテ右ノ届出ヲ為スモノト認ムヘキ」という。

この判例については，届出の意思さえあれば離婚の意思が認められるとする立場（形式的意思説）であると整理されることがあるが，「極メテ明確ナル反証アルニ非サレハ」との留保が付されており，届出の意思を離婚の意思と同視するものではない。たとえば，単に戯れで届出がされたような場合には，それが立証されれば，離婚意思が否定されることになる（形式的意思説自体，単なる届出の意思を離婚意思と同視する趣旨であったかは疑問である）。

判例の趣旨は，離婚の届出があるということは，社会通念に照らし，法的に婚姻を解消する意思，換言すれば，離婚の法的効果を享受する意思があると評価できるとするものである（参考判例②・③等，その後の判例も，届出をした夫婦に「法律上の婚姻関係を解消する意思」があったことに言及する）。

なお，伝統的な学説の分類においては上述の形式的意思説に実質的意思説が対置されてきたが，今日では同説の「実質」が意味するところには幅があり得ると解されている。「実質」を，社会通念上ないし社会的事実としての夫婦関係ではなく，法的なものとして理解すれば，判例の見解は同説の延長上にあるとも位置付けられる。

(2) 射程：「仮装」離婚とは

離婚の法的効果を享受する意思に着目するときには，「仮装」の離婚の問題には，少なくとも二様のものが含まれる。本問の場合は，当事者は，共同生活を解消する意思はなくても，財産分与請求権の発生は意図しており，離婚の法的効果の一部を享受する明らかな意思を有する。これとは区別できる場合として，たとえば，配偶者のないことが受給要件となっているような社会保障給付を受ける目的のみのために，離婚の届出をする場合が考えられる。この場合には，当事者は，離婚に結び付けられてはいるが離婚自体の効果ではない効果を狙っているのであり，離婚の効果については一部たりとも享受する意思がないといえそうである。

しかし，判例は，夫婦が離婚の届出をした以上，きわめて明白な反証がない限り，法律上婚姻を解消する意思がないとはいえないとの論理を，後者の類型に属する事案にも及ぼすものと解される。

3 判例の見解の検討

判例の見解の適否を検討するために，次のようないくつかの観点を挙げる

ことができる。

(1) **要式性**

離婚は，離婚の届出によって成立する要式行為であり，協議離婚の場合，離婚届に夫および妻が署名をして要式を整える（765条1項・739条2項）。要式行為において要式が備えられていることがただちに当事者の意思に基づいて行為がなされたことを意味するわけではない。しかし，要式性は，当事者の慎重な意思の形成，表明を促し，真意性を確保する目的と機能を有することからすると，要式が備えられていることは，当該要式を作出した当事者に，そこに表明された法的効果を享受する意思が存することを強く推認させる事情であるといえる（ただし，離婚届には自署が要求されない問題は残る）。したがって，判例が，離婚の届出がなされている以上，原則として離婚の法的な効果を享受する意思が存するものとしたことは合理的である。

(2) **第三者への影響：対世効**

(ア) 影響を受け得る第三者

意思の不存在を理由とする行為の無効化については，第三者への影響が問題となり得る。協議離婚の場合，本問におけるように，当事者の一方と再婚した相手が登場することがある。また，当事者の一方が死亡した場合に，離婚の効力いかんによって相続の権利が影響される者があり得る（なお，本問でもそうであるように，協議離婚およびそれに伴う財産分与によって夫婦の一方の債権者が利益を害される場合があるが，債権回収について債権者が有する利益を理由に，身分に関わる行為に介入することは認めないのが民法の価値判断であり〔424条2項〕，財産分与はともかく〔後述の関連問題の(2)を参照〕，その前提となる離婚自体の効力との関係で，債権者の利害を考慮する必要はないといえる）。

(イ) 第三者の利害関係のとらえ方

第三者との関係については，一方で，離婚の有効性について利害関係を有する善意の第三者（たとえば，上記の再婚相手）がある場合には，離婚を無効としない方向に働く考慮要素とする立場があり得る。他方で，事前行為規範と事後的な評価規範とを区別し，事後的な有効性の判断においては，当事者の間で目的を達しているときには第三者からの無効主張を認めないことを示唆する見解もある。

後者の見解は，当事者間での無効主張と第三者からの無効主張とで結論を異にすることにつながり，前者の見解では，善意の第三者の存否によって離婚の効力の有無が左右されることになる。この点，契約の場合と異なり，婚姻は対世効を有し，排他性を持つので，当事者間と対第三者とで効果を区別することや具体的な第三者の有無に効力が左右されることは，適切ではないように思われる。

(3)　追い出し離婚の防止

(ア)　懸念される一方当事者の不利益

　仮装の協議離婚は，実質的な追い出し離婚を許すことによって，一方配偶者——特に稼働能力のない専業家事従事者——に不利益をもたらす場合があるとの懸念が表明される。日本の民法では，夫婦の一方が離婚を望まなければ，法定の事由が存しない限り離婚が認められないのに対して，協議さえ調えば，理由を問わずに離婚が認められる。この意味で，協議離婚は，離婚を拒む自由の放棄の側面があるところ，にもかかわらず，当事者の離婚の真意を確認するための——たとえば裁判での意思確認等の——手続を欠いている。このような離婚法の構造のもとにおいては，夫婦の社会的経済的地位の不均衡等を背景にして，対等な協議を経ずに，離婚による不利益を十分に考慮することなく，協議離婚届が作成，提出されるおそれがあることは否定できない。しかも，そのような実質的な追い出し離婚では，離婚給付が支払われることは期待できず，他方配偶者の経済的不利益も大きい。したがって，「離婚意思」の認定を厳格にし，他方配偶者の本意ではない離婚を防ごうというのである。

(イ)　離婚無効以外の保護の方法

　一方当事者の意思のみに基づく離婚を許すことは，離婚法の根本に反することは確かであるが，この問題は，離婚意思を欠くことを理由として協議離婚を無効とする解決をただちに要請するものではないことに注意が必要である。

　まず，他方当事者に勝手に届出をされることを予防する手段として，協議離婚不受理申立制度がある（戸27条の2第3項−5項）。また，離婚およびその届出への同意が一方当事者の詐欺または強迫に基づく場合には，協議離婚

を取り消すことができる（764条・747条）。仮装離婚の問題では，離婚の届出自体には真意に基づく合意がある場合が想定されており，単意での離婚の問題と——実際的には交錯場面があるとしても——理論的に区別される。

さらに，離婚の届出には合意があることを前提とすると，実は，懸念されている不利益とは，仮装離婚の目的を達した後に再婚することを約束していたのに，再婚に応じてもらえない不利益ではないかと思われる（参考判例①では当事者の意思は再婚の約束を含むものだったと認定されている）。だとすれば，不利益を被る当事者の救済は，再婚の予約破棄に基づく損害賠償請求を認めることで図ることも考えられる。

(4) 目的の不法性

以上(3)までに挙げた要素と反対に，仮装離婚を無効とする方向に働く要素として，当事者の狙う目的が不法なものであることがある。不法な国籍取得や不法滞在を目的とする婚姻の場合に対応するような，公法上の負担，規制を潜脱することだけを目的に離婚が仮装された場合には，離婚意思の存在を認めつつ，不法目的または公序良俗違反（90条）を理由に協議離婚を無効としてよいだろう。

4　婚姻意思との比較

以上では，協議離婚の届出がされた場合には，それが不法目的であるときを例外として，法的な離婚の意思があるものとして扱うことに十分な理由があることを論じてきた。このような結論は，いわゆる仮装婚姻に対して判例が示す立場とは異なるものとも思える［→問題3］。婚姻と離婚とで異なる解釈をする理由があるかどうか，同居義務を中心とする法的拘束の有無等を視野に入れて，考えてみてほしい。

5　手続

本問では，Ｄが求めているのは，Ａとの協議離婚の無効確認とＡに対する同居請求である。協議離婚が離婚意思を欠くために無効であることについては，裁判を経ずに当然に無効が認められるか否かにつき見解の対立がある。判例は，当然無効と解しており，これによれば，Ｄは，同居だけを申し立て，その手続の中で離婚無効を主張することも可能である。もっとも，現実には，離婚の効力の有無は対外的な関係において意味を有するから，裁

判でそれを明らかにする必要性が高く，離婚の無効を訴えることになろう（人訴2条1号）。当事者の一方（D）が他方（A）を被告として訴えることができるのはもちろん（同法12条1項），Aが死亡している場合でも，離婚の効力は当事者以外の第三者の身分関係およびこれを前提とする相続関係その他の権利義務関係に影響を及ぼす点で公益に関わることから，検察官を被告とする訴訟提起が可能である（同条3項）。

　第三者も確認の利益が認められる限り，協議離婚無効の訴えを提起することができる。協議離婚の無効によって自己の相続，扶養等の身分関係上の権利義務に直接影響を受ける親族等がこれに当たる。被告とするのは，当事者双方（一方が死亡している場合は他方のみ）であり，双方が死亡している場合には検察官である（人訴12条2項・3項）。

6　本問へのあてはめ

　A・Dが，離婚の効果のうち，財産分与請求権の発生以外の効果，すなわち扶養，相続関係の喪失等について，明確に意識していたかは疑わしい。しかし，A・Dが本問に示されたような相談をして，真に合意のうえ，離婚届を作成，届出していることからすれば，A・Dには法的に婚姻を解消する意思があったと評価するのが適当だろう。A・Dの離婚の目的は，Aの債権者からの執行を免れるためにDの財産をAに譲渡しようというものであり，推奨はされないものの，公序良俗違反であるとまではいえず，他に特段の事情の存しない本問では，A・D間の離婚は有効だといえる。このことは，善意かもしれないEの存在に関係ない。離婚の目的が達せられた後に，AがDの予期に反してEと婚姻してしまったことはDに気の毒ではあるが，Dの保護の必要性は離婚の無効化に直結しない。離婚が有効である以上，財産分与は根拠があることになり，詐害行為取消しの問題は残るとしても，その有効性を否定する理由はないだろう。

関連問題

本問に関する次の(1)および(2)を検討せよ。(1)および(2)は相互に独立である。

(1) 本問において，AとDの協議離婚届出の後，Aの釣具店の経営状態は悪化の一途をたどり，Aが自死した場合，Dは，Aの相続について，相続人であることを主張できるか。

(2) 本問において，Bは，A・D間の財産分与を詐害行為として取り消すことができるか。なお，丙土地および丁建物は，A・Dが婚姻した後に，Aの釣具店経営の利益を原資にAが取得したものである。

●】**参考文献**【●

窪田充見『家族法〔第4版〕』（有斐閣・2019）19頁・95頁／内田貴『民法Ⅳ〔増補版〕』（東京大学出版会・2004）62頁・103頁／鈴木禄弥『親族法講義』（創文社・1988）13頁・51頁／久保野恵美子・百選Ⅲ26頁

（久保野恵美子）

離婚の成立②
──有責配偶者からの離婚請求

X男とY女は，1964年に婚姻の届出をした夫婦である。両者の間には，A（1965年生まれ），B（1967年生まれ），C（1970年生まれ），D（1975年生まれ）がいる。Xは，1970年頃に会社を退職し，その後は自ら会社を設立するなどしていたが，前記会社の設立の際に借金をした消費者金融からの督促が厳しく，1979年に家を出たまま行方をくらました。一方，Yは，前記4人の子らを抱えて仕事ができず，自宅も競売に付され，生活保護の受給を開始した。

Xは，1981年頃にE女と知り合い，1983年には同女と同棲を開始した。現在Xが勤務している会社には，Eを妻として届け出ている。Yは，1985年頃，Xの勤務先とともに，X・Eの同棲を知った。Yは，Xに積年の恨みをぶつける一方，Yらの元に戻るよう強く求めたため，Xは，Yに対する嫌悪感を募らせ，離婚意思を固めるようになった。

Yは，1987年に家庭裁判所に対し婚姻費用分担の申立てをし，Xに対し，1988年9月以降，毎月17万円（毎年7月は53万円，12月は65万円）の支払を命じる審判がなされた。その後，Xは，Yに対し毎月15万円（毎年7月と12月は各40万円）を送金している。

1989年，Xは離婚を求めて訴訟を提起した。Xは，離婚給付として700万円を支払うとの提案をしているが，Yは，Dのためには父親の存在が必要だとして，離婚に反対している。Xの離婚請求は認められるか。

●】参考判例【●

① 最判昭和27・2・19民集6巻2号110頁

② 最大判昭和62・9・2民集41巻6号1423頁

③ 最判平成6・2・8判時1505号59頁

④ 東京高判平成19・2・27判タ1253号235頁

⑤ 東京高判平成4・12・24判時1446号65頁

●】解説【●

1 裁判離婚と離婚原因

民法770条は，裁判上の離婚について規定している。同条1項では，具体的離婚原因として，不貞行為（1号），悪意の遺棄（2号），3年以上の生死不明（3号），回復の見込みのない強度の精神病（4号）を挙げ，抽象的離婚原因として，「その他婚姻を継続し難い重大な事由があるとき」を規定する（5号）。一般に，1号から4号は5号の例示であると解されており，当事者（離婚を請求する相手方）に1号から4号に該当する事由が存在しない場合には，5号の問題として処理される。したがって，本問においては，Xは，5号に基づき訴訟を提起することとなる。

それでは，民法770条1項5号にいう「婚姻を継続し難い重大な事由があるとき」とは，どのような場合をいうのであろうか。一般的には，婚姻の不治的な破綻をいい，婚姻の本質に応じた共同生活の回復の見込みがない場合をいうとされる。この破綻の判断にあたっては，婚姻中の両当事者の行為や態度，婚姻継続意思の有無，子の有無やその状態，両当事者の年齢や健康状態，職業，資産収入など一切の事情が総合的に考慮される。また，同号の離婚原因と有責性（婚姻の破綻についての責任）とは直接的な関係はないが，判例上，同号の離婚原因を認定した事例のほとんどは，相手方に何らかの落ち度や責任がある場合である。したがって，相手方（本問ではY）が無責の場合に婚姻の破綻を認定するには，同項3号や4号に準ずるほどに破綻が進んでいることが必要であると考えられている。さらに，婚姻の不治的破綻を認定する場合には，社会の一般通念や常識からみて客観的に離婚の請求が正当化されるような事情の存在が必要であると解されている。

このように，民法770条1項5号に基づく離婚請求の許否は，結局のとこ

ろ裁判官の裁量によるところが大きく，結果の予測が困難なものとなっている。このため，離婚訴訟を提起する者は，前記同項1号から4号に該当する事実が存在する場合には，これと併せて同項5号にも該当する旨の主張をするのが一般的である。

2　有責主義と破綻主義：有責配偶者からの離婚請求

離婚原因に関する立法は，有責主義と破綻主義に大別される。有責主義とは，相手方に不貞行為等の有責原因がある場合にのみ，離婚請求を認めるものである。これに対して，破綻主義とは，当事者の有責性の有無を問題とせず，長期間にわたる別居や生死不明などの破綻原因がある場合に，離婚請求を認めるものである。

明治民法は，男女不平等の有責主義を採用したが，戦後の日本国憲法の制定に伴い改正された現行民法は，一部には有責主義的な色彩を残しつつも，民法770条1項5号に示されるように，破綻主義の原則を採用している。

ところで，破綻主義はさらに，消極的破綻主義と積極的破綻主義に分かれる。消極的破綻主義とは，有責配偶者からの離婚請求については，たとえ破綻の事実があったとしても，そもそも法の基本原則であるクリーン・ハンズの原則に反することなどを理由に，離婚を認めないとするものである。他方，積極的破綻主義とは，有責配偶者からの離婚請求であっても，破綻の事実がある以上，離婚を認めるとするものである。

判例・学説においては，有責配偶者からの離婚請求の可否をめぐって，消極的破綻主義と積極的破綻主義が対立してきた。判例は，参考判例①において消極的破綻主義に立つことを明らかにし，その後も有責配偶者からの離婚請求を認めないとの立場を示してきたが，参考判例②を契機として，徐々に積極的破綻主義の立場に近づきつつある。

まず，有責配偶者からの離婚請求について，消極的破綻主義のリーディングケースである参考判例①をみてみよう。同事案は，夫が妻以外の女性と関係を持ち，同女との間に子が生まれたため，夫婦の関係が悪化し，別居に至ったという事実関係の下で，夫が民法770条1項5号に基づく離婚請求をしたものである。裁判所は，もしこのような夫の請求が是認され得るとしたら，妻は「俗にいう踏んだり蹴たり」であり，「法はかくの如き不徳義勝手

気侭を許すものではない」として，夫の請求を棄却した。このような判断は，妻（とりわけ専業主婦）を「追い出し離婚」から保護するという意味において歓迎すべきものであったが，他方で，破綻した婚姻からの解放を求める夫の権利を奪い，形骸化した法律婚の陰で内縁関係から生まれた子の法的地位が軽んじられるという問題を抱えていた。

その後，昭和30年代に入ると，最高裁判所の判例においても，有責配偶者の離婚請求拒否の法理が徐々に緩和された。すなわち，夫婦の双方が有責であっても離婚請求される側の責任のほうが大きい場合（最判昭和30・11・24民集9巻12号1837頁），双方の責任が同程度の場合（最判昭和31・12・11民集10巻12号1537頁），有責行為と婚姻破綻との間に因果関係が認められない場合（最判昭和46・5・21民集25巻3号408頁）には，離婚が認められるとされた。

一方，学説や下級審判例では，諸外国における離婚法の動向（有責主義から破綻主義への移行）を受けて，昭和50年代頃から積極的破綻主義への萌芽がみられるようになった。最高裁も，参考判例②において，有責配偶者からの離婚請求については，信義誠実の原則（以下，「信義則」という）に照らしてその許否を判断すべきであるとして，離婚を認めるに至った。

3 参考判例②とその後の展開

参考判例②の事案の概要は，次のとおりである。夫婦は，1936年に婚姻の届出をしたが，子ができなかったため，1948年に養子縁組をした。1949年，妻が夫と養子の実母との不貞関係を知ったため，夫婦仲は不和となり，夫が家を出て養子とその実母と暮らすようになった。妻は，夫が家を出てから約4ヵ月後に，生活費の仕送りが途絶えたため，処分を任されていた夫名義の婚姻住居を売却したが，経済的に苦しく，親族の支援を受けて生活していた。他方，夫と養子の実母との生活は，経済的に安定しており，両者の間には2子が生まれた。夫は，1951年に離婚訴訟を提起したものの，退けられ，1984年に申し立てた離婚調停が不調となったため，再度の離婚訴訟を提起した。1審・2審ともに，夫からの離婚請求は，有責配偶者からの離婚請求だとして棄却したため，夫が上告した。

参考判例②は，民法770条1項5号所定の事由について，有責配偶者から

の離婚請求を認めないという趣旨まで読み取ることはできないとし，結局，有責配偶者からの離婚請求については，信義則に照らしても容認され得るものであることを要するとして，以下のように判断した。

　まず，当該離婚請求が信義則に照らして許されるものであるかどうかを判断するにあたっては，有責配偶者の責任の態様・程度，相手方配偶者の婚姻継続意思および請求者に対する感情，離婚を認めた場合における相手方配偶者の精神的・社会的・経済的状態および夫婦間の子，とりわけ未成熟子の監護・教育・福祉の状況，別居後に形成された生活関係，さらに，時の経過がこれらの諸事情に与える影響を考慮しなければならない。そして，「有責配偶者からされた離婚請求であつても，ⓐ夫婦の別居が両当事者の年齢及び同居期間との対比において相当の長期間に及び，ⓑその間に未成熟の子が存在しない場合には，ⓒ相手方配偶者が離婚により精神的・社会的・経済的に極めて苛酷な状態におかれる等離婚請求を認容することが著しく社会正義に反するといえるような特段の事情（苛酷条項）の認められない限り，当該請求は，有責配偶者からの請求であるとの一事をもつて許されないとすることはできない」（鍵括弧内の丸囲み英字ⓐからⓒおよび苛酷条項という用語は筆者挿入）。

　その後の判例・学説においては，主として，上記ⓐからⓒの3要件の趣旨，射程範囲について，議論が展開されてきた。信義則の判断要素と上記3要件との関係については，ⅰ信義則は3要件に集約されているとする見解，ⅱ3要件のほかに信義則要素を総合して離婚請求の可否が決まるとする見解，ⅲ信義則の判断基準である諸要素のほうが3要件よりも重要であるとする見解に大別することができる。しかし，結局のところ，参考判例②の射程範囲は，民法770条1項5号の破綻の事実，信義則違反となる事情の不存在，特段の事情（苛酷条項事由）の不存在について，いずれに軸を置くのかにより結論が異なるといえる（若林昌子「有責配偶者の離婚請求」野田愛子＝梶村太市総編集『新家族法実務大系(1)婚姻・離婚』〔新日本法規・2008〕459-460頁）。

　それでは，本問のケースについてみてみよう。本問のモデルとなった事案（参考判例③）では，1審（大阪地堺支判平成4・4・30家月46巻9号79頁）

は，婚姻関係が破綻に瀕するようになったのは，ほとんどがXの責任であり，X・Yには未成熟子Dがいること，また，別居後のXの婚姻費用の分担も十分なものではなく，離婚に際しての給付の申し出も十分なものではないとして，Xの離婚請求を認めなかった。これに対し，2審（大阪高判平成5・3・10家月46巻9号68頁）は，X・Yの婚姻関係は完全に破綻しており，破綻の責任は主としてXにあるものの，㋐同居期間が15年であるのに対し別居期間が14年に及ぶこと，㋑X・Y間の3人の子はすでに成人に達しており，Dもまもなく高校を卒業する年齢に達していること，㋒1988年9月以降はXからYに対し毎月の生活費が継続して送られており，離婚に伴う給付として，Xから具体的で相応の誠意ある提案がなされていることからすると，Yが離婚によって苛酷な状態に置かれるとまではいい難いこと等の事情に照らすと，Xの離婚の請求が信義則に反して許されないということはできないとして，Xの請求を認めた。

　Yの上告を受けた最高裁は，参考判例②を引用し，未成熟子がいる有責配偶者からの離婚請求の場合でも，未成熟子の存在というその一事をもって同請求を排斥すべきものではないとしたうえで，前記2審と同様の判断を示し，Yの請求を棄却した。同判決は，前記3要件のうち⑥の要件を満たさない事案について，最高裁として初めて離婚請求を認容したものである。別居中の婚姻費用の分担義務の履行状況が，前記3要件の©を満たすとの判断の根拠とされ，さらに，⑥の要件の判断にも影響したものと考えられる（なお，ⓐの要件については，参考判例②以降，期間の短縮化が進み，離婚が認容されるための別居期間は10年程度と解されている）。

　このように，前記ⓐと©の要件を満たす場合には，未成熟子がいる場合であっても離婚は認容される傾向にあり，実際，破綻した婚姻夫婦に未成熟子が複数いる場合やその年齢が低い場合であっても離婚が認容されている（福岡高那覇支判平成15・7・31判タ1162号245頁は，10歳と12歳の子がいる有責配偶者からの離婚請求）。他方，別居中の婚姻費用の分担が適切になされていない場合には，前記⑥と©の要件が満たされていないとして離婚請求は認められていない（東京高判平成9・11・19判タ999号280頁は，中学2年生と高校3年生の子がいる有責配偶者からの離婚請求）。

結局のところ，有責配偶者からの離婚請求の許否は，破綻の事実があれば，苛酷条項の判断いかんによって決せられるものであり，同条項の存否の判断は，別居期間中の婚姻費用分担義務の誠実な履行をはじめとする経済的要因に関する判断と密接に関連するものといえそうである。

・関連問題・

(1)　本問のケースにおいて，AからDは成人に達しているものの，Dが障害者であり，24時間の付き添い介護が必要な場合，Xからの離婚請求は認められるか。本問と同様に相応の婚姻費用の分担がなされている場合とそうでない場合とでは，結論は異なるか（参考判例④）。

(2)　本問のケース（第2段落第4文）において，YがXの不貞行為を許し，XがYの元に戻ったものとする。しかし，その後も，YがX・Eの不貞行為を理由にXを罵倒し，これにXが嫌気をさして離婚を決意した場合，Xからの離婚請求は認められるか（参考判例⑤）。

●】参考文献【●

田口直樹・家月47巻9号（1995）1頁／本澤巳代子「未成熟子のいる有責配偶者からの離婚請求」松本恒雄＝潮見佳男＝羽生香織編『判例プラクティス民法Ⅲ〔第2版〕』（信山社・2020）34頁／若林昌子「有責配偶者の離婚請求」野田愛子＝梶村太市総編集『新家族法実務大系(1)婚姻・離婚』（新日本法規・2008）455頁／新注民(17) 477-485頁［神谷遊］／松川正毅＝窪田充見編『新基本法コンメンタール親族〔第2版〕』（日本評論社・2019）109-112頁［浦野由紀子］

（梅澤　彩）

財産分与と離婚慰謝料

　X女（以下，「X」という）はY₁男（以下，「Y₁」という）と2006年6月1日に婚姻届を提出し，2013年6月30日に女児Aが出生した。Y₁は証券会社のサラリーマンであり，Xは，Aの出産を契機に正社員として勤めていた会社を退職し，専業主婦となった。

　Y₁は，2019年春頃からY₂女（以下，「Y₂」という）と親密な関係になり肉体関係をもつようになった頃から，XとY₁の間では喧嘩が絶えず，2020年4月頃にはY₁は帰宅しなくなった。Y₁は，別居後1年間はXに仕送りをしていたが，Y₁がY₂と同居し始めた2021年4月から仕送りが途絶えた。Y₁は，Y₂と親密な関係になる前から婚姻生活は破綻しており，その原因はXの性格による等と主張し，離婚調停の申立てを行った。これに対して，XはY₁の不貞行為が婚姻関係破綻の主な原因であると主張し，離婚調停は不調に終わった。

　XとY₁の主な資産は，現在，XとAが居住しているマンションである。Y₁は，2013年9月にこのマンションを2500万円で購入した。Y₁が父親から相続した遺産500万円，婚姻後に貯蓄した1000万円を購入代金に充て，残額1000万円については，Y₁が銀行から住宅ローンを借り受けることにし，抵当権の設定との関係で，Y₁名義で所有権移転登記を了している。なお，住宅ローンは2021年9月末に完済されている。

　2022年4月に，XはY₁の不貞行為および悪意の遺棄を原因としてY₁を被告として離婚訴訟を提起するとともに，財産分与の申立てを行い，Y₁名義の上記マンションについてXへの移転登記を求めた。また，Xは，Y₁に対する離婚訴訟で勝訴後，Y₂に対して慰謝料の支払を求めて訴えを提起した。

●】参考判例【●

① 最判昭和 46・7・23 民集 25 巻 5 号 805 頁
② 最判昭和 53・11・14 民集 32 巻 8 号 1529 頁
③ 最判平成 8・3・26 民集 50 巻 4 号 993 頁
④ 最判平成 31・2・19 民集 73 巻 2 号 187 頁

●】解説【●

1 離婚請求と離婚給付

X は，Y₁ に不貞行為があること，また，生活費の大半が Y₁ の収入による
ものでありながら，Y₁ が X・A を放置して家を出て 2021 年 4 月以降は婚姻
費用をまったく分担していないことが悪意の遺棄にあたるとして，民法 770
条 1 項 1 号・2 号に基づいて本件離婚訴訟を提起している。同項各号ごとに
訴訟物を異にするかどうかについては議論があるところであるが，人事訴訟
の確定判決は，身分関係に関する紛争の画一的・一回的解決を図るために，
再訴禁止の効果を広く認めている。離婚訴訟判決の確定後は，原告が離婚原
因を変更することによって主張できた事実に基づいて離婚訴訟を提起するこ
とができないだけではなく（人訴 25 条 1 項），被告も反訴を提起することに
より主張できた事実に基づいて同一の身分関係について離婚訴訟を提起する
ことはできない（同条 2 項）。Y₁ は離婚原因が X との性格の不一致によるも
のであるとして「婚姻を継続し難い重大な事由」があるとして離婚原因を争
うものと思われるが，民法 770 条 1 項 5 号に基づく離婚請求を反訴として提
起しておくことが必要となる。

人事訴訟法の制定に伴い，2004（平成 16）年 4 月 1 日から人事訴訟の第
1 審の管轄が地方裁判所から家庭裁判所に移管され，人事訴訟事件が家庭裁
判所において取り扱われることになった（人訴 2 条 1 号・4 条 1 項）。この結
果，離婚の紛争は，調停から訴訟まで一貫して家庭裁判所で扱われることに
なった。また，人事訴訟に係る請求原因事実によって生じた損害賠償に関す
る請求（関連請求）については，人事訴訟の訴えと併合する場合に限って，

家庭裁判所に提起することができることになった（同法8条・17条）。本来，財産分与に関する処分は家事審判事項であるが，附帯処分として離婚訴訟において一括してなされるべきことになり（同法32条1項），本来民事訴訟事項である離婚に伴う慰謝料や不貞行為による損害賠償請求も関連損害賠償請求として離婚訴訟に併せて1つの訴えで家庭裁判所に提起できることになった（なお，関連損害賠償請求事件には，人事訴訟の当事者以外の第三者を当事者とする請求事件も含まれる）。

　本件事案において，Xは，Y_1を被告として離婚訴訟を提起し附帯処分として財産分与を求めている。これに加えて，Y_1の不貞行為を原因とする慰謝料請求についてもY_1に対する本件離婚訴訟への併合が許されることになる。なお，離婚訴訟で定められた養育費・財産分与等の定めについては，家事審判手続による場合と同様の履行確保の手段が定められている（人訴38条-39条）。

　以下では，Xからの離婚請求が認容されることを前提にして，財産分与請求権の範囲について検討することとする。Xは，Y_1に対して財産分与を求めているが（771条・768条），家庭裁判所は，当事者双方がその協力によって得た財産額その他の一切の事情を考慮して，分与されるべきかどうか並びに分与の額及び方法を定めることから，判例は，財産分与を婚姻中に当事者双方がその協力によって得た財産の清算に加えて，離婚後の扶養・慰謝料の要素から成り立つものと解している。

2　実質的な夫婦共有財産の清算と分与財産の確定

　財産分与は，本来，婚姻期間中に形成された実質的な夫婦共有財産の清算に主な目的がある。清算的財産分与については，離婚に至った原因を問わない。

　婚姻期間中に取得した不動産については，登記名義のいかんを問わず，夫婦の共有財産と事実上推定されることになる。もっとも，本件事案では，購入資金のうち，Y_1が父親から相続した遺産500万円についてはY_1の特有財産（762条1項）からの拠出であり，厳密には，婚姻後に貯蓄した1000万円と住宅ローン1000万円分に相当する部分だけが，婚姻中にX・Y_1がその協力によって得た夫婦共有財産であることになる。住宅ローン1000万円につ

いては Y₁ が借主となっており，名目的には Y₁ が返済したことになるが，実質は家計からの返済と解すべきである。

　清算の方法としては，さまざまな方法があるが，X は，居住しているマンションの現物給付を求めている。そこで，マンション全体を財産分与の対象とした上で，Y₁ が特有財産から支出した部分を財産形成に対する寄与度として考慮し，夫婦共有財産の形成・維持に対する X・Y₁ の貢献度を考えていくことになろう。特段の事情がない限り，夫婦が協力して形成した財産については，原則として夫婦の寄与度は相等しいものと推定されることから，2分の1ルールが適用される。したがって，本件事案では，マンション取得にあたっての X と Y₁ の貢献度は $1000 : 1000 + 500 = 2 : 3$ となり，X が清算的財産分与として請求できるのは，本件マンションの5分の2の共有持分にとどまることになる。

　なお，婚姻期間中に形成された夫婦共有財産といえるのは，理論的には別居時点までであり，その時点で残存するものが清算的財産分与の対象となりそうであるが，裁判所は口頭弁論終結時における財産状態を考慮して分担額を決定しているようである。

3　離婚後の扶養と財産分与

　理論的には，財産分与は離婚の効果として認められる財産的給付であるから，離婚によって妻の扶養義務はなくなり，離婚後の扶養を財産分与の要素として考慮することは矛盾するように思われる。離婚後の扶養を婚姻の余後効として説明する見解もあるが，財産分与について扶養的要素が問題とされるのは，女性が婚姻後，専業主婦となり，女性の自活能力が減少した場合である。

　実務では，清算的財産分与や慰謝料を受領しても，一方配偶者が離婚後の生活に困窮するような場合に，扶養的財産分与を補充的に命じている。扶養的財産分与を認めるのは，婚姻によって職業能力が喪失ないし減少したことによって離婚後に生じた生活条件の格差を補償するための給付，あるいは，一方配偶者が婚姻によって失った職業獲得能力を回復するための給付であると解する見解が，最近では有力である。いずれにしても，財産分与に扶養的要素を加味するにあたっては，扶養の必要性が要件となるものと解される。

具体的には，子の監護のために就労に制約がある場合，就労のために準備期間などが必要な場合などがこれに該当する。分与額を算定するにあたっては，財産分与を命じられる相手方の収入や資産状況を考慮することになる。本件事案のように，専業主婦が再就職して自活するまでにある程度の期間が必要である場合には，実務的には，１～３年程度の必要な最低生活費を考慮して算定されることが多いようである。

4　慰謝料と財産分与

判例は，財産分与後に離婚慰謝料を請求した事案で，財産分与請求権と不法行為に基づく慰謝料請求権が併存することを認め，財産分与とは別に，不法行為を理由として慰謝料を請求することができるものと解している（参考判例①）。したがって，慰謝料的要素として財産分与の中で斟酌されるべきものと，一方配偶者の有責な行為に起因して離婚に至った場合に，他方の配偶者が精神的苦痛を被ったとして損害賠償を求めることは，理論的には区別する必要がある（消滅時効の起算点・期間が異なる。768条２項および724条参照）。後者は，人事訴訟法17条に基づいて離婚訴訟に併合してされることが多いと思われるが，この場合には，慰謝料的要素を財産分与の要素として考慮すべきではないことになる（最判昭和53・２・21家月30巻９号74頁）。

もっとも，本件事案のように，Ｘが離婚訴訟に付帯して財産分与の申立てをするにとどまり，慰謝料請求を関連請求として明示していない場合に，慰謝料的要素を加味して財産分与額を決定することができるかどうかは，別個の問題である。判例は，損害賠償の給付がされていない点も含めて財産分与の額と方法を決定することができるものと解している（参考判例①）。本件事案のように，Y₁の行為の有責性を考慮して，清算的財産分与だけでは居住用不動産の所有権の移転が認められないような場合に，現物給付を肯定するために，財産分与に慰謝料的要素を加味することはできるものと解される。

なお，上記の原則的な理解を前提すると，慰謝料的要素を考慮して財産分与が行われた場合にも，不法行為を理由として別途慰謝料の請求をすることは妨げられない。ただし，損害賠償額の算定にあたって，先行して行われた財産分与の額および方法が斟酌されると解すべきであろう。財産分与によって精神的苦痛が慰謝されるのに不十分なものであれば，慰謝料請求権は消滅

していないことになり，十分なものであればすでに精神的損害が填補された
ものとして消滅することになる。

5　過去の婚姻費用の分担額と財産分与

　本件事案では，家計の主な負担者は Y_1 であり，X は Y_1 に対して婚姻継
続中の生活費の分担を請求できることになる（760条）。本問では，2021年
4月以降の婚姻費用について Y_1 に未払いがあることになるが，判例は，未
払いの婚姻費用を事後的に請求できるとしたうえで（最大判昭和40・6・30
民集19巻4号1114頁），分担額の決定を審判事項として扱ってきた（最判昭
和43・9・20民集22巻9号1938頁）。本件では，離婚調停が不調に終わり，
別居期間中の婚姻費用について審判の申立てがないまま離婚訴訟が提起され
ている。このような場合に，過去の婚姻費用の分担額を考慮して財産分与額
を決定できるだろうか。

　本来，婚姻継続中の経済的給付である婚姻費用と離婚時の経済的給付であ
る財産分与は，その目的，発生の根拠を異にする。しかし，判例は離婚裁判
時において婚姻費用が調停や審判などで確定せず，未払いである場合には，
未払いの婚姻費用を財産分与における「一切の事情」として考慮できるもの
と解している（参考判例②）。前述したように，離婚訴訟において附帯処分と
して財産分与の申立てができるから（人訴32条1項），この限りでは，過去
の婚姻費用の分担について，別途，審判の申立てをする必要がなくなったこ
とになる。

　上記判例は，夫婦共有財産を未払いの婚姻費用分担額を含めて清算すると
いう観点から捉えており，過去の婚姻費用分担請求権を実質的に保障してい
る。しかし，上記判例は一回的な紛争の解決という観点から，離婚後は過去
の婚姻費用の清算を財産分与の中でのみ認めるべきであるとまで解している
わけではない。家裁実務が，財産分与額に過去の婚姻費用の分担分の清算を
含む場合には，これを明示する必要があるとしているのは，明示がない場合
には，財産分与とは別に，過去の婚姻費用の分担請求権を認めることを前提
とした上で，明示がある場合には紛争の蒸し返しを認めないためであると考
えられる。

6 配偶者の不貞相手である第三者に対する慰謝料請求

　XはY₂に対して，民法709条に基づいて慰謝料を請求している。

　不貞配偶者に対する離婚慰謝料については，①不貞行為によって他方配偶者が被った精神的苦痛に対する慰謝料（離婚原因慰謝料）と，②離婚に至ったことにより被った精神的苦痛に対する慰謝料（離婚慰謝料）を区別している。不貞行為を原因として離婚にいたるプロセスの中で，他方配偶者が受ける精神的苦痛に違いがあること，また，消滅時効の起算点についても，前者の場合には不貞行為を知った時（最判平成6・1・20家月47巻1号122頁），後者は離婚時（参考判例①）と解されていることなどを理由とする。

　不貞配偶者の相手方であるY₂に対する慰謝料請求についても，被害者保護の観点から区別をすべきであるとする見解が有力である。この見解に従えば，Xの精神的苦痛について，①Y₂がY₁と肉体的関係をもったことが，Y₁の妻であるというXの人格的利益を侵害したと捉えること（最判昭和54・3・30民集33巻2号303頁）と，②XのY₁との婚姻共同生活の平和の維持という法益が侵害されて離婚に至ったこと（参考判例③）に区別して，慰謝料を考えるべきことになる。判例は，②について，Y₂がX・Y₁間を離婚させることを意図してX・Y₁間の婚姻関係に対する不当な干渉をするなどして離婚にいたったと評価すべき特段の事情がない限り，Y₂に対して離婚慰謝料を請求できないものと解している（参考判例④）。①については，慰謝料請求を認めることができるとしても，離婚をするかどうかの意思決定は配偶者が行うものであり，この意思決定に不当に干渉したといえない限り，不貞配偶者の相手方に，②の法益侵害があったとはいえないから，慰謝料を請求することは原則としてはできないからである。

関連問題

　本問において，住宅ローンがまだ完済されていないものとする。2022年4月に，XはY₁を被告として離婚訴訟を提起するとともに，Y₁の不貞行為を原因として慰謝料100万円の請求を行った。しかし，離婚後もY₁がY₁名義となっているマンションの住宅ローンを支払い，引き続きAが成人するまで無償でXとAが居住することを認めたこと

から，Xは離婚訴訟に付帯して財産分与の申立てを行わなかった。

　2021年4月以降，Y_1は給与の振込口座を一方的に変更し，Y_1からの仕送りが途絶えた。Xはパートの収入と上記預金口座にあった預金で生活費を賄っていたが，同口座から住宅ローンが引き落とされていたことから，生活費の不足分をZ貸金業者からの借入金で補っていた。そこで，Xは，2023年1月，XのY_1に対する離婚請求および慰謝料請求が認容された後に，夫婦共有財産の清算，離婚後の扶養などを求めて財産分与について審判の申立てを行った。Xの請求は認められるか。一方，ZはXに対する元利金200万円を回収するために，XからY_1に対する財産分与請求権について代位行使することができるか。

●】参考文献【●

水野紀子・百選Ⅲ（2015）34頁／常岡史子・百選Ⅲ（2015）36頁／窪田充見・百選Ⅲ 24頁／櫛橋明香・令和元年重判 78頁

　　　　　　　　　　　　　　　　　　　　　　　　　　（千葉恵美子）

離婚と子の監護
——面会交流・養育費

　　Ｘ男とＹ女は法律上の夫婦であるが，両名間には未成年者・長女Ａが生まれた。その後ＸとＹとの夫婦喧嘩が絶えなくなり，Ｙは，Ｘが激高した姿が頭から離れず，離婚を強く求めたが，Ｘは，離婚にはただちに応じなかった。そこで，Ｙは，Ｘに対して「離婚する」，「Ａの親権者をＹとする」，「Ａの養育費を毎月５万円，Ａが20歳に達するまで毎月末日限り支払う」との調停を家庭裁判所に求めた。離婚調停では，Ｙの離婚の意思が固く，長女Ａの親権についても，父親Ｘも親権を主張してＹも親権を譲らなかったため，最終的に，Ｘとしては，月４回，毎週日曜日の午前10時から午後４時までの面会交流，年３回長期休みのときの宿泊付の面会交流，学校行事への参加が認められれば応ずると主張した。これに対して，ＹもＸとの間で早く離婚を成立させたいと思い，上記条件で離婚調停を成立させた。ところが，長女Ａ（９歳）は塾や習い事が忙しくなって，上記条件でのＸとの面会交流は調停成立後１ヵ月後には，Ａが渋るようになってしまい，ＹとしてはなんとかＡを説得してＸに会わせようとした。しかし，面会交流は徐々に滞り始めて，これに対して，Ｘが上記調停条項を守れと強く求めてくるために，Ｙも強いストレスを感じて結局は拒否するに至った。Ｘは，Ｙに対して，面会交流を実現するためにどのような主張をすることができるか。Ｘは，面会交流をしないかぎり，養育費の支払をしないと主張できるのか。

●】 参考判例 【●

①　最決昭和 59・７・６家月 37 巻 5 号 35 頁
②　最決平成 12・５・１民集 54 巻 5 号 1607 頁

③　最決平成25・3・28民集67巻3号864頁
④　東京高決平成25・6・25家月65巻7号183頁

●】解説【●

1　問題の所在

面会交流とは，別居や離婚後，未成年の子と一緒に暮らしていない親（別居親・非監護親）が，子と一緒に暮らしている親（同居親・監護親）に対して，電話・手紙・メールなどで連絡や接触をとったり，一緒に家に行ったり旅行に出かけたり，まとまった時間を過ごすことをいう。面会交流には，子供の様子や状況を写真やビデオで知らせたり，SNSやメール，ビデオ通話を使う間接的な面会交流と，直接会って時間を共に過ごす直接的な面会交流がある。

また，養育費（監護費用）とは，未成年の子が生活の需要をみたし十分な教育や監護を受けるために必要な費用（監護費用）のことを指す。子供自身が親に対して，扶養料として請求をすることも（877条1項），別居中の夫婦間では，婚姻費用の分担請求として請求することもできる（760条）。

しかし，実務上は，子の監護費用として民法766条に基づく請求として認められていたところ，2012年4月から，民法の一部改正により「面会及び交流」と「監護に関する費用」として明文の規定が挿入された（766条1項）。これにより，父母は，協議離婚の際に，面会交流や養育費について取決めをするとともに，その際には，子の利益を最優先に考慮しなければならないと規定された。

そこで，本問でのXは，Yに対してAとの面会交流を求めることができるのであろうか。また，XはYとの間で，Aの養育費（監護費用）として，毎月5万円を支払う約束をしているが，面会交流をしてくれない場合に，このことを理由として，養育費の支払を免れることが許されるのか。

2　面会交流の意義と法的根拠

すでに述べたように，面会交流については，かなり古くから判例で認められ（東京家審昭和39・12・14家月17巻4号55頁），少なくとも判例・実務で

は，面会交流は民法 766 条・家事別表第 2 第 3 項の子の監護に関する処分事件として，家庭裁判所がその具体的方法・場所・回数等を子の福祉の観点から定めるとされてきた（参考判例①）。

　そして，別居状態にある婚姻中の父母の間で面会交流が問題となった場合にも，協議が調わないとき，協議することができないときは，家庭裁判所は，民法 766 条を類推適用して，家事別表第 2 第 3 項により，面会交流につき相当な処分ができると判示した（参考判例②）。

　面会交流は，子供のアイデンティティーの確立や別居・離婚に伴う愛情の欠如や喪失感の軽減，子供の健やかな成長発達にとって重要なものと考えられ，できる限り促進されることが好ましいとされる。しかし，他方で，父母間に激しい感情的な対立や葛藤があると，この間に未成年の子が巻き込まれて，忠誠葛藤を起こしたり，子供に大きなストレスをもたらしかねない。特に，このような面会交流の趣旨や意義を考えれば，子供の健やかな成長発達や子の自我の形成・自尊感情の醸成などのためにも，父母の合意によりそのルールや方法等が定められることが望ましい。本問でも，X は，A の健全な成長発達のために，面会交流を Y に対して求めることができる。

　面会交流の許否基準は，一般的抽象的には子の福祉・子の利益になるかどうかで決められる。判例実務では，子供の心理状態，非監護親との面会交流に対する子の態度，子の監護状況，非監護親の子に対する態度や愛情・監護実績，面会交流に対する姿勢，監護親の意向などを総合的に考慮したうえで，子の連れ去り，虐待，子の情緒不安定など面会交流が子の福祉を害すると判断される事情がない限りは，できる限り面会交流を認めるという方向で，阻害要因や不安材料の解消に努めるという働きかけがなされている。

　もっとも，本問の面会交流の決め方は，子供の生活のリズムや長期的な見通しに立った視点を欠いており，X と Y との妥協の産物や駆け引きのように使われて成立している点では，問題がないとはいえない。しかしながら，本問では，調停により X・Y 間での A についての面会交流が明確に定められており，調停成立により，調停条項は確定判決と同一の効力を持つため（家事 268 条 1 項），X は，Y に対して，A との間での面会交流を実現しこれに協力すべきことを請求できるといえる。

3　面会交流の不履行と履行確保の手段

　本問のように，面会交流の不履行があると，別居親であるXは，同居親であるYに対し，Xと未成年者Aと面会交流に係る調停・審判で決めた内容につき，まずは，家庭裁判所に対して，義務の履行状況の調査をしてもらい，義務者に対する履行勧告を求めることができる（家事289条）。また，これによっても，正当な理由なく面会交流に応じない場合には，Xは，Yを相手取り，不履行1回あたり一定の金員の支払で履行を間接的に強制する間接強制の申立て（民執172条）をすることもできる。最高裁は，間接強制の可否については，給付の特定性を問題にして，監護親に対し非監護親が子と面会交流をすることを許さなければならないと命ずる審判において，面会交流の日時または頻度，各回の面会交流時間の長さ，子の引渡しの方法等が具体的に定められているなど監護親がすべき給付の特定に欠けるところがない場合は，上記審判に基づき監護親に対し間接強制決定をすることができると説示して，間接強制を認めた（参考判例③）。

　本問でも，調停で，面会交流の頻度，回数，各回の時間の長さ，受渡しの場所・方法等が特定されている限り，間接強制は認められる可能性がある。このほかに，XはYに対して面会交流をする法的利益の侵害を理由に慰謝料の請求をしたり（東京地判平成25・3・28 LEX/DB25511741），万やむを得ない場合には，親権者の変更の申立てなどの法的手段もとり得る（福岡家審平成26・12・4 LEX/DB25506085）。

　しかしながら，本問のケースのように，9歳になった長女は，学校での課外活動，塾や習い事などだんだんと自立してスケジュールや生活のリズムも大きく変わり，あまりにもリジッドで固定的な取決めは，実現が困難になり，トラブルを生じやすくなることが少なくない。Xも，父親として，Aの利益やスケジュールに合わせた無理のない面会交流を心がけ，場所，方法等の条件の緩和・変更で話し合いに応ずる必要があり，また，Yとしても，Aが気持ちよくXと交流できるような環境や雰囲気づくりに努力すべきであろう。面会交流が父母による子のための納得づくの合意で定められることが最も望ましいゆえんである。なお，葛藤の激しい別居中の父母間での子の面会交流につき，第三者機関の立会いを要すると定め，その費用を父母

が２分の１ずつ負担すべきことを命じた審判例もある（参考判例④）。このようにみれば，本問でも，再調停により，再調整を試みるとか，第三者機関の活用を検討するなど，Ａの心情や立場に配慮した工夫が必要である。

4　面会交流と養育費との関係

　養育費は，子の監護のために必要とされる費用であり，父母はその資産・収入等に基づき応分の負担を免れることはできない（民法766条１項，家事別表第２第３項）。現在では，養育費算定の客観化，合理化，簡便化が進められ，東京・大阪養育費等研究会での「簡易迅速な養育費等の算定」（判タ1111号285頁以下）が案出され，実務上はこれが活用され定着している。この簡易算定表は，統計的資料や公租公課・職業費・特別経費等の平均的な数値を基礎に，子の生活費を権利者・義務者の基礎収入の割合で案分して義務者が分担すべき養育費（監護費用）を算出する。もっとも，算定表が子供の最低限度の生活水準を確保するものでないとか，離婚後の一人親家庭の生活実態を十分に反映していないと批判され，簡易算定表は，2019年12月に改訂された。いずれにしても，面会交流は，子の精神的な支援であり，養育費は，子の経済的支援として，両者は車の両輪のような関係にあり，どちらも子の健全で充実した生活や成長発達のために不可欠の親としての共通の重い責任といわなければならない。

　すでにみたように，離婚母子家庭では，前夫から養育費を受け取っていないというのが大半で，受け取っているのは２割５分にも満たない。家庭裁判所の調停・審判で養育費が取り決められた場合には，義務の履行を勧告する履行勧告や履行命令の制度がある（家事289条・290条）。これは，権利者の申出により，調停や審判で定められた養育費が支払われているかどうかを，家庭裁判所が調査し履行を勧告したり，命令する制度である。履行命令に義務者が従わない場合には10万円以下の過料の制裁も科せられる。

　また，審判や調停での養育費の支払については，これを債務名義として強制執行も可能である（家事75条・268条１項）。しかしながら，強制執行には時間や費用がかかり，わずかな金額の将来の養育費をとるには適していない。欧米諸国では，社会保障機関が養育費の立替払いをして，義務者に後で取り立てるとか，給料から天引きする，養育費の不払の場合に刑事罰を科し

たり，運転免許証そのほかの免許を剥奪するなど実効的な履行確保の制度を設けている。2021年3月から，法制審議会家族法制部会において面会交流・養育費など子の養育に関する民事法制の見直しが行われている。なお，2020年4月から，民事執行法の改正により，養育費等の強制執行に際して，債務者以外の第三者から債務者の預貯金等の情報取得手続が設けられた。面会交流と養育費は，面会交流が円滑に実現していると，養育費の支払も良好であるという相関関係が認められるが，法的に面会交流と養育費との間に同時履行の関係が認められるわけではない。したがって，本問のような場合に，Xは，Yに対して，面会交流の不履行を理由に，Aに対する養育費の支払を拒むことは許されない。

　なお，2022年4月から民法の改正により成人年齢が20歳から18歳に引き下げられた。子の養育費について「子が成年に達するまで養育費を支払う」との取決めがされていることもあるが，取決め時点で成人年齢が20歳であった場合は，成人年齢が引き下げされても，従前通り20歳まで養育費の支払義務を負うことになる。今後新たに養育費の取決めをする場合には，本問のように「Aが20歳に達するまで」とか，「Aが22歳に達した後の3月まで」というような形で，明確に支払期間の終期を定めておくことが望ましい。

5　祖父母等の第三者との面会交流

　近年，少子化や共働きの一般化などに伴い，祖父母等の事実上の監護養育に関わってきた第三者からの監護者の指定や面会交流の申立てがなされることも多くなってきた。最高裁は，父母以外の第三者は，事実上子を監護してきた者であっても，民法766条，家事事件手続法別表第2第3項に基づき，子の監護者の指定や面会交流を申し立てることもできないと判示した（最決令和3・3・29民集75巻3号952頁）。子育てや子の監護養育に対して，祖父母等の親族・里親などが実質的に重要な役割を果たすことが少なくなく，子どもの側から見ても，祖父母等からの一切の申立てを認めないのは問題ではなかろうか。

　Y（父）は，2016年に，X₁・X₂（祖父母）らの子であるB（母）と婚姻し，2018年に，Bとの間に本件未成年子Aをもうけた。Yは，B，AおよびXらとXら宅で同居していたが，2019年には，Xら宅を出て別居するようになった。YとBは，2020年以降，1週間または2週間ごとに交替でAを監護し，Xらは，BによるAの監護を補助していた。Bは，2021年6に病気で死亡し，以後YがAを監護しており，Xらは祖父母として，Yに対してAとの面会交流を求めたが拒否されたために，家庭裁判所に面会交流の審判の申立てをした。祖父母からの面会交流の申立ては認められるか。

●】参考文献【●

高田昌宏・百選Ⅲ 44頁／棚村政行・リマークス44号（2012）54頁／棚村政行編著『面会交流と養育費の実務と展望〔第2版〕』（日本加除出版・2017）2頁／棚村政行・判例秘書ジャーナル民事編家族法（2021・7・30）

（棚村政行）

子の引渡請求

　　X女とY男夫婦の間には，子A（10歳），B（3歳）がいたが，X・Y間には喧嘩が絶えず，YがXに暴力をふるったこともあったため，Xは離婚を前提に家を出ることを決め，Yには知らせず，突然子A・Bを連れて別居に及んだ。Yは，その突然の家出に衝撃を受け，X・A・Bを探したが見つけることができず，妻子の居場所を突き止めたのは半年後であった。Yは，早速Xに夫婦関係を修復することと，別居中にA・Bと会わせてくれることを頼んだが，Xはそのいずれについても了承しなかった。そのためYは，結局A・Bと面会することが叶わなかった。そしてXは，離婚に向けて夫婦関係調整の調停を，Yは，別居中の面会交流の調停をそれぞれ申し立てた。ある日Yは，Xに黙ってA・Bが2人で遊んでいる公園に行き，久しぶりの対面を果たした。A・BもYとの再会を喜び，一緒に遊んでいるうちに，YはA・Bを車に乗せ，元の家へ連れ帰ってしまった。

　　Xは，YがA・Bを奪取したとして，裁判所に子の引渡しの申立てをしようと考えている。どのような手続により，子の引渡しを求めることができるか。

●】 参考判例 【●

① 最判平成5・10・19民集47巻8号5099頁
② 最判平成6・4・26民集48巻3号992頁
③ 最判平成11・4・26家月51巻10号109頁
④ 最決平成29・12・5民集71巻10号1803頁
⑤ 最判平成30・3・15民集72巻1号17頁

⑥　最決平成 31・4・26 裁判集民事 261 号 247 頁

●】解説【●

1　子の引渡請求手続の種類

　子の引渡請求という規定は民法上存在しないが，父母間で子の奪い合い紛
争が生じた場合，残された親は，主に以下の 3 つの手続をとることが可能で
ある。ただし，父母の婚姻中と離婚後，および状況により，適用の原則と例
外が生じる。

⑴　親権に基づく妨害排除請求

　子の引渡請求に関し，明治期より親権者は自らの親権に基づき，監護権を
有しない者，すなわち離婚後の非親権者および第三者に対して，民事手続に
よる妨害排除請求により，子の引渡請求を行ってきた。戦後，子の引渡請求
事件は人身保護請求と家事事件手続にとって代わられ，長い間この手続はと
られていなかったが，平成 29 年に離婚後の親権者である父が，別居後も 4
年以上子を継続して事実上監護している非親権者である母に対し，親権に基
づく妨害排除請求として，民事訴訟による子の引渡請求を行った。最高裁判
所は，母による監護が相当でないという疎明はないこと，母が親権者変更手
続をとっていること，家事事件手続があるにもかかわらず民事訴訟を行うこ
とに合理的理由がないことにより，妨害排除請求を権利の濫用にあたるとし
て父の訴えを退けた（参考判例④）。

⑵　人身保護請求

　人身保護請求は本来，違法に拘束されている被拘束者の身体の自由を回復
させるための手続であるが，手続が迅速なことから，子を奪われた親は，別
居中の子の引渡請求に人身保護請求を行ってきた。これに対し平成 5 年に最
高裁は，婚姻中の夫婦間で子が一方の親から連れ去られても，その監護は親
権に基づくものであり，特段の事情がない限り人身保護法のいう違法な拘束
であるとはいえず，それは子の幸福に反することが明白でない限り適法であ
るため，共同親権中である夫婦間の争いに，原則として人身保護請求は用い
られないとした（参考判例①）。

ただし最高裁は，例外として，子の引渡請求に人身保護手続が用いられる場合として，①子の引渡しの仮処分または審判が出されているにもかかわらず拘束者がこれに従わない場合，子の健康が損なわれるか義務教育が受けられない等，子の幸福に反することが明白な場合（参考判例②），②当事者間の合意を破って実力奪取するなど拘束開始手段の不当性がある場合（参考判例③），③監護権者から，離婚後の非親権者や第三者に対する訴えの場合（最判平成6・11・8民集48巻7号1337頁）を挙げている。

(3) 家事事件手続

　別居中の子の奪い合いをめぐる子の引渡請求について，家庭裁判所は，民法766条および家事事件手続法39条別表第2第3項の「子の監護に関する処分」を類推適用し，監護者指定を求め，これによる子の引渡しを請求することを認めている。参考判例①の補足意見においても，共同親権者間の紛争は家事事件手続によるべきことが示唆された。

　離婚後の親権者からの引渡請求においても，参考判例④は，一定の状況下では家事事件手続が採られるべきとした。離婚時の親権者決定の多くは，協議で行われることが多いため，十分な協議が行われず，それ自体に紛争がある場合もある。また，子の意思を検討すべき場合には，権利による主張によるよりは，科学的調査や人間関係諸科学の専門的活用により，子の利益が検討される必要があるため，家庭裁判所における審理が必要だからである。

2 審判前の保全処分

　子の引渡しを図りたい申立人は，家事事件手続における子の監護者指定および子の引渡請求の本案と併せて，審判前の保全処分を請求することもできる。これには，執行力が付与されており，直ちに子の引渡しを求めることができる。これが認められる要件は，次の2つである。

(1) 保全の必要性

　子その他の利害関係人の急迫の危険を防止する必要性があることが要件となる。例えば，子に対する虐待や放任，子が発達遅滞や情緒不安を起こしている場合に，緊急の必要性があると認められている。したがって，子が他方親と安定して生活している場合には，この請求は認められにくい。

　なお，奪取先で子の生活が安定し，子の生活の継続性が監護者・親権者指

定において有利な要件と判断されれば，奪ったもの勝ちにより実力奪取が肯定されてしまうため，違法な奪取が行われた場合に，即時の引渡しを認めた例もある（東京高決平成20・12・18家月61巻7号59頁）。

(2) 本案認容の蓋然性

保全処分により一方親に子を引き渡しても，本案でそれが覆されて他方親に子の引渡しが命じられると，子の生活が安定しなくなるため，保全処分と本案の決定が同一であることが必要とされており，本案の結論が検討される。

3 監護者指定の判断要素

家事事件手続における子の監護者指定は，子の利益を最も優先して考慮されなければならない（民766条）。裁判所は，父母の監護能力，精神的・経済的家庭環境，監護意欲，居住・教育環境，従来の監護情況，親族の援助等を判断要素として考慮しているが，特に以下の要素が重要とされている。

(1) 主たる監護者

どちらの親が婚姻中に子を主に養育してきたかが問われる。母性や性別役割分担によるのではなく，子の世話，保育園・幼稚園の送迎，教育，しつけ等，身上的に子の養育にどの程度関わってきたか，また子との精神的つながりが形成されているかということが問われている。父母が共同して子育てをしていると，その質がほぼ同程度である場合も多い。

(2) 継続性

別居後に子が保育園・幼稚園や小学校に通っていたり，友達や親族と人間関係を作っていたりする場合は，その生活の継続性・安定性を損なわないことが，子の利益と考えられる。しかし，そのような既成事実が優先されれば，子を連れ去ることを容認することになってしまう。また，子は，別居前にもその地域および人間関係で安定した生活を送っていたはずであり，それが急な別居により絶たれたことになったのであるから，子と一方の親との生活の継続性だけではなく，別居前から続く双方の親との継続性も検討する必要がある。

(3) 子の意思

家事事件手続法65条は，裁判所は子の意思を把握し，考慮するよう規定している。家庭裁判所調査官は，調査にあたり，子に父母どちらかを選択さ

せる直接的な質問は避け，子と関係性を構築し，子の年齢，成熟度，生活環境に応じ，画一的な意見の表明だけではなく，きめ細やかな対応・調査により，子の真意を探ることが必要とされている。

(4) 寛容性

夫婦間の関係と親子関係を切り離し，子が自由に他方親と交流することを促進し，相手方と協力し，他方親と子との面会交流に寛容な親が監護者としてふさわしい親と考えられるようになってきた。ただし，DV が発生している場合に，他方親への寛容性を求めることは危険であるとする反対説もあり，見極めが必要となる。

(5) 奪取の違法性

実力奪取による違法性が認められる場合は，子の利益とならないと考えられるが，奪取の態様が問題となる。裁判例では，公然かつ平穏に子と転居したときには違法性はないと判断し，その後に無断で子を奪う行為を違法性が高いと判断している。また，DV から逃れる手段として母が子を連れて無断転居する場合もあり，これには違法性を認めていない。ただし，ハーグ子奪取条約の締約国の多くは，子を連れての無断転居を制限している。

欧米諸国で，このような自力救済を制限しているのは，法手続を踏んで，DV 等の被害者を保護する救済手段を備えているからである。わが国では，DV 対応が貧弱であるため，当事者は実力行使をせざるを得ないという悲劇を生んでいる。

4　子の引渡しの実現

いずれの子の引渡請求手続においても，子が任意に引き渡されない場合，民事執行法に基づき間接強制および直接強制（2019 年の民事執行法改正後は，「子の引渡しの強制執行」という）を行うことができる。学説では従来，間接強制が有力であったが，実務上は強制執行が支持されており，現代ではその方法に論点が移っている。しかし，執行が不能となった場合が問題である。

参考判例⑥では，子の監護者指定後の子の引渡しの強制時に，長男が明確に拒絶して泣きじゃくり，呼吸困難に陥りそうになったことから，執行不能として終了した。その後，監護者と指定された母が子の引渡しの間接強制を

申し立てたが，最高裁は，これを権利の濫用にあたるとして認めなかった。

　また，ハーグ子奪取条約事案において，子の返還請求が認められたにもかかわらず，執行が不能に陥った後に人身保護請求が行われた事件で，最高裁はこれを認めた（参考判例⑤）。しかし，人身保護請求による子の引渡命令には，民事執行法上の強制執行は適用がなく，拘束者が命令に従わない場合に，勾引や勾留により，引渡しの実現方法を設けているだけである。日本のハーグ子奪取条約事案では，執行が困難なことが世界的にも問題となっており，諸外国のように刑事的制裁も視野に入れるべきとの提言がなされているが，民事執行法改正後の実務に期待が寄せられている。

5　本問の検討

　本問は，別居中の父母間の事件であり，子に危害が加わる特別の事情も見受けられないから，母Ｘは，家事事件手続において子の監護者指定および子の引渡請求をすることが妥当である。そして，審判前の保全処分請求も求めうるであろう。その際Ｘは，子の出生後，継続して子の主たる監護者であったこと，ＹはＸに暴力を働き，それを目撃している子にとっては子の虐待にあたること，子は現在母である自分とともに半年間，安定した生活を送っていること，Ｙが子らを勝手に自宅へ連れ帰ったことは，違法な奪取であるという主張を行うことになろう。

　これに対し父Ｙは，別居の話し合いもせず，子を連れて突然家出をしたＸの行動こそが，子のこれまでの生活の安定性を乱すものであり，子の利益とならないこと，自らも子の主たる監護者であり，特に自分は子を精神的に受容してきたこと，喧嘩の際にはお互いが暴力を働いたのであり，それは一方的なものでも継続的なものでもなく，子には1回も手を挙げたことはないこと，子を自宅へ連れ帰ったのは，Ｘが子との面会交流を妨げたことが理由であり，子も自宅へ帰るのに同意したのであり，それは平穏に行われたこと等を主張する可能性がある。

　これについて，以下の検討を行ってみよう。

　まず，Ｙの主張にある，Ｘがはじめに子を連れてＹに無断で転居したことが，子の奪取にあたるか否かである。もし，Ｙがこの時点で家庭裁判所へ子の引渡請求を行っていたら，Ｘの行為に対して検討がなされていたで

あろう。その後のYの実力奪取が引き起こされないためにも，第1に裁判所へ請求することが求められる。しかし本問は，Yの連れ去りに対する申立てであるため，Yの行為が違法な奪取であるか否かが検討されることになる。これまでの判例・裁判例によると，監護者のいない間に子を連れ去る行為は，違法な奪取とみなされる可能性が高い。

次に，審判前の保全処分が認められるか否かである。本問では，監護者指定の本案が控えており，かつ離婚調停も継続し，近い将来，離婚による親権者指定が争われる可能性がある。Xが監護者と認容される蓋然性が考慮され，また，Yの奪取が違法性を帯びていたかにより，仮処分の可能性が生ずる。

では，監護者・親権者指定において，どちらの親が指定される可能性が高いであろうか。主たる監護者，子の生活の継続性の要素は，X・Yそれぞれが主張している。そこで，子の意思を検討してみると，本問では，子らは10歳と3歳であり，双方に対し家裁調査官による調査が行われるものと思われる。このとき，年齢や成熟度の差から，調査方法や調査内容にも工夫が必要となる。本問では，子らはYとの再会を喜んでいるところから，父母双方に対して愛着を持っているものと思われる。ただし，子が監護者を決定するわけではないため，調査では，各親と子との関係性等が検討されることとなる。

最後に，面会交流に対する親の寛容性についてである。親双方との関係性の継続は，子にとって重要であるから，別居中・離婚後の親子の交流に対する双方の親の対応が，親の適格性として検討対象となる。本問では，母が父の暴力を主張し，このために子との面会を否定していると考えられる。その時は，父母間の面会交流の調整や子の受渡し時，および面会時に第三者の監視をつけることも検討されよう。これらも含めたうえで面会交流を計画することができるかが，子の利益判断のために必要であると考えられている。

本問では，別居後の子の生活の継続性と，Yによる奪取の違法性が考慮され，Xが監護者と指定され，Xへの子の引渡しが認められることになろう。ただし，子の利益のためには，裁判所は同時に，面会交流を確保しておく必要がある。

関連問題

子Aが誕生した後すぐに父が死亡し，母Xが単独親権者となったが，Xの養育放棄により，AはXの母Yへ預けられた。YによりAの監護が5年間継続したところで，Xが突然子の引渡しを求めた。このとき，親権者と第三者の監護権争いにつき，どのような手続が可能で，どのような判断基準が用いられると考えるか。

●】**参考文献**【●

梶村太市『裁判例からみた「子の奪い合い」紛争の調停・裁判の実務』（日本加除出版・2015）／山口亮子「子の引渡し（監護紛争）の解決手法」二宮周平編集代表・犬伏由子編集担当『婚姻と離婚（現代家族法講座第2巻）』（日本評論社・2020）341頁／山田文「子の引渡の強制執行」論究ジュリスト32号（2020）64頁

（山口亮子）

婚姻外関係の不当破棄

A女は，大学時代にB男と知り合い，恋人として同居をし性的関係をもつにいたり，数ヵ月後に大学を卒業したら婚姻をする約束をして互いの両親や友人にもそのことを公にしていた。しかし，大学卒業後，AとBは，婚姻後にいずれの姓を選択するかで意見が合致せず，またAは，Bの家族から女性が改姓して当然と意見されたことに強い違和感を覚え，さらにBとの同居にも束縛を感じるようになったため，婚約を解消する旨をBに告げた。そのうえで，AとBは互いの将来の関係について話し合い，生計を別とし，住居も別々として互いの生活に干渉しないことを取り決め，さらに①死ぬまで絶対に別れないこと，⓪浮気をしないこと，⑪問題が生じたら話し合うことなどを合意して，関係を続けることになった。

しかしその数年後，BはC女と付き合うようになり，Cとの婚姻を考えるに至ったため，Aに対して別れ話を切り出した。Aは，Bに対して，パートナーシップ関係の不当な破棄を理由として慰謝料の支払を求めている。

●】参考判例【●

① 最判昭和33・4・11民集12巻5号789頁
② 最判昭和38・9・5民集17巻8号942頁
③ 最決平成12・3・10民集54巻3号1040頁
④ 最判平成16・11・18判時1881号83頁
⑤ 東京高判令和2・3・4判時2473号47頁

1 はじめに

婚姻が効力を生ずるためには，当事者双方の署名した書面により，戸籍法の定めるところにより届出をする必要がある（739条）。当事者が婚姻の届出をしないときは，婚姻は原則として無効とされる（742条）。そこで婚姻の成立要件は，婚姻の合意と届出であるといわれる（ここでは行為の無効と不成立は厳密に区別されていない）。

婚姻が有効に成立すれば，その関係は法により存続が保障され，離婚が成立しない限り破棄されることがなくなる。

ところで世の中には，婚姻とは異なるが婚姻に類似した男女の関係が存在する。そうした関係が破棄された場合の法律関係について，民法は直接の規定を置いていない。本問は，そうした婚姻外関係の破棄について扱うものである。

2 婚約と内縁

本問におけるAとBは，男女のカップルとして少なくとも一時期は親密な関係にあった。このようなカップルの関係が解消した場合に，一方が他方に対して何らかの責任を負うのかが問題となる。

まず，AがBに対して，婚約の不履行を理由として損害賠償を請求することができるかを考える。婚約すなわち婚姻予約とは，将来の婚姻を約束する合意である。このような合意が適法かつ有効であることは，判例によって古くから認められてきた（大判大正4・1・26民録21輯4頁）。

婚約が成立するための合意には，特段の方式は必要ないとされている。結納のような伝統的な儀式が行われていなくても，親類や知人に婚約者として紹介しているといった事実さえなくとも，合意が認定されることもある（参考判例②）。婚約が成立すると，双方当事者は婚姻に向けて互いに協力する義務を負うものとされ，正当な理由なく婚姻を一方的に破棄することは，債務不履行になる（不法行為と構成する裁判例もある）。ただし，債務の性質上，強制履行（414条）はすることができず，財産的損害および精神的損害の賠償責任（415条）が生じるとされる。

しかし，本問におけるAとBは，婚約を互いの合意によって解消しているのであり，婚約の一方的破棄が問題となるような事案ではないというべきである。

　次に，AがBに対して，内縁の不当破棄を理由として損害賠償を請求することができるかを考える。内縁とは，婚姻の合意は存在するが，婚姻の届出がない関係をいう。かつては，内縁の破棄は婚約不履行の一部として扱われていたが，婚約は婚姻前の関係であるのに対して，内縁はすでに婚姻の合意があり，実質的には夫婦としての生活が開始している関係であるから，理屈のうえでは区別して扱うことができる。

　内縁の関係にある男女は，その関係が継続することについて法律上保護された利益を有することになる。したがって，内縁の関係にある当事者の一方が，正当な理由なく内縁を破棄した場合，他方当事者は不法行為（709条）を根拠として財産的損害および精神的損害の賠償請求をすることができる（参考判例①）。また，内縁を準婚（婚姻に準ずる関係）とみる立場からは，離婚の財産分与の規定を内縁に類推することが考えられ，財産分与の一部に損害賠償を含めて請求することも考えられよう（参考判例③。内縁準婚理論について→問題15の解説を参照）。

　しかし，本問におけるAとBは，婚姻の届出をしていないだけではなく，婚姻の合意そのものを回避している。このような関係は前述した内縁の定義には当てはまらない。したがってAがBに対して，関係の一方的な破棄を理由に損害賠償を請求することは難しいことになる。

3　内縁の定義の拡大

　異なる理由付けの可能性を考えてみる。まず，「内縁」という概念を拡大し，実質的に婚姻と同様の人間関係については，その関係の継続について法律上保護される利益を認めることが考えられる。そのような利益が認められるのであれば，正当な理由のない関係の解消は，不法行為として損害賠償責任を生じさせる根拠となる可能性がある。

　このような考え方の背景には，現代社会において内縁を保護することの意義が変化していることが挙げられる。もともとの内縁準婚理論は，挙式等を済ませ夫婦関係が実質的には開始していてそのことが周囲にも公然となって

いるにもかかわらず，子が生まれるまでは婚姻の届出をしないといった女性に不利な社会慣行があるような状況で，内縁の妻の法的地位を保護するために発展した。このため伝統的には，婚姻の合意（実質的意思としての合意）が存在することが要件とされてきた。しかし，現在ではそのような男女関係は少なくなり，婚姻外の男女関係の多くは，明確な婚姻の合意が必ずしも認められないものも増えている。そうしたカップルにも，一定の法的保護を与えるために，内縁の定義を拡大しようという主張が現れている。

　確かに，カップルのあり方が多様化している現代において，従来の婚姻という枠にとらわれずにより広い人間関係を法の保護の下に置くという考え方には，みるべきものがある。しかし，このような考え方をする場合，どのような関係が，実質的に婚姻と同等の人間関係といえるのかが問題である。

　ここで問題としているのは，婚姻の合意も届出もないカップルであるから，その関係の実態を問題とすることになるが，このとき，恋人関係や同棲関係といった人間関係との区別をしないと，国家による私生活への過剰な介入となるおそれがある。また，現在では婚姻をした夫婦でも，同居をしていないことが珍しくないなど，婚姻のあり方自体が多様化しており，何を判断基準とするかはますます不明確になっている。

　さらに問題なのは，婚姻をしていないカップルの中には，関係解消の煩わしさを回避するために，あえて婚姻をしないという選択をしているものが存在しているという事実である。このようなカップルの関係が一方的に破棄された場合に法的な責任の発生を認めることは，そうした関係を当初選択したカップルのライフ・スタイル選択の自由をかえって侵害する可能性がある。そこで最低限，そうしたあえて婚姻をしないという選択をしたカップルについては，関係の一方的な解消から法的な責任が生じないとする必要がある。ところが，こうしたカップルを区別するには，あるカップルがどのような理由で婚姻を回避しているのかを判断する必要があり，国家による私生活への過剰な介入という問題がやはり生じることになる。

　また，本問のＡとＢのように，性交渉はあるが，同居はしていないといったカップルの場合，そもそも婚姻と同様の人間関係といえるかどうかについても疑問がある。しかし，それ以前の問題として，本問のＡとＢは，

自らの意思で，婚姻の合意や届出を回避しているという事実も重要である。こうした関係を婚姻と同様の関係とみて法的な保護を与えることには，上記のような考え方からすると，慎重さが求められるべきと考えられる。

4　合意による規律の可能性

ＡとＢが，婚姻とは異なる形で関係継続の合意をしたことを根拠に，そうした関係をＢが一方的に解消したことからＡに対する法的責任の根拠となる可能性を考えてみる。合意をした二当事者間に互いに関係を継続する義務が生じること前提に，その義務違反を理由に法的責任を問題とすることになる。責任の性質としては，債務不履行であり，強制履行（414条）は義務の性質上不可能と考えられるため，損害賠償請求（415条）が問題となる。

このような法的構成が可能であるためには，そこで問題となる二当事者の合意が，適法かつ有効であり，また少なくとも一定の期間，一方的な意思表示によっては解約ができないことが必要となる。こうした合意の有効性については，さまざまな考え方があり得るところであるが，合意の内容に即して具体的に考える必要があろう。ここでは，本問においてＡとＢがした合意の効力について考える。この点についてはさまざまな考え方がありそうであるから，以下は考え方の可能性を示すにとどめる。

まず，これらの合意を契約と考えた場合に，契約自由の原則により合意は原則として有効であるという考え方があり得る。しかし，カップルの人間関係を規律する合意は，互いの生き方の自由を制限する点で，財産関係を規律する取引行為としての契約とは同列には論じられない。そうした点を考慮するなら，婚約や婚姻の合意以上に個人の自由を制限するような内容の合意は，公序良俗（90条）に反し無効であるという考え方ができるのではないかと思われる。

本問でのＡとＢは，ⅰ死ぬまで絶対に別れないこと，ⅱ浮気をしないこと，ⅲ問題が生じたら話し合うことなどを合意している。ＢがＡとの関係を解消しようとしていることがⅰとの関係で，Ｂが関係を解消した理由が，Ｃという別の女性との関係にあることがⅱとの関係で，Ｂが話し合いをせずに別れ話を切り出したことがⅲとの関係で義務違反とならないかが問題である。

このうち、①については、婚姻よりも解消の難しい関係を契約によって創設することになるから、前述の基準に照らして無効となる可能性が高い。②については、貞操義務を課す合意であるが、これは婚姻や婚約の合意によっても生じるとされている義務であるから、そのような意味では有効と認められる余地があるかもしれない。もっとも、誰と性交渉を行うかというきわめてプライベートな問題について、個人の自由を制限することには慎重であるべきだという考え方をとるならば、婚姻という制度の外での合意は無効であるという考え方もあり得るであろう。③については、合意の内容が抽象的であり、法的な義務を生じさせる契約として認められるかは疑問がないわけではないが、関係解消の前に話し合いをするという程度の義務であれば、互いの自由を過度に制約するものではなく、有効と認められる余地はあろう。

ただし、本問におけるAとBとの間の合意②・③について、以上のような考え方から有効なものとして認められると考えたとしても、このような合意の効力が関係解消時まで存続しているかを別個に考察する必要があるかもしれない。一般に、期限の定めのない継続的契約では、当事者に関係を離脱する自由が保証されている。したがってBがAとの関係を解消した後であれば、②・③の合意に反する行為があっても責任は生じないことになるからである。本問においては、Bが事前にAとの関係を解消したというような事情はうかがわれないから、②・③の合意違反から損害賠償請求権が発生する余地があることになる。

5 同性カップル

ここまでは、男女のカップル（異性カップル）を念頭に説明をしてきたが、同性のカップルについても同様の問題を考えることができる。ただし、同性カップルが異性カップルとは異なる事情として、日本では同性婚は未だ認められておらず、婚姻の届出は受理されない点を挙げることができる。婚姻を望む同性カップルの中には、同性婚が認められる国で婚姻をしたり、同性カップルの関係を認証する独自の取組みを行っている地方自治体で届出を行ったりといった、自分たちの関係を公的に認めてもらう努力をしている例が見られる。こうした同性カップルについては、婚姻を意図的に回避しているわけではないから、法による存続保障を認めてよいという考え方もありう

る。下級審の裁判例のなかには，海外で同性婚をしたカップルの一方が第三者と不貞行為をしたために関係が破綻したという事例について，同性のカップルであっても，内縁関係と同視できる生活関係にあるものについては，内縁関係に準じた法的保護に値する利益が認められるとして，共同不法行為の成立を肯定したものがあり注目される（参考判例⑤）。

> ┅ **発展問題** ┅
>
> 　以下のような婚姻外カップルについて，当事者の一方が関係を一方的に破棄した場合にはどのように扱われるべきか。
>
> 　⑴　Ａ女は，Ｂ男との関係継続中にＢとの間の子Ｄを出産している。ＡはＤを出産する際に，Ｄの養育にはＡは責任を負わず，Ｂがすべての責任を負うという合意をしていた。Ｂが関係の解消の際に，ＡもＤの養育費を負担するよう請求したときに，Ａは合意を根拠にＤの養育費をすべてＢが負担することを主張することができるか。ＡとＢに同程度の収入がある場合，ＡとＢの間の収入に差がある場合で違いはあるか。
>
> 　⑵　ＡとＢは同性のカップルであり，婚姻を望んでいるものの，現行の法制度の下では婚姻が認められていない。そこでＡとＢは結婚式を行う後，貞操義務，同居・協力義務など，民法の婚姻に伴う法的義務のすべてを合意内容とする公正証書による契約書を作成し，ともに署名捺印を行った。

●】**参考文献**【●

大島梨沙・百選Ⅲ 50 頁／大村敦志『家族法〔第3版〕』（有斐閣・2010）224-242 頁／大村敦志・百選Ⅲ 52 頁／窪田充見『家族法〔第4版〕』（有斐閣・2019）135-157 頁／本沢巳代子・百選Ⅲ 46 頁／山下純司・百選Ⅲ 48 頁

（山下純司）

内縁準婚理論

　　A男とB女は学生時代に知り合い，2010年4月頃から交際を始め，Aが会社員，Bが作家となった後も，交際を継続していた。2015年5月，AはBにプロポーズをし，翌6月からA名義で賃借したマンションの1室（甲）で共同生活を始めたが，A・Bとも氏を変更したくないと考えたことから，婚姻届は出さないこととした。Aのほうが収入が高く安定的な仕事であったことから，家賃など共同生活の費用はA1人が負担する一方，Bは家で執筆を行い家事のほとんどを1人で負担していた。また，各人の収入はそれぞれの名義で貯蓄されていたが，A・Bの収入の差から，貯蓄額は常にAのほうが多かった。

　　2020年7月，A・Bの間に子Cが産まれたため，BがCの育児に専念することになった。Aは毎晩帰宅が遅く，育児に非協力的であったため，BはAに不満を持つようになり，2021年8月に関係の解消を申し入れ，部屋を別にするいわゆる「家庭内別居」に踏み切った。Aは，Bと話し合いの機会を何度も持ったが，結局，2022年1月1日の話し合いにおいて，関係を解消することに同意した。

　　だが，財産関係の清算やCの親権，関係解消後の住居をどのようにするか等，細かい条件について折り合いがつかず，A・Bが共に家庭裁判所に調停を申し立てることを検討していた矢先，Aが運転しCが同乗していた車が，居眠り運転をしていたDの車と正面衝突し，2022年3月1日にA・Cが死亡した。そこで，Bは，Aの相続人であるE・F（Aの父母）に対し，Aが有していたBに対する財産分与義務を相続したとして，清算的財産分与を請求した。この請求は認められるか。

●】参考判例【●

① 最判昭和 33・4・11 民集 12 巻 5 号 789 頁
② 最決平成 12・3・10 民集 54 巻 3 号 1040 頁

●】解説【●

1 非届出婚の法的取扱い

前提として確認しておくべきなのは，AとBは婚姻届を出しておらず，婚姻の成立要件を充たしていなかった（739 条 1 項）ため，いかにA・Bに夫婦と同様の協力関係や共同生活関係がみられたとしても，法的にはA・Bは婚姻関係にあったことはなく，婚姻夫婦とはいえないということである。Bの請求が認められるためには，まず，婚姻届を出していないA・Bのような関係（以下，「非届出婚」と呼ぶ）においても，法的婚姻関係にあった夫婦の離婚時に適用される民法 768 条（財産分与）を援用することができるのかが問題となる。

非届出婚の法的取扱いについては，明治民法が制定された当初から議論となり，何の法的効果も認められないとされた時代もあったが，今日では次のような判例法理が確立している（参考判例①）。すなわち，婚姻の届出を欠いているとはいっても，「男女が相協力して夫婦としての生活を営む結合であるという点においては，婚姻関係と異るものではな」い関係が内縁であるとする。そして，内縁は「婚姻に準ずる関係」であるから，内縁には，婚姻夫婦に関する規定が準用されるという。これは，内縁準婚理論と呼ばれる当時の通説の考え方を判例が採用したものであった。

では，婚姻夫婦に関する規定であればすべて内縁にも適用されるのかというとそうではない。届出を欠いている以上，戸籍に関する規定（戸籍による公示や画一的処理を前提とする規定）は内縁には適用されないと解釈されている。よって，夫婦同氏を定める民法 750 条，配偶者相続権を定める同法 890 条等は，内縁に準用されないとの解釈が確立している。よって，本件のBはAの法定相続人となる可能性はない。逆にいえば，戸籍とは無関係の，

夫婦の共同生活に関する規定については内縁にも適用されるというのが判例・通説であり，本問で問題となっている同法768条（財産分与）は，内縁にも準用されると考えられている（参考判例①）。

2　内縁認定の要素

以上のような判例法理を前提とすると，Bの請求の可否を考えるにあたっては，A・Bの関係が内縁といえるか，つまり，婚姻に準じた関係として婚姻法規定を準用できるような関係なのか，「男女が相協力して夫婦としての生活を営む結合」といえるか否かを検討することが必要となる（他方，内縁準婚理論自体を批判する立場によれば，このような論点の設定自体が妥当でないということになるが，ここでは判例法理を前提に説明を進める）。内縁と認定されるためには，一般に，㋐当事者の婚姻意思の存在と㋑夫婦共同生活の実体の存在が必要であるとされる。A・Bは，同居し，Aが費用負担・Bが家事負担という形で協力して共同生活を送り，子どもを産み育てていたため，㋑夫婦共同生活の実体が存在したということに異論は出ないだろう。

問題なのは，㋐A・Bに婚姻意思が存在したかであり，とりわけ重要なのは，「A・Bとも氏を変更したくないと考えたことから，婚姻届は出さないこととした」という点である。この点をどう考えるか，そして「婚姻意思」をどのように理解するかによって，考え方は大きく2つに分けることができる。

第1の立場は，A・Bは意図的に婚姻届を出さなかったのであって，法的な婚姻関係に入ることを拒絶したと考える。なお，旧来から内縁として保護されてきたのは，婚姻届を出せなかったり出してもらえなかったりしたケースであった（家制度的な事情によるものが多く，たとえば，嫁が家風に合うとわかるまでは婚姻届を提出しないというケースが挙げられる）。それと比べると，A・Bは，婚姻届を出そうと思えば出せたのに意図的に出さなかったのであるから，A・Bは旧来から保護されてきた内縁関係とは異なるものであって，婚姻意思があると認定することはできず，法的な夫婦の関係解消時の調整のために用意された民法768条の適用を認めるべきではないということになる。あるいは，婚姻の外にとどまることをA・Bは選択しているのだから，婚姻夫婦に適用される同条を適用することはA・Bの意思に反するた

め，適用すべきでないという説明の仕方もある。この場合，婚姻夫婦の規定である同条は適用されないが，一般的な民法規定が適用される可能性は残されていることに注意が必要である。本問でいえば，Ａの貯蓄のうちの一定割合はＢが一切の家事を負担することによって得たものでＡ・Ｂの共有物であるとして，共有物分割による清算（256条・258条）を行うことが考えられる。あるいは，Ａ・ＢはＡが費用をＢが労務を提供する形で事実上の組合を形成していたとして，組合の清算に関する規定（685条）を類推適用したり，Ａが法律上の原因なくＢの労務によって利益を受け，そのためにＢに損失を及ぼした（703条。不当利得）と構成するなど，さまざまな解釈の可能性がある。だが，実際にこれらの法理を適用できる事例は限られるのではないかとの指摘もある。

　第2の立場はこれと異なる考え方をとる。すなわち，Ａ・Ｂが婚姻届を出さないことにしたのは，「Ａ・Ｂとも氏を変更したくないと考えた」からにすぎず，法的な夫婦に課せられている法的義務すべてを拒絶する意図ではなかった点を重視する。つまり，夫婦共同生活における婚姻費用の分担義務（760条）や，夫婦間での同居・協力・扶助義務（752条）までをも拒絶する意図はなかったと考え，Ａ・Ｂの婚姻意思を肯定する。この立場に立つと，民法768条が定める財産分与は，夫婦財産関係の清算，関係解消後の扶養，関係解消の慰謝料を内容とするものであるところ，少なくとも夫婦財産関係の清算を内容とする清算的財産分与はＡ・Ｂにも適用されてよいということになる。近時の裁判例の中には，当事者双方の婚姻意思が不明確であっても生活実体を重視して内縁の成立を肯定し財産分与を認めるものが見られる。当事者間の公平な問題解決が問われる場面においては（対第三者関係が問題となる場面よりも）内縁の成立を比較的容易に肯定する傾向がある。このような裁判例の傾向からすると，本問のようなケースでは，裁判所はこの第2の立場を採用する可能性が高いように思われる。

3　財産分与義務の相続性

　では，財産分与が行われる前にＡが死亡した場合，その財産分与義務は相続人Ｅ・Ｆに相続されるのだろうか。これが2つ目の論点であるが，ここで重要なのは，Ａの財産分与義務がＡの死亡時にすでに発生していたか否

かである。つまり，A・Bの内縁関係はAの死亡以前に破綻しており，Bが
Aに対してAの死亡以前に財産分与請求権を取得していたといえるか否か
が問題となる。それはなぜか，理由は2つある。

　第1に，継続していた内縁関係が一方の死亡によって解消した場合（死別
解消ケース），財産分与の規定（768条）は内縁に準用されないという判例が
存在しているからである（参考判例②）。参考判例②がその理由に挙げるの
は，夫婦財産関係の清算に関する民法の仕組みである。すなわち，民法は，
離婚による解消（離別解消ケース）と一方の死亡による解消（死別解消ケー
ス）とを区別し，前者の場合には財産分与，後者の場合には相続による財産
承継で処理するものとしているのであるから，死亡による内縁解消のとき
（死別解消ケース）に離別解消時の規定である民法768条（財産分与）の適用
はできないという。よって，同条を内縁に準用するには，一方の死亡時に内
縁関係が継続していてはいけないということになる（なお，死亡解消ケース
でも，共有物の分割など民法の一般法理によって生存内縁配偶者の救済を図る可
能性は残されている）。

　第2に，相続法上の原則が挙げられる。死亡時に被相続人に帰属していた
ものが相続財産となるのが相続の大原則であって，A死亡時に財産分与義
務が発生していなかったのであれば，それがAの相続人に相続されること
もない（896条。なお，そもそも財産分与義務は一身専属的義務〔同条ただし
書〕であるから相続されないとの考え方もあり得るが，少なくとも清算的財産分
与については，一身専属性はない〔よって相続の対象となる〕と解するのが通説
である）。ここで，財産分与義務はいつ発生するのかという疑問が生じる。
婚姻夫婦の清算的財産分与義務については，ⓐ離婚の事実と離婚時の実質的
共有財産の存在があれば当然に発生するとの立場，ⓑ財産分与に関する協議
の成立や審判によって初めて発生するとの立場，ⓒ離婚により抽象的に分与
義務が生じるが，財産分与に関する協議の成立や審判などによって具体的な
権利義務が生じるとの立場，があるが，学説も下級審裁判例も立場は割れて
おり決着を見ていない。加えて，内縁の場合は，ⓐ説やⓒ説のいう「離婚」
を「内縁の離別解消」に読み替えることになる。婚姻夫婦の場合，離婚時が
明確（離婚時＝離婚届の受理時，調停成立時または離婚判決確定時）であって1

つの基準となり得るのに対し，内縁の場合は内縁解消時がいつかも一義的に
は決まらない点で問題はより複雑になる。

　本問では，A死亡以前にA・Bは関係を解消することに合意していた
が，（家庭内別居中であったとはいえ）まだ同居を継続しており，家裁への申
立ても検討中ではあったが実際にはなされていなかった。よってⓑ説に立つ
と，A死亡時点でAの財産分与義務は発生していなかったことになり，B
の請求は認められないことになる。だが，民法768条が「協議上の離婚をし
た者の一方は，相手方に対して財産の分与を請求することができる」と規定
していることに鑑みれば，財産分与に関する協議成立や審判の存在がなけれ
ば財産分与義務が発生しないとする解釈は狭すぎるように思われる。とはい
え，ⓐ説やⓒ説に立つ場合でも，A・Bがまだ同居を継続していた事実や家
裁への申立てをしていなかった事実を重視すると，A死亡時点でAの財産
分与義務は発生していなかったことになる。これに対し，A・Bが関係を解
消することで合意し，財産関係の清算に関する交渉を既に開始していたこと
を重視すると，少なくともⓐの立場によれば，A死亡時点で財産分与義務
が発生していたと解することになるだろう。ⓐ説の場合，A・Bの内縁関係
がA死亡以前に解消していたと事実認定できるか否かで，Bの財産分与請
求の可否が分かれるということになる。

　本問のようなどちらとも判断できる事例を前にすると，参考判例②の示し
た法理の妥当性が改めて問われるように思われる。死亡以前に関係解消して
いたと事実認定されるか否か，あるいは死亡以前に財産分与に関する手続が
どの段階にあったかによって，結論に大きな違いが生じてよいのであろう
か。参考判例②に対しては，相続権がないことによって生じる不合理な結果
を防ぎ共同生活者の利益を守るための方法として，財産分与規定の類推適用
を内縁の死亡解消ケースでも認めるべきだとの有力な批判が存在する。この
見解に立つならば，A・Bの内縁がA死亡以前に解消していたかを認定す
るまでもなく，BはE・Fに対して財産分与を請求し得ることになる。もっ
とも，この問題の根本には，（内縁の場合の解釈問題を超えて）婚姻の死別解
消時に夫婦財産関係の清算の手続を用意していないという現行民法の不備が
ある。婚姻夫婦であっても，死別解消時の財産的保障が十分ではない場合が

あり得るのである。平成27年4月から行われた相続法見直しの審議過程において，婚姻の死別解消の場合に，財産分与と同様の清算を遺産分割手続に先行して行うことなどが検討されたものの，相続紛争が複雑化・長期化することが懸念されたため，改正相続法（平成30年法律72号）には採用されなかった。一方が死亡した場合に，夫婦財産関係をいかにして清算するかという課題は，婚姻夫婦についても非届出婚の夫婦についても残されたといえる。

関連問題

(1) Aを死亡させたDに対して，BがAの死亡に関する損害賠償を請求することはできるか。できるとするとその根拠は何か。

(2) E・Fは，Aが賃借していた甲の明渡しをBに請求することはできるか。甲の賃貸人からBに対して明渡請求がなされた場合はどうか。

(3) 甲がAの持家であった場合（Aが甲の所有者であった場合），BはE・Fからの明渡請求を拒否できるか。不当利得返還請求についてはどうか。

(4) 実はAに他に妻G女がいた場合（Gとの婚姻の届出をしていた場合）はどうなるか。

(5) 仮に，Aが女性であり，CはBが提供精子により出産した子であった場合はどうなるか。

●】参考文献【●

二宮周平『家族法〔第5版〕』（新世社・2019）143頁／同『事実婚の判例総合解説』（信山社・2006）／大村敦志『家族法〔第3版〕』（有斐閣・2010）236-238頁・244-248頁

（大島梨沙）

嫡出推定

　2016年春，A女とY男は婚姻した。Yは，2017年10月から2019年9月末までの約2年間，他県で単身赴任をしていたが，単身赴任中もAが住む自宅に月に2回程度帰っていた。他方で，2018年夏より，Aは，B男と交際するようになった。2019年12月に，Aは子Xを出産した。Xは，AとYの間の嫡出子として出生届が出された。AとYは，共同でXを監護養育していた。しかし，Aは，Bとの交際を継続しており，2020年8月には，Yがその事実を知るところとなった。Yは，その後もAおよびXと一緒に生活するつもりでいたが，2020年9月に，Aは，Xを連れてYと同居していた家を出て，Bと同居生活を送るようになった。2021年4月，AはYに離婚を求め，協議離婚が成立した。

　Yは，離婚後も，法律上の父として，Xの監護養育に関わりたいと考えていた。これに対して，Aは，Xの生物学上の父はBであると考えており，もしそうであるなら，BをXの法律上の父にしたいと考えている。また，BもXを法律上の子として育てたいと希望している。そこで，AとBが民間業者にDNA親子鑑定を依頼したところ，BがXの生物学上の父である確率は99.99％であるという結果が出た。

　Aは，2021年8月に，Xの法定代理人として，Yに対して，親子関係不存在確認の訴えを提起した。

●】参考判例【●

① 最判平成26・7・17判タ1406号59頁（①事件，②事件）
② 最判平成12・3・14家月52巻9号85頁

③ 最判昭和 44・5・29 民集 23 巻 6 号 1064 頁

●】解説【●

1 嫡出推定・否認制度

民法は，法的父子関係の成立について，嫡出推定制度を設けている。母とその夫の婚姻関係中における性交渉および母の貞操を前提として，母が婚姻中に懐胎した子について，母の夫が法律上の父であると推定される（772 条1 項）。さらに，婚姻成立の日から 200 日経過後または婚姻解消もしくは取消しの日から 300 日以内に生まれた子は，婚姻中に懐胎したものと推定される（同条 2 項）。

この嫡出推定に基づき成立した法的父子関係が生物学上の父子関係と一致しない場合，この法的父子関係を否定する方法として，嫡出否認制度（774条以下）が定められている。この嫡出否認は，嫡出否認の訴えによらなければならず（775 条），否認権は夫のみに認められている（774 条）。さらに，夫は，子の出生を知った時から 1 年以内に訴えを提起しなければならない（777 条）。このように嫡出制度にさまざまな制約が課されているのは，家庭の平和の維持，夫婦間のプライバシーの保護（秘事の公開防止）のほか，子の身分関係の法的安定性が考慮されていることによる。

本問では，子 X は，A・Y の婚姻成立後 200 日を経過してから A が出産した子である。したがって，X については，A と Y の嫡出子として，X・Y の間に法的父子関係が成立する。嫡出否認制度によれば，嫡出否認権を行使できるのは，母の夫 Y のみである。そのため，Y が嫡出否認権を行使しない限り，X・Y 間の法的父子関係は存続することとなり，生物学上の父（と思われる）B による任意認知（779 条），または B に対する認知の訴え（787条）の提起は認められず，X・B 間に法的父子関係を成立させる術はない。

2 「推定の及ばない子」

前述のような嫡出否認制度では，否認権者や否認期間が制限されているため，法的父子関係が生物学上の父子関係と一致しない場合が多く生じてしまう。そこで，このような厳格な嫡出否認制度の例外として，学説・判例は，

一定の場合に嫡出推定が及ばないとする「推定の及ばない子」という理論を認めている。この「推定の及ばない子」に該当する場合には，嫡出否認の訴えではなく，親子関係不存在確認の訴え（人訴2条2号），または生物学上の父に対する認知の訴え（787条）を提起することによって，法律上の父との間の法的父子関係を争うことができる。

　もっとも，どのような場合に「推定の及ばない子」とされるかについては，学説・判例上，さまざまな見解が唱えられている。

　まず，妻が夫の子を懐胎し得ないことが外観上明白である場合には嫡出推定が及ばないとする「外観説」がある。この見解では，嫡出推定・否認制度の趣旨である家庭の平和の維持，とりわけ夫婦間のプライバシーの保護が考慮されている。具体的には，嫡出推定が排除される事情として，子の懐胎期間中に，夫の失踪，在監，外国滞在のほか，夫婦が事実上の離婚状態にあったことが挙げられている。

　これに対して，夫と子の血液型の背馳やDNA鑑定の結果などから，科学的・客観的にみて生物学上の父子関係が存在しない場合にも，嫡出推定が及ばないとする見解（「血縁説」）が主張されている。この見解は，法的父子関係は生物学上の父子関係と一致すべきであるとの要請（血縁主義・事実主義）を重視している。

　さらに，紛争時（親子関係不存在確認の訴えの提起時）に両親の離婚などによる家庭の破綻が認められる場合には，守るべき家庭の平和が存在していない以上，嫡出否認によらずに親子関係の否定が認められるべきだとする見解（「家庭破綻説」）が唱えられている。しかし，この見解に対しては，嫡出推定・否認制度の趣旨である子の身分関係の法的安定を十分に考慮できていないとの批判がなされている。というのは，この見解によると，家庭の破綻という事後的な事情を契機として，否認期間を経て一度確定したはずの法的父子関係が否定される結果，子から安定的な養育環境が奪われる可能性があるからである（参考判例②参照）。

　そこで，前記の家庭破綻説への批判を受けて主張されているのが，「新・家庭破綻説（新家庭形成説）」と呼ばれる見解である。この見解は，夫婦の家庭が破綻しているだけでなく，子と生物学上の父との間に新家庭が形成され

ており，それを認めることが子の利益に合致する場合，嫡出推定の排除を認めるべきだとする。

このほか，当事者である子，母とその夫の三者の合意があれば，嫡出推定が排除されるとする見解（「合意説」）が唱えられている。

3 本問を検討する視点

本問では，次のような事情が存在する。ⓐ法律上の父であるY男と子Xとの間に生物学上の父子関係が認められないことが科学的証拠により明らかであること，ⓑ母A女とY男がすでに離婚していること，そしてⓒ子Xが母A女とともに生物学上の父B男と同居していることである。

ⓐからⓒの事情が存在する場合に，嫡出推定の排除が認められるべきかどうかについて，参考判例①は，これらの事情があっても，「子の身分関係の法的安定を保持する必要が当然になくなるものではない」として，嫡出推定の排除は認められないと判断した。

以下では，本問の具体的事情ⓐからⓒに即して，「子の身分関係の法的安定を保持する必要」性について具体的に問題となる事柄を検討する。

(1) DNA鑑定と法的父子関係

第1は，ⓐ夫と子との間に生物学上の父子関係が認められないことが科学的根拠により明らかであるという事情を考慮して，嫡出推定の排除が認められるかどうかである。

血縁説によれば，DNA鑑定によって法律上の父と子の間に生物学上の父子関係が存在しないことが明らかである場合，嫡出推定の排除が認められることとなる。しかし，血縁説は，血縁主義を過度に強調しており，嫡出推定・否認制度の趣旨である「子の身分関係の法的安定を保持する必要」性を看過している点で問題がある。

また，血縁説に立たないとしても，嫡出推定の排除の可否を判断する段階で，科学的検査の結果を考慮することは，必ずしも適当とはいえない。というのは，嫡出推定排除の判断の段階で私的に実施されたDNA鑑定の結果が考慮されると，その科学的証拠に依拠した判断になりかねないからである（参考判例①補足意見参照）。また，本問では子と生物学上の父との間で任意のDNA鑑定が実施されているところ，この検査結果を訴訟に持ち出すこと

により，法律上の父のプライバシーが侵害される可能性がある。こうした
DNA鑑定等の科学的検査の実施やその検査結果の利用における問題性に鑑
みて，嫡出推定排除の可否を判断する際にDNA鑑定の結果を安易に考慮す
るべきではないと考えられる。

(2)　**子の身分関係の法的安定を保持する必要性**

第2は，ⓑ夫婦の家庭が破綻しているという事情，およびⓒ子が生物学上
の父と新たな家庭を形成しているという事情に基づいて，嫡出推定・否認制
度の例外を認めるべきか否か，である。

この点についても，嫡出推定・否認制度の趣旨の1つである「子の身分関
係の法的安定を保持する必要」性が問題になるが，判例ではその具体的意味
内容は明示されていない。そこで，判例（最判昭和55・3・27家月32巻8号
66頁，最判平成26・7・17裁判所ウェブサイト）が，嫡出否認期間の趣旨と
して「子の身分関係の法的安定を保持する必要」性に言及していることを手が
かりに検討すると，その意味内容を次の2つに整理することができる。

(ア)　**子の養育者の早期確保**

まず，「子の身分関係の法的安定性を保持する必要」性の意味内容につい
て，子の利益として，養育者の早期確保の必要性を指すものと理解すること
ができる。本問のⓑおよびⓒといった事情が存在する場合には，新・家庭破
綻説が主張するように，嫡出推定・否認制度の例外として，親子関係不存在
確認の訴えにより法律上の父と子の間の法的父子関係を否定し，生物学上の
父との間に法的父子関係を成立させる可能性を認めることが，子の具体的利
益に資すると解することもできるだろう。しかし，こうした事情だけでは，
生物学上の父が法律上の父として確保される保証がなく，養育者の確保とい
う要請を満たさないとして，嫡出推定・否認制度の例外を認めるべきではな
いと考えることもできる。このように考えるのであれば，嫡出推定・否認制
度の例外が認められるためには，母と生物学上の父の再婚，あるいは子から
の認知請求がされていることなど，子の身分関係の法的安定の確保を担保す
る追加的事情が必要になるだろう。

しかし，具体的な子の利益に鑑みると，法律上の父を養育者として確保す
ることのみが，子の利益に適う唯一の選択肢であるとは限らない。この点に

関連して，法制審議会民法（親子法制）部会が示した「民法（親子法制）等の改正に関する要綱案」（令和4年2月1日）（以下，「要綱案」という）では，法的父子関係の当事者である子自身に嫡出否認権を認める提案がされている。

　　⑷　身分関係の法的安定性の確保

　　もう1つの意味内容は，一般的法的安定性を確保する必要性である。子の身分関係は，民法上の法律関係のみならず，子の法的地位に結び付くあらゆる権利・義務に影響を与えるため，明確な基準をもって早期に確定されなければならない。とりわけ，本問ⓑやⓒの事情は，口頭弁論終結時に判断されるべき事情であり，また口頭弁論終結後にも変動しうることから，こうした事情を基準とすることで，子の身分関係が不安定なものになりかねない。これに対して，外観説によれば，子の懐胎時の事情を考慮するため，こうした身分関係の不安定性は問題となりにくいとされる（参考判例①補足意見参照）。

　　もっとも，外観説に立つとしても，判例が示す定式についての理解が一致しておらず，実務においても斟酌される子の懐胎時にかかる具体的事情（性的関係の有無についてどこまで厳密に判断するか等）にばらつきがみられるなど，必ずしも明確な基準をもって判断されているわけではない（後記4も参照）。

4　外観説

　　最高裁は，嫡出推定の例外として，一貫して外観説に基づく「推定の及ばない子」を採用している（参考判例①，②，③等）。具体的には，「民法772条2項所定の期間内に妻が出産した子について，妻がその子を懐胎すべき時期に，既に夫婦の実態が失われ，又は遠隔地に居住して，夫婦間に性的関係を持つ機会がなかったことが明らかであるなどの事情が存在する場合」に嫡出推定が排除されうるとする（参考判例①，②）。

　　この判例が示す外観説の定式は，民法772条が定める嫡出推定の制度趣旨の理解と密接に関係する。嫡出推定として，婚姻中に懐胎した子について，当該子と母の夫との間に法的父子関係の成立を認める根拠は，（α）夫の子である生物学上の蓋然性が高いこと，および（β）婚姻締結に際して夫婦の子として養育する意思が認められることにある。これら嫡出推定の制度趣旨のうちどの点を重視するかによって，判例が示す外観説の定式について，以

下に示す2つの理解が考えられる。

　1つの理解は，外観説は「夫婦間に性的関係を持つ機会がなかったことが明らかである」ことを基準としており，子の懐胎時に夫婦の実態がないことや遠隔地の居住は，その基準の具体例であるとする。この理解においては，嫡出推定制度の趣旨は（α）夫の子である生物学上の蓋然性が高いことに重点を置いて理解されている。しかし，このように外観説を理解すると，法律上の父が子の出生時に子を受け入れ，その後子の養育環境として婚姻生活が円滑に営まれている場合であっても，第三者が，子の出生から長期間経過した後に，親子関係不存在確認の訴えの提起することが可能になってしまう。このことは，嫡出推定・否認制度の子の養育者の早期確保という趣旨に合致しない事態を招きかねず，またそのような親子関係不存在確認の訴えは権利濫用にあたると考える余地がある。

　これに対して，嫡出推定制度の趣旨について，上記（β）婚姻締結に際しての夫婦の養育意思を重視すると，判例が示す外観説の定式を異なる形で理解する可能性が出てくる。具体的には，外観説の適用においては，(i)「夫婦間に性的関係を持つ機会がなかったことが明らかである」との基準に加えて，(ii)子の懐胎（・出生時）に夫婦の実態が失われていることも考慮されることになる（そのうえで，これら2つの基準(i)(ii)について，いずれかを満たせばよい【(i)または(ii)】とするか，両方の基準を満たさなければならない【(i)かつ(ii)】とするかについては，さらに理解が分かれうる）。この理解によれば，子の懐胎時（・出生時）における夫婦の実態の存否について，別居の有無に加えて，別居の理由や婚姻費用の分担状況などの事情も踏まえて判断されることになるだろう。

　以上のように，判例が示す外観説の定式においても，その具体的基準について必ずしもその意味内容は明らかではない点に留意しておく必要がある。

5　残された課題──嫡出推定・否認制度の例外を認める場合の問題点

　要綱案では，嫡出否認制度について，子・母に嫡出否認権を拡大することのほか，否認期間に関する改正が提案されている。

　この提案内容に基づき嫡出否認権の行使にかかる厳格性が緩和されることになれば，「推定の及ばない子」の解釈理論ないし外観説の意義は一定程度

小さくなるものと考えられる。もっとも，今後も，外観説が解釈理論として維持される可能性は残されているとともに，実務からは外観説に基づく運用を維持すべきであるとの強い要請がある。というのは，外観説に基づき嫡出推定・否認制度が排除されれば，母や子は，親子関係不存在確認を経ずとも，直接，生物学上の父に対する認知の訴えを提起することができるからである（参考判例③）。こうした手段を認める利点は，たとえば母や子が法律上の父から家庭内暴力を受けているような場合に，母らが，法律上の父と接触することなく，法律上の父と子の間の法的父子関係を否定できるという点にある。この点に関連して，要綱案では，離婚後 300 日以内に出生した子は原則として嫡出推定（772 条 1 項）の範囲に含まれるとされている点を踏まえると，今後も外観説に基づき嫡出推定・否認制度の例外の道を確保しておくことには，一定の実践的意義が認められる。

　しかし，子が生物学上の父に対して認知の訴えを提起した場合，法律上の父は当事者ではないとして，手続上の関与が常に必要であるとはされていない。そのため，法律上の父がまったく関与することなく，認知請求において自らの法的父子関係が否定されてしまうという問題点が指摘されている。

発展問題

　A男とB女は，2013 年春に婚姻した。Aは，2013 年 12 月から 2015 年 2 月末までの間，長期の外国出張で日本を離れており，その間一度もBと会う機会はなかった。一方，Bは，2014 年春から夏頃にかけてC男と何度か性的関係を持った。2015 年 2 月末に，Aは日本に帰国し，そのときはじめてBが妊娠している事実を知った。2015 年 3 月，Bは子Yを出産した。AとBは，YをA・Bの嫡出子として出生届を出した。その後も，AとBは同居して，2 人でYを監護養育していた。

　2021 年 8 月，Aが交通事故により死亡した。Bは，A方の唯一の親族であるAの弟Xとの間で，Aの相続財産にかかる遺産分割をめぐって対立していた。

　Xは，Yに対して，AはYの生物学上の父ではなく，AとYの間に

親子関係は存在していないとして，親子関係不存在確認の訴えを提起した。

●】参考文献【●

前田陽一「民法 772 条をめぐる解釈論・立法論に関する 2，3 の問題」『家事事件の理論と実務(1)』（勁草書房・2016）201 頁／木村敦子・百選Ⅲ 58 頁／久保野恵美子・法時 87 巻 11 号（2015）79 頁

（木村敦子）

問題 17　親子関係存否確認請求訴訟

　1960年4月，A女は未婚でY男を出産した。Bとその妻Cは子に恵まれなかったため，Yを引き取り，実子として養育することを希望した。Yは，Aの同意の下，B・C夫婦の嫡出子として出生の届出がされ，以降，B・C夫婦に育てられた。1965年9月，B・Cの間にX男が生まれた。

　B・CはYの出自について明らかにしたことはなく，YとXを分け隔てなく愛情を注いで養育した。YもB・Cが実の父母であると信じて成長した。

　Bは老舗和菓子店を経営していた。Yは，家業を継ぐため，Bの元で和菓子職人として学んだ。他方，Xは，Bの資金援助により，洋菓子店を開業した。

　2014年3月，Cが死亡した。翌年，YはBから和菓子店を経営承継した。他方，Xは，販路を拡大したところ失敗し，廃業寸前であった。そこで，XはYに資金援助を請うたが，Yは拒否した。その場に立ち会っていたBは，Yの冷淡な態度を非難した際，「血のつながっていないお前にはわかるまい」と口走ってしまった。

　2020年6月，Bは，Yの出自について一切言明することなく死亡した。Y・Xは，Bの相続をめぐって激しく対立した。Bの発言以降Yの出自に疑念を抱いていたXは，YにDNA鑑定を提案した。B・Cとの間に親子関係があると確信していたYは，これに応じた。鑑定の結果，YとB・Cとの間の親子関係の存在可能性は否定された。

　2020年12月，Xは，Yの出生届は虚偽のものであり，YとB・Cとの間に実親子関係および養親子関係がないことの確認を求めて提訴した。Yは，本訴請求はXによるBの遺産独占を目的とするもので

118

あり，権利濫用にあたると主張した。

　Xの請求は認められるか。

●】参考判例【●

① 大判昭和 11・11・4 民集 15 巻 1946 頁
② 最判昭和 25・12・28 民集 4 巻 13 号 701 頁
③ 最判平成 18・7・7 民集 60 巻 6 号 2307 頁
④ 最判平成 18・7・7 判時 1966 号 58 頁
⑤ 名古屋高判平成 20・12・25 判時 2042 号 16 頁
⑥ 東京高判平成 22・9・6 判時 2095 号 49 頁

●】解説【●

1　藁の上からの養子と虚偽の嫡出子出生届

　わが国には他人が産んだ新生児を引き取り，自分の子として育てるために，縁組の届出をせずに，自分たち夫婦の嫡出子として出生の届出をする慣行があった。これを「藁の上からの養子」といい，(1)戸籍の記載上，Y が養子であることを隠すため，(2)未婚の女性が出産したことを隠すため，(3)妻や夫の不貞を隠すため等に利用された。

　現行の戸籍手続では，出生の届書に医師等が作成する出生証明書を添付しなければならない（戸 49 条 3 項）。昭和 22 年戸籍法改正までは，出生証明書の添付が義務付けられていなかったため，真実に反する虚偽の届出を回避することができなかった。しかし，医師業の協力を得たり，戸籍上の母の名で受診することによって，出生証明書を得ることにより依然として虚偽の届出は後を絶たない（最判昭和 63・7・1 判時 1342 号 68 頁は，虚偽の出生証明書を発行して実子斡旋行為を行った医師に対する，医師法違反に基づく医業停止処分の可否が問われた事件である）。

　しかし，C は Y を分娩していないから C・Y 間に母子関係は存在せず，

さらに，婚姻中の懐胎子ではなく嫡出推定されないからB・Y間に父子関係は存在しない。YはB・C間の子ではない以上，B・Cの嫡出子とする出生の届出は虚偽の届出であり，無効である。虚偽の届出によって実親子関係が生じるわけではない。

藁の上からの養子の法的地位は，戸籍上の父母や兄弟姉妹との関係が良好である間は問題視されることはない。しかし，多くは，戸籍上の父または母の相続を原因として，藁の上からの養子の親子関係は争われることとなる。

2　戸籍の訂正と親子関係不存在確認の訴え

(1)　親子関係に関する戸籍の訂正

真実に反する虚偽の届出がされる一方で，戸籍は国民の身分関係を公証する公文書であり，その記載には真実の身分関係が表示されていなければならないと考えられている。真実に反する親子関係が戸籍に記載されているとき，戸籍の記載を真実と合致させる手続を親子関係に関する戸籍の訂正という。親子関係に関する戸籍の訂正は，確定判決（戸116条1項）に基づいて行われる。

藁の上からの養子とは，虚偽の届出により真実に反する実親子関係が戸籍に記載されている場合である。本問では，戸籍の訂正を求める者は，訴えを提起し，YとB・Cとの間の実親子関係が不存在であるとの確定判決を得なければならない。

(2)　親子関係不存在確認の訴え

藁の上からの養子について，その親子関係の存否を争うには，人事訴訟法に定める実親子関係の存否の確認の訴え（人訴2条2号）による。親子関係の存否の確認の訴えは，訴訟の対象となる身分関係について確認の利益が認められる者であれば誰でも，期間の定めなくいつでも提起することができる。そのため，藁の上からの養子の法的地位は不安定なものとなる。

したがって，本問では，Yの法的地位は，虚偽の届出をした戸籍上の父Bのみならず，戸籍上の兄弟姉妹Xその他親族や実母A等の第三者により，虚偽の届出から相当期間経過したある日，争われることとなる。親子関係の不存在が確定すれば，YはB・Cの嫡出子としての地位およびその相続権を失うだけでなく，Yの関係者（配偶者，子孫）に与える経済的不利益や精神

的苦痛は計り知れない。

　しかし，藁の上からの養子は，自らの意思によらず虚偽の届出がされたものであり，その責めに帰すべき事由は存在しない。戸籍上の父母は，虚偽の届出の時点において実子として養育する意思が存在する。また，両者の間には長年月にわたり実の親子として生活し，養育してきた事実が存在する。藁の上からの養子の法的地位を救済する方法はないのだろうか。

　学説上，虚偽の嫡出子出生届という無効行為に有効な養子縁組としての効力を認める，無効行為の転換とよばれる方法が検討された。しかし，戦前から判例は一貫して藁の上から養子について養子縁組への転換に否定的立場をとる（参考判例①，参考判例②）。そのため，藁の上からの養子の法的地位は，親子関係不存在確認の訴えにより覆されることとなる。そこで，無効行為の転換理論と並んで，権利濫用法理により制限する方法が検討された。

3　権利濫用法理

　藁の上からの養子に対する戸籍上の親からの訴えは，自ら虚偽の届出をしておきながら，自己の利益のために後日これを覆そうとする訴えであり，このような親子関係不存在確認の訴えを権利濫用として制限することができないかが問題となる。さらに自ら虚偽の届出をしたわけではない兄弟姉妹等の第三者が提訴する場合であっても，親子関係を否定される藁の上からの養子の受ける被害の大きさゆえに，制限されるべき場合があろうと思われる。

　最高裁は，一定の場合には，親子関係不存在確認の訴えは権利濫用（1条3項）にあたり，許されないことを明らかにするとともに，その判断基準を示した（参考判例③）。つまり，原則として，真実の実親子関係と戸籍の記載が異なる場合には，実親子関係不存在確認の訴えが認められる。しかし，民法は一定の場合に戸籍の記載を真実の実親子関係と合致させることについて制限を設けていることから（776条・777条・782条・783条・785条），例外として，親子関係不存在確認の訴えは，以下の@・ⓑ・ⓒ・ⓓ・ⓔを判断基準として，制限される。たとえば，戸籍上の両親以外の第三者である丁が甲乙夫婦とその戸籍上の子である丙との間の実親子関係が存在しないことの確認を求めている場合においては，ⓐ甲乙夫婦と丙との間に実の親子と同様の生活の実体があった期間の長さ，ⓑ判決をもって実親子関係の不存在を確定す

ることにより丙およびその関係者の被る精神的苦痛，経済的不利益，ⓒ改めて養子縁組の届出をすることにより丙が甲乙夫婦の嫡出子としての身分を取得する可能性の有無，ⓓ丁が実親子関係の不存在確認請求をするに至った経緯および請求をする動機，目的，ⓔ実親子関係が存在しないことが確定されないとした場合に丁以外に著しい不利益を受ける者の有無等の諸般の事情を考慮し，実親子関係の不存在を確定することが著しく不当な結果をもたらすものといえるときには，当該確認請求は権利の濫用にあたり許されないとする（参考判例③）。

　また，本判決と同日，最高裁は，戸籍上の親である甲がその戸籍上の子である乙との間の実親子関係の存在しないことの確認を求めている場合においては，ⓒを考慮せずに，ⓐ・ⓑ・ⓓ・ⓔを判断基準として，権利濫用にあたると判示した（参考判例④）。

　今後は，個別具体的にどのような場合が権利濫用にあたるのか，判例の蓄積が待たれる。

4　権利濫用法理による解決

(1)　本問へのあてはめ

　最高裁は，真実の実親子関係と戸籍の記載が異なる場合には，原則として，親子関係不存在確認の訴えが認められるが，例外として，親子関係不存在確認の訴えが権利濫用にあたり，許されない場合があるとする。本問は，戸籍上の両親以外の第三者（戸籍上の兄弟姉妹）Ｘが親子関係不存在確認の訴えを提起した事案であり，ⓐ・ⓑ・ⓒ・ⓓ・ⓔをどのように評価すべきであろうか。

　本問では，ⓐＢ・ＣとＹとの間に60年間ないし54年間の実親子と同様の生活の実体があり，ⓑＢ・ＣはＹの出自について明らかにしたことはなく，かつ，ＹはＢ・Ｃとの間に親子関係があると確信していたことから，実親子関係の不存在の確定によりＹが受ける精神的苦痛は甚大であり，また，Ｂから経営承継したＹはＢの相続をすることができないこととなり，経済的不利益は軽視し得ないものであり，ⓒＢ・Ｃがすでに死亡しておりＹがＢ・Ｃとの間で養子縁組をすることがもはや不可能であり，ⓓＸは，Ｂ・Ｃの相続財産を独占しようとする経済的利益の獲得を目的として，訴訟を提

起したものと推認され，ⓔ X 以外に著しい不利益を受ける者がないと推認される。以上の事実を勘案すると，本問において，Y と B・C との間の実親子関係の不存在を確定することは，著しく不当な結果をもたらすものといえるから，X の請求は権利の濫用にあたると解することができる。

(2) 権利濫用の該当性

最高裁が権利濫用法理を採用した（参考判例③）後の裁判例では，権利濫用の判断基準ⓐ・ⓑ・ⓒ・ⓓ・ⓔを踏まえて権利濫用の当否が判断されているものの，権利濫用の該当性の評価を異にする（否定〔参考判例⑤〕，肯定〔参考判例⑥〕）。

まず，権利濫用の該当性を否定した事例（参考判例⑤）を検討する。藁の上からの養子 D（戸籍上の姉）に対して，戸籍上の弟 E が，F 夫婦の死後に提起した D と F 夫婦との間の親子関係不存在確認の訴えについて，ⓐ D は F 夫婦の子として約 50 年間生活したが，ⓑ D は，自己が F 夫婦の実子ではないことを中学 1 年生の頃から知っていたのであり，現時点で D と F 夫婦との間の親子関係が否定されたとしても，その精神的苦痛は甚大であるとまではいえず，ⓓ E が訴訟を提起した経緯として，E が F から承継した家業を廃業するにあたり，F の遺産を処分して借入金の返済にあてようとしたところ，D が同意しなかったため，遺産分割がまとまらなかったことにある等の事実を考慮して，D と F 夫婦との間の実親子関係の不存在を確定することが著しく不当な結果をもたらすものとまでは認められないと判示する（上告棄却・不受理）。しかし，上記ⓑおよびⓓの事実に基づく権利濫用の該当性は評価が分かれよう。

次に，権利濫用の該当性を肯定した事例（参考判例⑥）を検討すると，産院での取違えにより G 夫婦の実子として戸籍に記載された藁の上からの養子 H（戸籍上の兄）に対して，戸籍上の弟 I らが，H 夫婦の死後に提起した H と G 夫婦との間の親子関係不存在確認の訴えについて，G 夫婦の死後に実施された親子鑑定の結果によれば，H と G 夫婦との間には生物学的な親子関係が存在しないことが認められるが，ⓐ H は G 夫婦の子として約 46 年から 54 年間生活をし，生物学的な親子関係の不存在を知らなかったがゆえであるとしても，G 夫婦は H が実子であることを否定しなかったという事

実を重視すべきであり，ⓑ判決をもって実親子関係の不存在を確定することにより，ＨはＧ夫婦との親子関係を否定され，かつ，実父母が誰であるのかわからない状態に陥り，Ｈのアイデンティティは，いわば二重の危機にさらされることになり，Ｈは著しい精神的苦痛を受けることになるのみならず，Ｇ夫婦の相続上の地位をも失うこととなり，Ｈの経済的不利益はきわめて大きく，ⓓＩらが訴訟を提起した経緯として，身分関係を正したいとの思いと同時に，遺産分割を有利に展開する意図があったと評価すべきところである等の事実を考慮すると，Ｉらの親子関係不存在確認請求は，権利の濫用にあたり許されないというべきであると判示する。しかし，最高裁が判断基準ⓐ・ⓑ・ⓒ・ⓓ・ⓔを示した事案（参考判例③）は，戸籍上の親の側に虚偽の戸籍作出につき帰責事由が認められる事案であり，産院取違えという事案の個別性，特殊性から，最高裁判決の射程について評価が分かれよう。

したがって，権利濫用の該当性の判断は，個別具体的な事情の下で，裁判官の裁量により決せられる。そのため，権利濫用という解決方法は，裁判官の価値観が結果を大きく左右する危険性を孕んでいること，さらに，請求棄却の可能性を認めたとはいえ，訴訟提起を前提としていることから，親子法の制度設計として望ましい解決方法とはいえないのではないかとの指摘がある（水野・後掲47頁参照）。

・┅┅・ 発展問題 ・┅┅・

1990年4月，ある産院で，同日同時刻に，Ａ女はＸ男を出産し，Ｃ女はＤ男を出産した。ところが，新生児取り違えが生じた。そのため，Ｙは，Ｂ・Ｃ夫婦の嫡出子として出生の届出がされ，以降，Ｂ・Ｃ夫婦に育てられた。

高校を卒業したＹは，俳優になりたいとＢの反対を押し切って上京した。以降，ＹとＢは絶縁状態になったものの，その陰でＣは預貯金を切り崩しながら仕送りを続けた。

2018年，端役で出演した映画が話題となり，Ｙは人気俳優へと飛躍した。この頃から，Ｙは，Ｃを疎んずるようになり，連絡を絶った。翌年，Ｙは産院でＤと取り違えられた子であるとの報道がされた。テレ

ビでYを見たAが疑問に思い，調査の結果，産院での新生児取り違えが判明したとのことであった。

2020年12月，Yは，自己の出生届は虚偽のものであり，YとB・Cとの間に実親子関係がないことの確認を求めて提訴した。Yの請求は認められるか。

ただし，YとB・Cとの間の実親子関係の不存在が確定し，確定判決に基づく戸籍訂正がなされたことに基づいて，自動的にYがAの戸籍に入籍するのではない。したがって，Yは，B・Cとの間の実親子関係不存在確認の訴えのみならず，Aとの間の実親子関係存在確認の訴えを併せて提起する必要がある。

●】 参考文献 【●

西希代子・百選Ⅲ 60頁／本山敦・百選Ⅲ 80頁／水野紀子・法教411号（2014）42頁

（羽生香織）

生殖補助医療と親子関係

X₁男・X₂女夫婦は，ともに著名な作家である。婚姻後，X₂は，子宮癌を発症して子宮摘出を余儀なくされたが（卵巣は温存），X₁およびX₂は，自分たちの遺伝子を受け継ぐ子を持つことを強く望んだ。X₂が親友のA女に相談したところ，2児の親であるAは，自分がX₂に代わってX₁・X₂夫婦の子を産むこと（代理懐胎）を提案し，Aの夫B男もこれに賛成した。そこで，知り合いの医師の協力を得て，X₁の精子とX₂の卵子を体外受精させた受精卵をAの子宮に移植し，Aは，無事，元気なCを出産した。医師は，X₁・X₂夫婦の求めに応じて，Cの分娩者をX₂とする出生証明書を作成した。Cは，生後間もなく，X₁・X₂夫婦に引き渡された。X₁・X₂夫婦は，Aに，分娩・検診費用等の実費を支払ったが，A・B夫婦の希望により，謝礼等の授受は行われていない。

X₁が，X₁・X₂夫婦の嫡出子とするCの出生届を区役所に提出したところ，X₁・X₂夫婦とCとの間に嫡出親子関係が認められないことを理由に，受理を拒否された。出生証明書ではX₂が分娩者とされているが，子宮癌の発症，子宮摘出から代理懐胎，Cの出生に至るまでの経緯を，X₁・X₂自身がノンフィクション小説として週刊誌に連載しており，X₂による分娩の事実がないことが広く知られていたためである。

X₁およびX₂は，Cは自分たちの実の子であり，嫡出子であると主張した。現行民法上，X₁およびX₂の主張は認められるか。

●】**参考判例**【●

① 最判昭和37・4・27民集16巻7号1247頁

② 最決平成 19・3・23 民集 61 巻 2 号 619 頁
③ 最決平成 25・12・10 民集 67 巻 9 号 1847 頁（発展問題）

●】解説【●

1　問題の所在：生殖補助医療が生み出す「親子」

　生殖補助医療（人工生殖）は，「人工授精又は体外受精若しくは体外受精胚移植を用いた医療」と定義される（生殖補助医療の提供等及びこれにより出生した子の親子関係に関する民法の特例に関する法律〔以下，「生殖補助医療法」という〕2 条 1 項）。一般には，自然の生殖行為によるのではなく，科学技術の利用によって子を出生することを意味し，代理懐胎（代理出産）等も含む総称として用いられる。国内では，1948 年に初めて提供精子を用いた人工授精（AID）による挙児が報告されて以来，生殖補助医療による出生子は年々増加し，最近では総出生児数の約 7 ％を占めている。しかし，現在，日本には，利用可能な生殖補助医療の範囲，利用条件等を規律する法令はなく，産婦人科医等の専門家集団による自主規制に委ねられている。日本産科婦人科学会会告等では，会員に対して，第三者からの提供精子を用いる人工授精・体外受精の施術は認めているが，代理懐胎等は認めていない。そのため，これらが合法化ないし事実上容認されている国へ渡航して挙児を得る者も少なくない。また，自主規制には罰則がないため，国内においても 2000 年頃から代理懐胎の実施例が繰り返し報道されている。

　他方，生殖補助医療による出生子の親子関係（法的地位）についても，2020 年に生殖補助医療法が成立するまで法令が一切存在せず，長く解釈に委ねられてきた。この間，たとえば，父子関係については，夫婦が AID によって挙児を得た場合，出生子は遺伝的に夫の子ではないことが明らかであるが，民法 772 条の適用により夫の子と推定されるのか（東京高決平成 10・9・16 判タ 1014 号 245 頁，大阪地判平成 10・12・18 判時 1696 号 118 頁参照），凍結保存していた受精卵を別居中の妻が夫に無断で移植して出産した場合，夫はその子との間に親子関係がないことの確認を求めることができるか（最決令和元・6・5 判例集未登載），さらには，一方が性別変更した夫婦の場合

であっても同様に考えてよいのか（発展問題，参考判例③）などの問題が法廷に持ち込まれた。母子関係は，問題がより複雑になる。本問で問題になっている代理懐胎（ホストマザー）では，遺伝的母（血縁上の母）である卵子由来者および養育予定者は依頼者 X2，分娩者は A であるが，このような遺伝的母と分娩者との分離は自然生殖では考えられず，民法典が想定していないケースである。代理懐胎には，ほかにも，夫の精子と代理母の卵子を用いて代理母が懐胎・分娩する方法（サロゲートマザー），夫の精子と代理母とは異なる第三者の卵子を用いて代理母が懐胎・分娩する方法（最決平成17・11・24判例集未登載参照）などさまざまな類型があり，法的（法律上の）母は誰であるかが争われた。

全10条からなる生殖補助医療法では，意見の対立が激しい生殖補助医療の是非，とくに，代理懐胎の許否をはじめとする利用可能な生殖補助医療の範囲，対象者，利用条件等は規律の対象外とされ，とりあえず，民法の規律の特例として，生殖補助医療による出生子の親子関係につき最低限の規定が設けられた。父子関係に関しては，妻が，夫の同意を得て，夫以外の男性の精子を用いた生殖補助医療により懐胎した子については，夫は，その子が嫡出であることを否認できないと規定された（10条）。母子関係に関しては，女性が自己以外の女性の卵子を用いた生殖補助医療により子を懐胎し，出産したときは，その出産をした女性をその子の母とすると規定された（9条）。これら親子関係に関する規律は，2021年12月11日に施行された。

2　法的母子関係

本問では，分娩者ではないが遺伝的母である X2 が母となり得るかが問題となるが，まず，民法における母子関係の決定基準を確認しておこう。

実は，民法典には，嫡出子の母子関係に関する規定はない。他方，嫡出でない子（婚外子）の母子関係については，民法779条が「父又は母がこれを認知することができる」と定めている。親から自発的な認知がなされない場合には，子の側から父または母に対して認知の訴えを起こすことができる（強制認知。同法787条）。つまり，非嫡出母子関係は非嫡出父子関係と同様，出生と同時に成立（確立）するものではなく，認知があってはじめて成立するものとされている。明治民法の起草者が，婚外子を出産した女性に，

常に法的にも母になることを強制すると，婚外子の出生の事実を隠したり，扶養義務を免れたりすることを希望する分娩者による虚偽の届出，棄児，嬰児殺等を招くおそれがあると考えたためである。大審院判例も，母による出生届出に認知の効力を認めつつ，条文の文言どおり，認知を非嫡出母子関係の成立要件としていた（大判大正10・12・9民録27輯2100頁，大判大正12・3・9民集2巻143頁等）。

　しかし，戦後，D・E夫婦の嫡出子として戸籍に記載されているものの，実際にはF女の嫡出でない子として生まれ，Fに養育されたGが，成人して社会的地位を得た後に，Fが自己の母であることを否定するようになったため，FがGに対して親子関係の存在確認を求めた事件において，傍論ではあるが，非嫡出母子関係は，「原則として，母の認知を俟たず，分娩の事実により当然発生する」と述べる判決（参考判例①）が登場した。これ以前には，この判決のように，非嫡出母子関係は原則として分娩の事実によって成立するが，棄児等，母が明らかでなかった子については例外的に認知を必要とする見解（条件付当然発生説。ただし，参考判例①は，例外的に認知を必要とする場合が具体的にいかなる場合かは明らかにしていない），非嫡出母子関係は分娩の事実によって当然発生するものであり，常に認知は不要とする見解（当然発生説）のほか，起草者意思および大審院判例と同様，常に認知を必要とする見解（認知必要説）なども存在していたが，この判例により，母子関係は父子関係とは異なり，原則として，分娩の事実によって当然に発生するという，いわゆる分娩者＝母ルールが確立し，これは嫡出・非嫡出母子関係を問わず妥当するという考え方が通説化する。

3　代理懐胎による出生子の母子関係

　このような判例・通説をもとに考えると，本問では，Cの分娩者であるAが母であり，X_2は，遺伝的にはCの母であっても，法的母ではないということになりそうである。もっとも，参考判例①は，認知がなくとも母子関係が成立し得ることを述べたものであり，複数のいわば「母」候補者がいる場合を想定した判決ではない。生殖補助医療による出生子が存在せず，分娩者が例外なく卵子由来者であった時代の判決である。そこで，生殖補助医療による出生子についても，分娩者＝母ルールを適用すべきか検討しなければな

らない。この点，確かに，代理懐胎の際，当事者間の契約によって誰を母とするかを決めておけば問題は生じないようにも思われる。しかし，妊娠・出産という危険を伴う行為を他人に委ねる代理懐胎契約は公序良俗に違反し無効であると考える場合に限らず，契約の有効性を認める場合であっても，現行法は，実親子関係を養親子関係のように当事者の意思のみによる設定ないし処分が可能なものとして定めていないため，必ずしも契約によって対応できる問題ではないことに留意したい。

　母子関係の成立にあたって遺伝的要素を最重要視するのであれば，判例が掲げる分娩者＝母ルールは分娩者が遺伝的母であることを前提とするものであると理解して，本問のような依頼者の卵子を用いた代理懐胎の場合には，遺伝的母である依頼者を法的母とすべきと考えることになるだろう。遺伝的母が子の親としての養育を望んでいることも大きな根拠になり得る。この立場からは，本問では，X₂が法的母という結論になる。他方，嫡出推定・否認制度にみられるように［→問題⑯・⑰］，民法は，本来的に，実親子関係を遺伝的事実のみによって決定するものとはしていないことに加えて，9ヵ月にわたる妊娠中に育まれる母子のつながり，外形的・客観的明確性，自然生殖の場合との基準の統一性などを重視するのであれば，代理懐胎を含む生殖補助医療による出生子の場合にも，遺伝的母子関係の有無にかかわらず，常に分娩者を法的母とすべきと考えることになるだろう。この立場からは，本問では，法的母は，X₂ではなくＡという結論になる。

　いずれの考え方にも一定の合理性および説得力があるが，近年の判例（参考判例②）は，次のように判示し，後者の立場に立つことを明らかにした。すなわち，「我が国の民法上，母とその嫡出子との間の母子関係の成立について直接明記した規定はないが，民法は，懐胎し出産した女性が出生した子の母であり，母子関係は懐胎，出産という客観的な事実により当然に成立することを前提とした規定を設けている（民法772条1項参照）」と述べたうえで，参考判例①を参照し，「民法の実親子に関する現行法制は，血縁上の親子関係を基礎に置くものであるが，民法が，出産という事実により当然に法的な母子関係が成立するものとしているのは，その制定当時においては懐胎し出産した女性は遺伝的にも例外なく出生した子とのつながりがあるとい

う事情が存在し，その上で出産という客観的かつ外形上明らかな事実をとらえて母子関係の成立を認めることにしたものであり，かつ，出産と同時に出生した子と子を出産した女性との間に母子関係を早期に一義的に確定させることが子の福祉にかなうということもその理由となっていたものと解される」として，分娩者＝母ルールは，遺伝的母子関係の存在のみならず，より早期に一義的に母子関係の確定が可能であることも根拠になっていたとの見方を示す（遺伝的母子関係の有無は，卵子の取り違えなどの可能性もゼロではない以上，出生後の検査をまたなければ確認できない）。これを踏まえて，代理懐胎による出生子についても，「実親子関係が公益及び子の福祉に深くかかわるものであり，一義的に明確な基準によって一律に決せられるべきであることにかんがみると，現行民法の解釈としては，出生した子を懐胎し出産した女性をその子の母と解さざるを得ず，その子を懐胎，出産していない女性との間には，その女性が卵子を提供した場合であっても，母子関係の成立を認めることはできない」と判示した。前掲最決平成17・11・24においても，同様の判断が示されている。これらの結論は，出生子を法的（実）子としたい依頼者の希望に反するものであり，背後に代理懐胎に対する否定的な態度があるように思われるかもしれないが，最高裁は代理懐胎の是非については踏み込んでおらず，特定の立場を前提とした判示ではない。

　参考判例②は，「現行民法の解釈としては」という留保を付しているが，すでに2003年に，法務省法制審議会生殖補助医療関連親子法制部会が，代理懐胎による場合も含めて，生殖補助医療による出生子の母を分娩者とする提案をしている。参考判例②の後，法務大臣および厚生労働大臣から審議依頼を受けた日本学術会議も，2008年に同様の提言を行い，生殖補助医療法9条は，基本的にこの考え方を踏襲している。もっとも，生殖補助法は，現在，日本産科婦人科学会会告が禁じている代理懐胎による挙児については規律の対象としていないという見方もあり，一部の類型における出生子の親子関係にとどまらず，利用可能な生殖補助医療の範囲，対象者，条件等の規律も含む包括的な立法が望まれる。

　なお，参考判例②の事案がそうであるように，日本人が，海外で代理懐胎によって挙児を得て，出生子を依頼人夫婦の嫡出子とする裁判所の決定を受

けた後に帰国した場合には，その外国の裁判が日本において承認されるか否かなど（民訴118条），国際私法も絡むより複雑な問題が生じることになる。

4　（特別）養子縁組の可能性

参考判例②および前述の立法提案等に即して考えると，本問では，X₂は法的には母ではないことになる。しかし，Cの出生を望み，その養育を希望しているのは，X₁・X₂夫婦であり，法的母とされるAおよびその夫Bではない。本問では問われていないが，このような場合に当事者がとり得る手段として，養子縁組（792条以下）または特別養子縁組（817条の2以下）が考えられる。これによりCは，X₁・X₂夫婦の嫡出子の身分を取得し（809条），X₁およびX₂はCの法的親となることができる。特別養子縁組については，「父母による養子となる者の監護が著しく困難又は不適当であることその他特別の事情がある場合」（817条の7）という要件を満たすかが問題となり得るが，参考判例②の補足意見では，「特別養子縁組を成立させる余地は十分にある」とされている。後に，母が娘夫婦の受精卵を用いて代理懐胎した別の事案において，娘夫婦は養子となる者を監護養育する真摯な意向を示し，養親としての適格性および養子となる者との適合性についても問題がないうえ，代理懐胎した母およびその夫には養子となる者を自身らの子として監護養育していく意向がないことなどを考慮し，民法817条の7の要件を満たすとして，出生子と娘夫婦との特別養子縁組を認めた審判例も公表されている（神戸家姫路支審平成20・12・26家月61巻10号72頁）。

・・・ 発展問題 ・・・

X₁は，女性として出生したが，思春期に入る頃から，自己の女性らしい身体に違和感や嫌悪感を抱き，自分が本当は男性であると信じるようになり，性同一性障害（性別違和）と診断された。X₁は，成人後，性別適合手術（女性としての生殖能力を永久的に失わせるが，男性としての生殖機能は得られない手術）を受け，性同一性障害者の性別の取扱いの特例に関する法律3条に基づき，家庭裁判所の審判を経て，男性への性別変更を行った。その後，X₁は，生来の女性であるX₂と婚姻した。性同一性障害者の性別の取扱いの特例に関する法律4条が「性別の取扱いの変

更の審判を受けた者は，民法……その他の法令の規定の適用について
は，法律に別段の定めがある場合を除き，その性別につき他の性別に変
わったものとみなす」と規定しているため，X₁・X₂の婚姻に法律上の
障害はなかった。

　X₁・X₂夫婦は子の出生を望み，X₁の同意の下，X₂がAIDを受けて
妊娠しAを出産した。AをX₁・X₂夫婦の嫡出子とする出生届を区役所
に提出したところ，生殖能力がないX₁はAの父ではあり得ないことを
理由に，X₂の嫡出でない子として届け出るよう求められた。これに対
してX₁・X₂は，Aは772条が定める嫡出推定の及ぶ子であり，嫡出子
であると主張した。X₁・X₂の主張は認められるか。

●】参考文献【●

石井美智子・百選Ⅲ 64 頁／早川眞一郎・百選Ⅲ 72 頁／渡邉泰彦・百選Ⅲ 74 頁
（発展問題）

（西　希代子）

問題 19

認知

A男は，妻と別居状態にある中，B女と深い関係となった。1年後，Bは子Cを出産した。以下の問いに答えよ（(1)と(2)は独立の問いである）。

(1) Cの出生直後，Bとその兄DがAの勤務先に押しかけ，不倫の事実を上司に伝えると脅した。Aは，Cが自分の子であるか確信を持てなかったが，Dに暴力を振るわれる可能性すらあったため，やむを得ず認知の届書を作成し，Dに付き添われて届出をした。その後，Aは会社を辞める一方，妻との関係は修復に向かうこととなった。そこで，Aは，認知によって成立したCとの親子関係を否定したいと考えている。これは認められるか。

(2) その後，Aは別居中の妻との離婚を成立させてBとの共同生活を開始し，また，Cについても認知の届出をした。しかし，それから2年後にA・Bの関係は破綻し，Aは，BがE男とも深い関係にあったことを知った。さらに，Cの血液型からすればAの子である可能性はほとんどないことも判明した。そこで，Aは認知によって成立したCとの親子関係を否定したいと考えている。これは認められるか。

●】参考判例【●

① 最判平成 26・1・14 民集 68 巻 1 号 1 頁
② 最判昭和 52・2・14 金判 535 号 38 頁

●】解説【●

1 問題の所在

本問では，任意認知（779条）をした後に，これによって成立した法的父子関係を否定することができるかが問われている。認知の効力を否定するには，認知の要件に問題があることが必要となる。本問(1)では認知行為が強迫に基づいており，本問(2)ではA・C間の血縁関係が存在しない可能性が高い。以下では，認知の要件に即して認知の効力を否定できる場合を説明し，併せて本問(1)・(2)の事情が認知の効力にどのような影響を及ぼすかを検討していく。

2 認知の効力

(1) 認知の成立要件

認知は，届出によって成立する（781条1項）。ただし，遺言認知（781条2項）の場合は，遺言の効力発生とともに認知も効力を生じる（以下，遺言認知の場合に異なる場合があってもいちいち注記はしない）。さらに，一定の者の承諾が必要な場合がある（782条・783条）。

(2) 無効・取消しの原因

民法は，婚姻・養子のような身分関係の形成に係る法律行為について，その要件を満たさない場合の効力を詳細に規定する（742条以下・802条以下）。これに対して，認知の場合については2つの条文しかない。すなわち，認知をした者が認知を取り消すことができないとする民法785条と，子その他の利害関係人が反対の事実を主張できるとする同法786条である。他方，人事訴訟法には，認知の取消し・無効の訴えが明記されており（人訴2条2号），実体法上の認知無効・認知取消しの存在が前提とされている。そこで，認知の要件に即して取消し・無効の原因を明確にし，合わせて民法785条・786条の内容を確定する必要がある。

まず，届出は成立要件とされており，認知は要式行為で，届出は創設的届出となる。よって，何らの届出もない場合はそもそも不成立である。また，婚姻などの場合と同様，届出をすることについても意思（届出意思）が必要である。よって，無断届出の場合，認知の効力は認められない（発展問題を

参照。戸籍法上，本人確認は厳格化されているが〔戸27条の2第1項〕，無断届出が受理される可能性もないとはいえない）。判例は，「認知者の意思に基づかない届出による認知は，認知者と被認知者との間に親子関係があるときであっても，無効である」としている（参考判例②）。なお，婚姻の場合，無断届出であっても，意思を無視された者が追認すれば，無断届出時に遡って有効となる（最判昭和47・7・25民集26巻6号1263頁）。同様に，認知における無断届出についても追認法理は問題となり得る。もっとも，いわゆる身分行為論において認知が婚姻・養子縁組と区別されてきたこともあってか，この点についてはほとんど議論がない。

次に，認知行為についてであるが，認知能力（780条。意思能力で足りる）を欠く場合は無効である。さらに，認知行為が意思的な行為であることからすれば，その法的性質を意思表示・観念通知のいずれとみるかにかかわらず，錯誤・詐欺・強迫に基づく場合も効力に影響すると考えられる。もっとも，この点については議論があり，4で検討する。

また，必要な承諾を欠く場合および承諾に瑕疵がある場合に取消可能とすべきかついても議論がある。もっとも，設問では問題とならないので，ここでは触れない（なお，養子縁組の場合は取消可能となる。民法806条の2・806条の3参照）。

以上に加えて，認知の効果は法的父子関係の成立であることからすると，認知においても，血縁関係がない場合は法的父子関係を否定できるとするのが自然である。これは，嫡出父子関係において，血縁関係が存在しなければ嫡出否認が認められることに対応する。実際にも，血縁関係の不存在は認知の無効原因であり，民法786条は認知無効の規定である，というのが現在の一般的理解である。

3　認知無効の主張権者

事実に反する認知の効力については，以上とは別の観点からの検討も必要となる。すなわち，そのような認知が無効であるとしても，自分の子でないことを認識したうえで認知をした者に無効主張を認めることは妥当か，という観点である。これは，民法786条の利害関係人の範囲，すなわち反対事実を主張できる者の範囲として議論されている。

この問題には，民法785条と同法786条の理解も関係する。これは以下の理由による。同法785条の趣旨は，認知者の恣意的な行動を許さない点にある。また，反対事実の主張を子と利害関係人に許す同法786条も，認知行為が認知者の一方的な意思に基づくことから反対事実を主張できるのは認知者に限られると理解されるのを防ぐ趣旨とも読める。このように，認知の効力については，認知が親子関係を成立させる点，認知行為が意思的な行為である点だけでなく，それが認知者の一方的な行為である点にも着眼する必要がある（なお，認知の成立に一定の同意を要求する規定も，認知者の恣意性を排除する意義を持つ）。そして，かつての判例にも，事実に反する認知を取消可能としたうえで，同法785条は認知者によるこのような取消しを禁止する規定と解釈したものがある（大判大正11・3・27民集1巻137頁。立法当初は，事実に反する認知は取消可能とする理解が一般的であった）。

　もっとも，認知者の恣意的振る舞いへの対応という観点から，事実に反する認知をした者自身による無効主張を一般的に禁止することには，以下の疑問がある。すなわち，自己の子でないことを知ったうえで認知する場合，その背景にはさまざまな事情があり，事実に反することの認識だけで認知者を非難するのは必ずしも妥当でない。実際にも，子の母との関係性を維持し，あるいは子およびその母との共同生活を円滑にする目的でなされる場合があり，また，母の要請に応じて認知する場合もあろう。加えて，恣意性の観点から認知者の無効主張を封じたとしても，それだけでは被認知者の保護として十分ではない。認知の効力が争われる主要場面の1つに，認知者が死亡してその相続が問題となる場合がある。この場合，認知者の妻・子は，利害関係人として認知無効を主張し，被認知者の相続資格を否定することができるからである（相続に関する利害関係を保護するという観点は，民法772条で父と推定される夫が同法777条の期間内に否認権を行使せずに死亡した場合において，その子によって相続権を害される者その他夫の3親等内の親族に否認の訴えを認める〔人訴41条1項〕ことにもあらわれている）。

　判例は，認知者自身による無効主張を認める立場をとった（参考判例①，最判平成26・3・28集民246号117頁）。その際，「具体的な事案に応じてその必要がある場合には，権利濫用の法理などにより」認知者による認知無効

の主張を制限することができる，としている。その背景には，虚偽の嫡出子出生届がなされた事案において，血縁の不存在を理由に戸籍上の実親子関係を不存在とする主張に対して，権利濫用の可能性を認めていることがある（最判平成18・7・7民集60巻6号2307頁）。虚偽の嫡出子出生届と虚偽の認知届とは，嫡出・非嫡出の違いはあれ，他人の子を自らの子とする届出をする点で類似する。それゆえ，同様の法的対応は整合的であると同時に，子の利益保護についても一定の配慮が可能となる点で，妥当といえよう。

　なお，参考判例①には，認知者自身による無効主張を原則として否定すべきであるとする少数意見が付されており，学説上はむしろこの立場が増えつつある（学説の状況は参考文献を参照）。たとえば，民法786条の利害関係人として，認知によって成立した法的親子関係の当事者，母，血縁上の父に限定することが主張されている。なお，法制審議会民法（親子法制）部会の要綱案（2021年2月）は，「認知無効に関する規律等の見直し」として，無効の主張権者を個別に列挙するとともに，そのおのおのについて提訴期間の制限を設けることを提案している（認知者についていえば，主張権者として明記しつつ，その提訴期間を認知時から7年に制限している）。

4　取消禁止（785条）の意義

　判例上は，民法786条の利害関係人に原則として認知者自身を含める解釈がとられることになった。しかし，同法785条の射程は不明のままである。起草者は，認知について民法総則の規定の適用があることを前提としつつ，いったん認知した者がそれを覆すことの不当性に鑑み，同法785条を置いた。そうだとすると，詐欺・強迫に基づいて認知をした場合には，むしろ取消しを認めてもよいことになる。もっとも，同法785条の文言には限定がないので，立法趣旨を根拠に縮小解釈をする必要がある。とりわけ，同法786条の利害関係人からおよそ認知者を排除する立場をとる場合には，認知行為に瑕疵ある場合に効力を否定できるようにするため，同法785条の射程を限定することは不可欠となる。

　これに対して，民法785条を文言どおりに理解する立場もありうる。その場合，詐欺・強迫に基づく認知については，血縁があれば取消しは認めないのはもちろんであり，他方，血縁がなければ認知無効を主張できる（786

条）ことになる。この立場は認知の効力を血縁の有無に一本化することを狙いとするが，無断届出の場合の判例の処理と整合せず，また，認知の成立要件の問題点をすべて血縁の有無で処理することの妥当性に議論の余地を残す。

【 発展問題 】

　A女はB男と交際中にCを妊娠し，それを契機に同棲を開始した。BはCについての認知の届書を作成したが，実際にCが生まれてみると，その容貌から自分の子であるとの確信が揺らぎ，届書は提出しないで机の引き出しにしまっておいた。ところが，Aの弟Dは，AからBの免許証等を渡され，Bになりすまして認知の届出をしてしまった。その後，A・Bの関係は破綻し，Bは認知届が無断で提出されていることを知った。BはCと父子関係がないことを主張できるか。

●】参考文献【●

新注民⑰634頁［前田泰］／石川稔「認知」星野英一編集代表『民法講座7』（有斐閣・1984）489頁／床谷文雄「事実に反する認知の効力」松浦好治＝松川正毅＝千葉恵美子編『市民法の新たな挑戦』（信山社・2013）631頁／水野紀子・百選Ⅲ68頁

（小池　泰）

普通養子

(1) Ａには，亡き妻Ｂとの間に，Ｃ・Ｄの２人の子がいる。ＤはＥと婚姻し，２人の間には，1998年に子Ｆが生まれた。2000年１月，Ａ・Ｄ・Ｅは，懇意にしている税理士から，孫を養子にすると相続人が増え相続税の節税効果がある，ＦをＡの養子にしてもＦの生活には変化がないとの説明を受けた。2000年４月，養子となるＦの親権者としてＤ・Ｅが，養親となる者としてＡが，証人としてＡの妹夫婦が，それぞれ署名押印して届書を作成し，後日，養子縁組の届出をした。養子縁組後もＦはＤ・Ｅのもとで養育され，Ｄ一家は毎月１回程度Ａのもとを訪れるにとどまり，ＡがＦの教育費などを負担することはなかった。2008年４月にＡが死亡した後，ＣはＡ・Ｆ間の養子縁組の存在を知った。Ｃは，Ａ・Ｆ間の養子縁組は無効であると主張したい。Ｃの主張は認められるか。

(2) 2010年，Ｄ・Ｅの間にＧが生まれた。2020年４月に，ＤとＥは，Ｇの親権者をＥと定めて協議離婚をし，ＧはＥとともに暮らすことになった。2021年４月，ＥはＨと再婚し，同じ日に，ＨはＧとの養子縁組の届出をした。ところが，2022年にＥ・Ｈの間に子が生まれた頃から，ＨはＧに対して暴力をふるったり，食事を与えないことを繰り返し，Ｇは児童相談所に一時保護された。ＤはＦからこの事実を聞いた。Ｄは，養子縁組の取消しや無効を主張することができるか。また，Ｄは，Ｇの親権者をＥおよびＨからＤに変更することを家庭裁判所に申し立てようと考えているが，その申立ては認められるか。

●】参考判例【●

① 最判平成 29・1・31 民集 71 巻 1 号 48 頁
② 最判昭和 23・12・23 民集 2 巻 14 号 493 頁
③ 最判昭和 46・10・22 民集 25 巻 7 号 985 頁
④ 最決平成 26・4・14 民集 68 巻 4 号 279 頁
⑤ 最判昭和 25・12・28 民集 4 巻 13 号 701 頁
⑥ 最判昭和 50・4・8 民集 29 巻 4 号 401 頁

●】解説【●

1 普通養子縁組の成立要件

(1) 普通養子縁組とは

養子縁組には普通養子縁組と特別養子縁組［→問題21］があり，いずれも，当事者の意思により，人為的に法律上の親子関係を成立させる制度である。普通養子縁組では，当事者の合意および届出により法律上の親子関係が成立する。そのため，成立と解消に関して，婚姻と類似する点が多い。普通養子縁組では未成年者も成年者も養子にすることができ，子の養育のためのみではなく，跡継ぎや扶養を目的とする成年養子，相続を見越した孫養子（本問(1)参照）等さまざまな目的で利用されている。

すべての普通養子縁組に共通する成立要件は，①養子縁組の意思（→1(2)参照），②縁組の届出（799 条・739 条），③養親が 20 歳に達していること（792 条），④尊属養子・年長者養子の禁止（793 条），⑤後見人が被後見人を養子とする場合の家庭裁判所の許可（794 条），⑥配偶者がある者が養子縁組をする場合の他方の同意（796 条）である。未成年者を養子とする場合には，その保護のために要件が加重される。⑦15 歳未満の者を養子とする場合，未成年者に代わってその法定代理人が縁組の承諾をする（797 条 1 項。代諾養子縁組→1(3)参照）。⑧未成年者を養子にする場合には，原則として，家庭裁判所の許可が必要である（798 条。→1(4)参照）。⑨配偶者のある者が未成年者を養子とするには，原則として，配偶者とともに縁組をしなければ

ならない（795条本文，ただし，本問(2)のように，配偶者の嫡出である子を養子とする場合は，単独で養子縁組を行うことができる〔795条ただし書〕）。

成立要件のうち，①②⑦を欠く場合は，普通養子縁組は無効となり（802条1号・2号），③〜⑥・⑧の要件を満たさない場合，取消しの対象になる（803条〜807条）。

なお，②の届出につき，虚偽の嫡出子出生届を養子縁組届とみなすことは認められないとされている（参考判例⑤⑥，関連問題(2)。ただし，Mの主張が権利濫用により認められない可能性はある［→問題⑰］）。判例は，養子縁組は要式行為であり，民法799条（739条）は強行法規であることを強調する。未成年者を養子とする場合に加重されている⑧の要件を潜脱しているものに，養子縁組の効果を認めることはできないことが理由であると解される。

(2) 縁組意思

縁組意思がない場合，養子縁組は無効となり（802条1号），縁組意思は婚姻の成立要件の1つとされる。

縁組意思については，婚姻意思［→問題③］等と同様の議論がある。学説には，縁組意思を，届出をする意思とする形式的意思説，社会観念上親子と認められる関係を成立させる意思とする実質的意思説，民法上の養親子関係の定型に向けられた効果意思とする法律的定型説がある。参考判例②は，「単に他の目的を達成するための便法として仮託されたに過ぎず」「真に養親子関係の設定を欲する効果意思がなかった場合」には縁組の意思がなく，養子縁組は無効であるとし，婚姻と同様，判例・通説は実質的意思説に立つとされている。しかし，普通養子縁組はさまざまな目的で利用されていること，親子関係の実態はさまざまであることから，社会観念上親子と認められる関係がいかなるもので，どのような場合に，縁組意思があると判断するかは難しい。実際には，縁組意思の有無は，当該縁組が社会的に見て妥当かどうかで判断されているとの指摘もある。

本問(1)において，AはFを養育することは目的としておらず，節税を主たる目的に養子縁組を行っているようにも思われ，Aおよび代諾をしたD・Eの縁組意思の有無が問題になる。本問(1)と類似する事案につき，参考判例①は，「相続税の節税の動機と縁組をする意思とは，併存し得るもので

ある」と述べた上で，「専ら相続税の節税のために養子縁組をする場合であっても，直ちに当該養子縁組について」縁組の意思がないということはできないとする。節税目的があるからといって直ちに縁組が無効になるわけではなく，親子関係の主要な効果（→2(1)参照）を享受する意思があるとして，養子縁組を有効としたとも考えられている。本問(1)でも，AおよびD・Eには，養子縁組から生じる効果を積極的に排除する意図はないとも思われる（親権を有している者が，当然に子を養育しなくてはいけないわけではない）。これらの事情を考慮して，縁組意思の有無についてどのように考えるかが問題になる。なお，縁組意思の不存在は，縁組の無効を主張するCに立証責任がある。

　その他に，縁組意思が問題になる例として，養子と養親の間に情交関係がある，またはあった場合がある（関連問題(1)参照）。判例は，叔父が姪を養子にした事案で，永年世話になったことへの謝意をもこめて，養子にすることで，財産の相続と自己の供養を託する意思があったこと，「情交関係は，偶発的に生じたものにすぎず」，「事実上の夫婦然たる生活関係を形成したものではなかった」こと等，当該事案の事実関係のもとでは，養子縁組の意思が存在し，過去の一時的な情交関係の存在は縁組の意思を欠くものとして縁組の有効な成立を妨げるにはいたらないと判断している（参考判例③）。それに対して，情交関係が継続し，情交関係の安定・継続を目的とする場合に，養子縁組が有効となるかは問題である。縁組意思が否定されるという見解，縁組当事者に配偶者がいる場合等は公序良俗により縁組が無効になるという見解がある。

　また，関連問題(1)でIとJが同性である場合のように，同性カップルが法的な関係を成立させるために養子縁組をすることがある。当事者間には，カップルとしての関係を成立させる意思はあるが，親子として認められる関係を成立させる意思があるとは必ずしも言えず，縁組意思の有無が問題になる。縁組意思が欠けるという見解もあるが，同性カップルに婚姻が認められていない現状において，養子縁組が法的関係を成立させるための唯一の方法であり，社会的に妥当な範囲として縁組意思が認められるとの見解もある。

(3) 代諾養子縁組

15歳未満の者を養子とする場合，法定代理人が養子縁組の承諾をする（797条1項）。十分な判断能力を持たない子の意思を補充するためのものである。承諾を行う法定代理人は，親権者，未成年後見人，児童福祉施設の長等である。なお，15歳以上の子は，父母の承諾なく単独で養子縁組を行うことができる。

民法797条1項の法定代理人の承諾に加えて，養子となる者の父母の同意が必要な場合がある。法定代理人の他に，養子となる者の父母でその監護をすべき者（797条2項前段・766条1項2項・771条・788条）や親権を停止されている父母がいる場合である（797条2項後段・834条の2）。例えば，離婚の際に，子の親権者を父と定めたが，子は母が監護している場合，子を監護している母の同意が必要となる。民法797条2項前段の規定は，法定代理人が，子を監護している者に断りなく子の養子縁組の承諾を行い，その結果，養親が親権者となり，監護者がその地位を失うことを防ぎ，監護者にも子の利益を判断する機会を与えるためのものである。

法定代理人の承諾を欠く養子縁組は無効になるとされている。また，子の監護をすべき者である父母や親権を停止された父母の同意のない縁組は，同意をしていない父母から取消しを請求することができる（806条の3）。

本問(2)で，Dは15歳未満の子であるGとHの普通養子縁組に承諾ないし同意をしていないことを理由として，縁組の無効あるいは取消しを主張することができるか。DはGの実父ではあるが，Gの親権者でも監護者でもないことから，普通養子縁組について承諾権も同意権も有しない。したがって，Dは，G・H間の普通養子縁組の無効・取消しを主張することはできない。非親権者かつ非監護親である父母の承諾・同意が不要であることから，本問(2)のように親が知らないうちに普通養子縁組が行われることがしばしば生じる。

なお，代諾に関しては，虚偽の出生届により戸籍上の親とされた者が代諾をした場合に，その普通養子縁組の有効性が問題になることがある［→本書初版問題20，参考文献・栗林参照］。

(4) 家庭裁判所の許可

未成年の子を養子とする場合，原則として家庭裁判所の許可が必要である（798条本文）。家庭裁判所が，養子縁組が子の利益に適うかを後見的に判断し，子の将来の職業選択の自由を制約する等現在および将来の生活に妨げとなる不当な養子縁組を阻止することを目的とする。家庭裁判所の許可を得ずに養子縁組を行った場合，当該養子縁組は取消しの対象となる（807条）。

例外として，自己または配偶者の直系卑属を養子とする場合は，家庭裁判所の許可が不要である（798条ただし書）。前者は孫養子（本問(1)），後者は連れ子養子（本問(2)）と呼ばれる類型である。これらの場合には，子の利益を害するおそれが少ないと考えられているからである。しかし，①家庭裁判所や親権者ではない非監護親がチェックすることがないまま養子縁組が行われることで子の利益が守られない，②連れ子養子においては，実親と養親の離婚時に協議離縁（811条1項）も行われ，親の婚姻と子の法的親子関係が連動し，子の法的地位が不安定になる等の問題も指摘されている。実際には，未成年者を養子とする普通養子縁組の多くが，孫養子・連れ子養子である。立法論としては，これらの例外の場合にも家庭裁判所の許可を必要とすることも考えられる。

2　普通養子縁組の効果

(1) 効果の概要

普通養子縁組が成立すると，養子は縁組の日から養親の嫡出子の身分を取得する（809条）。その結果，①養子は養親の親権に服し（818条2項），②養親と養子の間には扶養義務が生じ（877条1項），③互いに推定相続人となる（887条1項・889条1項1号）。また，④養子は養親の氏を称する（810条）。さらに，⑤縁組の日から，養子と養親およびその親族との間に法定血族関係が発生する（727条）。なお，普通養子縁組が成立しても，特別養子縁組の場合とは異なり，実親と養子の法的親子関係は存続する。そのため，養子と実親の間の相続関係・扶養義務も存続する（ただし，養親との間の扶養義務が優先すると考えられる）。

(2) 親権の帰属

養子縁組が行われた場合，養子の親権は養親が行使することになる（818

条2項)。

　孫養子が行われた場合，親権者は養親である祖父母となる。本問(1)でも，祖父ＡがＦの親権者となるが，実際に子を監護しているのはＤ・Ｅであり，親権者と子を実際に監護している者が異なる。この状況が子に不都合がないかは検討が必要である。また，孫養子では子が未成年のうちに養親が死亡する可能性もある。その場合，死後離縁をしない限り，実父母の親権は復活せず，実際に子を監護する実父母は未成年後見人に選任される必要がある。

　本問(2)のように連れ子養子が行われた場合，民法818条2項に従い養親のみが親権を行使し，実親は親権を行使しないのだろうか。この点，明文の規定はないが，親権者である実親と養親が共同して親権を行使することになるとされている（通達〔昭和23・3・16民事甲149号回答〕，参考判例④参照）。

　連れ子養子が行われた場合に，親権者の親権行使が不適切であることなどを理由として，養子に対して親権を有していない実親が，親権者の変更を求めることができるか。本問(2)において，Ｄは，Ｇ・Ｈ間の養子縁組について，客観的要件を欠くことを理由に養子縁組の無効・取消しを主張することはできないが（→1(3)参照），自らに親権者変更の申立てをすることができるかが問題になる。参考判例④は，「子が実親の一方及び養親の共同親権に服する場合，民法819条6項の規定に基づき，子の親権者を他の一方の実親に変更することはできない」と述べる。離婚時の親権者の指定等を規定する民法819条1項から5項を受けた同条6項は，親権者となることができる者が2人であることを前提に親権者をその一方から他方への変更する場合に利用できる規定であり，連れ子養子が行われ，実親と養親が共同して親権を行使している場合は，適用対象外ということになる。その結果，Ｄは，Ｈの親権喪失（834条）の申立てをし，Ｅの単独親権としたうえで，自己への親権の変更を求めること等が必要になる。参考判例④の考え方に従うと，離婚後，親権も監護権も有しない親は，自らが関与しないうちに連れ子養子が行われた場合，再び子の親権者となる可能性をほぼ封じられているともいえよう。

関連問題

(1) 配偶者も子もおらず，父母もすでに死亡している I は，10 年間にわたり情交関係にあった J との間に法的関係を形成したいと考え，J との養子縁組の届出をした。I の死後そのことを知った I の妹 K は，I・J の間の養子縁組は無効であると主張した。K の主張は認められるか。

(2) L は M と婚姻していたが，N が L の子 O を出産した。L・M・N は，話し合いの上，O について，L・M の嫡出子としての出生の届出をし，L・M が O を養育した。O も成人し，L が死亡した後，M が，O に対して，M・O 間にはいかなる親子関係も存在しないと主張した。M の主張は認められるか。

●】参考文献【●

床谷文雄・百選Ⅲ 78 頁／滝沢昌彦・私法判例リマークス 56 号（2018）58 頁／栗林佳代・判評 692 号（判時 2302 号）（2016）173 頁，栗林佳代・本書初版問題⑳

（石綿はる美）

特別養子

　A男（1971年生）は，2011年10月10日に，B女（1980年生）と婚姻した。Bは，2008年1月に前夫C男と協議離婚しているが，Cと数年間別居している間に，D男との間で性関係を持ち，妊娠し，2008年6月にE女を出産した。同年10月には，CとEとの間に親子関係が存在しないことを確認する裁判（親子関係不存在確認の裁判）が確定している。Dは，Bから，Dの子を妊娠したこと，そしてEが生まれたことは聞いていたが，Eを認知しようとはしなかったし，会ったこともなく，Eの養育にはまったく無関心であった。養育に要する費用（養育費）だけでも支払ってほしいというBの要求にも応じることはなかった。他方，Aは2010年頃からBと結婚を意識して交際するようになり，Eとも良好な関係を築き，Bとの婚姻前後には，Eから「パパ」と呼ばれて慕われるようになっていた。

　A・B夫婦は，2012年4月に，家庭裁判所にEとの特別養子縁組の成立の申立てをしたが，却下され，即時抗告をしたものの，同年12月に申立てを取り下げた。そして，2013年1月に，A・B夫婦は，Eを普通養子とする縁組の届出をした。この養子縁組は，Aとの婚姻後も，BはEの氏の変更手続をしていなかったため，この機会にEの氏をA・Bと同じにすることと，いずれ改めてEを特別養子とする審判の申立てをするために，Eとの同居生活の実績を作ることが目的であった。

　A・B夫婦とEの同居生活は円満に進み，A・B夫婦は，2020年4月に，Eを特別養子とする審判の申立てをした。Aは十分な資産・収入を有し，A・B夫婦とEの生活関係には，何らの問題もない。また，Eは，Aを実の父と思っている。この場合，A・B夫婦がEを特

別養子とする申立ては認められるか。

●】参考判例【●

① 名古屋高決平成 15・11・14 家月 56 巻 5 号 143 頁
② 東京高決平成 8・11・20 家月 49 巻 5 号 78 頁
③ 東京高決平成 14・12・16 家月 55 巻 6 号 112 頁
④ 神戸家姫路支審平成 20・12・26 家月 61 巻 10 号 72 頁

●】解説【●

1　はじめに

特別養子縁組は，養子となった者と実父母ほか実方親族との間の法的身分関係の終了と養子の養父母・親族方への完全な組入れを法的効果とする完全養子型の養子縁組である。わが国では，古くから養子と実親との縁を絶つ「一生不通養子」の習俗も存在するなど，他人の子を自分たちの子として育てる土壌があり，戸籍上も実子として届け出ること（虚偽の嫡出子出生届）も行われていた（「藁の上からの養子」と呼ばれる）。特別養子縁組は，このような習俗・慣行と，「子の福祉」あるいは「子の最善の利益」を指導理念とする欧米の近代的養子法の流れが呼応し，これに加えて，子どもを望まない親の人工妊娠中絶・子捨て・子殺しを防ぐために，虚偽の出生証明書を作成して，引き取る夫婦の実子として出生届をさせた某医師の行為が社会に与えた衝撃などもあり，1987（昭和 62）年の民法改正で，養子縁組の特別類型として新たに導入されたものである。

特別養子縁組は，基本的に，親のいない子，親の適切な養育監護を受けることができない子を適切な養育家庭に迎え入れ，実子同様の生育環境を保証するための福祉的制度として構成されている。したがって，養親となり得る者，養子となる者など養子縁組の実質的成立要件および養子縁組成立のための手続・方式（形式的要件）が厳格に規制され，養子となる者の福祉を司法

制度的に確保するために，普通養子縁組とは異なる規制がされている。すなわち，特別養子縁組は，普通養子縁組のように縁組届の受理により成立する契約型縁組ではなく，養親となる者の請求に基づき，家庭裁判所が審判により成立させるもので，いわゆる国家（官庁）宣告方式をとっている（817条の2第1項）。養子となる者と養親となる者の適合性（マッチング）を慎重に判断するため，養親となる者が養子となる者を6ヵ月以上の期間監護した実績（試験養育期間）を判断の前提とする（817条の8）。

特別養子縁組が成立すれば，実方父母との法律上の親子関係が終了し（817条の9），離縁は厳しく制限されている（817条の10）。身分公証の面でも，戸籍上の特別の措置によって，養父母が唯一の父母であることを明らかにするなど，養親子関係を実親子関係と同様の強固で安定したものにすることが意図されている。

2019（令和元）年に特別養子制度についての法改正があり，特別養子縁組の成立の審判の申立時の子の年齢が原則6歳未満（例外8歳未満）から15歳未満までに引き上げられ，例外的には18歳未満の者まで特別養子とすることが可能となった。また，審判手続が，「特別養子適格の確認の審判」（家事164条の2）と「特別養子縁組の成立の審判」（同法164条）との2段階手続に変更された。

2　特別養子縁組の成立要件

特別養子縁組成立のための実質的要件は，ⓐ養子となる者は縁組請求時において原則として15歳未満であり（15歳に達する前から引き続き養親となる者に監護されている場合において，15歳に達するまでに縁組成立の請求がされなかったことについてやむを得ない事由があるときは，この限りでない），縁組成立時に18歳未満であること，および養子となる者が15歳以上のときはその同意があること（817条の5），ⓑ養親となる者は配偶者のあるものでなければならず，原則として夫婦共同養親となること（817条の3），ⓒ養親となる者は原則として25歳以上であること（817条の4），ⓓ養子となる者の実方父母の同意があること（817条の6），そして，ⓔ父母による養子となる者の監護が著しく困難または不適当であることその他特別の事情がある場合において，子の利益のため特に必要があると認められること（817条の7）である。

本問では，養子となる者の年齢は，特別養子縁組の請求時において12歳弱であり，2019年改正前の旧法では年齢の上限を超えているが，現行法では，要件を充足する（817条の5第1項）。養親となる者の年齢要件および養親の夫婦要件などは具備されており，父母の同意についても，養親となる夫婦の一方が実母であり，血縁上の父は認知していないため法律上の父としての同意権を有さず，Eに対して無関心であることから，父子関係成立に向けた配慮も問題とはならない。それゆえ，特別養子縁組の成否の判断は，父母による養子となる者の監護が著しく困難または不適当であることその他特別の事情があるかどうか（要保護性），そして，特別養子縁組が当該子の利益のため特に必要があると認められるかどうか（子の利益のための特別の必要性）にかかる。

3 要保護性の判断基準

養子となる者の要保護性という要件は特別養子縁組制度の目的からくるものであり，特別養子縁組を普通養子縁組と区別する基本的な要件である。この要保護性の判断基準いかんにより，特別養子縁組の許容性の幅が異なってくる。すなわち，要保護性をきわめて厳格に解釈し，特別養子縁組をきわめて例外な存在にとどめるか，子の利益のための制度として柔軟に解釈し運用することにより，特別養子縁組の成立を緩やかに認めていくか，認否の判断が異なる。

要保護性の具体的基準として挙げられている「父母による養子となる者の監護が著しく困難」である場合とは，貧困，正常な家庭がないこと等客観的な事情によって子の適切な監護ができない場合を意味し，著しく「不適当である場合」とは，父母による虐待や著しく偏った養育をし，あるいは通常未成年の子の養育に必要な措置をほとんどとっていない等子の監護・養育の方法が適切を欠く程度が高い場合を意味し，そして「その他特別の事情がある場合」とは，これらに準じる事情のある場合をいうが，具体的には親子関係の断絶が子の利益に合致するかどうかを基準にして判断すべきである，というのが特別養子法立案担当者の解釈であり（細川清『改正養子法の解説』〔法曹会・1993〕100頁以下），裁判例もこれによっている（奈良家宇陀支審昭和63・3・25家月40巻7号188頁，宮崎家審平成2・11・30家月43巻10号35

頁）。父母死亡，父母不明の子（棄児）等，父母による監護が不能な場合は，当然「特別の事情」に該当する。

しかし，裁判例には，「特別の事情」は，「監護の著しい困難又は不適当」な場合またはそれに準じる場合にとどまらず，特別養子縁組を成立させ，父母およびその血族との間の親族関係を原則として終了させることが子の利益のため特に必要と判断される事情をも含むものと解するのが相当としたものもある（参考判例②）。ここでは，「特別の事情」を拡張的に解するとともに，民法 817 条の 7 の後段に規定する「子の利益のための必要性」の要件と重なって判断されるようになっている。実親が安定した監護環境を用意せず，かつ明確な将来計画を示せないまま，将来の未成年者の引取りを求めることが，必要性の要件を満たしているということはできない，とした事例（参考判例③）も，要保護性と必要性を重ね合わせて判断している。

卵子および精子を提供して代理出産を依頼した夫婦が，代理出産により出生した子を特別養子とする申立てをした事案において，代理出産した母およびその夫（卵子提供者の両親）には，養子となる者を自身らの子として監護養育していく意向がなく，申立人らが養子となる者を育てるべきであると考えている事情の下においては，父母による養子となる者の「監護が著しく困難又は不適当であることその他特別の事情」があると認められ，養子となる者を申立人らの特別養子とすることが子の利益のために特に必要があるとされている（参考判例④）。また，性別の取扱いを女から男に変更する旨の審判を受けた夫およびその妻と，第三者から精子の提供を受けて妻が出産した子について，本件特別養子縁組には，養子となる子と精子提供者との親子関係を断絶させることが相当であるといえるだけの特別の事情があり，子の利益のために特に必要であると認められるとした事例がある（神戸家審平成 24・3・2 家月 65 巻 6 号 112 頁）。ただし，このような子は夫婦の嫡出子の身分を有すると認められたことから（最決平成 25・12・10 民集 67 巻 9 号 1847 頁），特別養子縁組を利用（流用）する必要性がなくなった。

4 連れ子養子と転換養子

連れ子養子と転換養子の場合は，要保護性の判断が他の場合とは異なる。連れ子養子の場合は養親となろうとする者が養子となる者の実親（または養

親）の配偶者であり，実親も共に監護している。普通養子からの転換の場合
も，養親の子の監護に問題がないからこそ，監護関係をより強固にするため
に特別養子に転換しようとする。特別養子制度導入直後に，連れ子を普通養
子にしていた夫婦からの特別養子への転換申立ての事例が相次いだが，父母
による養子となる者の監護が著しく困難または不適当である場合にはあたら
ず，特別の事情も認められず，却下されている（名古屋家審昭和63・4・15
家月40巻8号97頁〔妻の連れ子で普通養子〕，大阪高決昭和63・11・10家月41
巻3号172頁〔妻の連れ子で普通養子〕ほか）。この場合，すでに監護をしてい
る状態にある実親・普通養子縁組による養親の監護を特別養子縁組によって
強化し，監護関係を万全ならしめることが子の利益のため特に必要と考えら
れる事情があるか否かが問題となる。普通養子からの転換事例では，特別養
子縁組の必要性の判断は，普通養子と特別養子の法的効力の差に見い出すこ
とになる。つまり，実方父母との法律関係の終了が子の利益のために特に必
要とされるかどうかである。たとえば，実父母（その一方）が特別養子とな
る者の養育に不当に干渉し，妨害するおそれがある，あるいは金銭的要求を
してくるなど，特別養子縁組を成立させ，実父母との親子関係を終了させる
ことが子の利益のため特に必要と判断される事情がある場合がこれに該当す
る。特別養子制度施行前にした普通養子縁組から特別養子縁組への転換も，
普通養子縁組時の実父母との関係での要保護性に変わりがなければ，認容さ
れている（仙台高秋田支決平成元・5・24家月41巻11号86頁，名古屋高決平
成元・10・17家月42巻2号181頁ほか）。

　本問では，実父は子を認知していないし，子の養育にまったく関心を示し
ていないことから，養父母の養育を妨害するなどのおそれはないと思われる
が，そうであっても，実父子関係の発生を未然に防ぎ，現在監護している父
母との関係を維持・強化し，子の健全な育成環境を整えるには，特別養子縁
組を成立させることが子の利益のため特に必要であると考えられるであろ
う。この種の事案で，特別養子縁組成立の申立てを却下した原審判に対する
即時抗告審において，民法817条の7に規定する「特別の事情がある場合」
には，監護の著しい困難または不適当な場合，またはそれに準じる場合にと
どまらず，特別養子縁組により新たな養親子関係を成立させ，父母およびそ

の血族との親族関係を終了させることが子の利益のため特に必要と判断される事情のある場合をも含むものと解するのが相当であるとしたうえ，子は血縁上の父から認知されておらず，同人は実親としての義務を怠り，子の養育にも無関心で，将来ともに放置したままの状態であることが容易に推認されることなどからすると，夫婦と子との良好な親子関係をそのまま特別養子縁組関係として成立させることが，子の健全な育成に寄与し，その福祉および利益の実現のために特に必要であると判断されるとして，原審判を取り消し，特別養子縁組を認めた例がある（参考判例①）。

養親となる者と養子となる者の間に一定の親族関係がある場合（親族養子）も，要保護性・必要性が認められることは稀である（却下事例として，東京家八王子支審平成2・2・28家月42巻8号77頁〔死亡した実母の姉夫婦からの申立て〕，抗告棄却例として，大阪高決平成2・4・9家月42巻10号57頁〔未婚の長女が出産した子を監護養育している夫婦からの申立て〕）。

要保護要件を厳格に適用することは，要保護児童の救済という特別養子縁組の目的を達成することにはつながるが，その一方で，特別養子となる者に一種のスティグマ（不幸な生まれ，虐待された子，捨てられた子）を付与することにもなる。「子の利益のための特別の必要性」に重点を置いて，実質的に要保護要件（特別の事情）の緩和を図ることも必要であろう。

関連問題

本問の事実関係が以下のように変わったとする。

Dは，Bが自分の子を妊娠したことを知らなかったが，A・B夫婦の代理人であるJ弁護士から，特別養子縁組についての意向を問う書面による照会を受けて，Bが自分の子と思われるEを出産し，再婚したAとともにEを特別養子としようとしていることを知った。そこでDは，妻Fとの間に子がいなかったこともあり，Fに事情を話したところ，Fも反対しなかったので，Eを自分の子として引き取りたいと考えるようになった。そこで，Dは，Eを認知する届出をして，次いで，Jを通じて，A・B夫婦の特別養子の申立てに反対する意思を伝えた。

この場合，A・B夫婦からの特別養子縁組の申立ては，認められるか。

●】参考文献【●

中川良延・民商 132 巻 6 号（2005）1004 頁／中川高男・リマークス 16 号
（1998）77 頁

（床谷文雄）

利益相反行為・親権濫用

　Aに，亡Bとの間の子Cと，現配偶者Dとの間の子Xがあった。

　2020年5月にDの父Eが死亡し，X（当時14歳）は，Eの遺贈により甲土地および乙土地を取得した。

　2022年4月に，C（当時20歳）が難病に罹患し，その治療にかなりの費用を要することがわかった。Aにはさしたる財産がなく，DはEの相続により相当の財産を取得したものの，経営する事業のために費消し，または担保に供していたことから，AとDは，相談のうえ，Cの治療費を捻出するため甲土地を売却するほかないとの結論にいたった。そこで，AとDは，同年5月に，Xの代理人として，一家の事情を知るY（Aの兄）との間で，甲土地につき時価をやや上回る代金額5000万円で売買契約（以下，「本件売買契約」という）を締結した。その10日後までに，本件売買契約に基づいて代金の支払とY所有名義への所有権移転登記がされた。さらにその後，Cの治療費になお3000万円程度を要することがわかり，同年7月に，YがCに3000万円を貸し付ける契約（以下，「本件消費貸借契約」という），このCの債務をAが連帯保証する契約，およびYのCに対する債権を担保するため乙土地に抵当権を設定する契約（以下，「本件抵当権設定契約」という）が締結された。本件抵当権設定契約は，AとDがXの代理人としてYとの間で締結したものであり，これを原因とする抵当権設定登記がされている。

　2024年11月にこれらの事実を知ったXは，甲土地についての所有権移転登記と乙土地についての抵当権設定登記のいずれについても，Yに対して抹消登記手続を請求した。Xのこの請求は認められるか。

① 最判昭和 35・2・25 民集 14 巻 2 号 279 頁

② 最判昭和 43・10・8 民集 22 巻 10 号 2172 頁

③ 最判平成 4・12・10 民集 46 巻 9 号 2727 頁

●】解説【●

1 親権者による子の代理

親権者は，親権の一内容として，その親権に服する未成年の子（以下，単に「子」という）の財産に関する行為について，包括的な代理権（824 条本文）と同意権（5 条 1 項本文）を有する。本問は親権者による代理に関する問題であることから，以下では，これらの権限のうち親権者の代理権についてのみ取り上げる。

親権者の代理権も，代理権の一種であることに変わりはない。そのため，他の者による代理についてと同様に，本人の利益の保護という観点から，親権者も代理権の行使に際して一定の義務に服するほか，親権者の代理権が制限されることもある。もっとも，親権者による代理には，親権という特殊な権限の行使の一態様であることを反映して，一般の任意代理など他の代理と比べて特徴的な点がある。

2 親権者と子との間の利益相反行為

(1) 民法 826 条による親権者の代理権の制限

親権者は，自らと子との間で，またはその親権に服する子同士の間で「利益が相反する行為」（利益相反行為）をすることができず，家庭裁判所に特別代理人の選任を請求しなければならない（826 条。この請求は，父母が共同で親権を行う場合であっても，その一方のみが単独ですることができる。最判昭和 57・11・26 民集 36 巻 11 号 2296 頁参照）。それにもかかわらず，親権者が利益相反行為について自ら子を代理した場合には，その行為は無権代理行為となる（最判昭和 46・4・20 判時 631 号 53 頁）。

平成 29 年民法改正により，民法 108 条 2 項が新たに設けられた。同項本

文によれば，代理人がした利益相反行為は無権代理行為とみなされる。この規定は，金銭の借入れや保証，担保の設定などの行為について代理権を有する者が代理人として当該の行為をした（したがって，本来，民法99条1項の要件を満たし，本人に効力を生ずる行為をした）場合に，その行為が利益相反行為にあたるときは，本人の利益を保護するためにその行為を無権代理行為とみなすものである。これに対し，民法826条は，親権者が利益相反行為につき代理権を有しないこと，そのため特別代理人の選任を認めることを明らかにする規定とみることができる。また，民法108条2項は代理人と本人の利益相反行為について規定するのに対し，民法826条では，親権者とその子の利益相反行為のほか，同一親権者の親権に服する子の間の利益相反行為についても規定されている。したがって，親権者の利益相反行為については，民法108条2項は適用されず，前掲最判昭和46・4・20が現在も妥当すると解するのが適当である。もっとも，親権者と子の利益相反行為については，無権代理行為とする場合と民法108条2項により無権代理とみなされるとする場合とで，その後の法律関係の処理が異なることはない。

(2) 民法826条の利益相反行為

ある行為が「民法826条にいう利益相反行為に該当するかどうかは，親権者が子を代理してなした行為自体を外形的客観的に考察して判定すべきであつて，当該代理行為をなすについての親権者の動機，意図をもつて判定すべきでない」（最判昭和42・4・18民集21巻3号671頁）とすること（以下，この考え方を「外形判断説」という）が確定した判例である。これは同条1項と2項のいずれについても同じである（同条2項につき，最判昭和49・7・22判時750号51頁）が，以下ではもっぱら同条1項の利益相反行為について述べる。本問ではAがXを代理してした契約の効力が問題となっており，その中には同じくAの子であるCとXの利益が対立する契約が含まれているものの，Cはそれらの契約の当時すでに成年に達しており，Aの親権に服する子ではないため，同条2項の適用が問題となることはないからである。

外形判断説によれば，本件売買契約のような，親権者が子の代理人として第三者（自己またはその親権に服する他の子以外の者）との間で締結する有償契約が利益相反行為になることはない。外形的客観的には，その契約により

子の不利益において自らまたは他の子が利益を受ける，という関係が認められないからである。本件売買契約のように契約が本人たる子以外の者の利益を図るためにされていたとしても，親権者のそのような動機や意図を考慮してその契約が利益相反行為とされることはない（贈与についてであるが，最判昭和42・4・25集民87号253頁は，親権者がその経営する事業につき第三者の援助を仰ぎたいと考えて子の財産をその第三者に贈与する契約を代理人として締結した場合につき，利益相反行為にあたらないとした）。このほか，子が第三者から金銭の貸付を受ける契約，これによる子の債務につき子の財産を担保に供する契約も，借り受けた金銭をその子以外の者の利益のために費消する目的でされていたとしても，利益相反行為にはならない。ただし，代理行為が本人たる子以外の者の利益を図るためにされていた場合には，代理権濫用にあたることがある。

　これに対して，外形判断説によれば，子に義務や負担を生じることになる親権者と子との間の契約は，その契約が全体として子に有利なものであっても，また，親権者が真に子の利益を図る目的でしていたとしても，利益相反行為になる。また，親権者の貸金債務につき子の財産を担保に供する契約も，その借入れが子の養育費にあてる目的でされたものであったとしても，利益相反行為になる（最判昭和37・10・2民集16巻10号2059頁）。この場合には親権者と子の間に直接の法律関係が生じるわけではないが，担保の実行により，子の財産の喪失という不利益において親権者は債務の消滅という利益を受けること，すなわち親権者と子との間に利益相反関係を生じ得ることが，外形上当然に明らかだからである。さらに，本件抵当権設定契約のように，親権者が連帯保証をしている第三者の債務のために子の財産を担保に供する契約も，利益相反行為になる（参考判例②）。担保権が実行された場合は上記と同様であるし，親権者が保証債務を履行した場合も，親権者と子との間に求償関係や親権者による代位という，利益が相反する法律関係を生ずることが外形上当然に明らかだからである。

　外形判断説による場合，親権者は，子の扶養など子の利益を図るため自ら負った債務につき子の財産を担保に供することについて代理権を制限されるのに対し，自ら費消する目的で子に貸金債務を負わせること，自己の利益を

図る目的で子に負わせた貸金債務につき子の財産を担保に供することについては，代理権を有するとされることになる。また，本問の場合に，Aは，Cの債務のために自ら連帯保証せずX所有の乙土地に抵当権を負担させる形にすれば本件抵当権設定契約につき代理権を有するのに，自らも連帯保証をして義務または責任を引き受けたならば本件抵当権設定契約につき代理権を有しないことになる。子の利益の保護という観点からすれば，こういった結論にはにわかに納得しがたいところがある。そこで，学説では，親権者の行為の動機・目的・意図・実質的効果・必要性・背景などを総合的に考慮して利益相反性の有無を判断すべきであるとする考え方（以下，「実質判断説」という）も有力に唱えられている。もっとも，民法826条による親権者の代理権の制限は，それによって子の利益を直接に保護しようとするものではなく，特別代理人の選任という代理行為前の手続を介して子の利益を保護しようとするものである。実質判断説には，このような代理行為より前の時点での判断において有効に機能しないという問題点がある。

(3) 特別代理人の選任

　民法826条の利益相反行為に該当する行為を子のためにするには，特別代理人の選任が必要である。親権者の一方と子の利益相反行為についても同様であり，同法818条3項ただし書に該当するとして，他方の親権者が単独で子を代理することができるわけではない。この場合には，他方の親権者と選任された特別代理人とが，共同して，子を代理すべきであるとされている（参考判例①）。

　家庭裁判所による特別代理人の選任は，その選任にかかる行為の実行が当然に許容されることを意味するものではない。特別代理人は，子の利益を保護すべくその義務に従って，代理行為をするか否か，どのような内容でするかを決すべきことになる。特別代理人は，選任請求の際に挙げられる候補者の中から選任されることから，代理権を制限された親権者と近い関係にある者が選任されることも多い。そのため，特別代理人の制度によって子の利益が実際に保護されるのかが，疑問視されることもある。このような問題を際立たせないようにするためにも，特別代理人の上記義務について，適切に判断することが必要であると思われる。

3　親権者による代理権の濫用

　民法826条の利益相反行為に該当しなければ，親権者は当該行為について代理権を有することになる。そうであるからといって，親権者が代理人としてした行為の効果が当然に本人たる子に帰属することにはならない。他の代理についてと同様に，親権者が子の代理人としてした行為が代理権濫用にあたる場合には，民法107条により，相手方が濫用の事実を知り，または過失によって知らなかったときは，その行為は無権代理行為とみなされ，行為の効果は本人たる子に帰属しない。

　民法107条では，代理権の濫用となるのは，「代理人が自己又は第三者の利益を図る目的で代理権の範囲内の行為をした場合」とされている（これは，最判昭和42・4・20民集21巻3号697頁，最判昭和38・9・5民集17巻8号909頁など平成29年民法改正前の判例を明文化したものである）。これに対し，親権者による子の代理については，「親権者と子との利益相反行為に当たらない限り，それをするか否かは子のために親権を行使する親権者が子をめぐる諸般の事情を考慮してする広範な裁量にゆだねられているものとみるべきであ」り，代理権の濫用となるのは「子の利益を無視して自己又は第三者の利益を図ることのみを目的としてされるなど，親権者に子を代理する権限を授与した法の趣旨に著しく反すると認められる特段の事情が存」する場合に限るとされている（参考判例③）。これによれば，親権者による代理については，他の代理人による代理の場合と比べて，代理権濫用となる場合が限定されているとみることが素直である。

　一般的に親権者には子に対する愛情を期待することができ，家族内の問題に関する判断につき外部者が当否を定めることは容易ではない。また，親権者は子の財産の管理を「自己のためにするのと同一の注意をもって」すればよいとされている（827条）。そのため，子の財産上の法律関係の形成について親権者に広い裁量を認めることには，十分理由がある。しかしながら，親権は，子の利益のために親権者に与えられるのであって，子以外の者の利益を図るために与えられるものではおよそないはずである。そして，民法826条による利益相反行為に関する代理権の制限は子の利益の実質的保護を直接的に図るものとはいえないから，利益相反行為に該当しなければ行為を

するか否かは基本的に親権者の裁量にゆだねられるべきである，ということにはならない。このようにみるならば，親権者による子の代理についても，代理権の濫用になるか否かは他の代理の場合と同様に解することが適当であるように思われる。

・・・・・・ **関連問題** ・・・・・・・・・・・・・・・・・・・・・・・・・・

本問において，本件抵当権設定契約は，Ａの請求に基づいて家庭裁判所により特別代理人に選任されたＺが，Ｄと共同して，Ｘを代理して締結していたとする。この場合において，次の(1)〜(3)のときに，Ｘは抵当権設定登記の抹消登記手続をＹに対して請求することができるか。

(1) Ｚが，特別代理人に選任された後，本件抵当権設定契約がされる前に，本件消費貸借契約によるＣの債務のために自己の所有する丙土地に抵当権を設定していたとき。

(2) 家庭裁判所が，Ｚの所有する丙土地に本件消費貸借契約によるＣの債務のために抵当権が設定されていることが明らかになっている状況の下で，Ｚを特別代理人に選任していたとき。

(3) Ｚが，本件抵当権設定契約を締結するにあたって，本件消費貸借契約による借入金はもっぱらＣの治療費にあてられることを認識していたとき。

●】 **参考文献** 【●

沖野眞已「民法826条（親権者の利益相反行為）」広中俊雄＝星野英一編『民法典の百年Ⅳ』（有斐閣・1998）103頁／道垣内弘人「親権②──利益相反行為と代理権の濫用」道垣内弘人＝大村敦志『民法解釈ゼミナール⑤』（有斐閣・1999）100頁／角紀代恵・百選Ⅲ94頁／佐久間毅・百選Ⅲ98頁／石綿はる美・百選Ⅲ100頁

（佐久間　毅）

成年後見

多額の資産を持つＡの認知症が進むにつれて，詐欺的商法の被害に遭うなど財産管理上のトラブルが目立つようになったため，配偶者ＢがＡのために成年後見の開始を申し立てた。家庭裁判所は，Ｂの高齢と健康面の不安やＡの資産の高額性を考慮して，第三者の弁護士Ｙを成年後見人に選任した。

半年後，Ａと同居して世話をしていたＢが体調を崩し長期入院してしまった。Ｙは，ほかに身寄りのないＡが１人暮らしになることを案じて，Ａを老人ホームに入所させようと試みたが，Ａは「このまま自宅でＢの帰りを待つ」と主張して，頑なに入所を拒み続けた。そこで，最終的にはＹも，施設入所の強要はＡの心身の状態をむしろ悪化させかねないと考え直して，Ａの安全確保のためにホームヘルパーの訪問回数を大幅に増やす等の介護体制を強化する手配を行ったうえで，Ａの在宅生活を認めることにした。１人暮らしを始めた直後，Ａが１度だけ近隣を徘徊して，警察に保護されたことがあったものの，その後は周囲の支援によって安定した生活を送っていたため，ＹはＡの１人暮らしを続けさせていた。

しかし，独居生活から約２年後，Ａは突如として再び徘徊し，この途中，Ｘ鉄道会社の駅構内で線路に立ち入り，列車に衝突して死亡した。この事故で，Ｘには列車の振替輸送代など700万円の損害が発生した。

この場合に，ＸはＹに対して損害賠償を請求できるか。また，ＹのＡに対する法的責任はどうなるか。

① 最判平成 28・3・1 民集 70 巻 3 号 681 頁
② 東京地判平成 25・3・7 判時 2191 号 56 頁

●】解説【●

1 成年後見人の職務

(1) 成年後見人の職務指針

　成年後見人は他人の財産の管理者として一般的な善管注意義務（869 条・644 条）を負うほか，特に成年被後見人の身上保護面の充実という観点から，身上配慮義務と本人意思尊重義務（858 条）という 2 つの義務を負っている。通説によれば，この 2 つの義務は，成年後見人の善管注意義務の内容を具体化したものであり，本人の身上への配慮と本人の意思の尊重が事務処理の指導原理であることを明示した点に意義がある。本問でも，Y はこれらの義務を職務遂行の指針として，法定代理権等の法的な権限を行使すべきことになり，A の成年後見人として行った一連の対応がこれらの義務の要求を充たしていたか否かが，Y の法的責任の有無の鍵となる。特に問題となるのは，A の希望に応じる形で，老人ホームへの入所よりも独居での在宅生活の支援を優先させた点だろう。なお，「意思決定支援を踏まえた後見事務のガイドライン」（2020 年 10 月 30 日）は，「施設への入所契約など本人の居所に関する重要な決定を行う場合」には法定代理権行使に先立って，意思決定支援を行うことが望ましいとする。現状では，意思決定支援の有無が違法性の評価に直ちにつながるわけではないが，今後こうした実務が浸透すれば，成年後見人の善管注意義務等の違反の判断にも影響を及ぼしていく可能性がある。

(2) 身上監護に関する決定権限

　加えて，本問の場合，そもそも Y に A を老人ホームに入所させる法的権限があったかを問う必要がある。成年後見人である Y が自己の包括的な法定代理権（859 条 1 項）によって，A のために老人ホームと施設入所契約を

結ぶことは当然に可能である。しかし，通説によれば，未成年後見人とは異なり（857条・821条），成年後見人は居所指定権を持たないので，本人の意思に反して強制的に居所を変更させることはできない。このため，少なくともAに自分の居住場所の決定に関する一定の判断能力があった限り，YがAを強制的に老人ホームに入所させる民法上の手段はなかったことになる。

なお，本問のAには入院による精神科治療の必要性がないため問題とならないが，事案によっては，精神保健福祉法上の非自発的入院措置である医療保護入院の是非を検討する必要が生じる。なぜなら，成年後見人と保佐人が医療保護入院の同意主体である「家族等」の1類型として明示されているからである（精神33条1項・2項）。両者を専権的な同意主体である第一順位の保護者として位置付けていた（保護者制度廃止前の）旧法時代に比べれば，その役割は相対化されたとはいえ，他の同意主体である配偶者らの同意が現実には期待困難な場合等では，成年後見人らの不同意の事実が本人の加害行為に対する結果回避義務違反として評価される可能性はなお残っている。

2　成年後見人の対内的賠償責任

以上を踏まえて，本問におけるYの法的な責任について検討してみよう。まず，YのAに対する責任，つまり成年後見人と成年被後見人との間の内部的な法律関係に基づく責任が問題となる。家庭裁判所から選任された成年後見人の事務には公的な性格があり（最判平成24・10・9刑集66巻10号981頁），その法的権限は被後見人の支援・保護を唯一の目的として付与されたものである。このため，権限行使に関する成年後見人の裁量は，既述の身上配慮義務等による制約の範囲内でのみ認められるにすぎない。したがって，Yの職務遂行の内容が裁量範囲を逸脱した義務違反とされれば，その結果として生じたAの損害について，Yは債務不履行もしくは不法行為に基づく損害賠償責任を負うことになる（責任の法的性格については争いがある。於保不二雄＝中川淳編『新版注釈民法(25)〔改訂版〕』〔有斐閣・2004〕456頁〔中川淳〕参照）。また，身上配慮義務等の違反は後見人の解任事由（846条）にもなる。

さて本問の場合，YがAの独居での在宅生活を継続させたことが，結果的にAの徘徊による事故死につながったという事情を，Yの成年後見人と

しての義務の履行の観点から，どのように評価すべきかが問題となる。在宅生活の継続がAの強い希望の実現であったことからすれば，Yの行動は「本人の自己決定の尊重」という成年後見制度の基本理念に基づく本人意思尊重義務の履行として評価できる。他方，徘徊の防止という観点からすれば，職員の目が24時間行き届く老人ホームに入所させたほうがAの身の安全を確保できた可能性は高かっただろう。したがって，仮に身上配慮義務の趣旨を本人意思尊重義務と対置させて，「本人の保護」という，もう1つの基本理念に引き付けて理解するならば，施設入所という安全策をとらなかったことを身上配慮義務違反として理解することも可能である。このように，本人意思尊重義務と身上配慮義務が示す職務の方向性が一見矛盾することは珍しくなく，成年後見人の行為が全体としてみて民法858条違反となるかの評価は必ずしも容易ではない。

　もっとも，本問の場合，上述のように成年後見人の居所指定権を否定して，Aの意思に反した老人ホームへの入所をYが強行できなかったと考えるならば，独居生活の継続容認という事実のみからただちに身上配慮義務違反を導くことは難しい。また，独居直後の1度の徘徊を除いて，その後2年ほどはAの生活が安定していた点を重視すれば，Aの徘徊による鉄道事故の危険についてまで，Yが具体的な結果回避義務を負っていたとはいいがたい。したがって，Aの安全確保のためにYがすでに実行していた対応（ホームヘルパーの訪問回数の大幅な増加等の手配）によって身上配慮義務が尽くされていたとみる余地は大きい。なお，障害者の自律とその完全な社会的包摂（インクルージョン）を求める障害者権利条約の批准によって，本人の意思に反する支援者の行動が違法な過剰干渉とされるリスクが今後次第に高まるにつれて，成年後見人の活動の適正な免責可能性を保障しておく必要性も大きくなることにも留意すべきだろう。

3　成年後見人の対外的賠償責任

　認知症は判断能力の低下をもたらす疾患であり，民法713条の精神上の障害に当たる。したがって，事故当時，認知症による精神上の障害のためにAに責任弁識能力がなければ，直接の加害行為者であるA本人の損害賠償責任は否定されることになる（713条）。そこで，こうした際の被害者救済

を目的として，民法は責任無能力者を監督すべき者（法定監督義務者）に特別な賠償責任を課している（714条1項）。伝統的な理解によれば，成年後見人は親権者とともに法定監督義務者の典型とされ，成年被後見人の生活全般にわたる包括的な監督義務を負うために，監督義務を尽くしたことの立証による免責（同項ただし書）もほとんど認められないとされてきた。こうした見解からは，Xは民法714条1項に基づいてYに損害賠償を請求できることになる。

　しかし，同条の根拠がその沿革上からも家族関係の特殊性（特に父母の義務）にあることを考えると，社会化（脱家族化）された現在の成年後見制度の趣旨には，もはやそぐわない面が強い。実際，令和3年に新規選任された法定後見人の約80.2%が親族以外の第三者後見人であり（最高裁判所事務総局家庭局「成年後見関係事件の概況——令和3年1月〜12月」9頁），成年後見人の理念型は，すでに数字のうえでは第三者後見人に移行している。また，そもそも平成11年民法改正によって療養看護義務から改められた身上配慮義務は，他者加害を防止する監督義務との親和性が低くなっている。さらに，他の精神障害と同様，認知症の影響下での行動を事前の教育等によって一般的に制御することは難しい。このため，教育やしつけといった日常的な指導・監督が監督義務の中心となる知能の発育途上の未成年者とは異なり，認知症患者の加害行為の抑止は，通常，一定の具体的な危険への対応として行われることになる。また，上述のように，成年後見人は本人の身体の自由に直接介入する法的権限をもっていないため，成年後見人が実際にとれる結果回避のための行動はかなり限定されている。これらを踏まえて近年では成年後見人の民法714条責任を免除もしくは限定する見解が有力である。具体的には，ⓐ成年後見人の法定監督義務者性を否定して，そもそも同条の適用を認めず，その対外的責任をすべて同法709条の一般的な不法行為責任として処理する見解や，ⓑ成年後見人の監督義務の範囲を限定して，ある程度特定された具体的な危険行為を回避する義務を怠った場合にのみ同法714条の責任を認める見解などが主張されている。こうした近時の有力説に立って，本問を検討するならば，XのYへの損害賠償請求は否定される可能性が高くなるだろう。

このように，本問に対する学説の結論は２つに分かれそうだが，判例の立場からはどうなるだろうか。本問のような認知症高齢者の徘徊中の線路への立入り事故について家族らの責任が問われた参考判例①で，最高裁は，民法752条の夫婦の同居・協力・扶助義務を根拠に妻の法定監督義務者性を肯定した原審（名古屋高判平成26・4・24判時2223号25頁）の判断を退け，精神障害者と同居する配偶者の法定監督義務者性を否定した。また，第１審（名古屋地判平成25・8・9判時2202号68頁）が事実上の監督者性を理由に民法714条2項の準用による損害賠償責任を肯定した長男の責任も認めなかった。さらに，傍論ではあるが，「平成19年当時において，保護者や成年後見人であることだけでは直ちに法定の監督義務者に該当するということはできない」と判示した。この結果，民法713条の責任無能力者については法定監督義務者が不在となり，この限りで民法714条は一部空文化したと評されている。この法の欠缺を埋めるために，参考判例①は，「責任無能力者との身分関係や日常生活における接触状況に照らし，第三者に対する加害行為の防止に向けてその者が当該責任無能力者の監督を現に行いその態様が単なる事実上の監督を超えているなどその監督義務を引き受けたとみるべき特段の事情が認められる場合」には，この者を準法定監督義務者として民法714条1項を類推適用すべきとした。もっとも，この点については，本人の介護に積極的に関わる者ほど賠償リスクが高まることから批判が強い。本問の場合，Ｙの準法定監督義務者性が鍵となるが，Ｙのような非同居の第三者後見人の責任が認められる可能性は低いと思われる。

　なお，判例の立場からは，損害賠償責任を負う者が原則的にはいなくなってしまうため，被害者の救済を別途考える必要がある。こうした状況を踏まえて，認知症患者の加害行為による損害を対象とした独自の責任保険制度や給付金制度等によって，そのリスクを社会的に分散させようとする自治体が増えつつある。また立法論としては，衡平責任の導入等によって加害者本人の民事責任を認めることも考えられる。認知症高齢者という一定の資力を持つ成年の判断能力不十分者類型が登場した現代では，後者の実益も高まったといえ，２つの視点を組み合わせた総合的な議論が必要となるだろう。

発展問題

　本問と同様の経緯で，いわゆるまだら認知症がある高齢者Ａの成年後見人として第三者の弁護士Ｙが選任されたとする。Ａが自動車運転免許証を所持していたため，交通事故の危険を案じたＹはＡに免許証の返納を強く要請していたが，ドライブを長年の趣味としてきたＡは，Ｙの説得にまったく耳を貸さなかった。Ｙは，Ａが自家用車を運転することを防ぐために，Ａから車のキーを預かっていたが，ある日，Ａは台所の引き出しの中から，自分でしまい忘れていたスペアキーを偶然見つけ出し，Ｙの知らぬ間にドライブに出かけてしまった。このドライブの途中，Ａは認知症による見当識障害の影響で道路を逆走して，Ｘの運転する対向車にぶつかり，Ｘは大けがを負った。ＸがＡおよびＹに対して損害賠償を請求できるか，自動車損害賠償保障法も考慮に入れて検討しなさい（参考判例②参照）。

●】**参考文献**【●

久保野恵美子「成年後見における『居所指定』」実践成年後見 39 号（2011）88 頁／瀬川信久・民商 153 巻 5 号（2017）698 頁／前田陽一・論究ジュリ20 号（2017）79 頁／窪田充見「責任無能力者の不法行為と監督者責任」二宮周平編集代表『現代家族法講座(4)後見・扶養』（日本評論社・2020）163 頁／水野紀子・交通事故判例百選〔第 5 版〕（2017）22 頁

（上山　泰）

親権喪失停止・未成年後見

　A男とB女は2005年に婚姻し，その後，子C（現在15歳）が生まれた。しかし，AとBは，けんかが絶えず，時には，AがBやCを殴ることもあった。結局，AとBは離婚することになったが，その際，CがBと一緒に暮らしたいと強く希望したため，BをCの親権者と定め，現在はBがCを監護養育している。

　その後，Cの祖母D（Bの母）が久しぶりにCに会った際，Cの顔色が悪く，腕には痣もあったため心配になって問いただしたところ，離婚後，Bは宗教活動に熱心に取り組むようになり，家を不在にすることも増え，Cに食事を与えないことや時には些細なことで殴ることもあると告げられた。さらに，Cが病院で診察を受けたところ，手術を受けなければ生命に危険が及ぶ可能性もあると診断されたにもかかわらず，Bは宗教上の理由からCの手術の同意を拒んでいるとのことである。

　一方，Aは，もともとCに関心がなく離婚後，一度も会っておらず，Cもまた，Aに会いたいとは思っていない。

　そこで，Dは，Cを自分の下で育て，また，できるだけ早く手術を受けさせたいと考えている。Dには，どのような法的手段があり得るか。

●】 参考判例 【●

① 　最決令和3・3・29民集75巻3号952頁
② 　長崎家佐世保支審平成12・2・23判タ1046号80頁
③ 　宮崎家審平成25・3・29家月65巻6号115頁

●〕解説〔●

1 親権と児童虐待

親権を行う者は，子の利益のために子の監護および教育をする権利を有し，義務を負い（820条），また，子の財産を管理し，その財産に関する法律行為について代表（代理）する（824条）。懲戒権を定める822条は削除が予定されているが，仮に現行法を前提としても，懲戒権の行使が子の利益のためにする監護教育に必要な範囲内でのみ認められることは明らかであり，身上監護の一内容として，懲戒権を理由に児童虐待が正当化されることはない。

児童虐待防止法上，ⓐ身体的虐待，ⓑ性的虐待，ⓒネグレクト，ⓓ心理的虐待の4つが児童虐待として定義されている（児童虐待2条）。本問では，正当な理由なく，痣ができるほどにBがCを殴っており，ⓐ身体的虐待に該当すると思われる。また，ときに食事を与えず，Cに必要な手術にも同意しないことは，ⓒネグレクトに該当し，とりわけ後者は医療ネグレクトと呼ばれる。

離婚後，単独親権者となったBがこのような不適当な親権行使を行っている場合，Dがとりうる手段としては，監護者の指定［→2］，親権喪失・停止［→3］，未成年後見人の選任［→4］の審判を申し立てることが考えられる。

2 監護者の指定

⑴ 親権者と監護者

離婚後の共同親権導入の是非については，現在，法制審議会でも議論中であるが，現行法によれば，婚姻中は，父母が共同して親権を行い（共同親権。民法818条3項），父母が離婚をするときは，一方を親権者と定めなければならない（単独親権の原則。同法819条）。いずれを親権者とするかは，協議離婚の場合には，父母の協議か協議が調わない場合には調停・審判により定め（同条1項・5項），裁判離婚の場合には，裁判所が定める（同条2項）。一方，離婚をするときは，親権者とは別に監護者を定めることもでき（766条1項），監護者が定められたときは，親権者ではなく，監護者が子を監護

教育する権利を行使し，義務を果たすと解されている。つまり，親権と監護権の分属が生じたときには，親権者には，財産管理権のほか，子の養子縁組への代諾等の権利が残されることになると解されている（ただし，民法797条2項参照）。もっとも，医療同意権をめぐっては，法定代理権に基づくのか，身上監護権に基づくのかなど見解は分かれている。本問との関係でいえば，手術のような重大な医療行為については父母以外の者が監護者となった場合の監護権限には含まれないとの見解もある。

　親権・監護権の帰属は事後的に変更することも可能である。したがって，離婚後，単独親権者となった者が行っている不適当な親権行使を制限する方法として，一般にはまず，親権者の変更（819条6項）を申し立てることが考えられる。

　親権者の変更とは，子の利益のため必要があると認めるときに，家庭裁判所が，子の親族の請求によって，親権者を他の一方に変更することであるが（819条6項），本問の場合，DがAへの親権者変更の申立てを行うことは考えにくい。また，本問では直接問われてはいないが，仮に，Aから親権者変更の申立てがあった場合でも，AはCに無関心で，かつ，CもAを拒絶していることなどから，子の利益という観点から，Aの申立てが認められる可能性は低い。

(2)　第三者による監護者指定

　監護者の指定は，家庭裁判所が必要があると認めるときに子の利益を最も優先して考慮し行われるが（766条1項），父母以外の第三者が自らを監護者に指定するよう審判を申し立てることはできるだろうか。明文の規定がないため問題となる。この点に関し，学説上は766条等を類推適用し，第三者に監護者指定の審判の申立権を肯定する立場が有力であり，裁判例では判断が分かれていたが，最高裁は，同条2項が定める協議主体は同条1項に定める父母であること等を根拠に，父母以外の第三者は，事実上子を監護してきた者であっても監護者を定める審判を申し立てることはできないと判示した（参考判例①）。このような判断に対しては，766条の形式的な文理解釈にすぎないとの批判や，子の利益にかなう妥当な解決を図るべく積み重ねてきたこれまでの家裁実務の到達点を無視するものであるとの批判がなされてい

る。諸外国でも第三者の申立権を認める立法例があり，現在，法制審議会において，父母以外の第三者に監護者指定の申立権を認めるべきか，監護者として指定できるのかについて議論がなされている。

　以上のように，議論のあるところではあるが，判例の立場によれば，第三者による監護者指定の申立ては認められず，Ｄは，次に説明をする親権停止・喪失の審判を申し立てることが，子の利益という観点からは妥当である。なお，本問の場合，仮にＤが監護者に指定されたとしても，Ｂには監護権を除く親権者としての権利が残ることになり，特に，手術のような重大な医療行為の同意権については父母以外の第三者が監護者となった場合には，その監護権限には含まれないと解される。

3　親権喪失と親権停止

　民法上，不適当な親権行使を制限する制度としては，管理権喪失（835条）もあるが（関連問題参照），本問では，主にＢの身上監護権の不適当な行使が問題となっていることから，以下，親権喪失（834条）および親権停止（834条の2）制度について解説を行っていく。

(1)　親権喪失

　親権喪失の原因について，平成23年改正法前は，「親権を濫用し，又は著しく不行跡であるとき」と定められていたが，現行法は，「虐待又は悪意の遺棄があるときその他父又は母による親権の行使が著しく困難又は不適当であることにより子の利益を著しく害するとき」（834条）とされた。この改正は，その意味内容を明確化したものであって，実質的変更ではなく親権喪失の対象が拡大したわけではないと解されている。

　親権喪失の効果は，強制的に親権の全部を失わせることであるが，その原因が消滅したときは，取消しも認められており（836条），期間の定めのない停止であるということもできる。ただし，親権を喪失したとしても，親権以外の父母の子に対する権利義務（相続権や扶養義務等）には影響しない。

　これまで，親権喪失が認められた裁判例には，子に対する性的虐待や身体的虐待などの親権の積極的濫用の事案（参考判例②，名古屋家岡崎支審平成16・12・9家月57巻12号82頁）や，子の監護を長期に懈怠・遺棄する消極的濫用事案（大津家審昭和34・12・23家月12巻3号141頁）等がみられる。

(2) 親権停止

親権喪失制度は平成23年改正前からも存在していたが，ⓐ要件が厳格であること，ⓑ効果が大きく，親権喪失後の親子の再統合に支障を来たすおそれがあること，ⓒいわゆる医療ネグレクト事案のように，一定期間，親権を制限すれば足りる場合に過剰な制限になるおそれがあること等が問題点として指摘されていた。そこで，親権喪失させるまでに至らない比較的程度の軽い事案や，医療ネグレクトなどの事案に，必要に応じて適切に親権を制限することができるようにするため，親権停止制度が創設された（飛澤知行編著『一問一答平成23年民法等改正』〔商事法務・2011〕45頁参照）。

親権停止の原因は，「父又は母による親権の行使が困難又は不適当であることにより子の利益を害するとき」である（834条の2第1項）。実際に親権停止が認容された事案としては，身体的虐待のケースもあるが，親権喪失の場合に比べると，ネグレクトのケースが多いという特徴がある（参考判例③も医療ネグレクトを含む）。期間を定める際には，親権停止の原因が消滅するまでに要すると見込まれる期間のほかに，子の心身の状態および生活状況その他，一切の事情を考慮して判断することになっている（同条2項）。親権停止の期間の上限は2年とされており，期間が満了した場合には，原則として親権を停止されていた父または母は親権を行使できるようになる。

(3) 親権喪失と親権停止との関係

親権喪失および親権停止の審判の請求権者はいずれも，子，その親族，未成年後見人，未成年後見監督人，検察官（834条・834条の2第1項），児童相談所長（児福33条の7）である。子本人の請求権は平成23年改正法で初めて認められたものであり，本問では，DのみならずCも請求することができる。

前述のとおり，親権喪失と停止の要件の違いは，主として，⑦親権行使が「著しく」困難または不適当であるか否か，④子の利益を「著しく」害するものであるか否か，⑨2年以内に原因が消滅する見込みがあるか否かということになる。親権喪失と親権停止のいずれに相当するかの具体的判断については，今後の裁判例の動向に注目したい。もっとも，親権喪失の審判の請求には，親権停止の審判の請求も包含されており，親権喪失審判の請求につい

て，家庭裁判所は，親権喪失原因までは認められないものの，親権停止の原因は認められると判断したときには，親権停止の限度で審判をすることができると解されている（飛澤・前掲52頁）。ただし，医療ネグレクトに関していえば，前掲㋑の要件から，原則として親権停止の審判で対応することとされている。なお，医療行為の緊急性の程度によっては，親権停止の審判を本案として，審判の効力が生じるまで親権者の職務執行を停止し，職務代行者を選任する審判前の保全処分をとることや（東京家審平成27・4・14判時2284号109頁），より緊急を要する場合には，児童相談所長等が親権者の意に反しても監護措置をとることができる（児福33条の2第4項・47条5項）。

　本問においても，親権喪失と親権停止のいずれを申し立てるべきかは判断が分かれるが，Bが時々Cを殴り，食事を与えないことや，子の生命に関わる手術を拒否していることなどから，少なくとも，親権停止の要件は満たしていると考えられる（参考判例③参照）。

4　未成年後見

(1)　未成年後見の開始

　親権を行う者がないときには，未成年後見が開始する（838条1号）。もちろん，共同親権者の一方のみが死亡あるいは親権喪失・停止した場合等には，他方の親権者が単独で親権行使を行うことになるため，未成年後見は開始しない（818条3項）。

　これに対して，離婚後，単独親権者となった者が親権喪失・停止等の理由で親権を行使することができなくなった場合には，離婚後，親権者とならなかった親が存在しているにもかかわらず，当然に未成年後見が開始するのか，親権が復活するのかが問題とされてきた。この点につき学説では，ⓐ未成年後見が開始し，他方の親権は復活しないとする説（後見開始説），ⓑ離婚後，停止状態にあった親の親権が当然に復活し，後見開始の余地はないとする説（当然復活説），ⓒ未成年後見人が就職する前であれば，他方の親が親権者として適任であれば親権者変更が可能とする説（制限的回復説），ⓓ他方の親が親権者として適任であれば，後見人がすでに就職しているか否かにかかわらず，審判によって親権者の変更をなし得るとする説（無制限回復説）の4説があるが，近時，裁判例および学説は，ⓓ説をとるものが多い。もっと

も，前述のとおり，本問の場合には，仮にＡが親権者変更の審判を申し立てたとしても認められる余地は少なく，原則どおり，未成年後見が開始することになろう。

(2) 未成年後見人の選任

　未成年後見人の指定（839条）がなく，未成年後見人となるべき者がないときは，未成年被後見人または，その親族，その他の利害関係人の請求に基づき，家庭裁判所が未成年後見人を選任することになる（840条1項）。複数の未成年後見人および法人の未成年後見人の選任も認められる（同条2項・3項）。未成年後見人を選任する際には家庭裁判所は諸般の事情を考慮し（具体的には同条3項参照），特に，未成年被後見人が15歳以上の場合には，家庭裁判所は陳述を聴かなければならない（家事178条1項1号）。

　本問では，Ｂの親権停止（または喪失）によって未成年後見が開始し，Ｄの未成年後見人選任の申立てが認められれば，Ｄが未成年後見人としてＣを監護し，Ｃに手術を受けさせることも可能となる（857条）。

■ 関連問題 ■

　Ａ・Ｂ夫婦には子Ｃ（16歳）がいる。Ａは，父Ｄが資産家であることをいいことに定職にも就かず，ギャンブルを繰り返し，借金を抱えている。Ｃがアルバイトで稼いだお金で携帯電話を購入したいといっても，Ａは同意せず，Ｂにも同意しないように指示している。さらに，ＡがＣ所有の甲土地を無断で売却しようとしていることにＢが気づき，思いとどまらせたこともある。このような場合，Ａの管理権の喪失は認められるか。

●】 参考文献 【●

小池泰「親権」法教429号（2016）28頁／山口亮子・ジュリ1564号（2021）81頁（参考判例①の判批）

（合田篤子）

私的扶養と公的扶助

　A男・B女は2002年に婚姻した夫婦である。A・B夫婦は，比較的平穏な家庭生活を営んできたが，2017年，Bが難病にかかり入院し，現在に至っている。Bに収入はなく，入院当初，AはBに生活費として月額1万円を支払っていたが，その後支払わなくなったため，Bは2020年から生活保護を受けている。Bの疾患は国の難病に指定されていることから，治療関係費は負担しなくてよい。A・B夫婦の間には，長男C（高校1年）と長女D（中学1年）の2子がおり，現在，Aと同居している。Aは，親の所有地上で喫茶店を営んでいる。

　BはAに対して生活費として月額2万円を請求した。これに対して，Aは，Bは生活保護を受けているほか，治療関係費も負担しないことになっているので，生活に困窮していないこと，他方で，Aは自身の生活を維持するのが精一杯であること，などを理由にこれに応じない。Bの請求は認められるか。

●】参考判例【●

① 最大判昭和42・5・24民集21巻5号1043頁
② 名古屋高決平成3・12・15家月44巻11号78頁
③ 岡山地判平成4・5・20判自106号80頁

●】解説【●

1　問題の所在

　夫婦間には，民法上，お互いに扶養する義務がある（752条・760条）。民法752条の扶助義務は夫婦共同生活の本質として夫婦間の生活保持義務を示

したものであり、同法760条の婚姻費用分担義務はそれに必要な費用の負担者を定めたものとされるが、両者は実質的には同じことだと解されている（実務上は、同法760条の婚姻費用分担の形で処理されている）。したがって、本問において夫Ａは妻Ｂを扶養する義務（婚姻費用分担義務）を負うことになりそうだが、本問では、Ｂは生活保護を受給している。もしＢが生活保護を受給することによって生活に困窮していないとすれば、ＡはＢを扶養しなくてもよいと考える余地はないか。民法上の扶養（私的扶養）と生活保護（公的扶助）はどちらが優先するのか。

2 民法上の扶養（私的扶養）

　民法上の扶養義務を負うのは、ⓐ夫婦間、ⓑ直系血族間および兄弟姉妹間（877条1項）である。さらに、ⓒ「特別の事情」があるときは、3親等内の親族間においても、家庭裁判所は扶養の義務を負わせることができる（同条2項）。ここでの「特別の事情」としては、過去に多額の贈与を受けたとか、長期間にわたって扶養を受けたなどの事情が考えられるが、よほど特別の事情がない限り3親等内の親族間の扶養は認められないと考えられている。ⓐ、ⓑを絶対的扶養義務、ⓒを相対的扶養義務と呼ぶことがある。

　上記の扶養の当事者間において扶養の程度や方法はどのように決まるのか。まずは当事者の協議によるが、協議が調わないときは家庭裁判所の審判によって決定する。家庭裁判所は、「扶養権利者の需要、扶養義務者の資力その他一切の事情を考慮して」決定する（879条）。扶養の程度については、扶養の義務内容を生活保持義務と生活扶助義務の2つに区別する扶養義務二分論が一定の役割を果たしている。これによれば、夫婦間での扶養と親が未成熟の子に対して行う扶養は、特別に程度の高い義務である「生活保持義務」だとされる。生活保持義務は、「最後に残された一片の肉まで分け与えるべき義務」とされ、自分の生活を犠牲にしても相手の生活を自分と同じ程度の水準まで扶養する義務である。他方、上記以外の扶養（兄弟姉妹間の扶養、子の親に対する扶養など）は程度の低い義務である「生活扶助義務」だとされる。生活扶助義務は、「己の腹を満たして後に余れるものを分かつべき義務」とされ、自分の社会的地位に相応しい生活を営んでなお余裕がある場合に相手を扶養すれば足りる義務である。このような扶養義務二分論の背景

にあるのは，扶養を必要とする配偶者，子，親，兄弟があるとき，人はまず配偶者および子とともに生きるべきであり，その後で親や兄弟を救済すべきであろうという考え方である（中川善之助博士によって提唱され，その後，判例実務でも用いられている）。

　したがって，本問における夫Aの妻Bに対する扶養義務は，特別に程度の高い義務である「生活保持義務」となる。ただし，生活費を請求する側に夫婦生活に対して不誠実な面があるような場合は，相手方の負担義務が軽減されたり，場合によっては請求が認められない場合もあり得る（東京高決昭和58・12・16判時1102号66頁）。しかし，妻Bにこのような不誠実な面が認められないとすれば，AはBに対して特別に程度の高い生活保持義務を負うのであり，「自身の生活を維持するのが精一杯」であることのみをもってこの義務を免れることはできない。扶養義務が具体的に発生するのは，⒤扶養請求者が自己の資産・収入によって生活費をまかなうことができない状態にあり（要扶養状態），かつ，⒤扶養義務者が自己の社会的地位にふさわしい生活をするのに必要な費用等を除いてなお余力がある場合（扶養可能状態）だとされるが（878条参照），⒤の扶養可能状態の判断は，生活保持義務関係の扶養においてはより厳しいものとなり得る。たとえば，父は無職で収入がなく，多額の負債を抱えていて経済的余力がない場合でも，未成熟の子に対する扶養を免れないとした裁判例がある（大阪高決平成6・4・19家月47巻3号69頁）。このように解すれば，本問においても，たとえ夫が自己の生活を維持するのが精一杯であるとしても，夫の収入または可処分所得を具体的に検討しないまま婚姻費用分担義務を否定することは相当でないといえよう（参考判例②）。

3　生活保護（公的扶助）

　公的扶助は，「健康で文化的な最低限度の生活」（憲25条）を可能にするための制度であり，わが国では生活保護法が公的扶助の機能を担っている（生活保護1条・3条参照）。健康保険や介護保険などの社会保険では受給者の拠出が前提とされているが，公的扶助では国や地方公共団体の一般財源（税金）があてられる。すなわち，生活保護は赤の他人が税金で扶養する制度なので（無拠出制），生活保護を受給するためには，㋐自らの資産や能力

などのあらゆるものを活用し（資産能力活用の原則），⑦親族からの援助も頼むとともに（親族扶養優先の原則），⑨年金などがもらえるならその給付も受け（他法扶助優先の原則），それでもなお最低限度の生活を維持できないことが必要とされる（同法4条）。これを「補足性の原則」という。わが国では，勤労の権利や義務（憲27条1項），職業選択の自由（同法22条），私有財産の保有（同法29条1項）が認められており，生活の維持・向上は，本来，国民自身やその家族が能力や資産を活用して行うのが原則とされているのである。

　もっとも，本問の事案では，妻Bは，夫Aに扶養を請求する以前にすでに生活保護を受給している。上記の親族扶養優先の原則にもかかわらず，なぜBは生活保護を受給できるのか。ここにおいて親族扶養優先の原則における「優先」の意味が問題となる。これについては大きく2つの考え方がある。1つは，扶養能力のある扶養義務者がいれば生活保護の受給資格は認められないとする考え方である（受給要件説）。しかし，扶養義務者の存在によってただちに受給資格が否定されると，扶養義務者が扶養を履行しない場合，困窮者は現実には扶養義務者からも国からも援助を受けられなくなるおそれがある。そこで，もう1つは，扶養義務者がいても生活保護を受けることはでき，もし現実に扶養義務者による扶養が行われれば，その範囲で生活保護が縮減するにすぎないとする考え方である（事実上の順位説）。旧生活保護法（昭和21年制定）では前者の立場がとられていたが，現行の生活保護法（昭和25年制定）では後者の立場がとられているとされる。

　事実上の順位説に従えば，扶養義務者が履行を拒む場合は，保護の実施機関は原則として保護を行い，事後的にその費用を扶養義務者から徴収することになろう（生活保護77条）。保護の実施機関が当事者の協議を調整することまではできない。しかし，本問においては，その後BからAに対して現実に扶養請求がなされている。もはやここに至っては，事実上の順位説においても，生活保護は親族扶養に劣後することになろう。すなわち，たとえ生活保護の受給によりBの生活が困窮していないとしても，扶養請求の許否の判断において生活保護の受給をBの収入と同視することはできず，Aに扶養能力がある限り，BのAに対する扶養請求は認められるものと考えら

れる（参考判例②）。

4　扶養義務における感情問題

　本問のケースとは異なり，扶養義務者に扶養の能力も扶養の意思もある
が，感情的対立などから要保護者が扶養を受けることを望まない場合，生活
保護の申請は認められるだろうか（後掲の発展問題参照）。上記の事実上の順
位説に従えば，経緯はどうあれ，要保護者が現実に扶養義務者から扶養を受
けない以上は，生活保護を受給できるようにも思われる。しかし，行政実務
では，このような場合，まずは生活保護制度の趣旨を説明し，申請者を説得
するように努めたうえで，そのような十分な説明・説得にもかかわらずなお
要保護者本人が扶養を受けることを拒む場合は，生活保護法4条1項の要件
（資産能力活用の原則）を欠くものとして，保護申請を却下すべきものとされ
る。扶養義務者において扶養をする意思が明らかである場合においては，も
はや扶養義務者の扶養は，要保護者本人の扶養請求権の行使（努力）によっ
て容易に資産（金銭）となり得るからである。

　このように考えると，後掲の発展問題のケースにおいては，Aは両親か
らの扶養を活用する努力をしていないことになり，Aによる生活保護の申
請は却下されることになろう（参考判例③）。生活保護はあくまで「最後の受
け皿」であるという補足性の原則を前提とする以上，要保護者には，親族扶
養を請求するか，生活保護の救済を求めるかの選択権までは認められない
（大阪地判平成13・3・29訟月49巻4号1297頁参照）。また，2013年の生活保
護法の改正では（2014年7月施行），明らかに生活保護受給者を十分扶養で
きると思われる扶養義務者が存在する場合には，保護の実施機関は，保護を
開始する際に扶養義務者に通知をしなければならないとされ（生活保護24条
8項），扶養義務者に扶養を履行しない理由等について報告を求めることが
できることになった（同法28条2項）。ただし，保護の実施機関が，この通
知を行い，または報告を求めることができるのは，保護の実施機関が当該扶
養義務者に対して生活保護法77条1項による費用の徴収を行う蓋然性が高
く，かつ，通知や報告の求めによって要保護者の自立に重大な支障を及ぼす
おそれがない場合などに限られていることには注意を要する（生活保護法施
行規則2条・3条）。この改正によって，生活保護における親族扶養優先の原

則が事実上の順位説から受給要件説に変わったわけではないとされるが，親族扶養強化の傾向がうかがえる。

5　扶養義務者の存否確認と扶養能力の調査

　行政実務においては，扶養義務者の存否確認は，要保護者からの申告を基本としつつ，必要に応じて戸籍謄本等によって行われる。調査の結果，扶養義務の履行が期待できると判断される者が存在した場合，その者に対する扶養能力調査（扶養照会）を行うことになる。その場合，ⓐ生活保持義務関係者，ⓑ生活保持義務関係以外の親子関係にある者のうち扶養の可能性が期待される者，ⓒその他要保護世帯と特別な事情があり，かつ扶養能力があると推定される者は「重点的扶養能力調査対象者」とされ，実施機関の管内に居住する場合には実地で調査を行うなど重点的に調査を実施することとなる。他方，それ以外の扶養義務者については，文書による照会を行うなど，必要最小限度の調査を行う。重点的扶養能力調査対象者が十分な扶養能力があるにもかかわらず，正当な理由なく扶養を拒み，他に円満な解決の途がない場合には，家庭裁判所に対する調停または審判の申立ても考慮されることになる（要保護者に申立てを行わせることが適当でないときは，社会福祉主事が要保護者の委任を受けて申立てを代行する）。

　他方，扶養義務の履行が期待できないと考えられる場合として，ⓐ扶養義務者が被保護者，長期入院患者，未成年者，おおむね70歳以上の高齢者である場合，ⓑ要保護者の生活歴等から特別な事情があり明らかに扶養ができない場合（例えば，扶養義務者に借金を重ねている，扶養義務者と相続をめぐり対立している，扶養義務者と10年程度音信不通であるなど著しい関係不良の場合），ⓒ扶養義務者に対し扶養を求めることにより明らかに要保護者の自立を阻害することになる場合（夫の暴力から逃れてきた母子，虐待等の経緯がある者等）などが想定されている。

6　親族扶養優先の是非

　公的扶助費の節減，親族間における相互扶助精神の尊重（家族のつながりの維持）という観点からは，親族扶養優先の扱いにも一定の合理性があるように思われるが，現在の民法における扶養義務者の範囲は，通常経済生活が営まれる親族の範囲よりも相当に広く設定されている。夫婦間や親子間を超

えて，孫と祖父母の間，兄弟姉妹間，さらには3親等内の親族間にまでこのような親族扶養優先の義務を負わせてよいかについては別途検討する必要があろう（実兄から扶養料として毎月1500円の送金を受けるようになったために，月額600円の生活保護が打ち切られた朝日訴訟〔参考判例①〕の事案も参照）。行政実務においても，生活保護制度との調整の対象となる相対的扶養義務者は，ⓐ現に扶養を実行している者，ⓑ過去に要保護者から扶養を受けたことがある場合等扶養の履行を期待できる特別の事情があり，かつ，扶養能力があると推測される者など，実際に家庭裁判所において扶養義務創設の審判がなされる蓋然性が高い者に限定されていることには注意を要する。

　私的扶養の果たす社会的機能や国民の扶養に対する意識は時代とともに変化するものであり，扶養の問題を考えるにあたっては，常にこのような時代の変化も踏まえて判断していかなければならないであろう。

発展問題

　A女は，大学入学後，両親から学費や生活費の仕送りを受けていたが，その後，Aが学業以外のことに没頭していること等を理由に両親からの仕送りは停止され，以後，Aと両親との間では対立が続いている。Aは出産のため入院したが，Aは，Y福祉事務所に対して，学生で収入がなく出産費用，生活費に困っているとして生活保護を申請した。Yの職員がAの両親と面接したところ，両親はAの出産にかかる入院費用も支払うし，その後の生活費も援助するとの意向であった。しかし，Aは両親との対立から，両親からの援助を頑なに拒んでいる。Aによる生活保護の申請は認められるか（参考判例③参照）。

●】参考文献【●

大村敦志・争点346頁／野沢紀雅・民商109巻3号（1993）136頁／関ふ佐子・賃金と社会保障1136号（1994）37頁

（神野礼斉）

相続編

問題 26 共同相続人に対する相続回復請求権

　Ａの主な財産は，甲・乙の２筆の土地，および，Ａ・Ｂが居住していた甲土地上の丙建物だった。Ａは遺言を残さず死亡し，Ａの妻Ｂ，Ａ・Ｂ間の子Ｃ・Ｄ・Ｅが相続したが，遺産分割は行われていなかった。以下の各小問は，それぞれ独立した問いである。

　(1)　Ａの死亡から７年が経過したが，乙土地を，６年前からＧが不法占拠していたとき，Ｃは，Ｇに対して乙土地の明渡しを請求できるか。

　(2)　相続開始の翌日に，Ｂ・Ｃ・Ｄは，Ｅに相談なく，甲土地，丙建物をＢが単独で，乙土地をＣ・Ｄが各々持分２分の１で相続するという遺産分割協議書を偽造し，その旨の移転登記を行い，Ｂが甲土地・丙建物を，Ｃ・Ｄが乙土地を占有管理していた。この事実を，Ｅはすぐに聞き知ったが，放置していた。その後，７年が経過した後に，Ｅは，Ｂ・Ｃ・Ｄに対して，遺産分割請求が可能か。

　(3)　(2)で，相続から７年後に，Ｃ・Ｄが乙土地の持分２分の１ずつを，Ｈに譲渡し，所有権移転登記も行ったとき，Ｅは，Ｈに対して自己の相続分にあたる乙土地の持分６分の１の移転登記請求が可能か。

●】 **参考判例** 【●

① 最大判昭和 53・12・20 民集 32 巻 9 号 1674 頁
② 最判平成 7・12・5 判時 1562 号 54 頁
③ 最判平成 11・7・19 民集 53 巻 6 号 1138 頁

1 相続回復請求権の問題性

Aの遺言はないから，Aの財産は，法定相続人の妻B，子C・D・Eが相続することになる（896条）。さらに，共同相続人は相続割合で遺産を共有するから（898条），B・C・D・Eは，甲・乙土地，および，丙建物に対して，共有持分を取得する（Bは2分の1，C・D・Eは各々6分の1）。もちろん，最終的な各人への（相続）財産の帰属は，遺産分割によって決定されるが，遺産分割前も，B・C・D・Eは相続財産を構成する個々の財産（甲・乙土地，丙建物）に対して具体的な共有持分を持っている。

小問(1)(2)(3)のケースでは，確かに，何らかの形では，Aの相続人（B・C・D・E，または，E）の相続財産に対する権利が侵害されている。ただし，小問(1)のGは不法占有者であり，C（・B・D・E）と相続人の地位（相続権）を争う関係にはない。だから，共有者の1人のCは，乙土地の6分の1の持分に基づいて，保存行為（252条5項）として，Gに対して単独で乙土地の妨害排除請求が可能である。その理は，B・D・Eに関しても，同じである。小問(2)では，確かに，甲土地・丙建物，乙土地の登記・占有から，Eは排除されている。しかし，それは，虚偽の遺産分割協議書によるものであり，Bの単独名義の甲土地，丙建物の登記，および，C・Dを共有者とする乙土地の登記は，Eの法定相続分6分の1に関しては無効である。しかも，B・C・Dによる遺産分割の結果は，Eの相続財産を侵害してはいるが，Eの相続人としての地位自体が否定されているわけではない。だから，Eは，共同相続人B・C・Dに対して，遺産分割の前提として，甲・乙土地，丙建物の持分6分の1をE名義とするよう登記の更正を請求するか，遺産分割を求めれば足りるはずである。小問(3)でも，仮に，虚偽の遺産分割協議書を作成する際に，Bが乙土地の持分2分の1をC・Dに譲渡していたとしても，売主C・Dは，Eの法定相続分の持分6分の1の限度では，無権利者である。だから，C・Dから譲渡を受けたHも6分の1の持分に関しては，原則として承継取得する余地はない。そうすると，Eは，Hに対して，乙土地の持分6分の1の移転登記を請求すれば足りるはずである。

ところが，民法884条は，相続人またはその法定代理人が，相続権を侵害された事実を知った時から，5年間行使しないとき（同条前段），または，相続開始から20年を経過したときも（同条後段），相続回復請求権は時効によって消滅すると規定している。相続回復請求権とは，相続人ではないが相続人であると称して相続財産を占有する者（表見相続人）に対する，真実の相続人（真正相続人）の相続財産の返還を求める請求権である。しかし，上記のように，CまたはEの共有持分に基づく請求権は，所有権に基づく物権的請求権で，所有権は時効消滅しないはずである（166条2項）。だから，相続回復請求権は，相続人を保護するのではなく，特に，5年の短期の消滅時効に関しては，かえって，相続人の権利を制限することになる。しかも，同法884条は，相続回復請求権の時効期間を定めるにとどまり，その内容についてはまったく規定していない。たとえば，上記の例で，FがA・Bの子だったが，産婦人科でCと取り違えられて，I・J夫婦の嫡出子として出生届がされていたが，Aの死後2年目に取り違えが発見されたとする。そこで，Fが，Cに対して相続財産の回復を請求する際に，FからのCに対する遺産の内容についての報告請求権が規定されているというのであれば，同法884条には合理性がないわけではない。真正相続人Fの表見相続人Cに対する相続財産の回復請求を具体化したのが，相続回復請求権だともいえるからである。ところが，同法884条は，相続回復請求権の内容に関する具体的な規定を欠く。だから，相続回復請求権は，無内容であるにとどまらず，相続人の権利を制限する問題のある規定とも考えられる。

2　相続回復請求権の沿革と法的性質

　旧民法では，相続回復請求権は，相続権を侵害された相続人を保護する権利とされ，消滅時効期間は30年であり，しかも，消滅時効が完成するまでは，占有者の時効取得も排除されていた（旧民法証拠編155条）。しかし，他方で，旧法では，戸主による家産（相続財産）の単独相続が原則であり，戸主ないしは単独相続権の早期の安定が重視されていた。その結果，相続回復請求権の5年の短期時効が規定されることになった（旧966条）。さらに，旧法966条は，家督相続ではない遺産相続にも準用されていたが（旧993条），遺産相続は重要性がなかったから問題は顕在化しなかった。ところ

が，第二次世界大戦後に，戸主制度は廃止されたが，相続回復請求権は，ほとんど検討されず，そのまま現行法（884条）に受け継がれた。これが，問題の発端である。その結果，旧法の戸主の単独相続人の地位の安定ではなく，共同相続人の平等を理念とする現行民法の相続制度の下では，相続回復請求権の意義を，どう説明するのかが問題となった。つまり，相続回復請求権の制度趣旨自体が疑問視されるに至った。

　相続回復請求権の説明には，大別して，2つの考え方がある。独立権利説と集合権利説である。独立権利説とは，たとえば，相続欠格者が第1順位の相続人として相続財産を単独で占有していた場合（表見相続人）に，真実の相続人（真正相続人）が相続人としての地位を争って，表見相続人に対して相続財産の返還を求める独自の請求権が相続回復請求権だと考える立場である。そうすると，一方で，真正相続人にとっては，表見相続人に対して，遺産を構成する個々の財産の返還を請求する必要はなく，他方で，表見相続人，および，表見相続人から相続財産の譲渡を受けた第三取得者にとっては，短期時効が適用されれば，法律関係が早期に安定するというのが，相続回復請求権の制度趣旨だということになる。集合権利説とは，相続回復請求権に独自の意味を認めず，遺産を構成する個々の財産に対する個別の請求権，たとえば，物権的請求権などを一括して消滅時効にかからせることに意味があるとする見解である。そうすると，集合権利説では，相続回復請求権に独自の意味を見付けることは困難である。だから，集合権利説は，可及的に相続回復請求権の適用範囲を制限しようという考え方である。他方で，集合権利説は，独立権利説に対して，相続回復請求の訴訟で勝訴しても，真正相続人が表見相続人に対して個々の財産を示さず，「遺産全部」の回復を求めるのでは，強制執行が不可能だと批判しており，この批判は妥当である。

3　共同相続人への適用

　その結果，相続回復請求権に関して，特に問題となったのが，相続財産に対する侵害の最も多いケースである共同相続人間での民法884条の適用の可否であった。なぜなら，共同相続人は，真正相続人であることに変わりはなく，自身の相続分以上の相続財産を占有管理している限りで，他の真正相続人（共同相続）の相続財産を侵害しているにすぎないからである。この問

題に関するリーディングケースが，参考判例①である。同判決は，まず，ⓐ「表見相続人が外見上相続により相続財産を取得したような事実状態が生じたのち相当年月を経てから」，この事実状態を覆して真正相続人に権利を回復させるのでは，当事者または第三者の権利義務関係に混乱が生じるから，これを防止して，法律関係を早期かつ終局的に安定させるのが，相続回復請求権の消滅時効の制度趣旨だとしている。そのうえで，ⓑ共同相続人が「自己の本来の相続持分をこえる部分について，当該部分の表見相続人として当該部分の真正共同相続人の相続権を否定し，その部分もまた自己の相続分であると主張してこれを占有管理し，真正共同相続人の相続権を侵害している場合」には，民法884条の適用を否定する理由はない，として，共同相続人間での同条の適用を肯定した。ただし，ⓒ「自ら相続人でないことを知りながら相続人であると称し，又はその者に相続権があると信ぜられるべき合理的な事由があるわけではないにもかかわらず自ら相続人であると称し，相続財産を占有管理することによりこれを侵害している者は，本来，相続回復請求制度が対象として考えている者にはあたらない」として，自らを相続人と考えることに，善意かつ合理的な事由がある場合に，同条の適用を制限した。小問(1)では，Gは不法占有者であり，相続人と称して乙土地を占有管理しているわけではないから，同条は適用されず，Cは物権的請求権を行使して，乙土地の明渡しを請求できる。さらに，小問(2)でも，共同相続人B・C・Dは，共同相続人Eの存在を知っているから，「善意かつ合理的事由」はなく，同様に民法884条は適用されない。その結果，Eは，登記の更正を求めるか，B・D・Eに対して遺産分割を請求することができる。

　以上の参考判例①の後に，判例は，同条適用の要件を明らかにしている。まず，「善意かつ合理的事由」の存在は，相続回復請求権の消滅時効を援用する者（表見相続人）が主張立証する必要がある（だから，「善意かつ合理的事由」は，相続回復請求に対する表見相続人からの「抗弁」である）。さらに，表見相続人の善意かつ合理的事由の認識の対象は，他に共同相続人が存在することであり，相続権侵害という事実状態に関してではないとされている（参考判例③）。つまり，共同相続人間での民法884条の適用は，きわめて例外的なケースに限られることになる。ただし，同判例は，時効の全期間を通じ

てではなく，相続権侵害の開始時が「善意かつ合理的事由」の有無の判断の基準時となるとしている。

4 第三取得者への適用

小問(3)では，Eが自己の相続権の侵害を知ってから7年が経過している。だから，C・Dからの乙土地の第三取得者Hは，5年の短期時効を主張できるかが問題となる。つまり，判例は，相続権を侵害する共同相続人への民法884条の適用には，共同相続人（C・D）が自らを相続人と考えることに「善意かつ合理的事由」が必要だとして，同条を制限解釈した。しかし，同条の文言は，真正相続人（E）が相続権の侵害を知ってから5年で相続回復請求権は時効消滅すると規定している。だから，第三取得者Hに関しては，同条を制限解釈せずに適用する余地も考えられる。しかし，参考判例②は，相続財産を侵害した共同相続人が相続回復請求権の消滅時効を援用できないときは，その共同相続人から不動産の譲渡を受けた第三者も時効を援用できないとしている。だから，小問(3)では，Eは，Hに対して乙土地の6分の1の持分の移転登記請求が可能である。もっとも，同判例は，C・Dが時効の援用が可能なときは，Hも独自に時効の援用が可能なことを否定するものではないと，学説は理解している。

5 相続回復請求権と取得時効，および，第三者の取引の安全

以上のように，共同相続人間での民法884条の適用は著しく制限されている（同条の適用の可能性が考えられるのは，たとえば，他人の実子として届け出られた子，離縁が無効とされた養子など，戸籍に現れない相続人が相続権を主張して，相続登記の抹消や遺産分割を求めてきた場合などであろう）。そうすると，現実的には，表見相続人の相続人としての地位の安定，および，表見相続人からの第三取得者の取引の安全は，取得時効によって実現されることになる。表見相続人に関しては，相続回復請求権の消滅時効が完成しない限り，取得時効によって所有権を取得できないとした大審院判例（大判昭和7・2・9民集11巻192頁）がある（ただし，学説には，同法884条の適用が著しく制限された以上は，表見相続人の時効取得も可能と解すべきだとするものもある）。他方で，大審院は，真正相続人からの第三取得者に対する相続財産の返還請求は，相続回復請求権ではなく，所有物返還請求だとしたから（大

判大正 5・2・8 民録 22 輯 267 頁），第三取得者は取得時効を援用でき，前主の表見相続人の占有と自己の占有を併せて主張して時効取得できるとしている（大判昭和 13・4・12 民集 17 巻 675 頁）。

　さらに，学説では，相続不動産に関しても，民法 94 条 2 項の類推適用，および，同項と同法 110 条の類推適用が提案されている。しかも，不実の登記の作出に所有者の帰責性がある場合だけでなく，不実の登記という虚偽の外観を放置したときにも，同法 94 条 2 項・110 条が類推適用されて，第三者が権利取得する可能性は存在する（武川幸嗣「民法 94 条 2 項類推適用とその限界①」・「民法 94 条 2 項類推適用とその限界②」千葉恵美子＝潮見佳男＝片山直也編『Law Practice 民法Ⅰ【総則・物権編】〔第 4 版〕』〔商事法務・2018〕73 頁・78 頁を参照）。しかし，相続が開始したら，すみやかに相続の登記をせよとか，遺産分割を請求すべきだとは一般的に考えられてはいないから，同法 94 条 2 項・110 条の類推適用も，一般的な不動産取引の場合以上の取引の安全を相続の局面で第三者に与えるものとは考えにくいであろう（ただし，2021 年の物権法などの改正で，遺産分割前でも，相続人であることを登記する義務が規定されたが〔不登 76 条の 2・76 条の 3〕，公法上の登記申請義務であり，私法上の権利義務への影響は不明である）。

■ 関連問題

　小問(3)で，Ｈが C・D から乙土地の引渡しを受けてから，善意で 10 年間の占有を継続したとき，および，悪意でも 15 年間（C・D の占有とあわせて 22 年間）占有したとき，ＥはＨに対して，乙土地の持分 6 分の 1 の移転登記の請求が可能か（解説 5 を参照）。

●】参考文献【●

副田隆重・百選Ⅲ 120 頁／水野紀子・法教 147 号（1992）34 頁／道垣内弘人「相続回復請求権」道垣内弘人＝大村敦志『民法解釈ゼミナール(5)』（有斐閣・1999）161 頁／沖野眞巳・民法演習ノートⅢ 279 頁

（藤原正則）

遺体・遺骨の承継

　A男は地方の旧家の一人息子で，Aの実家は地元にある菩提寺の熱心な檀家であり，先祖代々の墓地を寺の境内に有していた。上京して医学部に進学したAは，東京の病院で勤務医となり，やがてAは同僚の医師B女と婚約した。Aの両親C男とD女は，Aが将来は郷里に戻って開業することを期待しており，東京育ちでキリスト教徒のBとの結婚に反対したが，Aの意思が堅く，最終的にはA・Bの結婚を了承した。結婚式も東京の教会での挙式とささやかな披露宴を希望するA・Bと，郷里で親族と近隣を招いた大規模な披露宴を望むC・Dが対立したが，結局，東京でA・Bの望む結婚式のあと，郷里でも2度目の披露宴を開くことで妥協が成立した。戸籍上はAの氏となったBが旧姓を用いていたことも，C・Dには不満であった。AはBの通う教会で結婚直前に受洗したが，両親の怒りを慮ってC・Dには伝えなかった。

　結婚から数年後，Aが交通事故で急死した。Bは教会での葬儀を願い，C・Dは菩提寺での葬儀を主張して死者の枕頭で紛争になったが，遺体の損傷が激しかったため，とりあえず駆けつけた神父の終油を受けて密葬を行って茶毘に付した。BはAの遺骨を教会付属の墓地に埋葬するつもりであったが，C・Dは郷里でも葬儀を行いたいと主張し，悲嘆に暮れるC・Dに同情したBは，Aの遺骨を郷里に持ち帰ることに同意した。しかし住職による葬儀の後，C・Dが菩提寺の墓地に埋葬しようとしたため，Bは，C・Dと菩提寺に埋葬を拒絶する旨，内容証明で通告し，C・Dに遺骨の返還を請求した。この請求は認められるか。BがAの死亡後，姻族関係終了の意思表示をして戸籍上の氏を旧姓に戻していた場合は，どうなるか。

●】参考判例【●

① 最判平成元・7・18 家月 41 巻 10 号 218 頁
② 東京高判昭和 62・10・8 家月 40 巻 3 号 45 頁

●】解説【●

1 葬送の変化

かつて死は，家族と共同体の中に包摂されていた。江戸幕府が定めた檀家制度によって人々はいずれかの寺院を菩提寺としてその檀家となることを義務付けられたため，菩提寺は檀家の葬儀を営むことで安定的な収入を得て，葬式仏教と揶揄されながらも，寺院による葬儀が習俗化した。病者や老人が自宅で家族に看取られて死を迎えると，地域共同体が葬儀を執り行った。村八分といわれる共同絶交行為においても，火事の消火活動と並んで，葬儀の世話は関与すべき例外とされた。日本では，衛生的な理由から，早くから火葬が進められて普及した。ただし遺灰にはせず遺骨が残る火葬で，日本人は遺骨に執着する儒教文化を持つ。本来の儒教は火葬に敵対的であるにもかかわらず，日本では，火葬をしなければ死者が浮かばれないと考える人が多い。遺骨が納められる墓地については，個人墓や明治以降に増加した家墓を持てない階層は，共同体の共同墓地に埋葬された。

しかし，このように生活と家族と共同体に包摂されていた死は，しだいに姿を変え，死の多くは病院で生じるものになった。地域共同体が葬儀に関わることも少なくなり，葬儀は私事化して多様化し，遺族のみで行われる家族葬や葬儀を行わない直葬も増えている。日本では，共同体の共同墓地が失われた後，公的に墓地を保障する体制は作られず，墓地が市場化して墓地産業が生まれ，墓地の確保は高価な負担となっている。遺体に関する規律は，現代の諸問題に対応する立法のないまま，仏教による葬送儀礼は習俗に近いものと意識され，死者への畏れと「家」制度の伝統に基づく家族の絆がもたらす慣行に依存してきたが，これらの慣行も流動化して久しい。

本件は，このような状況で，葬儀と埋葬の方式について遺族間に対立が生

じた紛争である。葬儀や埋葬の儀式は，グリーフ・ケアの一種といわれる。残された生者は，グリーフ・ケアの過程を通じて，愛する者との別れに時間をかけ，グリーフ・ワークといわれる喪の作業を行う。喪の作業は，生者が生活を立て直して，その後の人生を送るために必要な死者との別れの過程である。死者の尊厳を守り，生者の信仰の自由を守りながら，民法がこの種の紛争を解決する必要がある。

　葬儀費用については，共同相続人全員で負担するとする説（福岡高決昭和40・5・3家月17巻10号110頁），相続財産が負担するとする説（盛岡家審昭和42・4・12家月19巻11号101頁），喪主の負担とする説（東京地判昭和61・1・28家月39巻8号48頁），慣習ないし条件によるとする説（甲府地判昭和31・5・29下民集7巻5号1378頁）等，判例は多様に分かれている。葬儀の方法も多様化している現在，相続人間で葬儀方法について合意が成立しない場合は，焼骨等の最低限の費用は相続財産が負担とするとして，それ以上の葬儀費用は，その葬儀を実質的に企画実行した者の負担とすべきであろう（関連問題(2)）。

2　祭祀承継と遺体・遺骨

　この種の紛争に通常適用される民法の条文は，民法897条である。相続の一般的効力を定める同法896条に続き，同法897条は，系譜，祭具および墳墓の所有権については，前条と異なって祖先の祭祀主宰者が承継すると定める。系譜は家系図など，祭具は，祖先の祭祀礼拝に用いる位牌，仏壇，神棚及びそれらの従物など，墳墓とは，遺体や遺骨を葬ってある墓碑，埋棺，霊屋などの設備をいう。これらの祭祀財産については，相続の承認や放棄の対象とはならないため当然承継されるが，承継後に処分することは自由であると解されている。条文上は，「祖先の祭祀」とされているが，被相続人の祭祀についても，同法897条が適用される。

　民法897条は，同法896条の一般承継の例外として，民法が承認している唯一の特別承継規定である。特別承継とは，相続財産の個性を理由に通常の相続と異なる承継方法を定めるもので，大陸法においてはかつては貴族の世襲財産である武具や宝飾品など，現代では不動産を居住相続人に与える場合などに用いられる。もっとも同法897条について特別承継という概念を用い

ず，同法897条は相続ではなく祭祀承継者の原始取得と解する学説や判例もある。同法897条は，祭祀主宰者は，被相続人が指定するときはその者が，指定のないときは慣習に従い，慣習が明らかでないときは裁判所が定めるものと規定する。

戦前においては，祭祀財産は家督相続の特権として承継されていたが（旧987条），戦後改正によって家督相続が廃止された結果，民法897条が設けられた。この条文は，「家」制度の廃止に反対する保守派に配慮して，また共同相続は適当ではないとされ，とりわけ遺産分割で祭祀財産を承継しようとする相続人がいなくなる事態を避けるために立法されたといわれる。さらに婚姻によって氏を改めた者や養子が祭祀財産を承継した後に，離婚，離縁，生存配偶者の復氏などによって復氏する場合に，これらの者の承継した祭祀財産について，当事者その他の関係人の協議によって承継すべき者を改めて決め直す規定も設けられた（769条・771条・749条・817条・808条・728条2項・751条）。すなわち「家」制度の廃止にもかかわらず，祭祀財産の承継を「家」の承継と近似した仕組みにしようとした立法であったため，かねてより批判が強い。

遺体・遺骨は，祭祀財産とは概念的に区別される。ただし墓地に埋葬されて久しい遺骨は，墓地と一体化したものとして扱われてきた。遺体・遺骨に関する法的問題としては，遺骨の帰属について親族間で争われる紛争や刑法190条が定める遺体損壊罪などの古典的な問題のほか，ヒト試料や臓器移植などの遺体の利用に関する新しい問題が発生している。人体について所有権の対象としない包括的な規定を定める民法の立法例（フランス民法など）もあるが，日本法においては，臓器の移植に関する法律（以下，「臓器移植法」という）などの特別法が限られた場面で遺体の利用について規定を設けているにすぎない（臓器の摘出について臓器移植法6条参照〔関連問題(1)〕）。

本件のような埋葬の対象としての遺骨については，大審院判例は早くから所有権の対象となるとし（大判大正10・7・25民録27輯1406頁など），大判昭和2・5・27（民集6巻307頁）は，「単ニ埋葬管理及祭祀供養ノ客体」たるものにとどまり，「遺骨又ハ遺骸ノ所有権ヲ放棄」することは「祖先ノ祭祀供養ヲ廃スルコト」となるから善良の風俗に反して許されないとした。学説も，

遺骨の所有権については「専ら埋葬・祭祀・供養をなす機能と義務とを内容とする特殊のものと考えねばならない。その意味では，放棄も許されない」（我妻榮『民法総則』〔岩波書店・1930〕202頁）とするのが通説的見解である。しかし祭祀財産の放棄が許される一方で，遺骨については所有権放棄が許されないと解するのは難しい。墓石を作らない樹木葬や遺灰を海に撒く海洋散骨などの自然葬も普及し始めている。ただし遺骨は「墓地，埋葬等に関する法律」の規律下にあり，墓地として許可を受けたところに埋葬されなくてはならない。したがって，遺骨を埋葬する樹木葬は墓地とされる特定の場所に埋葬されるが，散骨（遺灰）はこの法律の適用を受けず，海洋散骨も自由である。死者の尊厳を冒さない節度を持った放棄は許されると考えるべきであろう。

遺骨の所有権の取得については，学説は，これらの大審院判例と同様に相続財産として相続により相続人に帰属するとする説，被相続人の所有の客体ではなかったのであるから相続による承継ではなく慣習により喪主に当然帰属するとする説，民法897条の祭祀財産として祭祀主宰者が承継するとする説などに分かれていたところ，参考判例①は，祭祀主宰者が承継するとした。この事案は，宗教の布教活動をしていた被相続人の遺骨について，唯一の相続人たる養子が原告となり，被相続人を信奉して同居して身の回りの世話をしていた信者である被告に引き渡し請求をした紛争で，1審において分骨や原告からの代償金の支払などの和解が試みられたが，被告の容れるところとならず，「原審の適法に確定した事実関係のもとにおいて」祭祀主宰者が承継するとした原審の判断を維持したものであり，あらゆる場合に必ず祭祀主宰者が承継するとしたわけではないと一般に理解されている。

3 祭祀主宰者の決定

本問のように，遺族の間で祭祀主宰者をめぐる争いが生じた場合，どのように決定すべきであろうか。民法897条の立法経緯については批判が強く，現在では，同法897条の定める「慣習」は，明治民法の家督相続を意味するものではなく，被相続人と同氏であることは祭祀主宰者の要件ではないと解する学説が圧倒的である。判例においても，「承継候補者と被相続人との間の身分関係や事実上の生活関係，承継候補者と祭具等との間の場所的関係，祭具等の取得の目的や管理等の経緯，承継候補者の祭祀主宰の意思や能力，

その他一切の事情（例えば利害関係人全員の生活状況及び意見等）を総合して判断すべきであるが，祖先の祭祀は今日もはや義務ではなく，死者に対する慕情，愛情，感謝の気持ちといった心情により行われるものであるから，被相続人と緊密な生活関係・親和関係にあって，被相続人に対し上記のような心情を最も強く持ち，他方，被相続人からみれば，同人が生存していたのであれば，おそらく指定したであろう者をその承継者と定めるのが相当である」（東京高判平成18・4・19判タ1239号289頁）という一般論に基づいて判断される傾向にある。かつての家督相続人にあたる者が承継者とされるとは限らず，被相続人の先祖の祭祀財産の承継と被相続人自身の遺骨の承継とを分ける判例もある。

このような傾向に従うと，本問Aの遺骨については，生存配偶者Bの請求が認められるであろう。Aが生前に受洗していたことからも，Bによる遺骨の承継をAが拒む意思をもっていたとは考えられない。そしてBが復氏したり姻族関係終了をしたとしても，結論には変わりはないであろうと思われる。本件に近い紛争事案として，参考判例②がある。この事案は，長男であり祭祀主宰者であった夫の死後，生存配偶者である原告が，同居していた亡夫の母と折り合いが悪くなって別居し，姻族関係終了の意思表示をした後，亡夫の遺骨を婚家の墓から取り出して改葬することを亡夫の母や弟たちに求めたものである。原告は亡夫の死後，いったん婚家の墓の施主となっていたが，亡夫の位牌以外の祭祀財産を被告の1人である亡夫の弟に引き渡し，墓の施主も亡夫の弟に交代していた。判旨は「配偶者の遺体ないし遺骨の所有権（その実体は，祭祀のためにこれを排他的に支配，管理する権利）は，通常の遺産相続によることなく，その祭祀を主宰する生存配偶者に原始的に帰属」するとして原告の訴えを認めている。

一方，被相続人と生存配偶者との関係が悪くなっている場合には，異なる結論をとった判例もある。高知地判平成8・10・23（判時1624号126頁）は，法律婚が破綻している重婚的内縁の事案で，被相続人が生前，自己の遺骨の管理について，重婚的内縁配偶者にゆだねていたことを理由に遺骨は重婚的内縁配偶者が承継すべきものとして，被相続人の子からの遺骨の返還請求を棄却している。

日本では仏教による葬送儀礼が習俗化しているため先鋭化してこなかったが，遺族がそれぞれ異なる宗教的信念に基づいて葬送儀礼を行う権利を主張する場合には，深刻な対立を生じる可能性があり，自衛官護国神社合祀事件（最判昭和63・6・1民集42巻5号277頁）はその先駆的な事件であったともいえる。被相続人自身の生前の宗教を基準に決めるのか，被相続人の意思にかかわらず遺族がそれぞれの信仰する宗教で弔うのを認めるか，議論はまだ尽くされていない。遺体の分骨を禁じる法制（フランス法）もあるが，分骨に寛大な日本では，分骨によってそれぞれが遺骨を弔うことが可能である。本件でもBがC・Dへの分骨を容認して紛争を解決することが考えられる。とはいえ，被相続人が分骨を排除する意思を生前に明示していた場合には，その結論もとりにくく，今後の課題であろう。

> **関連問題**
>
> (1) A男は外科医で，臓器移植によらなければ救命できない患者を何人も担当していたため，自分も脳死状態になった場合にはすべての臓器を提供する意思を書面で遺していた。Aが脳死状態になった段階で，B女は，Aの遺志を生かして臓器提供したいと考えたが，郷里から駆けつけたC・Dは，Aの臓器を取り出すことなどとんでもないと強く反対した。Aの臓器を提供することは，可能か。
>
> (2) C・Dは，郷里において自分たちが旧家にふさわしいと考えた大規模な葬儀を執り行ったのち，その高額な費用をBに請求した。C・Dが葬儀を行うことを許容したBは，費用を支払わなくてはならないか。Bが妻として形式的な喪主となった場合と，Cが喪主となった場合とでは，結論は異なるか。

●】参考文献【●

許末恵・百選Ⅲ 110頁／水野紀子「遺体の法的地位」森島昭夫＝塩野宏編『変動する日本社会と法（加藤一郎追悼）』689頁

（水野紀子）

相続欠格・廃除

　A男は観光業を経営する著名な会社の代表取締役で，多数の不動産，株式等を保有する資産家であった。その妻B女は若者に人気の服飾デザイナーで，専門誌に頻繁に登場していた。AとBは1960年6月に婚姻し，1964年7月にC女とD女の双子の娘が生まれた。AもBも仕事に奔走する毎日で，CとDは幼い頃から家政婦に面倒をみてもらっていた。Cは大学を卒業して大手企業に就職したが，Dは小学校高学年頃から家出を繰り返すようになった。AとBはDを私立中学校に入学させたが，Dは休みがちで，酒場等に出入りし，非行グループと付き合い，警察に何度も補導された。Dは高校に進学せず，キャバレーを転々として1人暮らしをするうち，常連客のE男と親しくなって同棲を始めた。Eは反社会的組織の構成員で傷害罪の前科があったが，Dと同棲してからは同組織を脱退し，建設現場で働くようになった。Dは1987年にEと婚約し，2人でAとBを訪ねたが，AもBもEがDと結婚するにふさわしくないと猛反対し，面会を拒絶した。翌年，DはEと婚姻し，その披露パーティーの招待状に招待者としてEの父と連名でAの名をAに無断で印刷し，親戚や知人に送付した。Aは1989年4月，DがAを精神的に痛めつけ，名誉を毀損し，重大な侮辱を加え，著しい非行があったとして，Dを相続人から廃除する旨の遺言を作成し（遺言執行者としてBを指定），1990年3月に持病が悪化して死亡した。同年5月，Bは家庭裁判所にDの廃除を申し立てた。この場合，Dはどのような主張ができるか。また，裁判所はどのような判断をすべきか。

① 東京高決平成4・12・11判時1448号130頁
② 福岡高宮崎支決昭和40・6・4判タ194号186頁

●】解説【●

1 相続資格の喪失原因

　法定相続人であるにもかかわらず，相続の資格を失う原因として，民法は相続人の欠格事由（891条）と推定相続人の廃除（892条‐895条）を定めている。相続人の欠格事由は，相続人が法律上当然に相続資格を失う原因であり，それに値するだけの相続人の著しい非行に対する制裁である（後述2）。これに対し，推定相続人の廃除は，相続人の欠格事由ほどの非行ではないが，被相続人が相続人としてふさわしくないと考えることが相当であると認められる廃除事由（後述3）がある場合に，被相続人の意思によって相続資格を剥奪する制度である。たとえば，相続人が被相続人を虐待し，あやまって死亡させ，過失致死罪の確定判決を受けても，当然に相続欠格とはならない。しかし，被相続人が虐待（892条。後述3）を理由に相続人の廃除の申立てまたは遺言をすることにより，家庭裁判所の審判をもって，当該相続人は相続資格を失うことになる。

2 相続人の欠格

(1) 欠格事由

　(ア)　相続欠格事由は次の5つである（891条）。ⓐ故意に被相続人や先順位または同順位の相続人を死亡させ，または死亡させようとしたため刑に処された者。ⓑ被相続人が殺害されたことを知りながら告発または告訴しなかった者（ただし，その者に是非の弁別がなかったとき，または殺害者が自己の配偶者もしくは直系血族であったときを除く）。ⓒ被相続人が相続に関する遺言，その撤回・取消し・変更をすることを詐欺・強迫によって妨げた者。ⓓ詐欺・強迫によって被相続人に相続に関する遺言，その撤回・取消し・変更をさせた者。ⓔ相続に関する被相続人の遺言書を偽造・変造・破棄・隠匿した者。

(イ) その制度趣旨は，ⅰ被相続人・推定相続人間にあるべき協同関係の破壊に対する制裁，ⅱ相続に関する財産取得秩序を違法に乱して利得することへの制裁が考えられる。もっとも，ⅰは(ア)ⓐ・ⓑに，ⅱは(ア)ⓐ，ⓒ～ⓔに，それぞれより強く適合する程度で，欠格事由の多様性と相俟って，すべての欠格事由の趣旨を一律に説明するものとはいえない。いずれの場合も，欠格事由は法律上当然に相続資格を剥奪するものであるから，それに値するだけの違法性が認められる必要がある（891条2号ただし書参照）。

(ウ) 遺言書に対する偽造・変造・破棄・隠匿（(ア)ⓔ）は，それだけを理由に相続資格を奪う事由であるから，形式的該当性だけでなく，それに値する違法性がある場合に限られる（主張・立証責任は相続欠格を主張する者が負う）。判例は，遺言に関する「著しく不当な干渉行為」と認められることを欠格要件と解している。たとえば，⑦遺言者名の下と訂正箇所に押印のない自筆証書遺言（民法968条により無効）に押印して有効な遺言にしようとすることは偽造・変造であるが，「遺言者たる被相続人の意思を実現させるためにその法形式を整える趣旨」で行為したとき（最判昭和56・4・3民集35巻3号431頁），④自己に有利な遺言書を破棄・隠匿し，「相続に関して不当な利益を目的とするもの」でなかったとき（最判平成9・1・28民集51巻1号184頁）は，いずれも相続欠格とならない。学説は，④判決は偽造・変造・破棄・隠匿の故意に加え，それによって不当な利益を得ようとする故意（二重の故意）まで必要としたものであると解している。なお，⑦判決における遺言者の意思を実現することが必ずしも偽造・変造をした相続人の利益に適うとは限らないことから，その場合も不当な利益を得ようとする故意（二重の故意）が欠格要件として維持されていると解すべきか，⑦遺言者の意思の実現はそれ自体で独立した欠格否定の理由になるかは議論がある。二重の故意も，判例がいう遺言に関する著しく不当な干渉行為に当たるかという，違法性の強さを判断する1つの指標であると解される。

(2) 相続欠格の効果

(ア) 相続欠格者と認められると，相続開始時から相続資格がなかったものとされる。また，受遺者の資格も失う（965条）。しかし，相続欠格は当該被相続人との関係で相続資格を失うにとどまり，他の相続人との関係では相

続資格を失わない。

　(イ)　相続欠格者に子があれば，その子が被相続人を代襲相続する。

　(ウ)　被相続人から相続欠格者への生前贈与も失効しない。さらに，被相続人の意思で欠格者を許し，相続資格を回復させること（欠格の宥恕）を認める裁判例もある（広島家審平成22・10・5家月63巻5号62頁）。ちなみに，推定相続人の廃除制度は，被相続人の意思で相続人の相続資格を剥奪するものであるから，その取消しも可能としている（後述3(3)(ウ)参照）。これに対し，相続欠格の効果は法律上当然に生じるから，取消しの制度は設けられていない。

3　推定相続人の廃除

(1)　廃除事由

　(ア)　推定相続人の廃除とは，遺留分をもつ推定相続人が，ⓐ被相続人を「虐待」し，ⓑこれに「重大な侮辱」を加え，またはⓒその他の「著しい非行」があった場合に，被相続人が家庭裁判所に請求して当該推定相続人の相続資格を失わせる（したがって，遺留分に対する権利も剥奪する）ことである（892条）。被相続人の意思による相続資格の剥奪である。廃除を遺言ですることもできる（893条。後述(2)）。廃除の相手方が遺留分を持つ推定相続人に限定される理由は，遺留分を持たない推定相続人（兄弟姉妹）に対しては，被相続人は相続分をゼロと指定する遺言をし，または他の者に全遺産を遺贈する方法によって相続させないことが可能だからである。

　(イ)　廃除は被相続人の意思で相続人の相続資格を剥奪する制度であるが，一時的感情やもっぱら主観的理由による恣意的廃除を認めることは合理的でないから，(ア)ⓐ～ⓒの廃除事由が定められ，その当否も家庭裁判所の審判によって判断される（家事188条・同法別表第1の審判事項）。これら廃除事由の趣旨は，推定被相続人と遺留分を持つ推定相続人（配偶者・子・直系尊属）の間にあるべき協同関係の破壊への制裁であると解される。もっとも，それは，廃除事由の当否を判断する一般的基準としては抽象的で，解釈の余地がある。一般的判断基準としては，個々の事案において当該状況に置かれた被相続人が推定相続人を廃除したいという意思を持ち，かつそれを実現すること（それは遺留分すら剥奪する）が，同じような状況に置かれた者にとっ

ても通常そうであると同感できる程度の重大な非行が認められるかどうかによる。その際には，ⅰ非行の重大性，ⅱ非行の継続性，ⅲ非行が生じるに至った原因や経緯，特に被相続人側の帰責性等を考慮に入れる必要がある。

　(ウ)　裁判例では，㋐「虐待」として，被相続人に頻繁に暴行を加える等の継続的な暴力，回復困難な疾病や障害のある被相続人を遺棄する等，㋑「重大な侮辱」として，根拠もなしに被相続人を人格異常と公言する等して名誉を毀損し，精神的苦痛を与える等，㋒「著しい非行」として，犯罪，浪費，酒色への沈溺，合理的理由なしに被相続人に過度の経済的負担を負わせること等がある。それらは単独で廃除事由となる場合も，複数組み合わさって廃除事由となる場合もあり，(イ)の一般的基準に照らして判断することになる。

　なお，虐待および重大な侮辱を理由とする配偶者の廃除に関する裁判例として，癌で療養中の妻に対し，有責の夫が離婚請求（結果は棄却），不当な会社役員解任決議（後に取消し），不当利得返還請求訴訟（結果は棄却），刑事告訴（不起訴処分），婚姻費用不払，放置等をしたことから，妻が虐待および重大な侮辱を理由に夫を廃除する遺言（公正証書）をし，その死亡後に遺言執行者がした廃除請求を認容した審判に対し，夫の即時抗告を認め，原審判を取り消し，廃除の申立てを却下したものがある。その理由は，①妻が前記遺言作成時に係属していた夫からの離婚請求訴訟において，婚姻の継続を相当と認めるべき事情を主張して争ったこと，②妻の遺産は夫とともに営んでいた事業を通じて形成されたものであること，③妻が挙げる前記廃除事由は，いずれも夫婦関係の不和が高じたものであるが，それらは約44年間に及ぶ婚姻期間のうち約5年間に生じたものにすぎず，妻の遺産形成への夫の寄与を考慮すれば，その遺留分の否定を正当と評価できる程度に重大なものとはいえないことから，廃除事由に該当しないというものである（大阪高決令和2・2・27判時2480号16頁）。本決定は，前記不当訴訟等の夫の行為を虐待および重大な侮辱と認めた原審判に対し，廃除による遺留分否定効に着目し，妻の遺産に対する夫の寄与を重視している点，および婚姻期間全体に占める廃除事由の存続期間の割合を考慮している点に特色がある。

　(エ)　親の意に反した婚姻は，婚姻の自由に鑑み，原則として重大な侮辱・著しい非行に該当せず，廃除事由にならないと解される（参考判例②。な

お，東京家審平成3・12・26判時1448号132頁〔参考判例①の原審〕も参照）。ただし，少年時代から非行を繰り返してきた推定相続人が，反社会的集団の一員と婚姻し，そのことを推定被相続人の知人にも知れわたる方法で公表し，それによって推定被相続人が多大な精神的苦痛と名誉の毀損を受けた結果，両者間の家族的協同生活関係がまったく破壊され，今後の修復も著しく困難な状況になっている場合に，重大な侮辱または著しい非行を理由とする廃除請求を認めた例がある（参考判例①）。ここでは，推定相続人自身の非行履歴に加え，反社会的集団の一員との婚姻を，被相続人の知人にあえて知れわたることを企図した行為により，被相続人に精神的苦痛を与えたという事情の存在が，廃除を肯定した要因として無視できない。

(2) 廃除の手続

　推定相続人の廃除は，家庭裁判所に申し立て，その審判によって認められる（892条，家事188条・同法別表第1第86項）。また，遺言による廃除も可能であるが，その場合には，遺言執行者が遺言の効力発生後，遅滞なく家庭裁判所に廃除の請求をしなければならない（893条）。廃除の申立後・審判確定前に相続が開始した場合，または廃除の遺言があり，相続が開始した場合は，家庭裁判所は利害関係人等の請求により，相続財産管理人の選任等，遺産の管理について必要な処分を命じることができる（895条・897条の2，家事189条・190条の2・同法別表第1第88項・89項）。

(3) 廃除の効果

　㋐　推定相続人の廃除は，廃除の審判の確定により，その時から効力を生じる。ただし，廃除の遺言の効力発生後に遺言執行者が廃除請求をした場合において，家庭裁判所が廃除請求を認めたとき，および廃除の申立後・審判確定前に相続が開始した場合は，廃除の効果は被相続人の死亡時に遡る（893条後段およびその類推適用）。

　㋑　廃除により，推定相続人は当該被相続人からの相続資格を喪失する。しかし，他の被相続人からの相続は可能であるし，代襲相続も可能である。また，相続欠格の場合と異なり，受遺者の資格は失わない（965条参照）。

　㋒　被相続人はいつでも廃除の取消しを家庭裁判所に請求できる（894条，家事188条・同法別表第1第87項）。さらに，廃除請求や廃除の遺言をし

た被相続人が，生前に廃除の取消しは請求しなかったものの，相手方である相続人に対して生前贈与，遺贈等をしていた事情があるときは，被相続人が相手方を許す宥恕があったものと認める余地がある。遺言による廃除の場合に，遺言執行者の廃除請求による審判に際し，相手方が宥恕の事情を主張し，家庭裁判所はそのことを廃除の判断の際に考慮に入れて審判し得る。

4　本問の解決指針

本問では，Aの遺言に基づくDの廃除請求の当否が問われている。Dの非行グループとの付き合い，補導等の親泣かせの事情はAの遺言時（1989年4月）には存在せず，Aの廃除遺言でも問題にされていない。Aは廃除事由として，ⅰDがAの反対にもかかわらず，元反社会的組織の構成員で前科のある者Eと結婚したこと，ⅱ結婚披露パーティーの招待者としてEの父と連名でAの名を無断で招待状に印刷して親戚・知人に送付したことを「重大な侮辱」または「著しい非行」にあたると主張している。このうち，ⅰDの婚姻は相手が元反社会的組織の一員で前科者であり，Aの意に反していたとしても，婚姻の自由にも鑑みてそれ自体を「著しい非行」ということはできない。また，それがAの名誉を毀損するとは認められないことから「重大な侮辱」にもあたらないとDは主張できるであろう。一方，ⅱ招待状の発送は，仮に，非行を繰り返してきたDが現在も反社会的組織の一員であるEと婚姻したことをAの意に反してAの知人等にあえて知れわたるように公表することにより，Aの精神的苦痛と名誉毀損を加えることを意図し，その結果A・D間の家族的信頼関係がまったく破壊され，修復が著しく困難な状況になったような場合は，「重大な侮辱」または「著しい非行」にあたる可能性も排除できない（前述**3**⑴㈣参照）。しかし，その判断にあたっては，個別事例において侮辱・非行の重大性，継続性，それらが生じるに至った原因や経緯，A側の帰責性等をも考慮に入れて検討する必要がある（前述**3**⑴㈡参照）。

関連問題

(1)　本問において，1989 年 5 月，A は A が所有する土地 α（A の遺産の 50 分の 1 相当）を D に遺贈し，残りの遺産を B と C に分割する旨の遺言をした。この遺言書の存在が明らかになった場合，B が申し立てた D の廃除請求の審判において，D および B はそれぞれどのような主張ができるか。また，家庭裁判所はどのような審判をすべきか。廃除の効果（前述 3 ⑶イ・ウ），および遺言の撤回について考慮して検討せよ。

(2)　前記⑴の場合において，第 1 の遺言書（1989 年 4 月）の存在を知らなかった D は，第 2 の遺言書（1989 年 5 月）の存在を知ってこれを隠匿した。このことが 1990 年 6 月，D の廃除請求の審判の係属中に判明した場合，B はどのような主張ができるか。これに対し，D はどのような主張ができるか。裁判所はどのような判断をすべきか。遺言書の隠匿による相続欠格の該当可能性（前述 2 ⑴ウ）を考慮して検討せよ。

●】**参考文献**【●

川淳一・百選Ⅲ 108 頁／田中通裕・判タ 1037 号（2000）62 頁／二宮周平『家族法〔第 5 版〕』（新世社・2019）323-329 頁／潮見佳男『詳解相続法』（弘文堂・2018）37-53 頁／石川博康・百選Ⅲ 106 頁／浦野由紀子・民法演習ノートⅢ 307-325 頁

（松尾　弘）

再転相続

X銀行は，Z株式会社に金銭を貸し付けた。Aほか4名は，Zの債務について連帯保証をした。その後，Zが債務不履行となった。

2017年6月10日，Aに連帯保証債務の履行を命じる判決が確定した。

2017年6月30日，Aが，同債務の履行をしないまま，死亡した。

2017年9月，Aの配偶者と子が，Aの相続について家庭裁判所に放棄の申述をし，受理された。この相続放棄の結果，Aの兄弟姉妹B〜Fの5名がAの相続人となった。

2017年10月20日，Bは，Aの相続人となったことを知らないまま，Aの相続について承認・放棄をしないで死亡した。Bの相続人であるYは，同日，Bの死亡を知った。

2018年6月，C〜Fの4名は，Aの相続について家庭裁判所に相続放棄の申述をし，受理された。

2020年11月10日，Xが，Yに対して，連帯保証債務の履行を求めた。この時点で，Aの死亡から約3年5か月，Bの死亡から約3年がそれぞれ経過していた。

2021年2月5日，Yは，Aの相続について家庭裁判所に放棄の申述をし，受理された（Xによる履行請求から3ヵ月以内の放棄である）。

Xは，Yに対して，連帯保証債務の履行を求める訴訟を提起し，その中で，熟慮期間の経過後に行われたYによる相続放棄が無効であると主張した。

●】参考判例【●

① 最判令和元・8・9民集73巻3号293頁

② 最判昭和 59・4・27 民集 38 巻 6 号 698 頁
③ 東京地判令和元・9・5 判時 2461 号 14 頁

●】解説【●

1 相続人による選択：単純承認・限定承認・放棄

被相続人が死亡して，相続が開始すると（882条），相続人は，被相続人の財産に属した一切の権利義務を承継する（896条本文）。相続人は，相続の開始の知／不知にかかわらず，当然に相続人となり（当然承継），また，被相続人に属した一切の（＝包括して）権利義務を承継する（包括承継）。

そのため，かつての家督相続制度の下では，相続人（子）は，被相続人（父）の残した莫大な債務を承継させられることがあった（父債子還〔ふさいしかん〕＝父の債務を子が返還する。旧民1020条参照）。

第二次世界大戦後の民法改正によって（昭和22年法律222号），家督相続制度が廃止され，相続制度は，財産相続制度に純化された。そして，相続人には，相続する／しないについて選択する権利が付与された。

相続人は，①単純承認（920条以下），②限定承認（922条以下），③放棄（938条以下）の3つから選択することができる。

単純承認とは，相続人が，被相続人の権利義務を包括的に（＝無限に）承継するという選択である（920条）。したがって，単純承認を選択した相続人は，相続分の割合で相続債務を承継し（899条），弁済する義務を負うことになる。

限定承認とは，相続人が，相続財産である積極財産の限度で相続財産である消極財産（債務）を弁済すればよく，これにより弁済できなかった消極財産（債務）についての責任を免れるという制度である（922条）。換言すれば，相続人は，相続債権者に相続財産である積極財産の全部を提供すれば，自身の財産（固有財産）から持ち出しをしなくてよいのである。

一見すると，限定承認は相続人にとって特段の不利益のない優れた制度に思える。しかし，限定承認の利用は多くない。その理由は，相続人全員が一致しなければ限定承認を選択することができず（923条），また，相続人が

限定承認後の相続財産の管理・換価（競売）や相続債権者への弁済などの手続を行わなければならないなど（926条‐932条），重い負担が相続人に課せられるためである。

放棄とは，放棄をした相続人が初めから相続人でなかったものとみなされるという制度である（939条）。つまり，相続放棄者は，相続とは一切無関係とされ，積極財産も消極財産も承継しないことになる（940条に定める相続財産管理継続義務のみ負う）。なお，令和2年の司法統計によれば，全国の家庭裁判所に申し立てられた放棄の新受件数は23万件超であり，広く利用されている。

2　選択のための手続と熟慮期間

3つの選択肢のうち，単純承認については，特段，選択のための手続が用意されていない（「単純承認申述（書）」という手続（書式）が存在しない）。相続人が相続財産の処分，例えば，相続預貯金の解約や相続不動産の移転登記などをすれば，単純承認をしたものとみなされる（921条1号）。また，後述する「熟慮期間」内に限定承認または放棄をしなかったときも，単純承認をしたものとみなされる（同条2号）。これらのように単純承認が擬制されることを「法定単純承認」という（同条）。法定単純承認をしたものとみなされた相続人は，相続分の割合で相続債務を承継することになるので（899条），相続人が相続債務の承継を望まないのであれば，「熟慮期間」内に限定承認または放棄をする必要がある。

限定承認および放棄については，選択の手続が存在する。それぞれ，後述する「熟慮期間」内に，被相続人の住所地の家庭裁判所に対して（883条，家事201条1項），限定承認の申述（924条，家事別表第1第92項）または放棄の申述（938条，家事別表第1第95項）を行い，申述の受理審判を得なければならない。なお，申述は，口頭ではなく，申述書を提出して行う（家庭裁判所ウェブサイトに書式や記入例が掲載されている）。

相続人は，自己のために相続の開始があったことを知った時から3ヵ月以内に，相続について，単純承認もしくは限定承認または放棄をしなければならない（915条1項）。この3ヵ月が「熟慮期間」と呼ばれている。「自己のために相続の開始があったことを知った時」というのは，一般的には，相続

人（子）が被相続人（親）の死亡を知った時であるとか，先順位の相続人が放棄をした事実を後順位の相続人が知った時などである。

　熟慮期間は，相続人が相続財産について調査を行い，単純承認・限定承認・放棄を選択するために設けられている期間である（915条2項）。相続人は，熟慮期間が3ヵ月で不足するようであれば，家庭裁判所に熟慮期間の伸長を請求することができる（同条1項ただし書。家事別表第1第89項）。家庭裁判所の実務では，伸長の請求はほとんどの場合で認められている。

3　熟慮期間経過〈後〉の相続放棄

　相続の開始（被相続人の死亡）を知った相続人が熟慮期間内に放棄の申述を行わず，熟慮期間の経過後に相続債務の存在が発覚し，それを知った相続人が放棄の申述を急遽行う事例は珍しくない。後述する参考判例②以降，現在までの間に数十件の（裁）判例が存在し，実務的にも理論的にも相続法における重要論点の1つとなっている。

　それらの（裁）判例は，2種類に大別することができる。

　第1は，相続人が熟慮期間の経過後に放棄の申述を行ったところ，家庭裁判所が放棄の申述を却下するという事例である。相続債務の承継を望まない相続人が高等裁判所に即時抗告をする（家事201条9項3号）。高等裁判所では，放棄を却下した原審判を取り消す事例が多いようであるが（最近の事例として，東京高決令和元・11・25判時2450＝2451号合併号5頁），取り消さない事例も散見される。

　第2は，相続人が熟慮期間の経過後に放棄の申述を行ったところ，家庭裁判所が放棄の申述を受理し，放棄の申述の受理により相続人が相続債務の負担を免れたつもりでいたところ，相続債権者が相続人に対して相続債務の履行を求める訴訟を提起し，その中で，熟慮期間の経過を理由に当該放棄の無効を主張するという事例である。この第2のような事例の嚆矢が以下の参考判例②である。

　相続人（子）は，被相続人（父）の死亡の事実および自己が相続人となった事実を知ってから約1年後に相続債務の存在を知り，それから3ヵ月以内に放棄の申述をした。相続債権者が相続放棄の無効を主張した。

　最高裁は，「熟慮期間は，原則として，相続人が前記の各事実を知った時

から起算すべきものであるが，相続人が，右各事実を知った場合であっても，右各事実を知った時から3か月以内に限定承認又は相続放棄をしなかったのが，被相続人に相続財産が全く存在しないと信じたためであり，かつ，被相続人の生活歴，被相続人と相続人との間の交際状態その他諸般の状況からみて当該相続人に対し相続財産の有無の調査を期待することが著しく困難な事情があって，相続人において右のように信ずるについて相当な理由があると認められるときには，相続人が前記の各事実を知った時から熟慮期間を起算すべきであるとすることは相当でないものというべきであり，熟慮期間は相続人が相続財産の全部又は一部の存在を認識した時又は通常これを認識しうべき時から起算すべきものと解するのが相当である」と判示して，相続人による放棄を有効とした。

　その後，参考判例②の理解をめぐって，「限定説」と「非限定説」という2説の対立が生じることになった。限定説は，熟慮期間の起算点を遅らせることが認められるのは，「相続財産が全く存在しないと信じ」＋「相続財産の有無の調査を期待することが著しく困難な事情があ」り＋「信ずるについて相当な理由がある」場合に限定されると解する。これに対して，非限定説は，例えば，積極財産の存在を知っていた相続人が後に過大な相続債務の存在を知ったような場合について，つまり，参考判例②の示した要件に限定されず，熟慮期間の起算点を遅らせることが認められると解する。現在，学説の多数は非限定説を支持しているが，立法的な解決の必要性も主張されている。

4　再転相続とは

　前述のとおり民法915条は熟慮期間について定める。同条に続く916条および917条は，915条の特則と位置付けられる。そして，916条は「再転相続」の場合の熟慮期間の特則とされている（条文上，再転相続という用語は使用されていない）。

　再転相続とは，甲が死亡して相続が開始し，甲の相続人乙が甲の相続について選択（単純承認・限定承認・放棄）をする前に死亡し，乙の相続人丙がいる場合である。

　そして，甲についての相続を第1次相続，乙についての相続を第2次相続

といい，また，甲を第1次被相続人，乙を第2次被相続人，丙を再転相続人という。

なお，相続税法20条の見出しでは，同様の状況に「相次相続」が用いられている。同条は，相続が連続した場合に相続税を軽減する規定なので，丙が甲・乙双方の相続を承認して，納税することが前提とされている。

5 再転相続における熟慮期間

熟慮期間は，相続人乙が被相続人甲の相続開始を知った時から起算され，原則3ヵ月である（915条）。乙が，熟慮期間内に承認または放棄をすれば，あるいは，法定単純承認とみなされれば，とくに問題は生じない。

ところが，甲の相続の熟慮期間内に，乙が承認または放棄をせずに死亡し，乙の相続人丙が乙の権利義務を承継した場合，甲の相続についての熟慮期間が問題となる。

設例を用いて説明する。

甲が2000年10月26日に死亡し，同日，相続人乙が甲の死亡を知れば，翌10月27日が熟慮期間の起算日となり（140条参照），2001年1月26日が熟慮期間の満了日となる。乙は，この間に甲の相続について承認または放棄をすべきであったが，どちらもしないまま熟慮期間中の11月15日に死亡し，同日，乙の相続人丙が乙の死亡を知った。では，甲の相続について，丙の熟慮期間の起算日はいつか。

第1説：丙は乙の権利義務を承継したのであるから，甲の相続についての熟慮期間も承継するとして，熟慮期間の起算日を2000年10月27日，満了日を2001年1月26日と解する。

第2説：丙に原則通り3ヵ月の熟慮期間を付与する。すなわち，乙の死亡は2000年11月15日であるところ，同日，丙が乙の死亡を知りかつ甲の相続人になったことを知ったとすれば，甲の相続についての熟慮期間の起算日を翌11月16日，満了日を2001年2月15日と解する。

第1説によれば，丙の熟慮期間は，10月27日から1月26日までの62日間しかなく，乙の死亡が満了日の1月26日に近接するほど，丙の熟慮期間が短縮されてしまうことになる。しかし，熟慮期間は，相続人が，相続財産を調査し（915条2項），相続についてまさに熟慮するために設けられている

のだから，3ヵ月は最低限の期間として，相続人に保障されるべきであろう。

民法の起草者は，第1説を採らないことを明らかにするために，民法915条の特則として民法916条を設けたものと解される。すなわち，同条は，甲の相続について，「相続人（乙）が相続の承認又は放棄をしないで死亡したときは，前条〔915条〕第1項の期間は，その者（乙）の相続人（丙）が自己（丙）のために相続の開始があったことを知った時から起算する」としている。つまり，甲の相続についての丙の熟慮期間の起算日は11月16日，満了日は2月15日となるのである。

第2説が通説であり，これによれば，丙の熟慮期間は，甲の相続についても，乙の相続についても，2000年11月16日から起算されることになる。

上述の設例は，甲（祖父母）—乙（父母）—丙（子）というような関係にあり，かつ，乙が甲の死亡を速やかに知ることができ，また，丙も乙の死亡を速やかに知ることができる事実関係を前提にしたものである。しかし，本問の事実関係は大きく異なっている。

6　再転相続人が後順位相続人の場合

本問のAが甲，Bが乙，Yが丙に相当する。しかしながら，BはAの兄弟姉妹であり，Aの第1順位の相続人である配偶者と子の放棄によって繰り上がった第2順位の相続人である。また，YはAの甥姪であり，第1順位の相続人の放棄と第2順位の相続人（B）の死亡によって相続人とされた者である。

しかも，BはAの死亡の事実もAの第1順位の相続人が放棄をした事実も知らずに死亡した。また，Yも同様にこれらの事実を知らなかった。

上述した通説に従うならば，Yの熟慮期間の起算日は，Bの死亡の翌日である2017年10月21日となる。YがAの相続について放棄をしたのは2021年2月5日だから，当該放棄は明らかに熟慮期間の経過後にされており，無効な放棄と見ることもできる。

ところが，参考判例①は，地裁・高裁・最高裁のすべての審級が，Yの放棄を熟慮期間内にされた有効な放棄であると解した。しかし，すべての審級で異なる解釈が示されたため，熟慮期間をめぐる問題が一筋縄ではいかない難しい問題であることを改めて印象づけたのである。

(1) 地裁の解釈

　参考判例①の地裁判決（大阪地判平成29・10・18民集73巻3号300頁）は、「再転相続人〔Y〕に第1次相続の開始又は第1次被相続人〔A〕の相続財産の有無の調査を期待することが著しく困難な事情がある場合には、再転相続人〔Y〕が第1次被相続人〔A〕の相続財産の一部の存在を認識した時又は通常これを認識しうべかりし時から熟慮期間を起算するのが相当である」との解釈を示した。

　そのうえで、同判決は、YがBの死亡およびBについて相続が発生したことについて認識した日の翌日がAについての相続の熟慮期間の起算日になるのが原則（＝通説）であるとしながら、Yは①当該熟慮期間内にAの相続が開始したことについてすら認識していなかった、②YとAおよびAの家族との間には親戚付き合いがなかった、③Aの家族からAの相続について直接連絡を受けたこともなかったことなどから、YがAの相続の開始について知らなかったことには相当の理由があるとして、Aの相続についての放棄を熟慮期間内にされたと解した。債権者Xが控訴した。

(2) 高裁の解釈

　参考判例①の高裁判決（大阪高裁平成30・6・15民集73巻3号312頁）は、「民法916条の『相続人〔本問のB〕が相続の承認又は放棄をしないで死亡したときは』という文言については、相続の承認又は放棄をすることができる状態であること、すなわち、第1次相続が開始したことを知っていることを前提としていると読むべきであり、熟慮期間の起算点に関する上記解釈は同条の文理解釈からも導くことができると考える（第1次相続人〔本問のB〕が自己のために第1次相続が開始していることを知らずに死亡した場合は、民法916条が適用されるのではなく、第1次相続人〔B〕の地位を包括承継した再転相続人〔Y〕が、民法915条の規定に則り、第1次相続についての承認又は放棄をすれば足りることになる。）」として、第1審の解釈とは異なる解釈を示した。

　この解釈によると、Yは債務の存在を知った2020年11月10日に「自己のために第1次相続が開始していることを知」ったことになり、それから3ヵ月以内の2021年2月5日にされた放棄は有効な放棄ということになる。

　参考判例①の最高裁判決（最判令和元・8・9民集73巻3号293頁）は，ま
ず，「民法915条1項本文が熟慮期間の起算点として定める『自己のために
相続の開始があったことを知った時』とは，原則として，相続人が相続開始
の原因たる事実及びこれにより自己が相続人となった事実を知った時をいう
ものと解される（最高裁昭和57㈲第82号同59年4月27日第二小法廷判決・民
集38巻6号698頁参照〔＝参考判例②〕）」とした上で，「民法916条の趣旨
は，乙が甲からの相続について承認又は放棄をしないで死亡したときには，
乙から甲の相続人としての地位を承継した丙において，甲からの相続につい
て承認又は放棄のいずれかを選択することになるという点に鑑みて，丙の認
識に基づき，甲からの相続に係る丙の熟慮期間の起算点を定めることによっ
て，丙に対し，甲からの相続について承認又は放棄のいずれかを選択する機
会を保障することにあるというべきである。〔原文改行〕再転相続人である
丙は，自己のために乙からの相続が開始したことを知ったからといって，当
然に乙が甲の相続人であったことを知り得るわけではない。また，丙は，乙
からの相続により，甲からの相続について承認又は放棄を選択し得る乙の地
位を承継してはいるものの，丙自身において，乙が甲の相続人であったこと
を知らなければ，甲からの相続について承認又は放棄のいずれかを選択する
ことはできない。丙が，乙から甲の相続人としての地位を承継したことを知
らないにもかかわらず，丙のために乙からの相続が開始したことを知ったこ
とをもって，甲からの相続に係る熟慮期間が起算されるとすることは，丙に
対し，甲からの相続について承認又は放棄のいずれかを選択する機会を保障
する民法916条の趣旨に反する。〔原文改行〕以上によれば，民法916条に
いう『その者〔本問のB〕の相続人〔本問のY〕が自己のために相続の開始
があったことを知った時』とは，相続の承認又は放棄をしないで死亡した者
〔B〕の相続人〔Y〕が，当該死亡した者〔B〕からの相続により，当該死亡
した者〔B〕が承認又は放棄をしなかった相続〔第1次相続〕における相続
人としての地位を，自己が承継した事実を知った時をいうものと解すべきで
ある。〔原文改行〕なお，甲からの相続に係る丙の熟慮期間の起算点につい
て，乙において自己が甲の相続人であることを知っていたか否かにかかわら

ず民法916条が適用されることは，同条がその適用がある場面につき，『相続人が相続の承認又は放棄をしないで死亡したとき』とのみ規定していること及び同条の前記趣旨から明らかである」と判示した。

そして，Yが，BからAの相続人としての地位を自己（Y）が承継した事実を知ったのは，Xから履行請求をされた時であるとして，そこから熟慮期間が起算されるとした。

（4）小括

参考判例①の地裁の解釈は，《上述5の通説＋参考判例②の「相当な理由」（破線部分）》のいわば「合わせ技一本」である。

これに対して，参考判例①の高裁の解釈（二重線部分）は，新しい解釈である（学説では，能見善久＝加藤新太郎編『論点体系判例民法(10)相続〔第2版〕』〔第一法規・2013〕183頁〔岡部喜代子＝足立文美恵〕のみが同様の見解を示していた）。これを敷衍すると，YはAの相続について知らないBを相続した。Bが知らないのだからYも知らない。Bはすでに死亡しているから，今後，BがAの相続を知ることはなく，YがBを通じてAの相続を知ることもない。つまり，BがAの死亡を知っていることが民法916条適用の根拠になると解したのである。

そして，参考判例①の最高裁の解釈は，地裁判決が前提とした従来の通説を否定し（実線部分），かつ，「なお書き」において，高裁の新解釈も否定した。

最高裁の解釈によれば，再転相続人（本問のY）は，第1次相続の開始から長い期間が経過した後であっても第1次相続について放棄をすることが可能になることから，法的安定性を害することにつながる，再転相続人を探し出した相続債権者の努力を無に帰するといった指摘がされうるだろう。

しかし，学説の多数は最高裁の解釈を支持している。その根拠として，①親族関係（要するに親戚付き合い）の希薄化により，後順位相続人（再転相続人）が相続人となったことを認識していない場合が多く，また，そのような場合が増加すると思われる，②後順位相続人（再転相続人）が先順位相続人による放棄の事実を知ることのできる制度が存在しない，③争訟の大半が連帯保証債務のケースであり，通常，後順位相続人（再転相続人）は当該連帯保証契約による利益を受けていないといった点が挙げられる。最高裁の解釈

は，従来の通説を否定した点においても深刻に受け止められるべきである
が，翻って考察するならば，従来の通説は，本問のようなケースにおいて，
後順位相続人（再転相続人）の保護に欠ける解釈でもあったのである。

なお，本問のようなケースが珍しくない証左は，参考判例①の公表後まも
なく参考判例③が現れたことからも明らかである。

参考判例③は，2003年に甲（連帯保証人）が死亡し，甲の相続の熟慮期間
経過〈後〉に甲の相続人乙1（父）・乙2（母）が甲の相続人ついて承認ま
たは放棄をしないで死亡し，乙らの相続人丙（甲の弟）が甲の再転相続人と
なったというケースである。甲の死亡から実に15年後の2018年になって，
債権者が丙に連帯保証債務の履行を求めたという事案であった。

ここで注意すべきは，本来的な再転相続は，第1次相続の熟慮期間〈内〉
に第2次相続が開始することを前提とした制度であり，参考判例③では，第
1次相続の熟慮期間経過〈後〉に第2次相続が開始していたという点であ
る。つまり，参考判例③は，本来的には再転相続（916条）の要件に合致し
ていないのである。そこで，参考判例①の射程が，本来的な再転相続の場合
についてのみ及ぶと解するとした場合，参考判例③のような事案をどのよう
に扱うのかという問題となる。結論として，参考判例③は，今度は，《参考
判例①＋参考判例②》の合わせ技で，再転相続人（丙）による第1次相続の
放棄を有効と解した。今後，このような解釈の是非をめぐり，議論が開始さ
れることになる。

▶ 関連問題 ◀

以下の各ケースにおける丙の選択の可否について検討しなさい。

(1) 丙が，甲の相続について単純承認をした後，乙の相続について単
純承認をする。

(2) 丙が，甲の相続について単純承認をした後，乙の相続について放
棄をする。

(3) 丙が，甲の相続について放棄をした後，乙の相続について単純承
認をする。

(4) 丙が，甲の相続について放棄をした後，乙の相続について放棄を

する。

　⑸　丙が，乙の相続について単純承認をした後，甲の相続について単純承認をする。

　⑹　丙が，乙の相続について単純承認をした後，甲の相続について放棄をする。

　⑺　丙が，乙の相続について放棄をした後，甲の相続について単純承認をする。

　⑻　丙が，乙の相続について放棄をした後，甲の相続について放棄をする。

●】参考文献【●

村田一広・最判解民平成 31 年・令和元年度 185 頁（参考判例①の調査官解説）／小賀野晶一・百選Ⅲ 154 頁（参考判例②の解説）／本山敦・百選Ⅲ 156 頁，同・本書〔初版〕340 頁（関連問題。その元は，最判昭和 63・6・21 家月 41 巻 9 号 101 頁）

（本山　敦）

相続財産分離

(1) Aは、妻が死亡後、自己名義の甲不動産に一人息子Bと2人で暮らしていたが、持病が悪化し、2022年9月1日、死亡した。Aは、親戚のXから500万円の借金をしていたが、甲不動産（時価500万円）および別荘である乙不動産（時価500万円）を所有していた。Bは、丙不動産（時価500万円）を所有していたが、事業がうまくいかず、Y₁からY₅の5人に各500万円合計2500万円の債務を負担し、債務超過の状態にあった。Xは、Aの葬儀の際に、Bが多額の債務を負担していることを知った。Xが、Bの債権者Y₁からY₅に先だって、甲不動産・乙不動産からAに対する債権を確実に回収するために、どのような手段が講じることができるか。

(2) Aは、夫に先立たれ、1人で長女Bおよび二女Cを養育し、無事に成人させたが、その後、高齢となって、事理弁識能力を欠く常況に陥ったことから、それ以降は、Aと賃貸マンションに同居をしていたBがAの財産の事実上の管理を行っていた。ところが、Bは、自己の借金の返済のためにAの預貯金（総額1000万円）の一部200万円を流用するなどその管理は杜撰であったため、Cの申立てにより、家庭裁判所は、2020年4月1日、後見開始の審判をなし、弁護士GをAの成年後見人に選任した。Gが成年後見人に就職した後も、Bは、Gからの財産の開示請求や預金通帳・印鑑・カード等の引渡請求に応じる様子はなく、Gによる財産管理を妨害する状況が続いていた。その後、2022年9月1日、Aはめぼしい資産として預貯金（残額500万円）のみを残して死亡した。法定相続人はBとCの2名であったが、いずれも債務超過ではなかった。そこで、Gは、Aの後見事務の費用等について50万円の債権を有するとして、相続債権者

の立場で，家庭裁判所に，Ａの相続財産の分離を申し立てた。家庭裁
判所は，財産分離を命じて，Ｇを相続財産管理人として選任すること
ができるか。

●】参考判例【●

① 最決平成 29・11・28 判時 2359 号 10 頁

●】解説【●

1 相続財産分離制度

(1) 相続財産分離制度の趣旨

　相続の一般的な効力によって，相続開始の時から，被相続人に属していた一切の権利義務が相続人に承継される（896 条）。一切の権利義務とは，不動産・動産その他の財産権などの資産（積極財産）だけではなく，債務である消極財産（負債）も含めたもので，それを「相続財産」（885 条・918 条 1 項など）と呼ぶ。この包括承継により，相続人において，相続人の「固有財産」と「相続財産」が混合することになる。

　ところで，債務者の財産（積極財産）は，債権者の責任財産（共同担保）を構成するので，債権者は債務者の財産から強制執行によって満足を得ることができる（責任財産への摑取）。このとき，債務者には多数の債権者がいて，債務者が債務超過である場合には，債権者は強制執行によっても債権の全額の弁済（配当）を得られないおそれ（無資力のリスク）が生じる。

　相続によって相続人の固有財産と相続財産が混合した場合には，一方が債務超過ではなく，相続がなければ債権者は満額の弁済を受けることができていたにもかかわらず，他方が債務超過であったために，相続による混合によって満額の弁済を得られなくなるという不利益を被ることになる。

　たとえば，本問(1)では，被相続人Ａの相続財産は，資産が甲不動産（時価 500 万円）と乙不動産（時価 500 万円）の合計 1000 万円であるのに対し

て，負債が 500 万円の X への債務のみであるから，X は相続が開始されない限り，全額の弁済（500 万円）を得ることができていたのもかかわらず，相続人 B の固有財産が，Y₁ から Y₅ に対する計 2500 万円の負債に対して積極財産が丙不動産（時価 500 万円）のみで債務超過状態にあることから，相続による混合によって，相続人 B の財産は，積極財産が甲乙丙不動産合計 1500 万円，負債合計 3000 万円となり，強制執行がなされて債権額に応じた按分比例で配当がなされた場合，X は半額（250 万円）の配当しか得られないことになってしまう。関連問題では，逆に相続人の債権者 Y が相続によって不利益を受ける。

このように，相続による相続財産と固有財産の混合は，両財産の債権者にとっては，責任財産の混合を意味することになるのである。そこで，民法は，両財産の混合による債権者の不利益を回避し，債権者間の公平を図るために，両財産の債権者すなわち相続債権者・受遺者および相続人の債権者に，それぞれ相続人の財産の中から相続財産を分離すること（相続財産と固有財産を分離すること）を家庭裁判所に請求できるとした。

(2) 財産分離の手続

財産分離は，家事審判事項であり（家事別表第 1 第 96 項），債権者の申立てにより，家庭裁判所が，申立ての要件が具備されていると認めるときは，財産の分離を命じる旨（認容）の審判をする。

財産分離には，相続債権者や受遺者が申立てをなす第 1 種財産分離（941 条 1 項）と，相続人の債権者が申立てをなす第 2 種財産分離（950 条 1 項）とがあるが，手続は共通な点が多い。

まずは，家庭裁判所が財産分離を命じた場合，請求をした債権者は，5 日以内に，すべての相続債権者および受遺者に対して，一定期間（2 か月以上）内に配当加入の申出をすべき旨を公告しなければならない（民法 941 条 2 項・950 条 2 項が準用する 927 条 1 項）。次いで，その期間満了後に，相続人によって「相続財産」の清算がなされる。そこでは財産分離の請求または配当加入の申出をした相続債権者および受遺者に，相続財産をもって債権額の割合に応じた弁済がなされる（民法 947 条 2 項・950 条 2 項が準用する 929 条）。最後に，相続債権者および受遺者は，相続財産の清算によって全額の

弁済を受けることができなかった場合には，相続人の「固有財産」について権利を行使することができる（民法 948 条前段および同条を準用する 950 条 2 項）が，固有財産の清算においては，相続人の債権者が優先して弁済を受ける（948 条後段）。

　なお，財産分離請求がなされると，相続人は，相続財産につき，固有財産における同一の注意をもって管理しなければならず（民法 944 条 1 項・950 条 2 項による同項の準用），家庭裁判所は，相続財産の管理について必要な処分を命じることができる（民法 943 条 1 項・950 条 2 項による同項の準用）。不動産については，財産分離の登記をしなければ，第三者に対抗できない（民法 945 条・950 条 2 項による同条の準用）。財産分離の登記は，財産分離の決定と同時に登記の嘱託がなされるわけではないので，登記権利者として申立人が，相続人を登記義務者として単独で登記することができる。

2　第1種財産分離

　第 1 種財産分離とは，相続債権者または受遺者によって請求がなされる財産分離をいう（941 条 1 項）。第 1 種財産分離の申立人は，相続債権者または受遺者であれば，期限の到来の有無，条件の有無（民法 947 条 3 項による 930 条の準用），優先権（担保権）の有無，債務名義の有無を問わない。申立ては，相続開始の時から 3 か月以内にしなければならないが（941 条 1 項前段），期間満了後も，相続財産と固有財産が「混合」しない間は申立てができる（同項後段）。なお，民法 941 条 1 項後段の「混合」とは，事実上相続財産を識別することが不可能または著しく困難の状態を指すといわれる。よって，本問(1)のように不動産のみが相続財産である場合には混合を生じることはないので，いつまでも財産分離の請求ができる理屈となるが，実際の相続においては不動産のみが相続財産ということはまずないので，3 か月を超えて分離請求が認められるケースは稀有だといわれている。

　第 1 種財産分離は，主として，本問(1)のように相続人の固有財産が債務超過であるケースにおいて意味を持つ。民法は，第 1 種財産分離の効力として，「（財産分離請求または配当加入をした相続債権者・受遺者は）相続財産について，相続人の債権者に先立って弁済を受ける」と規定する（942 条）。相続財産の清算の結果，残余が生じた場合，相続人の固有財産と混合する。消

極財産（相続債権者の債権）も固有財産に混合されるが，この場合，先述の
とおり，相続人の債権者が優先して弁済を受ける（948条）。本問(1)では，X
は，申立てにより，甲不動産または乙不動産からXの500万円の債権全額
の弁済を受け，これによって財産分離の所期の目的を達することができる。
残余財産（例えば乙不動産）は固有財産に混合され，Y₁からY₅は各債権500
万円（合計2500万円）につき，乙不動産および丙不動産（計1000万円）から
債権額に応じて各200万円の弁済を受ける。

　なお，相続人は，相続債権者・受遺者に対して弁済し，または担保を提供
して財産分離の請求を防止し，その効力を消滅させることができる（949条
本文）。本問(1)では，相続人Bが現に居住している甲不動産を保持したいと
考える場合，Xに500万円を弁済するか，他に担保を提供すること（例えば
乙不動産の提供）により財産分離の効力を消滅させることができる。相続人
の債権者等はそれに対して，弁済や担保提供により不利益を受けることを証
明して異議を述べることができるが（949条ただし書），本問(1)については，
その異議は認められないであろう。

3　第1種財産分離の申立ての要件——財産分離の必要性

　第1種財産分離の申立てについて，学説上は，古くから，請求があれば相
続人の財産状況のいかんを問わず必ず財産分離を命じるべきとする「絶対
説」と，「財産分離の必要性」（相続人の無資力や債務超過など）がないときに
は財産分離を命じるべきではないとの「裁量説」との対立が存したが，下級
審裁判例は，裁量説を採用し（東京高決昭和59・6・20判時1122号117頁な
ど），実務上も申立書において，「申立ての実情」として，「固有財産が債務
超過の状況にあり，その固有財産と相続財産が混合した場合は，申立人が不
測の損害を受けるおそれがある」旨を記載するのが通例であるとされてい
た。最高裁は，これまでの実務を踏まえて，第1種財産分離の制度趣旨につ
いて，「相続財産と相続人の固有財産とが混合することによって相続債権者
又は受遺者（以下「相続債権者等」という。）がその債権の回収について不
利益を被ることを防止するために，相続財産と相続人の固有財産とを分離し
て，相続債権者等が，相続財産について相続人の債権者に先立って弁済を受
けることができるようにしたものである」とした上で，「家庭裁判所は，相

続人がその固有財産について債務超過の状態にあり又はそのような状態に陥るおそれがあることなどから，相続財産と相続人の固有財産とが混合することによって相続債権者等がその債権の全部又は一部の弁済を受けることが困難となるおそれがあると認められる場合に，民法941条1項の規定に基づき，財産分離を命ずることができるものと解するのが相当である」（参考判例①）と判示して，裁量説の立場に立脚しつつ，その基準を明示した。

そこで，「弁済を受けることが困難となるおそれがあると認められる場合」とは，どのような場合かが問題となる。まずは，参考判例①が例示しているように，相続人が債務超過の状態にある場合（本問(1)のケース）に申立てが認められることには争いはない。なお，相続人の債務超過によって，相続債権者等が弁済を受けることが困難となるおそれが生じなければならないのであって，たとえ相続人が債務超過であるとしても，相続財産が莫大で余裕があり，混合によっても相続債権者が十分に弁済を受けることができるようなときには，財産分離を認める必要性は存しないと考えるべきであろう。

それでは，相続人が債務超過に陥っているわけではない場合であっても，相続債権者等は，弁済を受けることが困難となる事由があると主張して，財産分離を申し立てることはできるか。参考判例①では，本問(2)と類似した事案において，相続人による相続財産の適切な管理が期待できない場合に，被相続人の生前の成年後見人Gが相続債権者として財産分離の申立てをすることが許容されるかが争われた。申立てを受理した家庭裁判所（原々審）は，財産分離を命じるとともに，民法943条1項に基づいて，職権でGを相続財産管理人として選任した。これに対して原審は，「（相続人の）固有財産が債務超過の状態（もしくは近い将来において債務超過となるおそれがある状態）にあるかどうかは明らかではなく」，「財産分離の必要性」について審理しないまま財産分離を命じたとして原々審の審判を取り消し，差戻しを命じたが，最高裁は，上記のように判示して，原審の判断を支持し，Gの抗告を棄却している（ただし，最高裁決定は，必ずしも「財産分離の必要性」という原審や学説の表現は用いていない点には注意を要する）。最高裁決定を前提とする限り，相続人の債務超過の状態またはそのおそれがない場合には，相続人による相続財産の管理が杜撰であること（相続財産管理人を選任する必要性

があること）のみをもって，弁済を受けることが困難となる事由があるとすることは難しいと判断すべきであろう。この立場によると，本問(2)では，Gの財産分離の申立ては認められない。

4　第2種財産分離

第2種財産分離とは，相続人の債権者によって請求がなされる財産分離をいう（950条1項）。主として，関連問題のように相続財産が債務超過であるケースにおいて，相続による混合によってもたらされる相続人の固有債権者の不利益を回避する趣旨で設けられた制度である。しかしながら，相続人が相続によって債務を承継することは自明のことであり，むしろ相続人の債権者として相続人による債務承継は甘受すべきであって，特別の保護を与える必要はないとの理由から同制度に対しては立法論的な批判がなされているところではある。さらに，相続財産が債務超過の場合には，別途，相続人による限定承認（922条以下）や，相続財産の破産（破222条以下）の制度が存することから，実務上も第2種財産分離の申立てがなされることは皆無だといわれている。民法も，第1種財産分離と異なり，第2種財産分離については，「相続人が限定承認をすることができる間」に限って，相続人の債権者が財産分離の申立てができるとしている（950条1項）。先に財産分離の申立てがなされていても，後に相続放棄や限定承認がなされれば，財産分離の手続は停止する。ちなみに，相続人が相続放棄や限定承認をした場合でも，その後に無効とされる可能性が残されているので，債権者は財産分離を申し立てることができるとされている。

仮に関連問題でYの財産分離の申立てが認容された場合，まずは相続財産の清算がなされて，X_1 から X_5 の債権（合計2500万円）に，甲不動産の価値である500万円が債権額に応じて各100万円が弁済または配当される。次いで，X_1 から X_5 への各400万円の残債務（合計2000万円）が相続人Bに承継されるが，固有財産からの弁済においては，相続人の債権者であるYが乙不動産・丙不動産の価値（合計1000万円）から優先して500万円の弁済または配当を受けるので（民法950条2項による948条後段の準用），それを差し引いた乙不動産・丙不動産の残りの価値（500万円分）から，X_1 から X_5 の残債権に債権額に応じて按分して弁済または配当がなされる（各100万円）。

このように財産分離によっては，相続人自身が相続債務を免れるわけではないので，相続人がそれを免れるためには自ら限定承認または放棄をする必要がある。

関連問題

　Aは，妻が死亡後，自己名義の甲不動産に一人息子Bと2人で暮らしていたが，持病が悪化し，2022年9月1日，死亡した。Aの遺産は，甲不動産（時価500万円）のみであったが，X₁からX₅の5人に各500万円合計2500万円の債務を負担していた。Bは，当時，親戚のYから500万円の借金をしていたが，投資目的で購入した乙不動産（時価500万円）と丙不動産（時価500万円）を所有していた。Yは，Aの葬儀の際に，Bから，Aは晩年事業がうまくいかず，多額の借金を背負っていたことを聞かされた。Yが，Aの債権者X₁からX₅に先立って，乙不動産・丙不動産からBに対する債権を確実に回収するために，どのような手段が講じることができるか。

●】**参考文献**【●

岩藤美智子・法教451号（2018）138頁／宮本誠子・民商154巻4号（2018）784頁／原恵美・平成30年度重判81頁／谷口知平＝久貴忠彦編『新版注釈民法㉗〔補訂版〕』（有斐閣・2013）644頁以下〔塙陽子〕，佐上善和『家事事件手続法Ⅱ』（信山社・2014）328-336頁

（片山直也）

相続と登記①
——登記申請義務

資産家のＡは，土地甲とその地上建物乙および別荘地丙のほか，預貯金等の金融資産（以下，「本件金融資産」という）を有していた。

2024年5月，Ａは「甲および乙をＢに遺贈する」旨の公正証書遺言（以下，「本件遺言」という）を残して死亡した。Ａの相続人は，配偶者ＢおよびＡ・Ｂ間の子Ｃ・Ｄ・Ｅである。同年6月，外国に永住する意思を有しているＤは相続放棄をした。

2025年2月，Ｂ・Ｃ・Ｅの協議により，丙をＡ・Ｂと同居し，身の回りの世話をしてきたＥが取得し，Ｂ・Ｃ・Ｅが本件金融資産を等分取得することが合意（以下，「本件遺産分割協議」という）された。

次の（問1）および（問2）に答えなさい。

（問1）　Ｂは本件遺言に基づき取得した甲乙の所有権を保全するために何をすべきか。Ｅは本件遺産分割協議に基づき取得した丙の所有権を保全するために何をすべきか。ＢまたはＥがそのような措置をとらなかった場合はどのような効果が生じるか。

（問2）　Ｅが丙の所有権取得を登記していなかったところ，2025年5月，Ｃに対して貸金債権αを有するＧが，本件遺産分割協議の内容を知りながら，債権αの代物弁済として，丙に係るＣの法定相続分（4分の1）を譲り受け，持分所有権移転登記をした。ＥはＧに対して，自己が単独で所有権を有する旨の更正登記手続の承諾を請求することができるか。Ｇへの譲渡が2028年5月であった場合はどうか。

1　序論

(1)　相続・遺贈と登記

相続および遺贈は，いずれも人の死亡を契機とする権利変動原因である。もっとも，相続は人の死亡のみを要件として被相続人の権利義務を身分上特別の関係にある相続人に承継させる権利変動原因である（896条）。これに対して，遺贈は，被相続人の意思表示に基づく権利変動原因である。

そのため，登記に関する実体法および手続法上の原則規範の内容は，次のように異なっている。

相続による権利変動については，民法899条の2が適用され，共同相続人は法定相続分の取得については登記をしなくても「第三者」にその権利取得を対抗することができる一方，法定相続分を超える部分の取得については登記をしないと「第三者」に対抗することができない。また，相続を原因とする物権変動の登記は相続人が単独で申請することができる（不登63条2項）。

他方，遺贈には民法177条が適用され，登記をしないとその権利取得の全部を「登記欠缺を主張しうる正当な利益」を有する第三者（大判明治41・12・15民録14輯1276頁）に対抗することができない（最判昭和39・3・6民集18巻3号437頁）。また，遺贈による権利変動にかかる登記の申請は原則として登記義務者と登記権利者とが共同で申請する必要がある（不登60条）。

(2)　不動産登記制度の目的と対抗要件制度

不動産登記法は，国民の権利の保全を図り，取引の安全と円滑に資することを目的とする（不登1条）。国民の権利保全及び取引の安全と円滑化を目的とする不動産登記制度は，権利取得者の利益保護のみならず，国土の管理や有効活用という側面から，土地の所有者情報をはじめとする土地の基本的な情報を公示する台帳としての役割を有していると考えられる。そして，土地所有者は，土地の適正な利用および管理に関する責務を負い（土地基6条1項），自己の所有する土地に関する登記手続その他の権利関係の明確化のための措置を適切に講ずるよう努めなければならない（同条2項）。

土地に関する権利関係の明確化のために土地所有者に適切な措置を促す方

法は複数考えられる。まず，不動産物権変動につき登記をしなければ，対抗不能という不利益を私法上受けることから，通常は権利保全措置として速やかな登記具備を物権取得者に期待することができる。

しかし，対抗要件を備えるかどうかは，原則として物権変動の当事者の判断に委ねられている。民法177条および899条の2は，権利変動を登記するよう国民に間接的に促す機能を有するに留まり，登記申請を法的に義務づけるものではない。そして，多くの場合において対抗要件制度による間接的な登記促進効が機能するとしても，上記のとおり，法定相続分の取得については，登記をしなくても相続人は不利益を受けないことから，相続人が自発的に登記をするインセンティブが働きにくい。

2 公法上の登記申請義務

(1) 要件

実際，登記手続は手間と登録免許税等の費用を必要とする。親族間で所有権の移転があっても，そのことを公にする特段の必要性がない限り，そうした手間と費用を節約したいと考える人は少なくない。しかも，相続は，相続人の意思と無関係に生じる変動原因であるため，たとえば辺鄙な山林等利用価値が乏しい土地は管理も登記もされないまま放置される事態が起きやすい。そうした事態が何代にもわたり継続することで，所有者不明土地問題を生じさせてきた。

そこで，令和3年不動産登記法改正において，所有者不明土地の発生を可能な限り予防するため，相続等による不動産の所有権取得につき，公法上の登記申請義務が課せられることとなった。すなわち2024年4月1日以降に不動産の所有権の登記名義人について相続が開始したときは，当該相続により当該不動産の所有権を取得した者は，自己のために相続の開始があったことを知り，かつ，当該所有権を取得したことを知った日から3年以内に，所有権移転登記を申請しなければならない。遺贈により所有権を取得した相続人も同様である（不登76条の2第1項）。また共同相続登記後に遺産分割がされたときは，当該遺産分割によって法定相続分を超えて所有権を取得した者も，当該遺産分割の日から3年以内に所有権移転登記を申請する必要がある（同条2項）。ただし共同相続人の債権者が債権者代位権を行使して相続

人に代位して共同相続登記を備えた場合（同法59条7号），相続人申告登記
[→後述4(2)]または共同相続登記が共同相続人の1人によりまたは嘱託により備えられた場合（同法116条）に登記申請義務は生じない（同法76条の2第3項・76条の3第5項）。

(2) 根拠

相続人の登記申請義務は，権利の客体のもつ特質と権利の主体（被相続人）側の権利能力の喪失という特殊事情により根拠付けられる。土地は国民の諸活動の基盤であり，その利用・管理が他の土地の利用と密接な関係を有するという特性をもっているため，土地所有者には土地の適正な利用・管理に関する責務があり，特に不動産登記手続を適時にする責務を負うものとされている。そして，自然人である登記名義人が死亡により権利能力を喪失した状態は，虚無人名義の登記を認めない不動産登記法の建前に抵触するうえ，実際上登記名義人と連絡をとることもできないことから，死亡に伴う権利承継者が誰であるかを公示する必要性は高い（部会資料19・30頁）。

死因贈与も相続・遺贈と機能的には類似するが，受贈者は自らの能動的な意思に基づいて所有権の取得をしている点では売買等と類似し，登記申請を期待できないとはいいがたく，長期間にわたって被相続人名義の登記が放置される事態は生じにくいと考えられる（部会資料16・2頁）。

意思表示に基づく権利変動原因とは言えない点で共通する取得時効に関しても，時効完成後の第三者との関係では登記をしないと対抗不能の不利益を受けるため（最判昭和33・8・28民集12巻12号1936頁），時効取得者が登記申請をするインセンティブがある一方で，取得時効により権利を失う者は，取得時効の成立について争うことが多く，積極的に登記申請に協力するインセンティブが働かず，時効取得者は訴訟を提起して，勝訴判決を得て単独申請をするのが通常の流れとなり（部会資料9・2頁），こうした場合も登記申請を義務づけることにより登記を促進する手法にはなじまない。

3 義務の履行を促す措置

(1) 単独申請の適用範囲の拡大

法定相続分による共同相続登記を経由することなく，遺産分割により特定の共同相続人が遺産を構成する特定の不動産の所有権を取得した場合，遺産

分割による権利取得につき単独での登記申請が認められてきた（部会資料8・7頁）。特定財産承継遺言（1014条2項）に関しても同様である。これまでも特定財産承継遺言と相続人への遺贈との機能的な類似性が指摘されてきたところ，令和3年改正により相続人への遺贈による所有権移転登記も，受遺者たる相続人による単独申請が可能となった（不登63条3項）。所有者不明土地対策に基づく措置であることから，所有権以外の権利の移転の登記については，登記手続の簡略化の対象とされていない（部会資料53・9頁）。

また，法定相続分に応じた共同相続登記がされた後，遺産分割による取得を登記する場合には，所有権移転登記を経由する方法とともに更正登記によることも可能であるとされている（部会資料53・9頁）。

(2) 相続人申告登記

さらに，登記申請義務を簡易に履行するための便法として相続人申告登記が新設された。すなわち所有権の登記名義人の法定相続人が，登記官に対し，所有権の登記名義人について相続が開始したこと，および自らが当該登記名義人の法定相続人であることを申告することにより（不登76条の3），相続人は登記申請義務を履行したものとみなされる。登記官は，申出があったときは，職権で，その旨ならび当該申出をした者の氏名および住所その他法務省令で定める事項を所有権の登記に付記することができる（同条3項）。これは報告的な登記としての意義を有する。相続人申告登記の申出を行うには，戸籍謄抄本等当該登記名義人の法定相続人であることを証する情報を提供する必要はあるが，持分割合を証明する情報を提供する必要はない。

4 義務違反の効果

(1) 過料

正当な理由なく登記申請義務を怠った場合には10万円以下の過料が課される可能性がある（不登164条）。もっとも，過料の制裁の運用に関しては，透明性と公平性の確保に努めること，DV被害者の状況，経済的困窮の状況など，実質的に相続登記申請が困難である者の事情等を踏まえた柔軟な対応をすることが求められる。この点につき，相続登記の申請義務が未履践であることを認識した登記官は，申請義務者に対して，法務省令が定める手順に従い，相続登記の申請の履践を促すべきものとされている。登記所から法令

に従った促しを受けなかった場合は，適正手続がとられていないことから，正当の理由が認められると考えられる。

　また，相続放棄をした相続人のように義務づける必要がない場合，数次相続ゆえに資料の収集や連絡調整に多大な労力を要する場合，相続人間に争いがあり短期にまとまる見込みがない場合，申請人が重篤な疾病にかかっている場合等も「正当な理由」が認められる可能性がある（山野目・後掲98頁）。

　遺贈の場合には，原則として登記義務者である相続人と受遺者が共同申請することになるが，公法上の登記申請義務を負う主体は，所有権を取得した受遺者とするのが適切であり，登記義務者である相続人が登記の申請に非協力的である等の事情は，通常は「正当な理由」があると解される（部会資料16・3頁）。

(2) 民法899条の2の「第三者」の判断基準との関係

　登記申請義務は公法上の義務であるから，申請を怠っても，私法上の法律関係に当然には影響を及ぼさない。しかし，民法899条の2の「第三者」につき，同法177条の「第三者」の解釈と同様に「登記欠缺を主張する正当の利益」の有無につき精緻な解釈が求められるとすれば，登記申請義務に違反した事実が私法上まったく意味をもたないと考えるべき必然性もない。相続人申告登記は相続人の範囲や相続分につき争いがあるなどの理由から共同相続登記ができない場合に各相続人が単独でかつ簡易にすることできる以上，正当な理由なく登記を怠った相続人の帰責性は相応に重いものといえる。また相続開始から10年経過後にされた遺産分割には，相続人が10年経過前に家庭裁判所に遺産分割の請求をしていた場合および，やむを得ない事由により10年経過前に遺産分割の請求ができなかった場合を除き，特別受益者の相続分に関する規定（903条・904条）および寄与分に関する規定（904条の2）が適用されない（904条の3）。所有者不明土地の発生を防止する観点から，相続開始および所有権取得を知ってから3年以内に遺産分割をして登記するという規範意識が社会に浸透することが期待されているとすれば（松尾・後掲110頁），公法上の登記申請義務として設定された時間的要素および早期の遺産分割を促す民法全体の趣旨に留意した「第三者」の範囲論が民法899条の2または909条ただし書において今後展開される余地を残すものと

いえる。

5 本問への解答

（問1）において，本件遺言は相続人への特定遺贈であるから，Ｂは相続人申告登記または相続人として単独で甲乙の所有権移転登記を申請することができるところ，Ａのために相続の開始があったことを知り，かつ甲乙の所有権を取得したことを知った日から3年以内に相続登記を正当な理由なく申請しなかった場合は過料の制裁を受ける可能性がある。また所有権移転登記をしなければ甲乙の所有権取得を「登記欠缺を主張する正当な利益」を有する第三者に対抗できないという不利益も甘受しなければならない。

Ｅも相続人として本件遺産分割協議に基づく丙の所有権移転登記を単独で申請することができる。相続人申告登記も可能であるが，すでに遺産分割協議がされているから，遺産分割がされた2025年2月から3年以内に遺産分割の結果を踏まえた丙の所有権移転登記につき申請義務を負うことになる。また登記をしなければ，丙にかかる法定相続分を超える部分の取得については第三者に対抗することができないという不利益を甘受しなければならない。

Ｄは最初から相続人とならなかったものとみなされる（939条）が，公法上の登記申請をしないことに正当な理由があるものとして，義務違反を理由に過料を課せられることはない。

（問2）において，Ｅが丙の所有権移転登記を申請しないうちに，Ｃが法定相続分に応じた共同相続登記を備えたうえで，Ｇに対して貸金債権 α の代物弁済として丙にかかる持分を譲渡し，持分権の所有権移転登記をしている。相続登記はすでにＣによりされており，ＢおよびＥは重ねて登記申請義務を負わない。したがって，申請義務違反による過料は問題とならない。

Ｇは本件遺産分割協議の内容を知りながら（悪意で）代物弁済として丙の持分を譲り受けていることから，民法899条の2の「第三者」の意義に関して，Ｇが「登記欠缺を主張する正当な利益」を有するといえるかが問題となる。Ｅは2025年2月の遺産分割協議成立後速やかに丙の所有権移転登記をすることができた。Ｅは，遺産分割時より3年以内に登記申請をすることが義務付けられているものの，令和3年改正によっても，従来以上に速やかな登記申請を私法上も要請されることにはならず，改正前民法における判例準

則に即して,「第三者」該当性が判断される。これに対して, Gへの譲渡が2028年5月であった場合, Eは遺産分割協議から3年経過後も正当な理由なく登記申請義務を履行していなければ, 過料の制裁を受ける可能性がある。また, できるだけ早期の遺産分割を促す民法904条の3の趣旨も考慮すると, 公法上の義務違反と評価されるほどの登記の遅延は, Gの「第三者」該当性評価をこれまで以上に強化する事情として斟酌することも考えられようか。

発展問題

Eが丙の所有権取得につき登記をしていなかったところ, 2025年5月Cに対して貸金債権αを有するGが, Cに代位して, 丙につき共同相続登記をして, 丙にかかるCの持分を差し押え, 嘱託により差押登記がされた。この場合Gは第三者異議を提起できるか, またEは登記申請義務の不履行による過料を課せられるべきか。

●】参考文献【●

法制審議会民法不動産登記法部会資料8・9・16・19・53／松尾弘『物権法改正を読む』(慶応義塾大学出版会・2021) 101頁／荒井達也『Q&A 令和3年民法・不動産登記法改正の要点と実務への影響』(日本加除出版・2021) 237頁／山野目章夫『土地法制の改革』(有斐閣・2022) 88頁

（石田　剛）

相続と登記②
──相続分指定の場合

　甲土地を所有するＡが死亡し，その子であるＢおよびＣが共同相続した。Ａは，Ｃが家業を継ぎ，かつ，Ａの老後の面倒を見ていたこともあって，「遺産の４分の１をＢに与え，４分の３をＣに与える」旨を記載した自筆証書遺言（以下，「本件遺言」という）を作成していた。ところが，ＢとＣとの間で遺産分割協議がなかなか調わないため，Ｂは，甲土地につき法定相続分に従って自己の持分を２分の１とする旨の相続登記（以下，「本件持分登記」という）を行い，本件持分登記の存在を奇貨として，甲土地の持分権（２分の１）を相続によって取得したと称してこれをＤに売却処分してしまい，持分移転登記が経由された。なお，Ｄはかかる持分譲渡を受けるに際して，本件遺言の存在および内容を知っていたものとする。後にこの事実を知ったＣは，Ｄに対してどのような請求をすることができるか。Ｄはこれに対していかなる反論ができるか。その可否について論じなさい。

●】参考判例【●

① 最判平成５・７・19 判時 1525 号 61 頁
② 最判昭和 38・２・22 民集 17 巻１号 235 頁
③ 最判昭和 46・１・26 民集 25 巻１号 90 頁
④ 最判昭和 39・３・６民集 18 巻３号 437 頁
⑤ 最判平成 14・６・10 判時 1791 号 59 頁

●】解説【●

1 問題の所在

共同相続人の相続分は法定されているが（900条），被相続人は，遺言で共同相続人の相続分を指定することにより，法定相続分に変更を加えることが認められている（902条）。その場合，各共同相続人は相続財産につき，法定相続分ではなく，かかる指定相続分に応じて持分権を取得する。それでは，相続財産中に不動産が含まれている場合，指定相続分に基づく持分権の取得につき，各共同相続人は登記なくして第三者に対抗することができるか。他の共同相続人が自己の指定相続分を超えて持分譲渡した場合あるいは，その相続人の債権者が同人に代位して，その指定相続分を超える持分登記を行った上で差し押えた場合などにおいて問題となる。

この問題については，遺言相続による権利の承継につき，法定相続分に基づく権利の承継に準じて扱うべきか，それとも，遺贈あるいは遺産分割による取得におけると同じように，法定相続分とは区別して考えるべきかが，問われるところとなる。

2 2018年改正前における判例法理

(1) 法定相続分

法定相続分に基づく権利の承継につき，判例は登記なくして第三者に対抗することができると解している（参考判例②）［→Ⅰ巻34］。したがって，本問において，仮にBが甲土地を単独相続した旨の登記を行ってDに売却処分した場合，Cは自己の法定相続分に基づく持分権（2分の1）の取得につき登記なくしてDに対抗することができる。通説もこれにしたがう。その理由は以下のとおりである。㋐Cの法定相続分につきBは相続開始当初から無権利者であり，Dは無権利者からの譲受人にすぎないため，民法177条の第三者にあたらない。㋑登記に公信力がないため，原則としてDはCの法定相続分に基づく持分権を取得しうる地位にない。㋒Cが自己の法定相続分に基づく持分権につき未登記であったとしても，遺産分割が終了して相続財産の帰属が具体的かつ最終的に確定するまでは，法定相続分に基づく持分権はいまだ浮動的・流動的であり，登記手続をすることに対する合理的

期待に欠けるため，遺産分割前における未登記は非難に値しない。㊤Ｄの保護については民法94条2項類推適用等の信頼保護法理によって手当てすればよい。もっとも，Ｂによる本件持分登記に対するＣの意思関与および，Ｄの善意または善意無過失が要求されるため，それが相続財産の取引安全にとって十分かどうかについては，検討の余地があろう。

(2) 遺産分割

相続開始後におけるＢＣ間の遺産分割協議によってＣが甲土地を単独相続するに至るなど，遺産分割により共同相続人の1人が法定相続分を超えて特定の不動産を取得した場合，判例は，相続開始時における法定相続分に基づく権利関係に対する新たな変更として遺産分割を観念し，これが民法177条における登記を要する物権変動にあたるものと解している（参考判例③）[→Ⅰ巻35]。そのため，甲土地につきＣはＤに対して，法定相続分を超える持分権（2分の1）の取得を登記なくして対抗することができない。そして，最終的にＢとＤのどちらが保護されるべきかについては，Ｄが民法177条の第三者にあたるか否かによって決せられる。

(3) 指定相続分

本問におけるＡの本件遺言を相続分の指定と解した場合，指定相続分に基づく権利の承継に関する登記の要否についてはどのように考えるべきか。指定相続分の割合が法定相続分より小さいＢのような共同相続人による処分において問題となる。

判例は，法定相続分に基づく権利の承継に準じる法律構成を採用した。すなわち，各相続人は相続によって直接に指定相続分に基づく持分権を取得し，これについて他の共同相続人ははじめから無権利者であるため，その譲受人等は民法177条の第三者にあたらず，当該相続人は自己の指定相続分に基づく持分権の取得につき，登記なくして第三者に対抗することができる（参考判例①）。その根拠をさらに補足すれば以下のようになろう。㋐相続分の確定については被相続人の意思が尊重されるべきであり，各共同相続人による相続財産の取得につき法定相続分におけると同一の保護が与えられてよい。㋑相続分が指定されたとしても，かかる指定相続分に応じて遺産分割が行われるまでは相続財産の帰属が具体的かつ最終的に確定しないため，各共

同相続人において遺産分割前における指定相続分に基づく持分権の未登記は非難に値しない。

(4) 遺贈

本問において仮にＡが甲土地をＣに遺贈した場合，遺贈は相続ではなく法律行為による権利取得であると解されるため，判例はこれも登記を要する物権変動に含まれるとする（参考判例④）。そのため，本問におけるＣのように受遺者が共同相続人の１人であった場合，同人は法定相続分を超える持分権の取得につき，登記なくして第三者に対抗することができない。本問との関係においては包括遺贈の場合がさらに問題となるが，同様となろう。

(5) 特定財産承継遺言

「甲土地についてはＣに相続させるものとする」旨の遺言など，特定の相続財産を特定の相続人に取得させる旨の「特定財産承継遺言」については，相続分の指定または遺贈のどちらに引き寄せて考えるべきかが問われる。判例は，特段の事情がない限り，これを遺言による遺産分割方法の指定と解した上で，指定相続分に基づく遺言相続におけると同じく，登記不要説に立った（参考判例⑤→詳細は問題46）。

3　問題提起

共同相続と登記の要否につき判例は，相続による権利の承継を法定相続分に基づく部分と法定相続分を超える部分とに分けたうえで，前者については登記不要説に立ちつつ，後者に関しては，遺産分割および遺贈（正確にいえば相続による権利承継ではないが）につき登記必要説，遺言相続（相続分の指定，特定財産承継遺言）につき法定相続分におけると同じく登記不要説を，それぞれ採用した。このような判例法理に対しては，法定相続分を超える部分について登記の要否を区別することの当否，とりわけ，遺言相続における登記不要構成に対して，以下のような問題点が指摘されていた。

確かに登記不要説は，理論構成として相続による権利承継のしくみに整合的であるうえ，相続財産の処分に関する被相続人の意思すなわち遺言の尊重および，これによる相続人の財産取得の確保に資する。しかしながら他方において，他の共同相続人と取引する第三者あるいはその相続人の債権者などは，遺言の有無および内容を当然に知ることができる立場にないのが通常で

あり，この点については遺産分割と異なるところはないといえるため，これらの者の地位の安定化を図らなくてよいかが問われる。

さらに，ある遺言が，相続分の指定または特定承継遺言もしくは遺贈のいずれに該当するかについては，その解釈によって定まるところ，包括遺贈を含めて考えればこれらの区別は必ずしも容易ではないことから，登記の要否について差異を設ける合理的理由に乏しく，第三者の地位がさらに不安定となる。

より根本的な問題提起として，登記不要説については，遺言相続における相続登記手続に対するインセンティヴを低下させかねない旨が懸念される。

4　2018年改正の意義および理論構成

(1)　意義

こうした問題提起を受けて，2018年改正により，共同相続における権利の承継に関する対抗要件について民法899条の2が新設された。同条1項によれば，相続による権利の承継は，遺産分割によるものか否かにかかわらず，法定相続分を超える部分につき，登記なくして第三者に対抗することができない。これは，法定相続分に基づく部分については登記不要説を維持することを前提として，法定相続分を超える部分に関しては登記必要説に統一化することを意味する。したがって，同項は，上記の判例法理のうち，法定相続分および遺産分割ならびに遺贈に関するものについては維持する一方（もっとも，遺贈は「相続による承継」にあたらず，改正後も引き続き民法177条の適用対象となろう），遺言相続（相続分の指定，特定財産承継遺言）に関するものに対して修正を図ったものといえる。

(2)　理論構成

法定相続分を超える部分に関する権利の承継と登記の要否をめぐる見解の対立については立法的に解決されたが，その理論構成についてはなお理解が分かれる。

第1に，遺産分割に関する判例法理と同じく，法定相続分に従って承継された権利関係に対する新たな変更と捉えて，これを「登記を要する物権変動」に含める構成が挙げられる。これによれば，民法899条の2第1項は，民法177条における登記を要する物権変動の範囲のうち，相続に関する確認

規定として位置づけられよう。この構成は，相続開始後に共同相続人間において遺産分割協議・調停が行われた場合などに整合的であるが，遺産分割の遡及効（909条本文）との関係がなお問われよう。さらに，本問のような遺言相続において，相続開始時に遺言に従って被相続人AからCへと直接に権利が承継されたと構成するのであれば，Bの法定相続分に関するA→Bへの権利承継＋B→Cへの移転（遺言による新たな変更）を観念しにくい。

そこで第2に，本問において甲土地については，相続開始当初から指定相続分に従ってAからB・Cに権利が承継され，Cが法定相続分を超えて取得した持分権（4分の1）についてBは初めから無権利者であるが，かかる部分についてはこのような無権利者からの譲受人Dも「民法899条の2第1項の第三者」に含まれる，と解する構成が示唆されている。これによれば，民法899条の2第1項は，民法177条における第三者の範囲に関する特別規定と解すべきことになろう。

さらに第3に，相続による権利の承継のしくみについては上記の第2構成と同一に捉えたうえで，Cが法定相続分を超えて取得した持分権（4分の1）につき，他の共同相続人Bの法定相続分に基づく権利の承継が当初より「制限される」として，かかる制限につきCは登記なくして第三者に対抗することができない，と構成する見解も提唱されている。この考え方によれば，民法899条の2第1項は，法定相続分を超える部分に関する権利承継の意味について定めた特別規定と解すべきことになろうか。

5 本問の検討

本件遺言によって相続分の指定が行われたとすれば，甲土地に関するD名義の持分移転登記は，Bが自己の指定相続分を超えて譲渡した持分権（4分の1〔法定相続分2分の1－指定相続分4分の1〕）の限度において，指定相続分に基づいてCが承継した権利を害するため，CはDに対して，持分権に基づく更正登記手続請求を行うものと考えられる。しかしながら，民法898条の2第1項により，Cが本件遺言による指定相続分に基づいて取得した甲土地の持分権（4分の3）のうち，法定相続分を超える4分の1については登記なくしてDに対抗することはできない。そのため，Cは遺産分割の終了前後を問わず，自己の指定相続分に基づく持分権に関する相続登記手

続をしなければならず，その未了の間にＤへの持分移転登記が経由された場合，原則としてＤはＣの登記の欠缺を主張して上記の請求を拒むことができる。

　そうであるとしても，同項における第三者についても背信的悪意者排除論が妥当すると考えるならば，ＣにおいてＤが背信的悪意者である旨を主張立証した場合，Ｃの請求が肯定される余地がある。背信的悪意の認定に際しては，共同相続における相続人と第三者は，二重売買における譲受人相互間におけるような自由競争原理があてはまる関係になじまないように思われるため，相続による親族間の権利承継に第三者が介入してこれを妨げることの当否が問われるべきであろう。本問においては，Ｄが本件遺言の存在および内容を知り，かつ，甲土地における本件持分登記がＣの指定相続分を害するものであって，Ｃの意思に反する旨を認識しながら持分譲渡を受けた，などの事情が認められる場合，そのようなＤがＣの未登記を主張することは信義に反して許されないと解すべきであろう。

関連問題

　本問において，Ａによる本件遺言が次のようなものであった場合，ＣのＤに対する請求の可否および根拠に違いが生じるか。

　(1)　「遺産の4分の1をＢに与え，4分の3をＤに与える」旨の自筆証書遺言が包括遺贈と解される場合。

　(2)　「甲土地についてはＣに相続させるものとする」旨の記載があった場合。

●】参考文献【●

水津太郎「相続と登記」ジュリ 1532 号（2019）48 頁／石田剛「相続による権利承継の対抗要件」法教 478 号（2020）6 頁／山野目章夫「初歩からはじめる物権法」法セミ 801 号（2021）41 頁

（武川幸嗣）

金銭債権の相続
──預貯金債権の場合

　Aが死亡し，その子であるBとCとが，Aを相続した（法定相続分は，2分の1ずつである）。Aは，死亡時に，複数の不動産・動産を所有しており，D銀行に対して，預金者として，普通預金債権900万円（当該預金を「甲預金」と呼び，当該債権を「甲債権」と呼ぶ）と定期預金債権300万円（当該預金を「乙預金」と呼び，当該債権を「乙債権」と呼ぶ）とを有しており，E銀行に対して，預金者として，普通預金債権600万円（当該預金を「丙預金」と呼び，当該債権を「丙債権」と呼ぶ）を有していた。

　次の小問(1)と(2)とに答えなさい。小問(1)と(2)とは，独立した問いである。なお，Aに遺言はなく，本件各預金については，明記しているものを除いて相続開始後の出入金はないものとし，利息については考慮しないこととする。また，乙預金については，満期日未到来であることとする。

　(1)　Bは，D銀行に対して，自らがAの法定相続人であること，および，法定相続分は2分の1であることを示して，甲預金について450万円の払戻しを求め，乙預金について預金契約を解約するとして150万円の期限前払戻しを求めた。Bの各払戻請求は，認められるか。なお，甲債権と乙債権とを対象とする遺産分割は，行われていないものとする。

　(2)　Cは，E銀行に対してAの死亡を秘したまま，A名義のキャッシュカードを用いて，E銀行のATM（現金自動預払機）から，丙預金について数度にわたり合計600万円（全額）の払戻しを受けた。B・C・Eの法律関係は，どのようなものとなるか。なお，丙債権を対象とする遺産分割は，行われていないものとする。

① 最判昭和 29・4・8民集8巻4号819頁
② 最大決平成 28・12・19民集70巻8号2121頁
③ 最判平成 29・4・6判時2337号34頁

●】解説【●

1 相続の開始と相続財産の帰属

　相続人は，被相続人の一身に専属したものを除いて，被相続人の財産に属した一切の権利義務を承継する（896条）。相続人が1人のときは（単独相続），単独相続人が，原則として，被相続人の全財産を承継するのに対して，相続人が数人あるときは（共同相続），各共同相続人は，その相続分に応じて被相続人の権利義務を承継する（899条）。

　相続財産（遺産）を構成する個々の財産のうち，不動産や動産（金銭を含む）は，共同相続人の共有（遺産共有：898条。民法等の一部を改正する法律〔令和3年法律第24号〕による改正〔2023年4月1日施行〕後は，〔898条1項〕。以下同法による改正後条文を〔　〕で表示する）となる。遺産共有は，物権法上の「共有」としての性質を有し，原則として，民法249条以下の規律が，妥当する。すなわち，遺産共有の対象となる財産の保存行為は，各共同相続人が単独ですることができるのに対して（252条ただし書〔252条5項〕），共有物の変更にあたらない管理行為は，相続分（〔898条2項〕）の過半数で決し（252条本文〔252条1項〕），処分行為など共有物に変更を加える行為は，他の共同相続人全員の同意を得るか（251条），共同相続人全員で行う必要がある。

　遺産共有の関係を解消するためには，共有物分割ではなく遺産分割を行う必要がある。遺産分割は，協議（協議分割・調停分割）によって行うことができ（907条1項，家事244条・別表第2第12項），協議が調わないとき，または，協議をすることができないときは，裁判によることができる（同条2項）。そして，裁判による場合には，共有物分割訴訟ではなく，遺産分割審

判（遺産全体の価値を総合的に把握し，各共同相続人の事情を考慮して分割を行うために特別に設けられた裁判手続）において，遺産分割が行われる（家事191条-200条・別表第2第12項）。遺産共有の対象となる財産は，遺産分割によって，各共同相続人への最終的な帰属ないし不帰属が確定することとなる。

相続財産に含まれる金銭債権は，不動産や動産と同様に，遺産共有の対象となるのか否かが問題となる。遺産共有の対象となるなら，「数人で所有権以外の財産権を有する場合」にあたるので，金銭債権の準共有となり，共有物の保存行為・管理行為・処分行為についての規律（251条・252条）が妥当することとなる（264条）。

判例（参考判例①）は，不法行為を理由とする損害賠償請求権の共同相続の事案について，「相続人数人ある場合において，その相続財産中に金銭その他の可分債権あるときは，その債権は法律上当然分割され各共同相続人がその相続分に応じて権利を承継する」と述べる。このような規律が妥当する金銭債権は，遺産共有の対象とはならず，遺産分割の手続を経ることなく，各共同相続人に相続分に応じて分割帰属することとなる。そして，各共同相続人は，相続分に応じて取得した債権を，債務者に対して，単独で行使することができる。

2　預貯金債権の共同相続と共同相続人の1人による払戻請求

(1)　判例の見解

従来の判例（最判平成16・4・20判時1859号61頁など）は，このような規律が，預貯金債権についても妥当すると解していたが，近時，最高裁（参考判例②）は，普通預金債権・通常貯金債権・定期貯金債権の共同相続の事案について，判例を変更し，「いずれも，相続開始と同時に当然に相続分に応じて分割されることはなく，遺産分割の対象となるものと解するのが相当である」と述べた。その後，最高裁（参考判例③）は，定期預金債権等の共同相続の事案について，同様の見解を明らかにした。

預貯金債権を遺産分割の対象とする判例の見解は，複数の根拠によって基礎づけられているものの，最重要のものは，預貯金が，現金（金銭）と共通する性質を有することである。すなわち，不動産や（金銭以外の）動産と比較すると，預貯金は，評価についての不確定要素が少なく，確実かつ簡易に

換価できるため，具体的な遺産分割の方法を定めるにあたっての調整に資する財産である点で，現金と同様であり，遺産分割の対象とするニーズのあることが，判例の見解の実質的な根拠である。

　また，判例においては，各種預貯金債権の内容と性質との検討を通した根拠づけもなされている。まず，普通預金債権・通常貯金債権は，１個の債権としての同一性を保持しながら，常にその残高が変動しうるものであり，このことは，預貯金者が死亡した場合においても異ならないとされる。すなわち，預貯金者が死亡すると，これらの預貯金債権は，共同相続人全員に帰属するにいたり，預貯金契約上の地位を準共有する共同相続人が全員で預貯金契約を解約しない限り，同一性を保持しながら常にその残高が変動し得るものとして存在し，各共同相続人に確定額の債権として分割されることはないものと解される。また，定期貯金債権・定期預金債権については，預貯金契約上その分割払戻しが制限されており，その制限は，預入期間内には払戻しをしないという条件とともに定期預貯金の利率が高いことの前提となっており，単なる特約ではなく定期預貯金契約の要素であるとされる。そして，そのような制限がある以上，共同相続人は，共同して全額の払戻しを求めざるを得ず，単独でこれを行使する余地はないので，定期預貯金債権が相続により分割されると解する意義は乏しいとされる。

(2)　新設された２つの制度

　このような判例の見解を前提とすると，例えば，被相続人の葬儀費用や，被相続人から扶養を受けていた一部の共同相続人の当面の生活費に充てる必要があるといった場合であっても，共同相続人全員の同意を得ることができなければ，預貯金を払い戻すことができないという不都合が生ずることとなる。確かに，共同相続人が，被相続人の死亡を秘して（例えば，ATM から）払戻しを行うことが事実上可能なことはあるものの，これは，預貯金債権の正当な行使ではない。また，金融機関（預貯金債務者）の側の判断で，一部の共同相続人からの（例えば，葬儀費用支出のための）払戻請求に応じること（「便宜払い」と呼ばれる）は，あり得るものの，共同相続人（預貯金債権者）の側がこれを求めることが，法的な権利として認められているわけではない。

　そこで，預貯金債権を遺産分割の対象とする判例の見解を前提としつつ，

遺産分割がなされるまでの共同相続人の種々の資金需要に対応することを可能とするために，「民法及び家事事件手続法の一部を改正する法律」（平成30年法律第72号。以下，「平成30年改正法」と呼ぶ）によって，2つの制度が新設された。

1つは，遺産分割前の預貯金の払戻制度（909条の2）である（相続開始〔被相続人の死亡〕が施行日〔2019年7月1日〕前であっても，適用される〔平成30年改正法附則5条1項〕）。これは，各共同相続人は，遺産に属する預貯金債権のうち相続開始時の債権額の3分の1に当該共同相続人の法定相続分を乗じた額については，単独でその権利を行使することができるとするものである（909条の2前段）。これには，「標準的な当面の必要生計費，平均的な葬式の費用の額その他の事情を勘案して預貯金債権の債務者ごとに法務省令で定める額を限度とする」という制限が付されており，その額は150万円と定められている（民法第909条の2に規定する法務省令で定める額を定める省令）。そして，単独で権利を行使した共同相続人は，権利行使をした預貯金債権を，遺産の一部分割によって取得したものとみなされる（909条の2後段）。このような規律は，後の3(1)でみる906条の2の規律の特則として，位置づけられるものである。

もう1つは，預貯金債権についての仮分割の仮処分（家事200条3項）である（法務省ホームページの説明によると，明文規定はないものの，平成30年改正法附則2条の適用はなく，相続開始が施行日前であっても，適用される）。これは，家庭裁判所等が，遺産の分割の審判等の申立てがあった場合において，相続財産に属する債務の弁済，相続人の生活費の支弁その他の事情により遺産に属する預貯金債権を共同相続人の1人が行使する必要があると認めるときは，その者（共同相続人の1人）の申立てにより，他の共同相続人の利益を害しない限り，遺産に属する特定の預貯金債権の全部または一部をその者に仮に取得させること（預貯金債権の仮分割の仮処分）ができるとするものである。

(3)　**小問(1)についての考え方**

甲債権も乙債権も，A死亡によって当然に分割されることはなく，遺産分割が行われるまでは，共同相続人BとCとの法定相続分に応じた準共有

になるものと考えられる。預金の払戻しは預金債権の処分行為にあたることから、Bが単独でこれを行うことはできず、B・Cが共同して行う（Cの同意を得てBが行うか、BとCとがともに行う）必要がある。また、定期預金の期限前払戻しをするためには、定期預金契約を解約する必要があるところ、定期預金契約上の地位もBとCとの準共有となっていることから、B単独で乙預金を解約することはできず、BとCとが共同して行う必要がある。そうすると、BのD銀行に対する本件各払戻請求は、いずれもまったく認められないこととなりそうである。

しかしながら、Bは、遺産分割前の預貯金の払戻制度に基づいて、甲預金については、900万円×1／3×1／2＝150万円の、乙預金については、300万円×1／3×1／2＝50万円の（ただし、合わせて150万円を上限とする）払戻しを求めることができる。さらに、遺産分割の審判等の本案が、家庭裁判所等に係属している場合において、Bの申立てに基づいて、当該裁判所が、甲債権ないし乙債権について、仮分割の仮処分をした場合には、BによるD銀行に対する本件各払戻請求は、仮分割によってBが取得することとされた預金債権（額）について、認められることとなる。

3　預貯金債権の共同相続と共同相続人の1人による権限外払戻し

⑴　遺産分割前の共同相続人の1人による払戻し

預貯金債権を遺産分割の対象とする判例の見解を前提とすると、共同相続人の1人は、自らの法定相続分の範囲内であっても、新設された2つの制度による場合を除いて、他の共同相続人全員の同意等を得ることなしに金融機関に対して払戻請求をする権限を有しないこととなる。

金融機関は、権限外の払戻しを受けた者に対して、不当利得返還請求（703条・704条）をすることができる。また、当該払戻しが、受領権者としての外観を有する者に対する弁済として有効である場合には（478条）、金融機関は、対応する預貯金債権の消滅を主張することができる。そのような場合には、他の共同相続人は、払戻しを受けた者に対して、不当利得返還請求ないし不法行為を理由とする損害賠償請求（709条）をすることができる。

さらに、平成30年改正法によって、遺産分割前に遺産に属する財産が処分された場合に、後に行う遺産分割において、これを考慮した調整をするこ

とを可能とする規律（906条の2）が新設された（施行日後に開始した相続について適用される〔平成30年改正法附則2条〕）。これは，遺産分割前に遺産に属する財産が処分された場合であっても，当該財産処分をした共同相続人を除く共同相続人全員の同意により，当該処分された財産が遺産分割時に遺産として存在するものとみなすことができるというものである。遺産分割の対象は，遺産分割時に遺産として存在する財産であることから，すでに処分された財産は，本来は遺産分割の対象とならないところ，これを遺産として存在するものとみなして遺産分割の対象とすることによって，処分によって利益を得た共同相続人と他の共同相続人との公平な遺産分割の実現を目指すものである。

(2)　小問(2)についての考え方

Cによる600万円の払戻しは，法定相続分を超える部分に限らず全体が権限外のものである。Cは，E銀行に対してAの死亡を秘したまま，A名義のキャッシュカードを用いて，E銀行のATMから払戻しを受けている。Cも，遺産分割前の預貯金の払戻制度（909条の2）に基づいて，E銀行に対して，600万円×1／3×1／2＝100万円の払戻しを求めることができるものの，Cによる本件払戻しは，そのような制度に基づく払戻しにはあたらない。また，預貯金債権についての仮分割の仮処分（家事200条3項）に基づいて行う払戻しにもあたらない。

もっとも，Cによる本件払戻しは，特段の事情がない限り，受領権者としての外観を有する者に対する弁済として有効であるとして（478条），E銀行は，丙預金債権の消滅を主張することができるものと解される。Cの払戻しによって，丙債権の2分の1の準共有持分を失うBは，Cに対して，300万円の不当利得返還請求ないし不法行為を理由とする損害賠償請求をすることができるものと考えられる。

また，Bは，Cの同意なしに，丙債権がなお遺産として存在するものとみなすことができ，他の財産（Aの相続財産に属する不動産・動産・甲債権・乙債権）とあわせて，遺産分割の対象とすることができる。その上で，例えば，丙債権をCに取得させることとする代わりに，その分（法定相続分を基準とすると300万円分），他の財産についてBが多く取得することや，CがB

に代償金を支払うことを内容とする遺産分割を行うことが考えられる。

関連問題

　Aが死亡し，その子であるBとCとが，Aを相続した（法定相続分は，2分の1ずつである）。Aは，死亡時に，複数の不動産・動産を所有しており，D銀行に対して，預金者として，普通預金債権900万円（「甲債権」と呼ぶ）を有していた。また，Aには，1000万円の貸金債権（「丁債権」と呼ぶ）を有するFがいた。Aが甲債権をBに相続させる旨の遺言をして死亡した後に，Fが丁債権（A死亡によって，Fは，BとCとに対して，それぞれ500万円ずつの債権を有することとなる）の満足を得るために，甲債権についてBとCとが法定相続分に応じて2分の1ずつの準共有持分を有するとして，それぞれを差し押えた場合，甲債権をめぐるBとFとの法律関係は，どのようなものとなるか。

●】**参考文献**【●

潮見佳男『詳解相続法』（弘文堂・2018）162頁以下／宮本誠子・百選Ⅲ 132頁／白石大・百選Ⅲ 134頁

（岩藤美智子）

金銭債務の相続

　Ａは，2021年2月2日に心臓発作を起こして倒れ，同日死亡した（死亡当時，Ａは85歳であった）。Ａには，妻Ｂ，子Ｃ・Ｄがいた（ＣとＤは，いずれも成年である）。ＢとＤはＡと同居し，Ａの身辺の世話をしていた。

　Ａの遺品を整理していたＢらは，同月7日，仏壇の奥から，Ａが書いた「遺言」と題する文書を発見した。そこには，「自分の遺産を，Ｂ・Ｃ・Ｄが均等の割合で相続せよ」との記載があった。この文書の日付は，2000年1月1日であった（この文書が自筆証書遺言の要件を満たしていることには争いがないものとする。以下，この文書を「第1遺言」という）。

　ところが，その場で，Ｃが，「私は，Ａが書いた2020年7月15日付の遺言書を，Ａから預かっている」と言い，Ｂらの前で，Ａから預かったとする「遺言」と題する文書を示した。そこには，Ａの筆跡で，「Ａの所有する甲土地と乙建物をＣに相続させる」との内容が書かれていた。なお，甲土地と乙建物の価額は，Ａの遺産総額の5分の2を占めるものであった（この文書が自筆証書遺言の方式要件を満たしていることには争いがないものとする。以下，この文書を「第2遺言」という）。

　Ａは，2019年の春先より，突然，物忘れが激しくなり，自宅から散歩に出たあと，帰路を忘れて警察署等で保護されることも，しばしば起こるようになった。しかし，Ａが病院に行くことを極度に拒絶したため，Ａは，認知症についての医師の診断を受けていなかった。Ｄは，第2遺言は，Ａが意思能力を欠いた状態で書いたのではないかと疑っている。

このような中，2021年9月30日に，Aのかつての勤務先の部下であったXがB・C・Dのもとを相次いで訪問し，AがXに差し入れた2016年8月31日付の借用書を示し，600万円の返済を求めた。この借用書には，XがAに600万円を無利息で貸し付けること，AはXに600万円を5年後に一括返済することが記されていた。Xの話では，Aは，資金に余裕のあったXから，当面の生活資金を借用していたとのことであった（この借入れが有効であることには争いがないものとする）。

　現在は，2021年11月9日である。

　Dは，自治体が主催する法律相談の会場を訪れ，第2遺言が有効であった場合と，無効であった場合のそれぞれについて，Xに対する600万円の貸金債務を，誰がどれだけ支払わなければならないのか，また，相続人の内部ではこの債務を最終的にどのように負担することになるのか，法律関係を整理するための助言を求めている。

　なお，Aの遺産に関しては，第2遺言の有効性をめぐってCとDの間で意見が対立しているため，遺産分割のための協議は未了である。

●】参考判例【●

① 最判昭和34・6・19民集13巻6号757頁
② 最判昭和36・12・15民集15巻11号2865頁
③ 最判平成3・4・19民集45巻4号477頁
④ 最判平成14・6・10判時1791号59頁
⑤ 最判平成21・3・24民集63巻3号427頁

●】解説【●

1　債務の相続に関する思考モデル

被相続人が死亡して共同相続が生じた場合に，「相続財産」は共同相続人

の共有に属するものとされているが（898条），相続財産の中に債務が含まれていたときに，消極財産である債務についても共同相続人の共有になるのか否かが問題となる。

　相続債務も民法898条にいう「相続財産」であり，同条により共同相続人間に共同帰属すると考える場合には，相続債務も遺産共有の対象になり，積極財産とともに遺産分割手続の中で考慮され，遺産分割を経て相続債務の最終的な負担者が決定されることになる（その結果，相続債務についても，遺産共有割合として具体的相続分が基準となり，特別受益の持戻しや寄与分の考慮が問題となる）。相続の結果として相続債務が合有的に共同相続人に帰属するとの考え方（合有説）は，この理解を基礎に据えている。

　他方，民法898条にいう「相続財産」には，相続債務が含まれないとする考え方もある。この考え方をとる場合には，相続債務はどのように承継されるのかが問われることになる。

　相続債務のうち，可分債務については，債務の共同的帰属に関する特則である多数当事者の債権関係に関する法理が妥当するのであって，民法427条に従い，各債務者，すなわち，各相続人が相続債務を分割承継すると考える立場がある。この立場（当然分割構成）によれば，可分債務は，相続と同時に，共同相続人の相続分に応じて当然に分割され，各相続人が承継することになる（その結果，可分債務は遺産共有の対象にならない。したがって，可分債務の相続承継にあたり，具体的相続分は問題とならない）。判例は，この立場を採用している（参考判例①）。平成30年（2018年）の相続法改正の際に，法制審議会民法（相続関係）部会での審議において前提とされていたのも，この立場である。

　相続法改正前の学説では，可分の金銭給付を目的とする債務であっても，相続によっては当然に分割されず，不可分債務（平成29年〔2017年〕の債権法改正以降は，連帯債務）として処理すべきであるとの立場も主張されていた。この立場（非分割構成）は，当然分割構成に対して，当然分割としたならば，共同相続人の中に資力のない者がいたときに，資力のない相続人から債権回収をすることができないリスクを債権者が負うことになり，債権者の利益がこの者の関与しないところで害されるとの批判をしていた。しかし，

これに対しては，非分割構成をとったのでは，かえって，債権者に対して過大な保護を与える（債権者は，共同相続人の数だけ，可分債務の引当てとなる財産が膨らむという利益を手にすることになるからである）一方で，相続人の生活の基盤となる固有財産を侵食する危険が増大するとの批判が出された。そして，今日では，当然分割構成を支持する学説が通説の地位を占めている。

金銭債務については，不動産賃借人の賃料債務のように，その性質上，連帯債務と考えられる特殊なものを除けば，一般には，連帯の特約がなければ可分債務であると考えられる。そして，金銭債務のうち，貸金債務が可分債務であることには争いがない。それゆえ，本問事案においては，通説および判例法理に依拠したならば，Xに対する600万円の貸金債務は，「相続分」に応じて，共同相続人B・C・Dに当然に分割され，各相続人に帰属することになる（遺産分割の対象となる共有財産を構成しない）。

2　可分債務の分割において「相続分」の持つ意味

可分債務（以下では，本問事案に即して解説をするため，「金銭債務」と言い換えることにする）の共同相続においては，そこにいう「相続分」とは何を指すのかが，金銭債権の相続以上に重要な意味を持つ。というのは，わが国の相続法制では，「相続分」に内包されるものが被相続人の意思により相続債権者の関与しないところで自由に決定され，変更されることが認められているからである。他方で，相続共同体の外に置かれている相続債権者にとって可視的な「相続分」とは，民法の定める法定相続分である。ここから，法定相続分に結び付けられた債権回収の期待利益は，法定相続制度を用意した相続法秩序により，相続債権者に対して最低限の利益として保障されているのではないか，また，このように解することが取引の安全の保護に資するのではないかとの見方も出てき得る。

本問では，600万円の貸金債務が法定相続分に従い分割されるのであれば，共同相続人各自の法定相続分は，Bが2分の1，C・Dが各4分の1であるから，Bが300万円，C・Dが各150万円の支払債務をXに対して負担することになるところ，被相続人の意思により上記のような問題が生じるのは，次のような局面においてである。

(1) 相続分指定

被相続人は，遺言により，相続人の全部または一部につき相続分を指定することができる。本問事案では，Aの第1遺言が有効であれば，共同相続人各自の指定相続分は，B・C・Dが各3分の1であるから，B・C・Dが各200万円の支払債務をXに対して負担することになる。

(2) 特定財産承継遺言

判例によれば，いわゆる「相続させる遺言」，すなわち，「特定の遺産を特定の相続人に相続させる遺言」（「遺産の全部を特定の相続人に相続させる遺言」を含む）は，特段の事情がある場合を除き，遺産分割方法の指定（特定財産承継遺言）と解すべきである。それと同時に，名宛人とされた相続人（受益相続人）に対して当該遺言により与えられる財産（特定承継財産）の遺産全体に対して占める価額が受益相続人の法定相続分を超える場合には，受益相続人に対する相続分指定の意味をも含むものとされる（参考判例③・④・⑤）。本問では，Aの第2遺言が有効であるならば，Cに対する「相続させる遺言」により，Cに与えられる甲土地と乙建物の価額は，Aの遺産総額の5分の2を占めるものであって，Cの法定相続分3分の1を超えるから，判例法理に従えば，Cに対する相続分の指定（指定相続分は5分の2）がされているということになる。その結果，Cは，240万円の支払債務をXに対して負担することになる。なお，残りの360万円の承継については，いくつかの考え方があり得るが，B・Dの法定相続分の比率で分割されるとの考え方をとるならば，Bが240万円，Dが120万円の支払債務を負うということになる。

3 民法の考え方

上記2の点に関して，平成30年（2018年）の相続法改正により，民法902条の2が新設された。この条は，同改正前の判例法理（参考判例⑤）を踏まえたものである。そこで採用されているのは，以下の準則である。

① 相続債権者は，各共同相続人に対し，その法定相続分の割合でその権利を行使することができる。各共同相続人は，相続債権者から法定相続分に従った相続債務の履行を求められたときには，これに応じなければならない。この請求を受けた相続人は，法定相続分を下回る相続分指定

（相続分ゼロの場合を含む。以下同じ）が自己に対してされたこと（したがって，指定相続分に応じて相続債務を承継したこと）を抗弁として出すことができない。

② 相続債権者は，共同相続人の1人に対して，この者が指定相続分の割合によってその債務を承継したことを承認し，この者に対して，指定相続分に従って相続債務の履行を請求することができる。このとき，この請求を受けた相続人は，自己の法定相続分がこれより少ないことを抗弁として出すことができない。

これによれば，本問では，Xは，法定相続分に従い，Bに対して300万円，Cに対して150万円，Dに対して150万円の支払を請求することができる。また，Xは，指定相続分に依拠して，第1遺言が有効であるとすれば，Bに対して200万円，Cに対して200万円，Dに対して200万円の支払を請求することができる。あるいは，第2遺言が有効であるとすれば，Bに対して240万円，Cに対して240万円，Dに対して120万円の支払を請求することができる。

さらに，民法902条の2からは，以下の準則を導くこともできる。

③ 相続債権者が相続人の1人に対して法定相続分による債務の承継を承認したときであっても，なお，他の相続人に対して指定相続分による債務の承継を承認して，指定相続分による履行を求めることは妨げられない。

④ 法定相続分を下回る相続分の指定を受けた者が相続債権者からの法定相続分に基づく相続債務の履行請求に応じて弁済をしたときは，弁済をした相続人から他の相続人に対する求償の問題が生じる。

もっとも，民法902条の2がどのような考え方に立脚しているのかについては，複数の見方が可能である。その中で主要なものは，以下の2つの見方である。

第1は，「相対的構成」と呼ばれる見方である。それによれば，①相続債務について，被相続人は，債権者との関係では，遺言により相続債務の承継のあり方を決める権限はない。したがって，相続債権者と共同相続人との関係では，被相続人は相続分の指定によって相続債務を処分することはできな

い。他方で，②民法899条および902条により，被相続人は，共同相続人間の内部の関係での負担割合を決める権限を有している。したがって，共同相続人間の内部関係では，被相続人は相続分の指定によって相続債務を処分することができる。相続共同体の「内と外」の問題（対外的効力と内部的効力）を区別して捉える考え方である。このとき，③民法902条の2の「承認」は，免責的債務引受における債権者の「承諾」（472条3項）に類するもの——相続債権者の承諾による指定相続分での債務承継——として位置づけられる。相続法改正の際の法務省立案担当者が基礎に据えたのは，この見方である。

第2は，「対抗不能構成」と呼ばれる見方である。それによれば，①被相続人は，相続にあたり，相続債務を処分することができる。したがって，相続分の指定がある場合は，相続債務は指定相続分に応じて共同相続人に承継される。②しかし，各共同相続人は，法定相続分について正当な利益を有する相続債権者に対しては，指定相続分による相続債務の承継をもって対抗することができない。その結果，相続債権者には，法定相続分による主張が許される。③もっとも，相続債権者の側から指定相続分に応じた債務の承継を承認することは妨げられない。法制審議会民法（相続関係）部会での審議の際に基礎に据えられたのは，この見方である。

相続法改正前の判例（参考判例⑤）は，「相続人間においては，当該相続人が指定相続分の割合に応じて相続債務をすべて承継する」が，「相続債権者に対してはその効力が及ばない」と述べていた。この判例法理は，上記のいずれの立場からも説明することができる。

4　遺産分割協議における債務負担合意

被相続人の負担していた金銭債務も消極財産の意味において相続財産を構成するから，遺産分割協議にあたり，協議分割・調停分割の際に共同相続人全員が同意をすれば，これを遺産分割の対象財産の中に取り込んで分割協議の対象とすることができる。共同相続人が遺産の合目的的分割をするうえで金銭債務を含めた分割に合理性を見出したときは，このような共同相続人の意思を尊重すべきである。

しかし，この場合であっても，民法902条の2の場合と同様に，各相続人は，共同相続人間での法定相続分と異なる内容での負担割合の決定をもっ

て，相続債権者に対抗することはできない。

関連問題

　本問において，Xに対する 600 万円の貸金債務がAとBの連帯債務であったとしたならば，Dからの照会に対する回答として，何を付加しなければならないか（参考判例①）。

●】**参考文献**【●

水津太郎「相続による権利および義務の承継」法時 92 巻 4 号 62 頁／窪田充見「金銭債務と金銭債権の共同相続」水野紀子編著『相続法の立法的課題』（有斐閣・2016）157 頁／潮見佳男・金法 1905 号 22 頁

（潮見佳男）

保証債務の相続

　A社は，家庭用輸入雑貨を販売する会社である。2021年3月，Aは，業績拡大のために，Bから事業資金として1000万円を借り受け，Cから店舗を賃料月額20万円で賃借し，家庭用輸入雑貨等の商品をD社から買い受ける継続的売買取引契約を締結した。

　その際，Aの代表取締役の叔父であるEは，AのBに対する貸金債務について，Bとの間で連帯保証契約を締結し，契約書を作成した。また，Eは，A・C間の賃貸借契約の連帯保証人となったが，この契約書には「連帯保証人Eは，主たる債務者Aと連帯して，本件賃貸借契約から生じるAの債務一切を負担する」旨の記載および「極度額は100万円とする」旨の記載があった。さらに，Eは，AがDとの継続的売買取引で負担する売掛金債務の連帯保証人になったが，D・E間の保証契約書では，極度額を200万円と定めていたが，元本確定期日の定めはなかった。

　その後，Aは事業に失敗し，Bに対して2か月分の利息25万円，Cに対しては2か月分の賃料を滞納し，Dに対する売掛金債務が150万円になったが，この時点（2022年5月1日）で，Eが死亡した。

　2022年9月1日，BはEに対して1000万円の連帯保証債務の履行を求めたが，Eの死亡を知り，Eを相続したEの妻Fと同居の子Gに対してそれぞれ1000万円の連帯保証債務の履行を求めた。Cも，Bと同じ頃に，Eに対して延滞賃料120万円の連帯保証債務の履行を求めたが，Eの死亡を知り，F・Gに対してそれぞれ120万円の連帯保証債務の履行を求めた。また，この頃には，AのDに対する売掛金債務も600万円に膨れ上がっていたので，DはEに対して600万円の連帯保証債務の履行を求めたが，Eの死亡を知り，F・Gに対

してそれぞれ600万円の連帯保証債務の履行を求めた。

F・Gは，B・C・Dの請求に応じなければならないか。

●】参考判例【●

①　最判昭和37・11・9民集16巻11号2270頁
②　最判昭和34・6・19民集13巻6号757頁
③　最判昭和59・4・27民集38巻6号698頁

●】解説【●

1　保証人の相続人に対する保証債務の履行請求の可否

本問では，債権者B・C・Dは，連帯保証人Eの相続人であるFおよびGに対して，保証債務の履行を求めている。これは，F・GがEの保証債務を相続していることを前提とする請求である。

保証契約は，書面でしなければ，その効力を生じない（446条2項）。B・E間の保証契約では契約書が作成されており，書面要件を満たしている。また，B・E間の保証契約は，主たる債務が特定の債務である保証であり，Bに対する保証債務が相続の対象となることには異論がないため，BはF・Gに対して，保証債務の履行を請求できることになる。被相続人の金銭債務は可分債務であり，法律上当然に分割され，各共同相続人がその相続分に応じて承継すると解されている（参考判例②）。連帯保証債務の相続の場合にも，連帯債務の場合と同様に（参考判例②），共同相続人の各自が自己の相続分に応じて，分割承継することになるので，BはF・Gに対して，500万円ずつ請求することになる（この点は，以下の根保証の場合でも同様のことがいえる）。

なお，本問では，B・C・Dは，Eの死亡の4ヵ月後に保証債務の履行を請求しているが，被相続人Eが相続人F・Gと生前，疎遠であった等の事情（参考判例③）やBがEの死亡を知っていたにもかかわらず，3ヵ月の熟慮期間の経過を待ってからF・Gに請求したといった事情（内田貴『民法Ⅳ

〔補訂版〕』〔東京大学出版会・2004〕349 頁参照）はうかがえないので，Ｂは，Ｆ・Ｇに対して，連帯保証債務の履行を求めることができる（この点は，Ｃ・ＤがＦ・Ｇに請求する場合も同様である）。

他方，Ｃ・Ｅ間およびＤ・Ｅ間の保証契約は，主たる債務が不特定の債務の保証，すなわち，根保証であり，根保証が相続されるかが問題となる。したがって，本問のＣおよびＤの保証債務の履行請求の可否は，根保証の相続性が認められるか否かによることになる。

2　根保証（継続的保証）

継続的な債権関係から生じる不特定の債権を担保するための保証も認められており，根保証（継続的保証）といわれる。金融機関と企業との間の継続的な信用供与契約から生じる不特定多数の債務の保証や本問のＤ・Ｅ間の保証のように，継続的な売買取引契約から生じる将来の代金債権の保証を信用保証という。保証限度額および保証期間の定めのない信用保証（包括根保証）も有効であると認められている。

また，Ｃ・Ｅ間の保証のように，賃貸借契約から生じる継続的な賃料債務や賃貸目的物の滅失・毀損を理由とする損害賠償債務を保証する不動産賃借人の債務の保証も根保証に属する。

根保証は，将来にわたり不特定の債務を保証するものであるため，保証人が予想していなかった多額の保証債務の履行請求をされ，過酷な負担を負うことにもなりかねない。そこで，根保証人保護の観点から，根保証人の責任を合理的な範囲にとどめる判例が積み重ねられてきている。根保証人を保護する法理としては，保証人による解約告知権を認めることによる責任制限，信義則等による保証責任の制限，相続性の否定等がみられる。

3　個人根保証

保証人が個人である根保証（個人根保証）の場合には，根保証人が過大な保証債務を負うことが多いことから，2004 年と 2017 年の 2 度の民法改正により保証人を保護するための規定が新設された。2004 年の民法改正では，個人根保証契約のうち，主たる債務の範囲に金銭の貸渡しまたは手形の割引を受けることによって負担する債務（貸金等債務）が含まれるもの（貸金等根保証契約）を対象として，極度額，元本確定期日，元本確定事由に関する

規定が設けられた。2017年改正では，貸金等根保証に関する2004年改正法の規律のうち，極度額および元本確定事由の一部を個人根保証一般に拡大し，個人保証人の保護の充実を図った。

一定の範囲に属する不特定の債務を主たる債務とする保証契約（根保証契約）のうち，保証人が法人でないものを個人根保証契約という（465条の2第1項）。

個人根保証契約は，極度額を定めなければ，その効力を生じない（465条の2第2項）。極度額は，主たる債務の元本，主たる債務に関する利息，違約金，損害賠償その他その債務に従たるすべてのもの，および，その保証債務について約定された違約金または損害賠償の額である（465条の2第1項）。この極度額の定めは書面に記載されなければ，その効力を生じない（同条3項による446条2項・3項の準用）。

根保証契約において，元本が確定すると，これ以後，保証人は確定した元本とこれに対する利息や損害金等についてのみ保証債務を負い，元本の確定後に発生した主たる債務の元本について保証債務を負うことはない。

主たる債務の範囲に貸金等債務が含まれる根保証契約（個人貸金等根保証契約）については，「主たる債務の元本の確定すべき期日」（元本確定期日）を定める場合には，個人貸金等根保証契約を締結した日から5年以内でなければ効力を生じない（465条の3第1項）。また，主たる債務の元本確定期日の定めがない場合には，個人貸金等根保証契約を締結した日から3年を経過する日が元本確定期日となる（同条2項）。元本確定期日の定めも原則として書面に記載されなければ，その効力を生じない（同条4項）。

個人根保証契約において，次の事由が生じると，主たる債務の元本は確定する。①債権者が，保証人の財産について，金銭の支払を目的とする債権についての強制執行または担保権の実行を申し立てたとき，②保証人が破産手続開始の決定を受けたとき，③主たる債務者または保証人が死亡したときである（465条の4第1項）。個人貸金等根保証契約においては，①〜③に加えて，④債権者が，主たる債務者の財産について，金銭の支払を目的とする債権についての強制執行または担保権の実行を申し立てたとき（実際に手続が開始した場合に限る），⑤主たる債務者が破産手続開始の決定を受けたときに

も，主たる債務の元本は確定する（同条2項）。④および⑤が貸金等根保証の場合に限定されるのは，たとえば，不動産賃貸借契約における賃借人の債務の保証においては，主たる債務者（賃借人）の財産に強制執行等の申立てや破産手続開始決定があっても，賃貸借契約が終了せず債務が発生することがあるので，それを保証債務に含める必要があると考えられたためである。他方，③は，個人根保証は主たる債務者と保証人との人的な信用関係を基礎とするものであることから，主たるものである債務者または保証人が死亡した場合には，相続の対象とならないとする。

4　継続的売買取引における売掛金債務の保証

　本問のD・E間では，継続的売買取引から生じる売掛金債務について保証契約が締結されているが，これは一定の範囲に属する不特定の債務を主たる債務とする根保証契約であり，法人ではないEが保証人であるから，個人根保証契約である（465条の2第1項）。D・E間の個人根保証契約では，契約書において極度額を200万円と定めているから，極度額の定めがあり，書面性の要件も満たしているといえる（同条2項・3項）。D・E間の個人根保証契約では元本確定期日の定めがないが，継続的売買取引の売掛金債務の根保証については，個人貸金等根保証の場合に適用される465条の3の適用はないから，元本確定期日を定めなくてもD・E間の個人根保証の効力は生じる。そこで，Eは，個人根保証契約に基づき保証債務を負担しているが，Eが死亡した場合に，このようなEの保証債務はどのように相続されるか。

　上記の民法改正以前より，根保証は，契約が人的信頼関係に基づいて締結されるものであり，保証債務が不確定で，予想外に多額になる可能性があることから，根保証人が死亡した場合に，これが相続されるのかが問題とされていた。判例は，継続的売買取引から生じる債務についてした責任の限度額および期間の定めのない連帯保証契約においては，その責任の及ぶ範囲がきわめて広汎となり，契約締結の当事者の人的信用関係を基礎とするものであるから，かかる保証人たる地位は，特段の事由のない限り，当事者その人と終始するものであって，保証人の死亡後生じた主債務については，その相続人がその保証債務を負担するものではないと判示して，包括根保証の相続性を否定していた（参考判例①）。他方，保証限度額や期間の定めのある信用保

証（限定根保証）については，判例は相続性を否定していないと一般に解されていた。

現行民法のもとでは，個人根保証契約において，保証人が死亡した場合には元本が確定する（465条の4第1項3号）。そこで，保証人の相続人は保証人の死亡時に発生していた債務については保証債務を負うが（相続開始前に発生していた具体的な保証債務は相続の対象となる），保証人の死亡後に発生した債務については保証債務を負わない。本問では，保証人Eの死亡時に発生していた主たる債務（150万円の売掛金債務）に係る保証債務のみが，F・Gによって相続される。Dに対する保証債務は，F・Gにより相続分に応じて分割承継されることになるので，FおよびGは，それぞれ，Dに対して75万円の保証債務を負担することになる。また，F・Gは，Eの死亡後に生じた売掛金債務に関しては，保証債務を負担していないので，Dの請求を拒むことができる。

5　不動産賃借人の債務の保証

不動産賃貸借契約において生じる賃料債務や損害賠償債務など賃借人の債務一切を保証する保証契約も，不特定の債務を主債務とする保証であることから，根保証の一種であるとされている。本問のC・E間の保証は，保証人が個人である場合であり，個人根保証に関する民法の規定が適用される。そこで，書面で極度額を定めなければならない（465条の2・446条2項）。これは根保証人が自己の負担する責任の上限を予測することを可能にするためであるから，極度額は，個人根保証契約の締結時点で確定的な金額を書面で定めなければならないとされている（なお，「極度額は賃料の5か月分」という定め方は，これのみでは極度額について具体的な金額の記載があるとはいえないが，契約書に賃料月額20万円と記載されていれば極度額は100万円であると確定できるので，極度額の定めがあると認められる可能性がある）。C・E間の個人根保証契約では元本確定期日の定めがないが，不動産賃借人の債務の根保証については，個人貸金等根保証の場合に適用される465条の3の適用はないから，元本確定期日を定めなくてもD・E間の個人根保証の効力は生じる。そこで，Eが死亡した場合に，Eの負担する保証債務はどのように相続されるかが問題となる。

賃料の額は定まっており，賃料の不払があれば，賃貸人が賃貸借契約を解除することになるだろうから，未払賃料が予期できないほどの高額になることはないし，賃貸目的物の価値も予測できるものであるから，不動産賃借人の債務の保証は，信用保証の場合とは異なり，保証人に予期できない高額の負担を負わせるものではないと考えられていた。そこで，判例は，賃借人の債務の保証に関しては，責任が広汎になることはないとして，保証人が死亡した場合に根保証債務の相続性を肯定していた（大判昭和9・1・30民集13巻103頁）。しかし，不動産の賃借人の損害賠償債務も保証の対象に含まれるとなると，損害賠償債務については，保証人の予測を超える多額になるおそれがあることが指摘されていた。たとえば，賃貸不動産の価値が大きい場合に，火災によって賃貸不動産が焼失したときや多額の原状回復費用がかかるときには，保証人の負担する保証債務が予期せぬ高額になることが考えられる。また，賃料に関しても，賃借人が長期にわたって高額の賃料債務を履行しておらず，遅延損害金を含めて未払の賃料債務が多額に上っているという事態も生じ得る。

　民法改正により，不動産賃借人の債務の保証も，個人根保証契約に関する規律の対象とされることになった。したがって，保証人が死亡した場合に現行民法のもとでは，民法改正前とは結論が異なることになる。

　すなわち，保証人が死亡した場合には，元本が確定するので（465条の4第1項3号），その相続人は，相続開始後の賃料債務等について保証債務を負担することはない。本問では，保証人Eの死亡時に発生していた主たる債務（40万円〔賃料2か月分〕の賃料債務）に係る保証債務のみが，F・Gによって相続される。Cに対する保証債務は，F・Gにより相続分に応じて分割承継されることになるから，FおよびGは，それぞれ，Dに対して20万円の保証債務を負担することになる。また，F・Gは，Eの死亡後に生じた賃料債務（80万円）に係る保証債務を負担していないので，Dから請求されても，これを拒むことができる。

●】参考文献【●

道垣内弘人・家族百選〔第4版〕174頁／福田誠治・百選Ⅲ 126頁／小賀野晶一・百選Ⅲ 152頁／小粥太郎＝垣内秀介＝小久保孝雄・民事法Ⅱ 390頁／潮見佳男『新債権総論Ⅱ』（信山社・2017）737頁以下／筒井健夫＝村松秀樹編著『一問一答民法（債権関係）改正』（商事法務・2018）135-138頁／筒井健夫ほか『Q&A 改正債権法と保証実務』（金融財政事情研究会・2019）79頁／中田裕康『債権総論〔第4版〕』（岩波書店・2020）603頁以下／内田貴『民法Ⅲ〔第4版〕』（東京大学出版会・2020）434頁以下／磯村保『事例でおさえる民法改正 債権法』（有斐閣・2021）225頁以下

（下村信江）

死亡保険金請求権と相続

　Bは，2010年3月，不慮の事故により半身不随となり，常時介護を要する状態となった。Bの介護はBの妻であるCが行うこととなったが，BC夫婦の長男であるAは，自宅を増築し，BとCを増築部分に住まわせ，以後，Cが行うBの介護を手助けした。BC夫婦にはAのほかに3人の子があったが，正月に顔を見せる程度であり，Bの介護を手助けしたり金銭的な援助をしたりすることはなかった。

　その後，Cが2021年1月に，Bも同年3月に死亡し，4人の子がBの相続人となった。Bには，土地，建物，株式，預金など相続開始時の評価で合計約5000万円の相続財産があった。4人の相続人は，これらの財産をすべて遺産分割の対象とすることに合意した。しかし，Aは，BがD保険会社との間で，Bを被保険者，Aを死亡保険金の受取人として締結していた養老保険契約に基づき受領した死亡保険金500万円については，遺産分割の対象とすることも，特別受益として考慮に入れることも拒んでいる。Aの主張は認められるか。

●】**参考判例**【●

① 最判昭和40・2・2民集19巻1号1頁
② 最判平成14・11・5民集56巻8号2069頁
③ 最決平成16・10・29民集58巻7号1979頁

●】**解説**【●

1　はじめに

　わが国では，遺産分割や遺留分侵害額請求の局面における死亡保険金請求

権（あるいは受領した死亡保険金）の扱いについて明文の規定が存在しないため，相続人間で争いとなることが少なくない。一口に生命保険といっても，さまざまな形態のものがあるが，以下では，被相続人が自己を被保険者，自己以外の者を死亡保険金の受取人とする養老保険契約を締結していたことを前提に説明を行うことにする。

　本問の検討に入る前に，養老保険の性質や特徴について簡単に確認しておこう。養老保険は，保険期間中に被保険者が死亡すれば死亡保険金が支払われ，保険期間満了時に生存していれば満期保険金が支払われるという生死混合保険のうち，両保険金額が同額のものをいう。掛捨てタイプの保険とは異なり，保険者（保険会社）は，全契約について死亡保険金か満期保険金かを支払わなければならないので，必要な資金を保険契約者から支払われる保険料の中から責任準備金として積み立てておく必要があるが，保険契約者はいつでも保険契約を解約してこの積立部分を基礎に計算される解約返戻金の払戻しを受けることができる。それゆえ，「保険契約者はいつでも現金化できる預金をもっているのと近似する状態にある」（山下友信『保険法（上）』〔有斐閣・2018〕34頁）といえる。このように，養老保険は，被保険者の死亡による経済的打撃に対する保障（特に遺族の生活保障）という側面に加えて，将来に向けての貯蓄という側面を併有させたタイプの保険であるということができる。

　なお，契約当事者以外の者を保険金受取人とする生命保険契約は，第三者のためにする生命保険契約と称される。これは第三者のためにする契約（537条）の一種であるが，保険金受取人は，契約の利益を享受する意思を表示しなくても，当然に当該生命保険契約の利益を享受する（保険42条）。

2　保険金請求権の固有権性

　本問においてまず問題となるのは，Ａが取得した死亡保険金請求権が「被相続人の財産に属した一切の権利義務」（896条）にあたるかどうかである。養老保険の貯蓄的性格（1参照）に鑑みると，死亡保険金請求権は契約の利益を享受し得る地位にあったＢのもとで具現化され，その後，保険金受取人に指定されたＡに移転するものと解する余地がないわけではない。しかし，判例・通説は，養老保険を含む生命保険全般につき，保険契約者で

も被保険者でもない者が保険金受取人に指定されている場合には，死亡保険金請求権が保険契約者または被保険者の相続財産に属することを否定している。すなわち，第三者のためにする生命保険契約において，「死亡保険金請求権は，その保険金受取人が自らの固有の権利として取得するのであって，保険契約者又は被保険者から承継取得するものではなく，これらの者の相続財産に属するものではない」と解されている（参考判例③から引用）。このように，保険金請求権は，保険金受取人が保険者（保険会社）に対して直接取得する固有の権利であると解されており，このことを指して「保険金請求権の固有権性」と表現されることが多い。

　なお，本問は，保険契約者兼被保険者であるＢがＡという特定の個人を保険金受取人に指定していたケースであるが，実際には，特定人の氏名を挙げることなく単に「相続人」と抽象的に指定している場合も多い。しかし，後者の場合にも，特段の事情のない限り，「被保険者死亡の時における，すなわち保険金請求権発生当時の相続人たるべき者個人を受取人として特に指定した」ものと解釈すべきであり，保険金請求権は「保険契約の効力発生と同時に右相続人の固有財産となり，被保険者（兼保険契約者）の遺産より離脱している」と解されている（参考判例①）。そして，この場合においては，特段の事情のない限り，「相続人が保険金を受け取るべき権利の割合を相続分の割合によるとする旨の指定も含まれている」ものと解されている（最判平成6・7・18民集48巻5号1233頁）。

3　保険金請求権の取得と特別受益の持戻し

　Ａが取得した保険金請求権は，相続財産ではないので，遺産分割の対象となることはない。では，相続人各自の具体的相続分を算定する際に，Ａが保険金請求権を取得していることを考慮に入れなくてもよいのだろうか。

(1)　参考判例③前の学説・実務

　保険金請求権の固有権性を前提とする限り，相続人による保険金請求権の取得を被相続人との間における遺贈または贈与によるものと解することは困難である。それゆえ，形式的に判断すれば，保険金請求権を民法903条にいう「遺贈」または「贈与」にかかる財産として持戻しを行う必要はないということになる。しかし，一方で契約者である被相続人が保険料の支払という

形で出捐し，他方で受取人である相続人は被相続人の死亡を契機として保険金請求権を取得するという経済的実態があること，そして，同条で定められた特別受益の持戻しが共同相続人間の公平を確保するためのものであることから，初期の相続法学説および遺産分割実務においては，保険金請求権を持戻しの対象とすべきであるとするものが多数を占めた。ただし，みなし相続財産の算定にあたりいくら加算すべきかについては，見解の一致がみられず，ⓐ保険金受取人が受領する保険金全額とするもの，ⓑ保険契約者である被相続人が支払った保険料総額とするもの，ⓒ被相続人が死亡時に保険契約を解約したとすれば取得したであろう解約返戻金の額とするもの，ⓓ保険金受取人が取得する保険金の額に，保険料負担者である被相続人がその死亡時までに払い込んだ保険料の総保険料に対する割合を乗じて得た金額とするものなどに分かれていた。さらに，保険法学においては，保険金受取人と保険契約者の利害関係人（相続債権者や他の共同相続人）との間の利害調整は，第三者のためにする契約における原因関係の1つである保険契約者と保険金受取人の間の対価関係に即してなされるべきであるとの見解が有力である（もっとも，対価関係をどのように解すべきかについては見解が分かれている）。

　しかし，平成期に入ると，保険金請求権を持戻しの対象とすることを否定的に考える立場が実務上は有力になっているとの指摘がみられるようになる。また，持戻しの可否を一律に判断するのではなく，個別事情に応じて可否の判断を変える余地を認める裁判例や学説があらわれるようになった。考慮される個別事情としては，保険金額の多寡，相続財産の額，被相続人の意思，受取人指定の趣旨や経緯，受取人と被相続人との関係等がある。そして，被相続人の意思に関連して，いわゆる持戻し免除（903条3項参照）が黙示的になされている旨が説かれることが多かった。

(2) 参考判例③の登場

　このような状況の中，最高裁は，まず，保険契約者兼被保険者である被相続人が保険金受取人を共同相続人以外の者（被相続人の実父）に変更した行為が，2018年改正前の1031条で定められていた遺留分減殺請求の対象となるか否かが争点となった事案において，「自己を被保険者とする生命保険契約の契約者が死亡保険金の受取人を変更する行為は，民法1031条に規定す

る遺贈又は贈与に当たるものではなく，これに準ずるものということもできない」との判断を示した（参考判例②）。そして，本問と同じく，保険金請求権の特別受益性が争点となった事案において，「養老保険契約に基づき保険金受取人とされた相続人が取得する死亡保険金請求権又はこれを行使して取得した死亡保険金は，民法903条1項に規定する遺贈又は贈与に係る財産には当たらないと解するのが相当である」との判断が示された（参考判例③）。その理由としては，保険金請求権の固有権性に加えて，「死亡保険金請求権は，被保険者が死亡した時に初めて発生するものであり，保険契約者の払い込んだ保険料と等価関係に立つものではなく，被保険者の稼働能力に代わる給付でもないのであるから，実質的に保険契約者又は被保険者の財産に属していたものとみることはできない」ことが挙げられている。

　もっとも，参考判例③は，相続人の1人または一部の者が保険金請求権を取得していることを具体的相続分の算定においてまったく考慮しないとしたわけではなく，「死亡保険金請求権の取得のための費用である保険料は，被相続人が生前保険者に支払ったものであり，保険契約者である被相続人の死亡により保険金受取人である相続人に死亡保険金請求権が発生することなどにかんがみると，保険金受取人である相続人とその他の共同相続人との間に生ずる不公平が民法903条の趣旨に照らし到底是認することができないほどに著しいものであると評価すべき特段の事情が存する場合には，同条の類推適用により，当該死亡保険金請求権は特別受益に準じて持戻しの対象となると解するのが相当である」とした。これに続けて，「上記特段の事情の有無については，保険金の額，この額の遺産の総額に対する比率のほか，同居の有無，被相続人の介護等に対する貢献の度合いなどの保険金受取人である相続人及び他の共同相続人と被相続人との関係，各相続人の生活実態等の諸般の事情を総合考慮して判断すべきである」とするが，担当調査官は，「基本的には，保険金の額，この額の遺産総額に対する比率等の客観的な事情により，著しい不平等が生じないかを判断し，さらに，身分関係や生活実態等その他の事情からそれが公平を損なうといえないかどうかを判断するということになるのではないかと思われる」と説明している（土谷・後掲631頁）。

　参考判例③は，本問と同様に，被相続人の4人の子のうちの1人が574万

円あまりの保険金を受領した事案であり，比較すべき遺産総額がはっきりしないが，一部分割によりすでに1200万円から1450万円の遺産を各相続人が取得していた。そして，本問と同様に，保険金を受領した相続人は被相続人らと同居し，介護の手伝いをしたが，他の相続人はいずれも被相続人らと同居していなかった。参考判例③は，これら諸般の事情を考慮して，上記「特段の事情」があるとまではいえないと結論付けた。

(3)　参考判例③後の裁判例の動向

参考判例③の後の公表裁判例においては，いずれも参考判例③が示した枠組みに従って持戻しの要否が検討されている。たとえば，大阪家堺支審平成18・3・22（家月58巻10号84頁）は，被相続人の4人の子のうちの1人が428万円あまりの保険金を受領した事案において，遺産総額の6％あまりにすぎないことや長年被相続人と生活を共にし入通院時の世話をしていたことなどの事情に鑑みて，参考判例③にいう「特段の事情」が存在するとは認め難いとした。他方，東京高決平成17・10・27（家月58巻5号94頁）は，被相続人の2人の子のうちの1人が受領した保険金の額が1億円強に及び，遺産総額とほぼ同額であること，その子に扶養や療養看護を託するといった明確な意図の下に保険金受取人の変更がなされたと認めることは困難であることなどから，参考判例③にいう「特段の事情」が存在することは明らかであるとし，受領した保険金全額を持戻しの対象とした。また，名古屋高決平成18・3・27（家月58巻10号66頁）は，相続人である妻が受領した保険金の合計額が5154万円あまりとかなり高額で，遺産総額の約61％を占めること，被相続人と妻との婚姻期間が約3年半であることなどを総合的に考慮して，同じく受領した保険金全額を持戻しの対象とした。

いずれも特別受益に準ずる扱いを認めるべきか否かを比較的容易に判断できる事案であり，判断が分かれそうなボーダーラインを示すような裁判例はまだ公表されていない（本山敦・月報司法書士417号〔2006〕47頁）。持戻しの要否について判断する裁判例を整理・分析することにより，判断基準を明らかにすることが今後の課題となるが「法律の素人である一般市民が遺産分割協議で参照できるような判断基準」が明らかになるとはいい難いとの指摘もみられる（中川忠晃・判タ1234号〔2007〕64頁）。

⑷　**本問の結論**

　本問では，Aが受領した保険金の額は 500 万円であり，遺産総額の約
10％である。保険金を除いた遺産を各自の法定相続分に従って分配すると，
各相続人の取得額は約 1250 万円となり，保険金を加えた A の取り分は他の
相続人の 1.4 倍となる。この程度では，著しい不平等が生じているとまでは
いえないであろう。また，A は B が死亡するまでの約 10 年間，B と C を自
宅の増築部分に住まわせ，C が行う B の介護の手助けをしている。この間
B が要扶養状態にあったならば，A が B を自宅に住まわせたことは B に対
して負う扶養義務の履行という側面を有していたものと評価することもでき
るが，他の相続人は B に対する扶養義務を一切履行していないのであるか
ら，A の取り分が他の相続人の 1.4 倍となることが相続人間の公平を損なう
ものとまではいえないであろう。それゆえ，本問においては，A とその他
の共同相続人との間に生ずる不公平が民法 903 条の趣旨に照らし到底是認す
ることができないほどに著しいものであると評価すべき特段の事情が存する
ものとはいえず，A が受領した保険金を特別受益に準じて持ち戻す必要は
ないものと思われる。

> ┈┈ **発展問題** ┈┈
>
> 　本問と異なり，B の相続財産が 400 万円程度でしかなく，A が受領
> した保険金が 2000 万円であった場合にはどうか。また，このとき，他
> の相続人は，A に対して遺留分侵害額請求を行うことができるか。

●】参考文献【●

山下友信『保険法』（有斐閣・2005）510-518 頁／土谷裕子・最判解民平成
16 年度（下）618 頁／水野貴浩・百選Ⅲ 124 頁

（水野貴浩）

寄与分と遺留分

2022年3月3日，農業を営んでいたAが，心筋梗塞の発作により死亡した。Aが死亡した際に，貯金も，手元に用意された現金もほとんどなかったが，Aの暮していた土地・建物と所有していた農地（以下，まとめて「本件不動産」という）は，A名義のものであり，その評価額の合計は1億円相当であった。

Aの相続人は，Aの子であるBとCのみである。長男であるBは，現在，旅行代理店を営んでいる。2017年に，Bがそれまでの会社勤めを辞めて，その事業を新たに立ち上げる際に，Aは，所有する土地の一部を売却して，その代金5000万円をBに与えている。他方，次男であるCは，Aの農業を20年間にわたって手伝っており，その貢献は，およそ5000万円相当であると評価される。

以上を前提として，以下の各問いに答えなさい。

(1) Aが，「すべての財産はBに相続させる」という遺言を残していた場合，CはBに対してどのような主張ができるかを検討し，また，それを実現するためには，どのような手続によるのかを説明しなさい。

(2) (1)の事案に加えて，Bは，死亡する半年前に，D（相続人ではない）に5000万円を贈与しており，さらに，Aは，「すべての不動産（本件不動産）をDに遺贈する」という遺言（小問(1)の遺言より日付の新しい遺言）を残していた場合，BとCは，Dに対して何らかの主張をすることができるか，また，それを実現するためには，どのような手続によるのかを説明しなさい。

●】参考判例【●

①　最判平成 10・3・24 民集 52 巻 2 号 433 頁
②　最判平成 24・1・26 判時 2148 号 61 頁

　　　　　　　＊いずれも現在では意味を失っているが，改正法を説明
　　　　　　　　するうえでの参考資料として挙げるものである。

●】解説【●

1　具体的相続分と相続により承継する財産：前提の確認

　小問(1)・(2)では，遺言があった場合の法律関係を問われているが，それを考える前提として，遺言がない場合に，どのように遺産が承継されるかを確認しておくことにしよう。ここで問題となるのは，具体的相続分（どれだけの遺産を承継するのか）と遺産分割（具体的に何を承継するのか）である。

(1)　具体的相続分の計算

　具体的相続分の計算については，問題に即して，その概要のみを確認しておこう。

　まず，具体的相続分の計算の前提となる財産は，被相続人である A の死亡時の財産（ここでは 1 億円の本件不動産のみとする）に，特別受益（B に贈与された 5000 万円）を加え，さらに，そこから寄与分（C の農業における 5000 万円相当の貢献）を控除したものである。結局，計算の前提となる財産は，1 億円である。

　各自の具体的相続分は，この前提となる財産に法定相続分を乗じ，その者が得た特別受益を控除し，寄与分を加えたものである。

　B の具体的相続分は，1 億円に 2 分の 1 を乗じた 5000 万円から，B が得た特別受益である 5000 万円を控除したものであり，具体的相続分はゼロとなる。

　他方，C の具体的相続分は，5000 万円に，寄与分の 5000 万円を加算した 1 億円である。

(2)　具体的相続分の役割：遺産分割の実現

　ここでは，Ｂの具体的相続分はゼロであるので，具体的相続分の決定は，同時に，本件不動産がＣに帰属するということを導くが，通常は，具体的相続分が決まったとしても，どの遺産が誰にどのように帰属するかが当然に決まるわけではない。この最終的な遺産の帰属を決める手続が遺産分割であり，具体的相続分は，その前提となるものである。

　もっとも，遺産分割は協議によって成立させることも可能であり，多くの遺産分割協議において，厳密に，上記のような具体的相続分の計算がなされているわけではないだろう。「お前，あのときにあんなにもらっているじゃないか」，「オレは，あんなに貢献した」等々の主張がなされる中で，共同相続人全員の合意を得て，遺産分割協議が成り立つのであれば，それ自体は有効であり，具体的相続分が厳密に計算されていないことによって，遺産分割協議の有効性が否定されるわけではない。

　他方，共同相続人の合意が得られない場合には，遺産分割審判によることになる（家事191条以下）。この場合，家庭裁判所は，上記のような具体的相続分を確定し，それを前提として，具体的な遺産が誰にどのように帰属するかを判断する。

(3)　ここで確認をしておきたいこと

　ここでは，①具体的相続分の計算では，特別受益とともに，寄与分が考慮されるということ，②具体的相続分は遺産分割の前提となるものであり，遺産分割は，相続人間の協議によるほか，家庭裁判所の審判による，という2つのことを確認しておく。

2　遺留分の内容と意味：小問(1)を中心に

　次に遺留分を扱うことになるが，遺留分は，ある部分では具体的相続分と類似しているが，異なる点も含んでいる。

(1)　遺留分と遺留分侵害額の計算

　まず前提として，遺留分の計算について確認をしておく。遺留分の計算方法については，いくつかの説明の仕方があるが，ここでは，具体的相続分との対比がしやすい方法で示しておくことにしよう。

ⓐ前提となる財産＝被相続人死亡時の財産＋持戻しの対象となる贈与

　遺留分でも，最初に，計算の前提となるあるべき遺産の総額が計算される
という点では，具体的相続分と共通している。

　小問(1)の場合，持戻しの対象となるのは，Bに対する5000万円の贈与だ
けである。したがって，遺留分の計算の前提となる財産は，1億5000万円
である。なお，小問(1)・(2)では，Bに対する全部相続分指定，Dに対する遺
贈があるので，それらも持戻しの対象となると誤解しやすいが，これらは，
被相続人死亡時の財産に含まれているのだから，ここでの持戻しの対象では
ない。

　以上のように，前提となる遺産をまずは計算するという点では，遺留分に
関する計算は具体的相続分の計算と共通している。しかし，大きな違いもあ
る。

　1つは，遺留分の計算では，寄与分は考慮されないという点である。

　そして，もう1つは，小問(1)では問題とならないが，遺留分の計算で持戻
しの対象となるのは，共同相続人への贈与だけではなく，相続人ではない者
に対する贈与も一定の範囲で含まれるという点である。

　この相続人ではない者に対する贈与は，なお，相続開始前の1年間にした
ものに限り，計算に算入される（改正前民1030条，改正民1044条1項）。そ
れに対して，相続人の特別受益については期間制限がないというのが判例で
あったが（参考判例①），相続法改正で，相続人に対する贈与についても，婚
姻もしくは養子縁組のためまたは生計の資本として受けた贈与の価額に限る
としたうえで，10年間という期間制限が追加された（同条3項）。本問の場
合，2017年のBへの5000万円の贈与は，遺留分の基礎となる財産に算入さ
れることになる。

ⓑ個別的遺留分＝㋐前提となる財産×㋑総体的遺留分率×㋒各自の法定相続分

　上記のように計算された前提となる財産に総体的遺留分率（1028条）を
乗じたものが，総体的遺留分であり，それに各相続人の相続分を乗じたもの
が，個別的遺留分である。㋐前提となる財産である1億5000万円に，㋑本

問題の事案における総体的遺留分率である2分の1を乗じ（同条2号），それにさらに法定相続分である各2分の1を乗じた3750万円が，BとCそれぞれの遺留分だということになる。

> ⓒ遺留分侵害額＝個別的遺留分－各自が相続人から得た利益

上記ⓑは，具体的相続分の計算のプロセスでいえば，「各自のあるべき相続分」に相当するものであり，まだ各相続人についての個別的な事情は考慮されていない。この点は，遺留分侵害が生じているか，生じているとすればどれだけの遺留分侵害が生じているのかという判断の中でなされることになる（どちらからどちらを引いてもいいのだが，ここでは，遺留分侵害額がプラスで示されるような計算式にしてある）。

小問(1)について考えると，まず，Bについては，個別的遺留分は上記のとおり3750万円である。他方，相続人から得た利益としては，まず特別受益の5000万円があり，さらにBに全部相続分指定がなされており，それによって1億円の不動産甲も得ることになる。したがって，Bが相続人から得る利益は1億5000万円であり，遺留分侵害は問題とならない。

他方，Cについては，結局，Aからは何も得ていないのであるから，個別的遺留分である3750万円は，そのまま遺留分侵害額となる。したがって，その遺留分侵害について，救済を求めることになる。

(2)　相続分の指定による遺留分の侵害

改正前民法1031条においては，「遺留分権利者は……，遺留分を侵害するのに必要な限度で，遺贈及び……贈与の減殺を請求することができる」とされ，遺贈や贈与による遺留分の侵害については明確に規定する一方，相続分の指定については，「被相続人又は第三者は，遺留分に関する規定に違反することができない」と規定しており（改正前民902条ただし書），その意味についても議論の余地を残していた。そのうえで，判例は，相続分指定に対しても減殺請求権を行使することを認めていた（参考判例②）。

しかし，改正民法1046条1項は，「遺留分権利者及びその承継人は，受遺者（特定財産承継遺言により財産を承継し又は相続分の指定を受けた相続人を含む。以下この章において同じ。）又は受贈者に対し，遺留分侵害額に相当する

金銭の支払を請求することができる」と規定し，相続分の指定による遺留分侵害についても，その救済の対象とされることが明確にされた。

(3) 遺留分侵害額の請求

すでに以上の説明の中でも触れているとおり，相続法改正において，遺留分侵害の効果は，減殺請求（対象となる贈与との法律行為の効力の否定）から遺留分侵害額請求権へと変わった。この点が，遺留分制度についての改正の最も重要なポイントであることは間違いないだろう。従来の減殺請求権では贈与等の効力それ自体が否定されるために，そうした贈与等の効力の一部が否定される場合には，減殺請求した者とされた者との間での共有関係が生じてしまうなど，かえって問題を複雑化させることがあった。それに対して，贈与等の効力はそのまま維持しつつ，遺留分侵害額請求権という債権によって解決することで，こうした問題を回避することが可能となり，遺留分についての扱いは非常に単純化されたといえる。なお，遺留分侵害の効果がこのように変わったことは，「最低限の法定相続分」という遺留分の位置づけ（比喩的にこのように呼ばれることが少なくない）についても変化する可能性があるように思われる（遺留分という権利は，金銭債権という形式で実現されるにすぎない）。

さて，本問の場合，「すべての財産はBに相続させるものとする」という相続分の指定によってCの3750万円の遺留分侵害が生じており，Cは，Bに対して，この金額での遺留分侵害額請求権を行使することができる。

なお，Cの請求によって，裁判所は債務の全部または一部の支払につき相当の期限を許与することができる（改正民1047条5項）。これは，遺留分侵害の効果が金銭債権化されたことによって，場合によっては，受遺者等の負担が大きなものとなることを配慮したものである。

3 相続人以外の者への財産の流出：小問(2)を中心に

共同相続人間ではなく，相続人ではない第三者に被相続人の財産が流出してしまうという状況を扱うのが，小問(2)である。

(1) 遺留分と遺留分侵害額の計算

遺留分と遺留分侵害額の計算は，すでに小問(1)で述べたところと重複するので，ごく簡単に確認する。

> ⓐ前提となる財産＝被相続人死亡時の財産＋持戻しの対象となる贈与

　ここでは小問(1)の1億5000万円に，死亡の半年前のDへの5000万円の贈与が加わるので，前提となる財産は2億円となる（Dへの不動産甲の遺贈は，すでに述べたように加算の対象とならない）。

> ⓑ個別的遺留分＝⑦前提となる財産×⑨総体的遺留分率×⑨各自の法定相続分

　B・Cの個別的遺留分は，いずれも5000万円となる。

> ⓒ遺留分侵害額＝個別的遺留分－各自が相続人から得た利益

　Bは，Aからすでに特別受益5000万円を得ているので（なお，小問(1)におけるBへの相続分の指定を内容とする遺言は，本件不動産しか遺産がない本問の事案では，より新しい小問(2)における遺言によって撤回したものとみなされるので，ここでは考えなくてもよい。民法1023条1項），結局，遺留分侵害は生じていない。他方，Cは，何も得ていないので，遺留分額がそのまま侵害額となるというのは，小問(1)と同様であり，ここではCについて，5000万円の遺留分侵害額が生じていることになる。

(2)　複数の遺贈や贈与等

　小問(2)では，遺留分の基礎となる財産に算入されるのは，Bに対する5000万円の贈与（2017年，Aの死亡の4年前），Dに対する5000万円の贈与（Aの死亡の半年前）および本件不動産の遺贈がある。このように複数の遺贈や贈与がある場合には，その相互の関係，言い換えれば誰がCの遺留分侵害額請求権について債務を負担するのかという問題がある。

　これについて改正民法1047条は，以下のような順番で債務を負担することを規定している。

(a)　受遺者と受贈者の間では，受遺者が先に負担する。

(b)　複数の受遺者の間，または同時に贈与がされた場合の受贈者の間では，目的の価額の割合に応じて負担する。

(c)　複数の（異なる時点で贈与がされた場合の）受贈者の間では，後の贈与の受贈者から順次前の贈与の受贈者に遡って負担する。

本問の場合，このルールに従えば，Dに対する1億円相当の本件不動産の遺贈，Dに対する5000万円の贈与，Bに対する5000万円の贈与という順番となるが，Cの遺留分侵害額は5000万円なので，第1順位で対象とされるDへの遺贈を受けて，Dに対する5000万円の遺留分侵害額請求権が認められるということになる（これによって，Cの遺留分侵害はすべてカバーされるので，それ以後の順位の贈与等については問題としなくてよい）。

関連問題

　Aが死亡し，Aの子であるB・C・Dが相続人である。Aは，「Bの相続分を遺産の3分の1とし，Cの相続分を3分の2とする」旨の遺言を残していた。残された遺産は3000万円で，債務はなく，遺産分算定の基礎となる生前贈与等はない。この場合に，Dは，誰に対して，どのような内容の遺留分に基づく権利を主張することができるかを検討しなさい。

●】参考文献【●

浦野由紀子・百選Ⅲ190頁／床谷文雄・百選Ⅲ196頁／窪田充見「相続分の指定と遺留分をめぐる問題(1)(2・完)」法曹時報65巻10号（2013）2443頁・11号（2013）2681頁

（窪田充見）

遺産確認の訴え

2021年1月20日にAが死亡し，その子X・YおよびZがAを相続した。Aにはほかに相続人はいない。

生前，Aは甲不動産を所有し，登記名義も有していた。Aの死後，Xが財産関係を調査したところ，同不動産について2020年11月20日付で売買を原因とする所有権移転登記がなされており，現在の登記名義人はYとなっていることが判明した。

X・YおよびZはAの遺産分割の手続に着手したが，そこで甲不動産の処遇が問題となった。Yが「甲不動産は生前のAから自己が買い受けたものであり，その旨の登記も了している。すでにYの単独所有に属する以上，遺産分割とは関係がない」と主張したのに対して，Xは「なるほど甲不動産の登記記録上の所有者はYであるが，Aの生前そのような売買がなされたという話は聞いておらず，これは不実の登記にちがいない。実際には甲は亡Aの所有に属していたのだから，遺産分割の対象に含まれる」と反論した。この様子をみたZは，「自分もAが甲を譲渡したという話は聞いていない。ただ，遺産分割できょうだいが揉めていると知られては恥ずかしいから，表立ってYと争いたくない」と考えている。

このように共同相続人間で足並みがそろわない結果，遺産分割のための調停は不調に終わり，それに続く審判手続も膠着状態に陥ってしまった。

Xは，この状況を打破するため，どのような手段を講ずることができるか。

① 最大決昭和 41・3・2民集 20 巻 3 号 360 頁
② 最判昭和 61・3・13 民集 40 巻 2 号 389 頁
③ 最判平成 9・3・14 判時 1600 号 89 頁
④ 最判平成元・3・28 民集 43 巻 3 号 167 頁

●】解説【●

1　問題の所在

(1)　遺産分割の前提問題

遺産分割手続（本問では，遺産分割審判）を進めるには，前提問題として，「誰と」，「何を」分割するかを明らかにしなければならない。

「誰と」，すなわち遺産分割の当事者は，すべての「共同相続人」である（907 条）。さらに，包括受遺者（990 条）および分割前に相続分を譲り受けた「第三者」（905 条）も，相続人に準ずるものとして当事者となると解されている（もっとも，相続分譲受人については相続人に準じた扱いを認めない見解もある。安達栄司・ひろば 67 巻 9 号〔2014〕54 頁。関連問題(2)も参照）。

「何を」，すなわち遺産分割の対象財産は，遺産分割時における相続財産（遺産）である。基本的には，「被相続人の財産に属した一切の権利義務」により構成され（896 条本文。例外として，同条ただし書・897 条），相続開始とともに共同相続人の「共有に属する」（898 条）。遺産分割とは，この状態（遺産共有）を解消し，遺産を構成する個々の権利義務を遡及的に各相続人に帰属させる手続である（909 条）。

(2)　前提問題の解決方法

前提問題をめぐって争いが生じた場合，これを解決しないことには遺産分割審判が先に進まない。自主的解決ができない場合の対処法として，第 1 に審判手続中で家庭裁判所の判断を得ることが，第 2 に審判手続外で受訴裁判所の判断を得ることが考えられる。

第 1 の方法は，係属中の審判手続の進行を停滞させない利点はあるもの

の，審判手続における判断には既判力が生じないから，事後に前提問題について訴訟が提起されて異なる判断が示されればその限度で審判の効力が失われてしまうリスクを伴う（参考判例①）。

　第2の方法は，具体的には，前提問題について訴訟手続を先行させ，その決着を待って審判を行うものである。訴訟の結果には既判力が生ずるため，この方法によれば審判の効力が覆されるおそれはない（後述3(1)参照）。いったん遺産分割から離れるというのは遠回りのようにもみえるが，焦って審判を下しても事後に失効すればその限りで遺産分割のやり直しが必要となり，かえって手間がかかる。そのため，実務でも前提問題で争う当事者にはこちらの方法を示唆しているようである。

(3)　**訴訟法上の検討課題**

　本問でも第2の方法をとるとして，次に検討すべきは，訴訟手続において受訴裁判所のどのような判断を得れば現在の膠着状態を解消し，遺産分割を実現できるかである。前提問題の解決といっても，裁判所に判断してもらううえでは手続的な制約があるから，誰が，誰に対して，いかなる請求を定立すれば訴訟法からみて適法な訴えとなるかを吟味する必要がある。

2　訴訟手続による前提問題の解決

　本問では，訴訟手続を通じて，「何を」分割するかという問題を解決する必要がある。

(1)　**請求の趣旨**

　訴訟において，当事者は，裁判所に求める判断の内容とその形式（請求の趣旨）を明らかにする必要がある。

　本問では，ⓐA・Y間に甲不動産売買契約が成立したかどうか，ⓑ甲不動産がAの遺産を構成するかどうか，ⓒ現時点で甲はXに（も）帰属するのかどうか，の3点に対するXとYとの言い分の食い違いが審判手続を停滞させており，Xがこの状況を打破するにはこれらの点について裁判所の判断（確認）を求める必要がある。以下では，それぞれについて確認を求めるXの訴えが訴訟法上適法であるかどうかを検討する。

　時系列からいえば，争いの発端であるA・Y間の売買契約の効力（ⓐ）を確認するのが抜本的な解決策である。しかし，確認対象は「現在の」，「法律

関係」でなければならないというのが訴訟法の要請であり，過去の法律行為の有効性を確認するよう求めることは原則として許されない（最判昭和41・4・12民集20巻4号560頁）。

　この訴訟法の要請に最もよくなじむのは，現時点で甲不動産についてＸが相続分に応じた共有持分権を有すること（ⓒ）の確認であり，判例もこれを適法と認めている（参考判例②）。この方法は，しかし，遺産分割が控えている段階で個別財産に係る持分割合を判断する実益に乏しいことに加え，審判の効力が事後に覆される可能性を排除できないという決定的な不都合を抱えている。というのも，受訴裁判所が甲はＸらによる遺産共有の状態にあるとの判断の下Ｘの請求を認容しても，判決主文（判決の結論部分）にはＸの共有持分権の存在以上のものはあらわれないため（当該権利が何に由来するものかという点は既判力の作用において捨象される。参考判例③参照），この判決によっては別訴において甲が遺産分割の対象であることと矛盾する主張が持ち出される事態を阻止できないのである。

　この不都合を克服するには，端的に甲の遺産帰属性ⓑを確認対象とすればよい。問題は訴訟法の観点からこの種の確認を求める訴えが許されるかどうかであるが，判例は，ある財産が被相続人の遺産であることの確認を求める共同相続人間の訴えを「遺産確認の訴え」と定義したうえで，上記ⓒと比較して「遺産分割の前提問題として遺産に属するか否かの争いに決着をつけようとした原告の意図……によりかなつた紛争の解決を図ることができる」ことを理由に，遺産確認の訴えが適法であると認めている（参考判例②）。

　理由付けについて付言すると，判例は当初この訴えを「当該財産が現に共同相続人による遺産分割前の共有関係にあることの確認を求める訴え」といいかえていた（参考判例②。参考判例④も同旨）。これはおそらく，遺産確認の訴えは「現在の」，「権利関係」を確認対象とすべきという要請に反するのではないかとの疑義を生じさせないための配慮であろう（学説上，遺産帰属性は権利でなく事実関係である，仮に権利関係であるとしてもそれはＡの死亡〔に接着する直前の〕時点の財産関係という「過去の」権利関係である，という主張がみられる）。しかし，その後の判例および訴訟法学説が上記の要請を緩和して紛争の成熟性（即時確定の利益）の有無に判断の軸足を移していること

に鑑みれば，適法性を基礎付ける目的でわざわざ共有関係に引き直す必要はなく，判例自身のいうように「端的に，当該財産が現に被相続人の遺産に属すること……の確認を求める訴えであ」ると解すれば足りる（この理解は後述2(3)に掲げる判決主文の表現とも整合する）。

　以上のことは，遺産帰属性を争う（否定する）側についても妥当する。本問でいえば，Ｙが甲を生前のＡから譲り受けたとして現時点での自己の単独所有権の確認を求めること（ⓒ），および甲がＡの遺産に属しないことの確認（消極的遺産確認）を求めること（ⓑ）は，いずれも適法な訴えとして許される。

(2) 訴訟当事者

　判例によれば，共同相続人は遺産分割の対象財産を明らかにするための訴訟手続においてその全員が当事者となることを要し，一部の者しか関与しない遺産確認の訴えは不適法である（参考判例④。このような訴訟形態を固有必要的共同訴訟という）。仮に共同相続人のうち訴訟に関与しない者がいると，その者との間には判決の既判力が作用しないこととの関係で，後続の遺産分割手続の過程で再び同じ争いが蒸し返される余地を残すことになる。それゆえ，遺産確認の訴えが前提問題の解決という役割を果たすうえでは，遺産分割にかかわる共同相続人の全員を巻き込んで訴訟手続を行うことを要するのである。

　すでに触れたように，判例は当初この訴えを当該財産が共同相続人間の共有に属することの確認を求める趣旨のものと解しており，この点も遺産確認の訴えにおいて共同相続人全員の関与を求めることの根拠の1つと位置付けられていたようである。しかし，共有関係の確認であることからただちに固有必要的共同訴訟であるとの結論が導かれるものではないし（共有者でない第三者に対する対外的訴訟の事案では最判昭和46・10・7民集25巻7号885頁がこの結論を述べるが，共有者間の対内的訴訟に関しては今のところ最高裁の判断は出ていない），上記の趣旨と解するのでは説明がつかない判例もあらわれていることから（最判平成9・3・14判時1600号97頁。ある財産に係る共有持分権を有しないことが既判力をもって確定した共同相続人につき，当該財産に係る遺産確認の訴えの原告適格を認め，かつ，この者の確認請求を認容した原審の

判断を維持した例), 遺産共有関係の主体であることが訴訟当事者たる資格 (当事者適格) を基礎付けるわけではない。遺産分割の前提問題の解決という遺産確認の訴えの意義に照らしても, 当事者適格の有無はその者が後続の遺産分割手続に関与するかどうかによって決せられるとみるのが適切である (関連問題(1)・(2)も参照)。

　なお, 共同相続人の全員の関与が必要であるとすると, 訴えの提起に消極的な者がいる場合の対応が問題となる。本問でいえば, 遺産確認の訴えを提起しようとする X は, 意見が対立している Y を被告に据えるとともに, X と共同歩調をとることをよしとしない様子の Z を説得して共同原告となってもらわなければならない。Z がどうしても首を縦にふらない場合にどうすれば手続に巻き込むことができるかは, なお議論が続く課題である (この場面においてのみならず, 固有必要的共同訴訟一般に横たわる検討課題である。判例の示す解決策として, 提訴拒絶者〔本問での Z〕を実質的に争いのある相手方〔本問での Y〕と並んで被告に据える方法がある。最判平成 11・11・9 民集 53 巻 8 号 1421 頁, 最判平成 20・7・17 民集 62 巻 7 号 1994 頁参照)。

(3)　審理および判決

　判例は, 遺産分割の前提問題は「実体法上の権利関係であるから, その存否を終局的に確定するには, 訴訟事項として対審公開の判決手続によらなければならない」と解している (参考判例①)。

　審理の結果, 確認請求を認容する場合の判決主文としては, 請求の趣旨に対応して,「甲は 2021 年 1 月 20 日に死亡した被相続人 A の遺産に属することを確認する」等の表現が用いられる。

3　前提問題を踏まえた遺産分割手続

(1)　遺産確認の訴えの意義

　訴訟において終局判決が下り, それが確定に至ると, 判決主文に包含される事項について既判力が生ずる (民訴 114 条 1 項)。遺産確認の訴えにおいては, ある財産が被相続人の遺産に属する (請求が棄却される場合は, 属さない) 旨の判断に既判力が生ずることになる。

　既判力とはいいかえれば当該判断が所与のものとして通用する力のことであるが, この通用力は事後に生起した訴訟手続において発現する。本問にお

いて，Ｘが甲不動産に係る遺産確認の訴え（以下，「前訴」という）に勝訴した場合を考えると，Ｙがさらに消極的遺産確認の訴えを提起して遺産帰属性を争うことは，前訴判決の既判力ある判断と矛盾抵触するため許されない（より正確には，提起しても前訴裁判所の判断が踏襲され常に請求棄却判決に至るから実益がない）。また，後続の審判においてＸが甲を取得するものと定められたのちＹが遺産分割を経由しない取得原因（Ａから生前贈与を受けた等）に基づいて甲の所有権を主張することも，同様に許されない。このように，遺産帰属性について既判力をもって確定しておくことは，後続の審判手続において前提問題が蒸し返されたり，審判の効力が事後に覆滅されたりする事態を回避する効用がある。

(2) **残された課題**

　共同相続人が２名を超えると遺産確認の訴えは共同訴訟（１つの訴訟において複数の原告または被告が存在する訴訟形態）となるが，この場合において事後に共同原告間または共同被告間で遺産帰属性について意見が対立するとどうなるか。たとえば，本問においてＸおよびＺが共同原告として遺産確認の訴えを提起し，勝訴判決を得たのち，遺産分割においてＺが「甲は実は自分が生前のＡから譲り受けたものであって，Ａの遺産には属さない」といいだした場合，この主張はＸとの関係で許されるか。原告と被告との間での相対的紛争解決を旨とする伝統的な訴訟法理解に従う限り，共同原告間の争いの前では判決の既判力は意味をなさず，実質的には争いの蒸し返しである上記Ｚの主張も後訴において取り上げざるを得ない。多数当事者が関与し得る遺産分割の前提問題を二当事者対立構造に立脚する訴訟手続において解決しなければならないことからくる不都合であり，争いを封ずべき実際上の必要に応えるための理論構成は難しい問題である（この問題に取り組む論考として，笠井正俊「遺産確認訴訟における確定判決の既判力の主体的範囲」高橋宏志ほか編『民事手続の現代的使命（伊藤眞先生古稀記念）』〔有斐閣・2015〕155頁以下）。

関連問題

　本問で，経営する事業の資金繰りに苦慮していた Z は，審判手続が滞っていることに業を煮やし，遺産分割を待たず自己の相続分を譲り渡してまとまった金銭を得ることにした。

　⑴　Z は自己の相続分全部を共同相続人 X に譲渡した。この場合において，X が Y を被告として遺産確認の訴えを提起した。この訴えは適法か（最判平成 26・2・14 民集 68 巻 2 号 113 頁参照）。

　⑵　Z は自己の相続分全部を第三者 D に譲渡した。この場合において，X が Y を被告として遺産確認の訴えを提起した。この訴えは適法か。

●】参考文献【●

井上治典・昭和 61 年度重判 125 頁／山本克己・判タ 652 号（1988）20 頁／山本克己・百選Ⅲ 118 頁／山木戸勇一郎・法教 422 号（2015）10 頁

（今津綾子）

　Ａが死亡し，Ａの妻ＢとＡ・Ｂ間の子でありすでに成年に達した
Ｃ・Ｄが，Ａを相続した。Ａの主要な遺産は甲不動産であり，他にも
それなりの財産がある。遺言はない。

　Ｂは，Ａの生前に献身的に療養・看護に当たっていたので，Ａの財
産の維持・増加について特別の寄与が認められる公算が高い。また，
Ｃは，その婚姻時に，生前のＡから，新居とするためのマンション
購入の頭金の一部の贈与を受けていた。

　Ａの死亡から８年が経過したが，Ｂ・Ｃ・Ｄは，それぞれ，甲不動
産とは別に各自の不動産を所有・居住しているためか，遺産分割を始
める動きは出ていない。ここでＣは，Ｂ・Ｄに無断で，かねてから甲
不動産に関心を有していたＥに対して，売主をＢ・Ｃ・Ｄとして甲不
動産を売却する契約を締結した。この契約に基づき，甲不動産のＣ
の持分４分の１については，ＣからＥに対して，共有持分の移転登
記がされた。しかし，Ｂの持分２分の１およびＤの持分４分の１に
ついては，Ｃの無権代理によるものであるとのＢ・Ｄの主張をＥが
認めたため，Ｂ・Ｄの共有持分の移転登記は行われていない。

　なお，Ｃの経済状況が急速に悪化してきたため，Ｂ・Ｄ・Ｅは，Ｃ
に対する損害賠償請求等によって問題の金銭的な解決をすることは難
しそうである。

　⑴　Ｅが，甲不動産全部を取得する可能性について検討せよ。

　⑵　Ｂは，自らの経済的利益を守るためにどのような対応をすべき
か検討せよ。

① 最判昭和 50・11・7 民集 29 巻 10 号 1525 頁
② 最判平成 25・11・29 民集 67 巻 8 号 1736 頁

●】 解説 【●

1 予備知識

(1) 遺産共有

Aが死亡した場合，Aの権利義務は，相続人B・C・Dが相続分に応じて相続する（899 条）。法定相続分は，Bが2分の1，C・Dがそれぞれ4分の1である（900 条1号・4号）。Aの遺産である甲不動産は，B・C・Dの共有となる（898 条）。この共有の性格については，講学上の合有とする学説もあるが，判例は，それが，「民法 249 条以下に規定する『共有』とその性質を異にするものではない」としている（最判昭和 30・5・31 民集9巻6号793 頁）。遺産共有状態におけるB・C・Dの持分割合は，具体的相続分でなく，法定相続分とされてきたところ，令和3年法律第 24 号により新設された民法 898 条2項がそのことを確認している（相続分の指定があるときは指定相続分）。

遺産分割前の甲不動産は，B・C・Dの共有物であるから，Cが単独でその全体を処分する権限はない。しかし，Cが，甲不動産全体をB・Dに無断でAに売却した場合であっても，C自身の法定相続分に対応する持分についての処分は有効とされる（909 条ただし書が根拠とされる〔内田貴『民法Ⅳ〔補訂版〕』（東京大学出版会・2004）397 頁-398 頁）。最判昭和 38・2・22 民集17 巻1号 235 頁がこの解釈を前提とする。甲不動産が共同相続人の「共有」に属するとすれば，Cが自らの持分を自由に処分できることは当然ともいえる）。しかし，Cには，B・Dの持分を処分する権限はないから，Eは，甲不動産について，B・Dの持分を取得することはできない（前掲最判昭和 38・2・22）。

以上の次第で，CからEに対する売却が行われた後の甲不動産については，Bが2分の1，Dが4分の1・Eが4分の1の割合で共有状態にあると

いうことになる。

(2) 遺産分割と共有物分割

遺産分割は，協議が調わないときまたは協議をすることができないとき，家庭裁判所に遺産分割の請求をすることになる（907条2項）。分割は，「遺産に属する物又は権利の種類及び性質，各相続人の年齢，職業，心身の状態及び生活の状況その他一切の事情を考慮して」（906条）行われるが，基準となるのは，特別受益（903条）・寄与分（904条の2）を考慮に入れて算出された具体的相続分である。本件の具体的相続分は，Bについては寄与分があるため法定相続分に相当する額より多くなり，Cについては特別受益があるため法定相続分に相当する額より少なくなり，Dについては具体的事情次第で多くも少なくもなりそうである。分割の方法も柔軟である（家事194条-196条参照）。

他方で共有物分割は，分割の協議が調わないとき，通常裁判所に請求する（258条1項）。分割の基準は，共有持分に応じる。分割の方法については，令和3年法律第24号による改正によって，従来の判例法理を踏まえた内容が，新しい民法258条において明らかにされた。そこでは，いわゆる全面的価格賠償の方法（同条2項2号参照）も認められるなど，柔軟な分割が可能であることが明示されるに至ったため，遺産分割と共有物分割の違いは小さくなりつつあるように思われる。とはいえ，共有物分割手続は特定の共有物だけを分割の対象とするのに対し，遺産分割手続が遺産分割時の遺産を基本的にはすべて対象とする点では大きく異なる。

2 設問の検討

(1) 小問(1)

Eとしては，甲不動産について，自らが共有物全部を取得する形の，いわゆる全面的価格賠償の方法による共有物分割（258条2項2号参照）を求めることが考えられよう。その可能性があるかどうかを検討するには，まず，甲不動産について，遺産分割ではなく，共有物分割の手続を利用することができるのかという問題を解決する必要がある。甲不動産は，もともとAの遺産に属するものであり，共同相続人間では，遺産中の共有物の分割については，原則として，共有物分割の手続によることはできず，遺産分割の手続

によらなければならない。そうなると、Eによる共有物分割請求はできないようにも思われる。しかし、遺産共有持分（B・D）と遺産共有以外の共有持分（E）が併存する共有物の共有関係の解消については共有物分割の手続によって、遺産共有持分（B・D）とその他の共有持分（E）との間の共有関係の解消をすることができ、なお残る遺産共有関係（B・D）の解消は別途遺産分割の手続（B・C・D）の中で行われるべきこととされている（参考判例①。258条の2第1項参照。甲不動産上のCの持分はその処分によって遺産の外に出たという説明がされる）。そうすると、次の問題は、甲不動産の共有物分割請求訴訟において、裁判所が、甲不動産全部をEの単独所有としつつ、Eが、B・Dに対して、B・Dの持分に相当する金銭を支払うよう命ずることができるか、となる。参考判例②は、このような場面で全面的価格賠償の方法による共有物分割を行うことが可能であることを前提にした判断を下している（なお、「遺産共有持分権者に支払われる賠償金は、遺産分割によりその帰属が確定されるべきものであるから、賠償金の支払を受けた遺産共有持分権者は、これをその時点で確定的に取得するものではなく、遺産分割がされるまでの間これを保管する義務を負うというべき」だとした）。この先例を踏まえると、裁判所が全面的価格賠償の方法によることが妥当であると判断する限り（全面的価格賠償の当否の判断に際しては、とくに、Eが、B・Dの遺産共有持分に相当する金銭の支払能力があるかが重要である。最判平成8・10・31民集50巻9号2563頁参照）、Eは、共有物分割請求によって甲不動産全部を取得する可能性がある、ということになろう。

(2) 小問(2)

　Bは、寄与分（904条の2）を主張できる立場にあると思われる。Bの寄与分は、遺産分割手続においては、具体的相続分に組み込まれ、法定相続分より多い分け前を取得するために役立つ。ところが、共有物分割手続においては、分割の基準が共有持分（設問のBについては法定相続分）となるため、Bは、寄与分を理由に共有物分割における分け前を増やすことができない。そこで、寄与分に相当する利益を確保する、という観点からは、Bとしては、甲不動産が共有物分割手続によって分割されることは、極力回避すべきことになる。

ところが，前記の令和3年改正により，上記のようなBの遺産分割の利益を受ける機会について，一種の時間的制限が設けられることになった。具体的には，相続開始から10年が経過した後は，共有物が相続財産に属するとしても共有物分割手続による分割が許されることになった（258条の2第2項）。さらにたとえ，甲不動産が遺産分割手続の中で分割されることになったとしても（258条の2第2項ただし書参照），相続開始から10年が経過した後は，原則として，その手続の中では特別受益・寄与分に関する規定が適用されないこととなった（904条の3。例外につき，同条1号・2号参照）。そこで，Bとしては，Aの死後10年が経過する前に，遺産分割の請求をすることが重要になる（甲不動産が，Eの共有物分割請求により，Eの単独所有となり，B・Dに賠償金が支払われることになった場合には，B・Dがこの賠償金を保管しつつ早期に遺産分割をすべきことになる）。

　次にBが考慮すべきことは，Cの経済状況の悪化である。Cは，甲不動産上の自らの法定相続分に対応する持分をEに売却してすでに対価を得たものと思われる。Cは，特別受益があるため，（民法903条3項の持戻し免除の意思表示がない限り）遺産分割手続の中では，法定相続分より小さい割合でしか分け前を得られないはずであったところ，すでに遺産の主要部分を占める甲不動産について法定相続分相当の（いわば過剰な）利益を取得したことになる。このような場合について，従来は，甲不動産上のCの持分が遺産から逸出したものとして，その後の遺産分割は，甲不動産上のB・Dの遺産共有持分と，甲不動産以外のAの遺産をまとめて対象として，具体的相続分に応じて行い，Cが甲不動産の持分売却によって獲得した利益については遺産分割手続の外でB・DからCに対する不当利得返還請求によって調整することとせざるを得ないとの理解が一般的であった。しかし，これでは，Cに資力がない場合には，共同相続人間の衡平を損なう帰結をもたらすおそれがある。そこで，平成30年法律第72号による改正は，Cが遺産分割前に甲不動産上の持分を処分したとしても，C以外の共同相続人たちは，「当該処分された財産が遺産の分割時に遺産として存在するものとみなすことができる」との規律を新設した（906条の2）。これによって，Bは，Dの同意を得た上で（Cの同意は不要。同条2項），遺産分割の手続のなかで，甲

不動産のCの持分4分の1が遺産として存在するものとみなして，甲不動産のB・D共有部分およびAのその他の財産を含む遺産の分割を進めることができることになった（たとえば，遺産分割の審判として，Cに，すでに処分済みの甲不動産の持分4分の1を遺産とみなしてこれを同人に取得させることなどが可能となる）。そうすると，実際上は，B・C・D間の遺産分割の手続においては，（従来の理解に依拠する場合とは異なり）Cに実際上は分け前を与える必要がなくなる可能性が高まり，B・D間で，具体的相続分に応じた分割——法定相続分を基準にする場合に比べるとBがその寄与分に応じて有利になる——が行われる可能性が高くなると思われる。

関連問題

平成30年法律第72号および令和3年法律第24号によって改正された民法の諸規定のうち，「本来は，遺産分割を迅速に終了させる仕組みを設け，相続人は，遺産分割が終了してから遺産を処分することを本則とすべきである」という政策に関連するものを列挙し，それら諸規定がこの政策を実現する上でどの程度貢献するものか／阻害するものかを評価した上で，この政策自体の当否を検討せよ。

●】参考文献【●

堂薗幹一郎＝野口宣大編著『一問一答新しい相続法』（商事法務・2019）／村松秀樹＝大谷太編著『令和3年改正民法・改正不登法・相続不動産国庫帰属法』（金融財政事情研究会・2022），窪田充見「遺産分割と相続登記に関する法改正」法律時報93巻8号（2021）1頁

（小粥太郎）

遺産分割における代償財産・果実

　70歳のＡは，自身の所有する一軒家（以下，「甲」とする）に１人で暮らしていた。Ａは，賃貸アパート（以下，「乙」とする）も所有しており，専用の口座に振り込まれる毎月の家賃を生活費にあてていた。乙の管理は，Ａの子で近くに住むＢが無償で引き受けている（管理費は賃料から支出されている）。さらにＡは10年前に，老後に夫婦で暮らすつもりで高級マンションの１室（以下，「丙」とする）を購入していた。しかし，妻に先立たれたこともあり，そこは，もう１人の子Ｃに無償で使わせている。

　Ａが死亡し，Ｂ・Ｃが相続人となった。２人は，すぐには遺産の整理をする時間がとれなかったが，甲と乙についてのみ，次のような合意をした。①甲については，必要がないため売却処分する。売却事務や代金の受領はＢが行う。②乙については，当面これまでどおりＢの管理で賃貸を続ける。

　Ａの死から３年が過ぎ，ようやく２人で話し合いの場が持たれた。Ｂが乙を取得し，Ｃが丙を取得することに争いはなかったが，それらの評価額がわからないため，Ｃは，この間に生じた甲の売却代金や乙の賃料も遺産分割の対象に含めて調整をすべきと主張した。ところがＢは，まとまった金銭を必要とする事情があり，(1)甲の売却代金についてはすぐに折半することを主張し，(2)乙の賃料については乙の取得者になる自分が全額受け取るべきと主張した。Ｃは家庭裁判所に遺産分割調停を申し立てたが成立せず，審判に移行した。この審判において，甲の売却代金および乙の賃料がそれぞれどのように扱われるか検討せよ。

●】参考判例【●

① 最判昭和 52・9・19 判時 868 号 29 頁
② 最判昭和 54・2・22 判時 923 号 77 頁
③ 最判平成 17・9・8 民集 59 巻 7 号 1931 頁
④ 最判平成 26・12・12 判時 2251 号 35 頁

●】解説【●

1 遺産を基礎として発生した財産

遺産分割は，遺産全体が包括的に分割の対象とされる点と，各共同相続人の具体的事情が勘案される点で，通常の共有物分割と異なる特徴を持つ。これにより，紛争の一回的解決や共同相続人間の平等が図られている。

ところで，相続開始から遺産分割の終了までには，ある程度の時間がかかるのが普通である。その間には，遺産を基礎とする新たな財産が発生することもある。その典型例として，本問における甲の売却代金や乙の賃料を挙げることができる。これらは，遺産を基礎としている一方で，相続開始時に被相続人が有していた財産自体ではないので，遺産に関するルールが当然に妥当するとはいえない。しかし，これらが遺産分割の対象になるか否かは，共同相続人にとって重大な関心事になり得る。この問題は，一般に，遺産の代償財産および遺産から生じる果実の扱いとして，それぞれに論じられている。2 つの議論には共通する部分も多いが，異なる面もある。

本問では，①Cの主張するように，甲の売却代金と乙の賃料とが，それぞれ遺産分割の対象に含まれるのかという問題に加えて，②仮にこれらが遺産分割の対象とならない場合に，それらの帰属がどのようにして決まるのか，Bの主張どおりとなるのかという問題もある。以下，代償財産と果実それぞれについて検討する。

2 代償財産の扱い

(1) 一般論

遺産分割は遺産分割時の財産を基準として考える。遺産に属する財産が，

相続開始後に譲渡や滅失等によって遺産から逸出した場合は，原則として遺産分割の対象とはならない（民法906条の2が適用される場合を除く）。しかし，逸出した財産と価値的に同一性を有する代償財産（本問における代金債権のほか，不法行為に基づく損害賠償債権，損害保険金請求権など）があるときは，それが遺産分割の対象になるかが問題となる。学説では，一般論として，以下のような理由でこれを肯定する見解が強い。

　遺産分割では，各共同相続人の具体的な状況を含めた一切の事情が考慮される（906条）。遺産分割の調停や審判もその観点から行われる。代償財産を遺産分割の対象から除外してしまえば，それは共有の一般ルール（256条以下）に従って分割されることになり，もし紛争が生じれば遺産分割とは別に提訴の負担を強いられることにもなってしまう。共同相続人間の平等の観点からも，紛争の一回的解決の観点からも，できる限り代償財産を遺産分割の対象に含めることが遺産分割の制度趣旨に適う。理論的にも，財産分離に関する民法946条が同法304条を準用しているのと同様に，物上代位の法理を用いることによって，遺産分割の対象である特別財産の価値変形物が一般財産へと混入するのを防ぐことは説明ができる。

(2) 代金債権の場合：判例理論

　ところが参考判例①は，代金債権が問題となった事案で，「共同相続人が全員の合意によつて遺産分割前に遺産を構成する特定不動産を第三者に売却したときは，その不動産は遺産分割の対象から逸出し，各相続人は第三者に対し持分に応じた代金債権を取得し，これを個々に請求することができる」と判示した。その後，参考判例②もこれを踏襲している。これらの判例に従えば，本問においてB・Cの合意の下で甲を売却したことによって生じた代金債権は，遺産分割の対象とはならず，法定相続分に応じてB・Cが2分の1ずつ取得することになる。売却代金は売却事務をゆだねられたBが受領しているため，CはBに対してただちにその支払を求めることができる（646条1項）。他方，Bが受領した金額のうち半分は，Bが取得することとなり，結論としてBの主張が通ることになる。

　もっとも，参考判例①でも参考判例②でも，このような結論に至る論理が明示的に述べられているわけではない。説明の仕方には2つあり，いずれを

とるかによって判例の射程が変わり得る。1つは、遺産中の可分債権の扱いからの説明である。判例は、遺産中の金銭債権その他の可分債権は、預貯金債権を除いて（最決平成28・12・19民集70巻8号2121頁）、法律上当然に分割され、各共同相続人が相続分に応じて取得するとの立場をとっている（最判昭和29・4・8民集8巻4号819頁）。遺産共有は物権法上の共有と異ならないため（最判昭和30・5・31民集9巻6号793頁）、遺産中の債権は共同相続人間の準共有となるはずであるが（264条）、民法427条がその特則となり、可分債権は分割される。この理論に従えば、たとえ代償財産一般を遺産と同視したとしても、その形態が可分債権である場合には、当然分割とする判例理論が及び、結局、遺産分割の対象とはならずに相続分に従って取得されることになる。

　もう1つは、共有持分権の譲渡可能性からの説明である。判例によれば、各共同相続人は遺産分割前に自由に個々の遺産共有持分権を第三者に譲渡することができ（最判昭和38・2・22民集17巻1号235頁）、譲渡された部分は遺産から逸出する（最判昭和50・11・7民集29巻10号1525頁）。これを敷衍すれば、遺産分割前に共同相続人全員が合意のうえで特定の相続財産を第三者に譲渡することは、共同相続人全員が、それぞれの共有持分権を個別に譲渡したのと同じととらえることができる。その譲渡による売却代金債権も、当然に、各共同相続人に分割して帰属することになる。

　いずれの説明によっても、代償財産たる代金債権の当然分割という判決の結論は導くことはできる。しかし、後者の説明では、その発生原因が共同相続人全員の合意による譲渡ではない場合には（たとえば不法行為に基づく損害賠償債権、損害保険金請求権など）、たとえ代償財産が可分債権であっても当然に分割されるとはいえない。他方、前者の説明では、可分債権（預貯金債権を除く）でさえあれば発生原因を問わず当然に分割されることになる。もっとも、遺産中の可分債権が遺産分割を経ずに当然に分割されるという判例理論が、特定財産の変形である代償財産の場合にまで同様にあてはまるかは疑問の余地がないわけではない。参考判例①②の示した代償財産の当然分割という結論を、合意による売却の事案を越えて一般化することには慎重である必要がある。

3　果実の扱い

(1)　一般論

(ア)　遺産分割の対象となるか

遺産共有中に生じた果実は，遺産自体の変形物ではないため，代償財産と異なり遺産と価値的に同視できるわけではない。それでもなお，これを遺産の自然的増大ととらえることで遺産と同視したり，あるいは，同視まではしないとしても，紛争の一回的解決や共同相続人間の平等という遺産分割の趣旨を強調することで，遺産分割の対象に含めるべきとする見解は有力である。

しかし，果実は，たとえば利息のようになかば自動的に生じる場合のみではなく，管理や労働などの人の手が加わることで生じることも多い。また，形態が多様であり，費消されてしまうことも少なくない。そのため，弁論主義を採用しない遺産分割審判では正確な算定が困難なこともある。そこで，原則的には遺産分割の対象とならないとしたうえで，共同相続人間の合意がある場合や，生じた果実の性質等から遺産分割手続きに馴染むものである場合に，遺産分割の対象に含める折衷的な見解も主張されている。

(イ)　帰属先の決定方法

いずれにせよ，果実が少なくとも一般的には遺産分割の対象にならないと考えるならば，その帰属先をどのように決定するのかが次の問題となる。2つの考え方がある。第1の考え方は，果実がそれを収取する権利を持つ者に帰属するものであることと（89条），遺産分割の効力が遡及効を持つこと（909条）の2点を根拠として，果実を生み出した元物を遺産分割によって取得した者に，果実も帰属するというものである。これによれば，分割の必要は生じない。第2の考え方は，相続開始時から遺産分割終了までの間の遺産共有状態が物権法上の共有と異ならないことを根拠に，そのような遺産共有の状態から生じた果実は，共同相続人の共有物になるとするものである。この立場では，分割は原則として共有物分割の方法に拠ることになる。

(2)　賃料債権の場合：判例理論

以上のように議論が対立する中で，参考判例③は，本問と同様に賃料債権の扱いについて判示したものである。そこでは，「遺産は，相続人が数人あるときは，相続開始から遺産分割までの間，共同相続人の共有に属するもの

であるから，この間に遺産である賃貸不動産を使用管理した結果生ずる金銭債権たる賃料債権は，遺産とは別個の財産というべきであって，各共同相続人がその相続分に応じて分割単独債権として確定的に取得する」との判断が示されている。

　共有状態であることがなぜ賃料債権を別個の財産とする根拠となるのか，やや論理展開のわかりにくい判決文ではある。しかし，結論としては，賃料債権が遺産分割の対象となることを否定し，帰属先の決定方法について上記の第2の立場をとったものであり，さらに，賃料債権が可分債権であることから準共有状態を経ずに当然分割されるとの結論を導いたものと理解できる。もっとも，この判例理論では，果実が可分債権（預貯金債権を除く）である限り，それを遺産と同視した場合であっても，遺産ではないとした場合でも，結論に影響はないことになる。

　帰属先の決定方法に関して，1審と原審は第1の考え方をとっていたが，参考判例③は，「遺産分割は，相続開始の時にさかのぼってその効力を生ずるものであるが，各共同相続人がその相続分に応じて分割単独債権として確定的に取得した上記賃料債権の帰属は，後にされた遺産分割の影響を受けない」として，この考え方を否定している。民法909条は，現在では被相続人から相続人への遺産の直接承継を擬制する意味しかないと解されており，参考判例③はこの理解にも適合する。

　以上の参考判例③に従うと，本問では，乙の賃料債権を遺産分割の対象に含めることはできず，遺産分割審判において，Cの主張どおりにはならないことになる。他方で，賃料のすべてが，乙の取得者となるBに与えられるわけでもない。代償財産である甲の売却代金と同様に，CはBに対して，Bの管理する賃料のうち半額の支払を求めることができることになる。

　もっとも，参考判例③の事案には，次のようなやや特殊な事情がある。遺産には複数の賃貸不動産が含まれていたところ，各不動産から生じる賃料の清算について，共同相続人らの間に，各不動産の帰属が遺産分割によって決まった後に行うとの合意が存在した。その合意に従い，賃料は，新たに開設された専用の口座で管理されていた。賃料の清算方法についての争いは，遺産分割後に生じている。原告は，元物である不動産の取得者に賃料も帰属す

ると主張し，被告は，法定相続分により当然に分割されると主張した。これらの事情を総合すると，この事案では，共同相続人間に賃料を遺産分割から外す合意があり，また，賃料を遺産分割の対象に含めて紛争の一回的解決を図る必要性もなかったと考えられる。それゆえ，本問のように，賃料を遺産分割の対象に含めることによって共同相続人間の不平等を是正する必要がある事案にまで，参考判例③を一般化することには否定的な見方もある。

4　遺産分割の合意

最後に，共同相続人間に，代償財産や果実を遺産分割の対象に含める合意があった場合について触れておく。参考判例②は，遺産の売却代金について，「これを一括して共同相続人の１人に保管させて遺産分割の対象に含める合意をするなどの特別の事情」があれば，遺産分割の対象に含める余地を認めている。果実である賃料債権に関する参考判例③はこの点について何も述べていないが，代償財産の場合と区別する理由はなく，同様にこれを肯定する見解が強い。理論的には，合意によって遺産分割方法を選択することを認めたものといえるが，本問ではこの事実を認定することは困難だろう。

> **関連問題**
>
> 委託者指図型投資信託の受益権が共同相続された場合において，相続開始の前後に生じた元本償還金または収益分配金の交付を受ける権利は，遺産分割の対象となるか（参考判例④を参照）。

●】参考文献【●

松原正明「遺産分割の対象となる財産の範囲と限界」川井健ほか編『講座・現代家族法第５巻』（日本評論社・1992）47頁／高木多喜男「遺産より生ずる果実と遺産分割」，「分離財産・代償財産と遺産分割」同『遺産分割の法理』（有斐閣・1992）23頁・80頁／尾島茂樹・百選Ⅲ 130頁／山名学・家族百選〔第6版〕136頁

（村田大樹）

遺産分割協議と解除

　　MとFが婚姻し，子A・B・Cをもうけたが，Fの異性関係が原因
で夫婦の仲は悪くなり，Aらの成人を見届けて，2人は離婚した。そ
の後，Mは，自宅でAの家族と同居し，年をとって体が不自由に
なってからは，Aの介護を受けていた。この間，Cが自宅を建設する
際，Mは500万円の資金提供をしていた。お盆と正月には，BとC
の家族もMの家に集まり，皆で過ごすのが慣例となっていた。

　　やがてMが死亡し，A・B・Cが，Mの遺産について分割協議を
行った。Mの遺産の主なものは，自宅不動産である甲土地（2000万
円相当）と乙建物（500万円相当），銀行預金1000万円であったとこ
ろ，甲土地と乙建物はAが，銀行預金はBがそれぞれ承継し，Aが
Cに500万円を支払うことで，三者は合意した。また，Mのお墓と
仏壇の管理は，Aが行うこととした。

　　Aは家族とともに乙建物に居住し続けたが，乙建物は老朽化により
改修が必要だった。そのため，Aは，D銀行より2000万円を借り受
けて，乙建物を改築した。この借入れの際，甲土地に，D銀行のため
の抵当権が設定された。この改築は，Bには好評だったものの，C
は，Mとの思い出が壊れてしまうと，これに反対していた。さら
に，改築費用の借入れのために，Aには経済的余裕がなくなり，遺産
分割協議で合意したCへの500万円の支払を，Aは先延ばしにして
いた。

　　500万円の支払を履行しないAに対し，Cは協議分割の解除を理
由として，甲土地・乙建物につき，遺産共有時の権利関係を内容とす
る更正登記手続を請求した。この請求は認められるか。

●】参考判例【●

① 最判平成元・2・9民集43巻2号1頁
② 最判平成2・9・27民集44巻6号995頁

●】解説【●

1　遺産分割の意義と効力

　複数の法定相続人が被相続人の遺産を共同相続するとき，共同相続人はまず，相続分に応じて遺産を共有する（898条・899条）。もっとも，この段階では，遺産を構成する個別の相続財産が，どのように各相続人へと承継されるのかは，未確定なままである。各相続財産の最終的な帰属先は，遺産分割手続を経て定まる。このように，遺産共有とは，遺産分割までの暫定的な法律関係であり，遺産分割による解消が予定されている。

　分割に際しては，いくつかの方法がある。各相続財産を各共同相続人に割り振ることもあれば（現物分割），共有のままとしてもよい。また，相続財産を売却して金銭で分割したり（換価分割），ある共同相続人が相続財産を承継する代わりに，他の共同相続人に対して金銭支払などの債務を負担すること（代償分割）も可能である。

　こうした遺産分割をめぐっては，その効力の理解について対立がある。宣言主義と呼ばれる立場は，遺産分割が成立すれば，その内容に従って，各個別財産は被相続人から各相続人へ直接に承継されたものと取り扱われるとし，遺産分割はそうした直接の承継を宣言するものと解している。遺産分割の遡及効を定めた民法909条本文は，この宣言主義の採用を明示した規定と読むことができる。他方，共同相続において遺産共有を経て遺産分割に至る経緯をたどると，遺産共有の下で各共同相続人に認められた共有持分が，遺産分割により最終的な帰属先へと移転すると考えることもでき，このような見解は移転主義と呼ばれている。遺産分割時をはじめとして，相続により相続分を超えて権利を承継した際の第三者対抗要件を定めた民法899条の2や，共同相続人間の担保責任に関する911条以下の規定は，こうした理解に

親和的である。

2 債務不履行に基づく法定解除の制度趣旨

本問のＣは，Ａらとの協議分割を解除したいと考えている。約定解除権に関する合意はないことから，債務不履行に基づく法定解除を定めた民法541条・542条が根拠条文となる。そこで，Ｃの解除の可否を検討する準備作業として，この法定解除がどのような制度であるかを確認しておく。

現在の一般的な学説によると，契約が有償か無償か，双務か片務かを問わず，債務不履行に基づく解除は契約一般に認められる。この解除制度の趣旨に関して，旧規定のもとでの古くからの通説は，義務を果たさない債務者への制裁と捉え，解除の正当化のために債務者の帰責事由が要件とされるものと説いていた。これに対し，現在では，債務不履行により債権者が契約をした目的を達成できない場合，あるいは，債務者の態度や契約違反の程度に照らして債権者を契約に拘束し続けることが不当と評価される場合に，債権者を契約から解放させる制度として構成されている。その際，債務者の帰責事由は必ずしも要求されていない。

3 遺産分割合意の違反による解除の可否

Ｃによる協議分割の解除について考えてみよう。これには肯定説と否定説があり，判例は否定説の立場である（参考判例①）。ただ，いずれの立場も一枚岩ではなく，さまざまな観点からの主張がみられる。

否定説によると，遺産分割は，協議の成立により終了し，そこから共同相続人の間に債権・債務が生じても，遺産分割後は債権関係が残るだけなので，この債務に不履行があっても，終了した遺産分割は解除の対象となり得ないとされる。遺産分割合意に基づく債務の不履行は，相続財産の帰属を定めた協議分割の不履行ではないため，解除できないといういい方がされることもある。宣言主義の見地からは，遺産分割により，各相続財産は被相続人から各共同相続人へと直接に承継され，その他に共同相続人の間で債権・債務が発生すると解し得るため，共同相続人間の問題は債権関係のみとすることの説明がつきやすい。また，債務不履行解除は債権者に新たな契約の機会を付与するものとの理解から，取引活動ではない遺産分割において，そうした要請は働かないとの主張もされている。

しかし，相続財産の帰属先決定を処分行為と解したとしても，処分行為の解除を認める明文規定があるため（266条・276条），処分行為性は解除を否定する論拠になり得ないとの指摘がある。また，通常の共有物分割協議は解除可能と解されている。加えて，実質的にみると，遺産分割協議に，共同相続人間の贈与や交換などの財産権移転契約的要素や和解的要素があるのは確かである。そのため，肯定説は，遺産分割の終了は解除を否定する根拠となり得ず，遺産分割合意に基づく債務の不履行を理由に，協議分割自体の解除を認めてもよいとする。そのうえで，移転主義的見解にあっては，遺産分割により移転した持分の復帰のために解除を認めるべきとの主張が可能であり，また，宣言主義的見解からも，協議分割においても解除により新たな遺産分割の機会を当事者に与える必要性があるとの説明が考えられる。ただし，民法541条に基づいて催告解除を行おうとする場合，債務不履行の程度が軽微と評価されるときには，解除は認められない（同条ただし書）。また，金銭債務のように強制執行が可能な債務の不履行の場合には解除を認めず，第三者による財産管理や老親の身上監護を債務の目的とする場合などのように，解除以外に債権者の不利益を回復する手段がないときに限定して，解除を肯定すべきと主張されることも多い。もっとも，老親の身上監護については，これが債務を構成するかという疑問や，扶養関係一般に内在する問題であるため，解除ではなく，扶養法の枠内で処理すべきとの批判がある。

4　解除の妥当性

　否定説からは，解除を認めた場合の不都合も指摘される。法的安全性が害されるというのである。ここでの法的安全性をめぐっては，当事者（共同相続人）間での権利関係に関する利益や，これを基礎とする第三者の法的利益，さらには一般的な取引の安全といった解除全般において考慮される諸要因のほかに，遺産分割に特有の事情にも留意しなければならない。まず，多数の共同相続人で多くの遺産を分配した後に，これを元の遺産共有関係に戻すとなると，その間に生じた事柄の調整も必要となり，必然的に法律関係が複雑になる。また，遺産共有関係はあくまでも暫定的な権利関係であるところ，遺産分割で解消させた暫定的状況を解除で復活させ，再び遺産分割をやり直すとなると，相続財産の最終的帰属先がいつまでも確定しないことにもなる。

本問では，Aの債務不履行に関心のないBにとり，A・C間の問題で協議分割全体が解除されるというのは，不都合が大きい。銀行預金を戻して，改めて協議するのは，経済的にも精神的にも負担となる。ただし，これは，BがCに同調するなら，支障が少ないことの裏返しでもある。つまり，共同相続人間の関係については，共同相続人全員が，合意解除に同意している場合（参考判例②参照）や，債務不履行の当事者である場合（参照判例①。民法544条参照）ならば，解除を認めても支障はあまりないようにみえる。

　共同相続人間はそれでよいとして，第三者の保護はどうか。本問では，遺産分割の対象となった甲土地上に，Dが抵当権を取得している。Dの抵当権が解除の影響を受けるなら，協議の当事者ではないDが，なすすべもなく不利益を被ることになる。もっとも，解除を認めたとしても，Dのような遺産分割の有効性を前提として解除前に相続財産に関する法的利害関係を有するに至った第三者であれば，法定解除に関する民法545条1項ただし書により保護されるため，この懸念はあたらない。また，契約は相対的効力しかないため，合意解除が第三者を害することもない。さらに，解除後の第三者については，不動産に関しては対抗問題（177条）として処理すればよく，動産に関しては即時取得（192条）の可能性がある。したがって，第三者保護の要請も，協議分割の解除を否定する決定的理由にはならない。

　ただ，遺産分割には往々にして，家族間の複雑な感情的対立や多様な財産関係の調整が求められる。これらに苦心しながら暫定的な遺産共有関係を解消させたのに，これが解除により復活し，重ねて遺産分割の必要が生じるのは，やはり好ましくない。分割後に相続財産に変更が加えられたり，第三者の権利が生じていたりすれば，分割対象とすべき財産の範囲を確定するのも容易ではないし，解除後には，調整すべき感情的対立も悪化しているであろう。解除が繰り返される事態に陥れば，なおさら混乱に拍車がかかる。何より，財産の管理や処分をめぐる紛争の予防という観点からは，共同相続人にとっても，第三者や取引の安全にとっても，最終的な財産帰属状況の確定こそが，最も望ましい帰結である。このように，解除を認めるにせよ，改めての暫定的権利関係の解消が，懸念材料として残る。解除とは本来的に，契約に基づく現在の法律関係を覆して，元の状態を回復するという形で，法的安

定を乱すものである。これに加えて，ここで問題となっている遺産分割の解除が認められると，これにより回復されるのは，将来的に解消を予定している浮動的な遺産共有関係である。つまり，安定的な法律関係を覆すだけでなく，不安定な法律状況をさらに作り出すことから，法的安定性に対する懸念が二重の意味で生じる。こうした事情には，相応の配慮が要求されるべきである。債務不履行解除を肯定する立場にあっても，遺産共有に伴う不安定な法的状況が再来することになろうとも解除を認めるべきほどの事情がなければ，遺産分割協議の合意に照らして軽微な債務不履行と評価し（541条ただし書），あるいは，債務の履行や合意目的の達成はなお可能であるものとして（542条），解除を認めないとする限定的な解釈も考えられよう。

> **発展問題**
>
> 　Ｆが死亡し，Ｆの妻 X₁，長女 X₂，長男 Ｙ，二男 X₃ が，Ｆの相続人となった。Ｆの主な遺産には，自宅不動産のほかに，経営するＡ社の工場と賃貸不動産がそれぞれ複数ある。XらとＹが遺産分割協議を行ったが，Ａ社の経営方針の相違からＹと X₃ が感情的に対立し，また，Ｙが祭祀を承継する代わりに，多数の財産を要求したことから，協議は難航した。最終的には，ＹがＡ社と主要な工場を引き継ぐとともに，自宅不動産を承継して，X₁ の身上監護を引き受けること，X₁ と X₂ が賃貸不動産をそれぞれ相続すること，ならびに，X₃ は残りの工場を承継して，新たに会社Ｂを設立することを内容とする協議が成立した。これらの不動産の権利承継については，移転登記手続が行われた。
>
> 　合意に従い，X₁ とＹ家族は同居し始めたが，Ｙの妻と X₁ の折合いが悪く，Ｙらは病弱な X₁ を放置するようになった。また，Ａ社よりＢ社の経営がよくなると，Ｙは，X₁ による X₃ への協力が原因と思い込み，些細なことで X₁ に暴力をふるったり，X₁ の預金を勝手に流用したりした。これを見かねた X₂ と X₃ が，X₁ を大事にするようＹに申し入れたが，改善されず，X₁ の体調は悪化する一方だった。
>
> 　(1)　X₁ を心配した X₂ と X₃ は，X₁ と話し合い，次のように対処することにした。まず，Ｙに対して協議分割を解除する。その後の遺産分割

調停で，自宅不動産を X_2 に承継させ，X_2 家族が X_1 と同居する代わり
に，賃貸不動産を Y に相続させることにし，その他の相続財産につい
ては先の協議分割と同じ内容とする遺産分割を目指す。こうして X ら
は，Y に対し，協議分割の解除を理由として，分割された各不動産につ
き，遺産共有時の権利関係を内容とする更正登記手続を請求した。この
請求は認められるか。

　(2)　Y は，X_1 との同居に限界を感じ，自宅から立ち退いて，X_1 の身
上監護を X_2 か X_3 に任せたいと考えた。そこで，X らと話し合い，先の
協議分割を合意解除したうえで，遺産分割をやり直すこととした。その
後，再度の遺産分割が成立しない中で，Y の債権者 G が，A 社工場の
土地と建物を差し押さえた。これに対する X らの第三者異議は認めら
れるか。

●】参考文献【●

星野英一「遺産分割の協議と調停」家族法大系刊行委員会編『家族法大系Ⅵ（中
川善之助還暦）』（有斐閣・1960）343 頁／河上正二・法協 107 巻 6 号（1990）
1042 頁／山田知司・判タ 780 号（1992）6 頁／潮見佳男「遺産分割の瑕疵・
解除」野田愛子＝梶村太市総編集『新家族法実務大系(3)相続・遺産分割』（新日本
法規・2008）386 頁／沖野眞已・百選Ⅲ 142 頁

（岡本裕樹）

相続人の不存在

　⑴　Aは，Bと婚姻し，子C・Dをもうけた。C・Dは社会人となった頃，家を出て，Aらとは離れた土地で暮らしている。

　Bが55歳で死亡し，Aはしばらく独居生活をしていたが，自身が65歳の時，近所で小売店を営んでいたEと再婚した。

　Aは75歳で死亡した。相続人はC・D・Eであり，Aの相続財産には甲土地が含まれていた。甲土地は，Aの親Fが購入し，資材置き場として利用していたものであったが，Aが単独相続した後は，まったく利用されず，更地の状態であった。

　⑵　Aの死亡から約12年後，Eが死亡した。Eには子や兄弟姉妹がおらず，戸籍上相続人のあることが明らかでなかった。また，Eは，小売店の経営難から，多額の債務を有しているようであった。

　上記⑴⑵の事実の下で，C・Dは，甲土地を必要としておらず，むしろ，甲土地を処分して，その対価を得たいと考えている。どのような方法が考えられるか。

●】**参考判例**【●

①　最判平成元・11・24民集43巻10号1220頁

●】**解説**【●

1　共有持分の処分

　Eの生前，Aの相続財産である甲土地は，相続人C・D・E間での遺産共有の状態にあった（898条1項）。遺産共有の法的性質は，物権法上の共有と異ならないとされ（最判昭和30・5・31民集9巻6号793頁。令和3年民法改

正による改正258条の2等も参照），「共有」であれば，各共有者は自己の持分を自由に処分できる。それゆえ，C・Dはそれぞれ，甲土地における自己の共有持分（法定相続分4分の1ずつ）を自由に処分することができる。

2 相続人不分明の場合の手続

本問では，共有者の1人であるEが死亡し，Eには，相続人のあることが明らかでない。そこで，C・Dとしては，民法255条にいう「共有者の1人が」「死亡して相続人がないとき」に当たり，Eの有した共有持分は，他の共有者C・Dに帰属したといえないかを検討する。仮に同条による持分帰属が認められれば，甲土地はC・Dでの共有となるから，C・Dによる甲土地全体の処分が可能となる（共有者全員が各自の共有持分を処分するとみることもできるし，甲土地全体の処分を改正民法251条1項の変更に当たると解して，全員の同意によるとみることもできる）。

問われるのは，Eの相続財産が，相続財産法人になることとの関係である。相続人のあることが明らかでない場合，相続財産は法人となり（951条），利害関係人等の請求により家庭裁判所が相続財産の清算人を選任し，相続人の捜索の手続をしつつ，相続財産を管理・清算する手続を進める。その後，相続人の不存在が確定し（改正958条），相続財産の清算後に残存すべき相続財産は，特別縁故者に対して分与されない限り（改正958条の2），国庫に帰属する（959条）。相続財産に属する共有持分も，相続財産の清算の対象となり，最終的には国庫に帰属することになるのか否か，すなわち，民法255条が上記のどの段階に適用されるのかが問題となる。

判例は，民法255条が同法959条の特別規定だとする。仮に，相続財産に属する共有持分についても，上記の取扱いを貫き，最終的に国庫に帰属させると，国と他の共有者との間に共有関係が生じる。これは，国としても不便であり，そうすべき実益もなく，むしろ他の共有者に帰属させたほうがよい。このような政策的考慮から，相続財産の国庫帰属に対する例外として設けられたのが民法255条であり，相続財産に属する共有持分は，相続財産法人の清算後も当該共有持分を承継すべき者がいないまま残存することが確定した時に，同条に基づき他の共有者に帰属するとする（参考判例①）。

本問においては，被相続人Eに多額の債務がある。相続財産を清算すれ

ば，積極財産はすべて相続債権者への支払に充てられ，残存しないことが見込まれる。よって，Eの有した甲土地の共有持分は，清算後に残存せず，255条に基づきC・Dに帰属する可能性はないと考えられる。

3 所在等不明共有者の持分の取得・譲渡権限の付与

それでは，C・Dが，相続財産の清算を経ずに，甲土地全体を処分する方法はないか。ここでは，Eにつき相続人のあることが明らかでない状況が，「他の共有者を知ることができず，又はその所在を知ることができない」場合に当たるとして，令和3年民法改正で新設された，当該他の共有者（所在等不明共有者）の持分を取得する制度（改正262条の2）またはその持分の譲渡権限を付与される制度（改正262条の3）を利用できないかを検討する。

裁判所は，共有不動産の共有者が他の共有者を知ることができず，またはその所在を知ることができないとき，共有者の請求により，当該共有者に対して，所在等不明共有者の持分を取得させる旨の裁判をすることができる（改正262条の2第1項）。また，同様のとき，共有者の請求により，所在等不明共有者以外の共有者全員が特定の者に対してその有する持分の全部を譲渡することを停止条件として，所在等不明共有者の持分を当該特定の者に譲渡する権限を付与する旨の裁判をすることができる（改正262条の3第1項）。

不動産が共有に属し，共有者の中に所在等不明共有者がいる場合，他の共有者が共有物全体の売却を希望しても，共有者全員の同意を得ることはできない。他の共有者としては，裁判による共有物分割を請求して（改正258条），所在等不明共有者の持分を取得するか，所在等不明共有者のために不在者財産管理人（25条以下）または所有者不明土地管理人（改正264条の2以下）を選任してその同意を得る方法が考えられるが，いずれも，裁判費用や報酬費用の支出を要する。そこで，令和3年民法改正では，このような手続を経ずに，共有物を売却することができるようにする趣旨で上記2つの制度が新設された。ただし，所在等不明共有者の持分が相続財産に属し，共同相続人間で遺産分割をすべき場合には，遺産分割の手続を妨げないよう，上記の裁判をするには，相続開始時から10年を経過していることを要する（改正262条の2第3項・262条の3第2項）。

上記の裁判により，共有者が所在等不明共有者の持分を取得し，または持

分を第三者に譲渡したときは，所在等不明共有者は自己の持分を失う。その代わりに，所在等不明共有者は，当該共有者に対し，当該共有者が取得した持分の時価相当額，または，不動産の時価相当額を所在等不明共有者の持分に応じて按分して得た額の支払を請求することができる（改正262条の2第4項・262条の3第3項）。また，この代金の弁済を確保するため，裁判所は，上記裁判の申立人に対して，裁判所が定める額の金銭をあらかじめ供託させることとなっている（改正非訟87条5項・88条2項）。

本問では，甲土地の共有状態は，Aの死亡により生じたもので，Aについての相続開始からすでに約12年が経過している。問題は，本問のように，共有者の1人が死亡し，相続人のいることが明らかでない場合が，「他の共有者を知ることができず，又はその所在を知ることができないとき」といえるかどうかである。

確かに，Eの有した共有持分は，本来，相続財産の清算を通じて，相続債権者への弁済に充てられるべきものである。しかし，上記2制度の立案過程では，共有持分は相続財産法人に属し，共有者は特定されていることを前提に，相続財産の清算人が選任されていなければ，共有者の所在等不明に当たると整理されている。よって，他の共有者は上記の裁判を請求することができ，他方で，相続債権者は，上記の裁判がなされるのに異議があれば，相続財産の清算人選任の申立てをすればよいということになる（改正952条1項。清算人の選任審判により，所在等不明状態を解消できる）。ただ，上記の裁判は，相続債権者にとっても一般に有益であろう。上記の裁判により，相続財産法人は供託金還付請求権を取得するから，共有持分が金銭化され，相続債権者としては支払を受けやすくなるからである。また，その額も，甲土地全体の時価相当額を基準に算定されるから，清算のために共有持分を競売にかけるよりも高額になる。

本問において，C・Dは，Eの有した共有持分を取得する旨の裁判により，その持分を各自の持分割合で按分して取得し（改正262条の2第1項後段），甲土地がC・Dそれぞれ2分の1ずつでの共有となれば，甲土地全体をC・Dの合意により処分することができるようになる。また，甲土地の譲受人が定まっていれば，Eの有した共有持分の譲渡権限を付与する旨の裁判

を利用することもできる。

4 清算手続と特別縁故者制度

本問とは異なり，Eの死亡がA死亡直後であるなど，Aの相続開始から10年を経過していない場合には，C・Dが所在等不明共有者の持分取得の裁判等を利用することができない。相続財産法人に属する共有持分については，次のような相続財産の清算手続が優先される。

まず，利害関係人または検察官の請求によって，相続財産の清算人選任の審判がなされる（改正952条1項）。ここでの「利害関係人」に当たるのは，相続財産の帰属について法律上の利害関係を有する者と解され，典型的には，受遺者や相続債権者であるが，C・Dのような「他の共有者」も，仮に相続財産を構成する共有持分を承継すべき者がいなければ，民法255条によりその取得が確定するのであるから，利害関係人に含まれるといえよう。

その後の手続は，次のとおりである。①家庭裁判所は，相続財産の清算人を選任した旨の公告および相続人があるならば一定の期間（6カ月以上）内にその権利を主張すべき旨の公告を行う（改正952条2項。相続人捜索の公告）。また，②相続財産の清算人は，すべての相続債権者および受遺者に対し，一定の期間（2カ月以上で，かつ，①で相続人が権利主張すべき期間が満了するまで）内に請求の申出をすべき旨を公告する（改正957条1項前段）。

相続財産の清算人は，②の公告期間が満了すると，期間内に申出したかまたは知れている相続債権者および受遺者に対して配当弁済をする（改正民法957条2項による929条準用）。その他の相続債権者および受遺者は，①の公告期間の満了までは，残余財産から弁済を受けることができるが（改正民法957条2項による935条），満了後は，権利を行使することができなくなる（改正958条）。

また，被相続人と特別の縁故があった者は，①の公告期間の満了後3カ月以内に，家庭裁判所に対して，清算後残存すべき相続財産の分与を請求することができる（改正958条の2）。清算後に残存した共有持分は特別縁故者に対する分与の対象となるのか，民法255条といずれが優先されるのかが問題となるが，判例は，同条が相続財産の国庫帰属に対する例外規定であること，共有持分のみが分与対象にならないとする合理的理由がないこと，共有

持分を特別縁故者と他の共有者のいずれに分与すべきかは家庭裁判所が特別
縁故者への分与の相当性を通じて判断できることなどを理由に，特別縁故者
に対する分与を優先させる立場をとる（参考判例①）。

　こうして，被相続人の有した共有持分は，当該共有持分が相続財産の清算
後にも残存し，かつ，特別縁故者に対して分与がなされなかった場合にの
み，255条により他の共有者に帰属する。

関連問題

　本問の(1)の事実に加えて，(2)ではなく，次のような事実があった場合
は，どうか。

　Aの死亡から約2年後，Eは交通事故に遭い，後遺障害が残り，小売
店を経営するのが困難となった。そこで，かねてから小売店での商売を
手伝っていた友人Gが小売店を引き継ぐこととなった。また，Gは，
週4回のペースでEの身の回りの世話を手伝い，Eから頼まれて，預金
通帳を預かり，必要な処理をしたりすることもあった。

　Aの死亡から約12年後，Eが死亡した。Gは，Eの遺体を引き取
り，Eについての祭祀法要を行った。Eは死亡時に，相続財産として，
甲土地の共有持分と，乙預金100万円のみを有しており，他方，債務
は負っていなかった。Eには相続人が見当たらないため，Gは自身がE
の特別縁故者に該当するとして，甲土地の共有持分および乙預金の取得
を希望している。

●】参考文献【●

民法・不動産登記法（所有者不明土地関係）等の改正に関する中間試案／同中間
試案の補足説明／法制審議会民法・不動産登記法部会・部会資料30／村松秀樹＝
大谷太編著『Q&A 令和3年改正民法・改正不登法・相続土地国庫帰属法』（金融
財政事情研究会・2022）124-165頁・236-239頁

（宮本誠子）

　Aが死亡し，その子Bが，単独でAの財産を相続した。Aの相続財産には，現金や預金以外に，土地αが含まれていた。Bは，20年前から都内の会社に勤めており，Aからは独立して生活している。土地αは，Bが生活している都心からアクセスするのに大変不便な田舎の山間部にある。BおよびBの家族は，都内を生活の拠点としており，今後とも都心部で暮らすことにしている。そのため，この土地は不要であり，管理することも困難であると感じている。

　Bは，Aの生前より，Aが土地αを所有していることは知っていたが，Aが土地αを処分したくとも買い手が見つからないとボヤいているのを聞いていた。そのため，B自身，土地αが売れないような土地であること以外，どのような土地であるのか特に関心もなかった。そこで，相続するにあたって調べてみたところ，次のことがわかった。土地αは，雑草が生え放題になっており，建物などは立っていない土地であるが，柵で囲われており，土地の境界は明らかである。また，登記簿の確認や周辺の聞き取り調査もしたところ，Aが単独で所有していたことが明らかで，土地αに担保権や用益物権といった土地利用権の設定もないことがわかった。このような状況下において，Bは，土地αの所有権を手放すことができるか。

●】 解説 【●

1　土地所有権を放棄できるか

　土地所有権を放棄することができるかについて，民法には一般的な規定が存在しない。唯一，民法287条において，承役地の所有者が，設定行為または設定後の契約によって自己の費用で工作物の設置または修繕の義務を負担

するという場合に，地役権に必要な土地の部分の所有権を放棄して地役権者に移転することによって，いつでもこの義務を免れることを規律するのみである。それでは，所有権の放棄は，一般的に認められるのであろうか。この点を考える前に，まず，所有権以外の権利（特に物に対する権利）の放棄に関する民法の定めをいくつか確認しておこう。

　まず，①共有者の1人が持分権を放棄した場合に，その持分権は他の共有者に帰属する（255条1項）というものがある。また，②地上権者は，存続期間を定めていなかった場合，別段の慣習がない限り，いつでも地上権を放棄できるとする規定がある（268条1項）。②の場合，放棄することによって，地上権者が有していた権利が所有者に復帰する。その他にも，③永小作権の放棄の規定があるが（275条），この場合も，永小作権者が有していた権利が所有者に復帰することになる。このように，所有権以外の権利が放棄された場合，所有権以外の権利によって所有権の権能が制限されていたのに，その制限がなくなるため，所有権者にその権能が復帰すると考えることができる。したがって，放棄されても，目的物の所有権が誰に帰属するかが明確である。

　以上との対比において，所有権の放棄について考えた場合，放棄された所有権が誰に帰属する（あるいは復帰する）と考えることができるかが問題になる。前述のように，所有権一般については放棄の規定がない。しかも，所有権以外の権利のように，終局的な権利の帰属先として所有者がいるわけでももちろんない（所有権そのものが放棄の対象となっているため）。このように，帰属先を観念することができない以上，所有権を放棄すれば無主物になると考えられている（例えば，佐久間毅『民法の基礎(2)物権〔第2版〕』〔有斐閣・2019〕28頁～30頁）。そして，無主物の不動産は，国庫に帰属すると民法が定める（239条2項）。

　では，このような放棄は認められるのだろうか。所有権の放棄が自由に認められるということは，所有者が利益になる間は所有して，不都合になったら放棄し，あとは国が負担を被るということが認められることになってしまう。そのため，不必要なものを処分するニーズがあるとしても，放棄がまったく無制限にできると考えることはできない。土地所有権の放棄に関する裁

判例においては，一般論として放棄を否定するわけではないものの，権利濫用を理由として否定しているものがある（例えば，広島高松江支判平成28・12・21訴務月報64巻6号863頁）。

　動産については，いらなくなった物について，ゴミ回収や廃棄物処理に関する仕組みが存在する。他方，不動産，特に土地については，これまで，こうした仕組みがまったく存在しなかった。そこで，2021年4月21日に「相続等により取得した土地所有権の国庫への帰属に関する法律」（以下，「相続土地国庫帰属法」という）が成立し，国が所有者から，一定の条件のもとで，所有権を引き取る仕組みができた。この制度はその名の通り，対象が土地所有権に限定されている。建物やその他の物は対象としない。以下では，相続土地国庫帰属法に基づいてできた「相続土地国庫帰属制度」について検討する。

2　相続土地国庫帰属制度の概要

　相続土地国庫帰属制度は，土地所有権が，私人から国に移転し帰属するものである。このような制度が必要になった背景には，人口減少により土地の需要が縮小しており，所有者の土地への関心が失われてしまうと適切に管理されなくなる土地が増加することがある。このような土地は，長年放置され，相続されても相続登記されず，最終的には所有者不明土地になってしまうおそれがある。結局，こうした所有者不明土地を国が最終的に管理することになるのであれば，社会的コストが増大するだけである（中間試案補足説明148頁）。他方で，土地を手放すことが容易に認められると，自分で取得した土地であるにもかかわらず，適切に土地を管理しなくなるというモラルハザードを誘発する危険がある。そこで，管理不全の土地が発生してしまうことを阻止しつつも，モラルハザードが生じないように，一定の範囲に限定して，土地を手放す制度が必要となる。

　相続土地国庫帰属制度は，①相続という，自発的に望んだわけではない事情によって土地を所有するに至った者は，②土地を管理するのに大きな障害がない場合に，法律が定める手続により所有権を国に帰属させることができる仕組みである。自分で土地を買った，あるいは贈与を受けた場合には，自らの意思でその土地を取得しており，この制度の対象にはならない。また，

あくまでも「移転」するのであり、「放棄」という概念は用いられていない。したがって、上記で説明したような、所有権の放棄→無主物化→国庫帰属というプロセスを経るのではなく、所有権が国に移転することになる。なお、この制度によらなくても、相続放棄をすれば、Bは土地αの所有権を相続しなくてすむ（915条）。しかし、相続放棄の場合は、Aの一切の財産を相続できなくなる（939条）。その点、相続土地国庫帰属制度は、土地αのみに限定して手放し、BはAの預金や現金を相続することができる。

以下、それぞれ、承認申請することができる者（上記①の点）と、申請が却下／不承認になる事由（上記②の点）に分けて検討する。

3　承認申請をすることができる者

相続により土地を取得した者、そして、相続人に対する遺贈の受遺者は、承認申請ができる。したがって、本問のように、Aが所有する土地を相続したBは、承認申請する資格がある。

仮に、Bに弟Cがおり、BとCで共同相続したが、遺産分割の結果、Bが土地αを取得したという場合でも、この制度の対象になる。また、Aが、遺産分割の方法としてBに土地を相続させる旨の遺言（特定財産承継遺言）を遺していた場合も、Bが相続により土地を取得したものといえるため、Bは承認申請する資格がある。相続人に対する遺贈の受遺者も承認申請ができるため、AがBに対し土地αを遺贈する旨の遺言をしていたという場合であっても、Bに承認申請の資格がある。実際、遺言に「Bが土地αを継ぐこと」とあった場合に、それが特定財産承継遺言なのか遺贈なのか区別がつかないこともある。

それでは、Aの相続人がBとCの2人で、相続により土地がBとCの共有になった場合はどうか。この場合、BとCの共同でのみ承認申請できる。この制度は、一筆の土地ごとに承認申請をするという制度になっているからである。したがって、Bの持分のみ、あるいはCの持分のみの承認申請はできない。仮に、Cの持分をCからDが買ったという場合には、BとDが共同で承認申請することになる。この場合、Dは自らの意思で買って取得しているのだから、承認申請の対象にならなさそうである。しかし、これを認めないと、持分のみの承認申請を認めない以上、共有者であるBの

承認申請の途が閉ざされてしまう。そのため，ＢとＤが共同で承認申請することは認められる。

　Ａの生前にＢが贈与を受けた土地は，承認申請をすることができない。Ｂが，自分の意思によって，Ａと贈与契約しているのだから，申請できないことになる。贈与がＡの死亡により効力を生ずるという死因贈与（554条）であっても，承認申請は認められない。

4　申請却下事由

　相続土地国庫帰属法2条3項が定める事由がある場合には，承認申請できない。そうした事由があるにもかかわらず申請した場合，承認申請が却下される。これらの却下事由は，実質的・評価的な審査を要せずに，客観的に存否を判断できるものである。

　相続土地国庫帰属法2条3項の却下事由は5つある。①建物の存する土地（同項1号）や，②担保権または使用および収益を目的とする権利が設定されている土地（同項2号）の申請は却下される。担保権は抵当権や質権など特別担保のみを指す（一般の先取特権は含まれない）。使用収益権は，地上権や永小作権，賃借権などである。③通路，ため池や井溝など他人による使用が予定される土地として政令で定めるものが含まれる土地（同項3号），④土壌汚染対策法2条1項に規定する特定有害物質であって，法務省令で定める基準を超えるものにより汚染されている土地（同項4号）の申請も却下される。また，⑤境界が明らかでない土地その他の所有権の存否，帰属または範囲について争いがある土地（同項5号）も，申請が却下される。

　これらの事由に当たらず，他の承認申請を却下すべき事由（承認申請権限がない者による申請，書類の提出や手数料の納付がない場合〔相続土地国庫帰属法3条〕など）もない場合，その申請は却下されない。もっとも，申請が却下されないからといって，必ず承認がされるわけではない。次に検討する不承認の事由がないときに，はじめて承認がされる。

5　不承認事由

　承認申請が可能であるとして承認申請が受理された後，法務大臣は，承認の適格性について事実を調査する。調査をした結果，不承認事由があるときに，不承認の処分がされる。不承認事由がない場合，法務大臣は，国庫帰属

を承認しなければならない（相続土地国庫帰属法5条1項）。ただし，承認がされた場合には，申請者は負担金（その土地の管理に要する10年分の標準的費用の額を考慮して政令で定められる）を納付しなければならない（同法10条1項）。

　不承認の事由は，5つある（相続土地国庫帰属法5条1項）。①勾配や高さについて政令で定める基準に該当する崖地（同項1号），②土地の通常の管理処分を阻害する工作物，車両や樹木などの有体物が地上に存する土地（同項2号），③除去しなければ土地の通常の管理処分をすることができない有体物が地下に存する土地（同項3号），④隣接する土地の所有者などとの争訟によらなければ通常の管理処分をすることができない土地として政令で定めるもの（同項4号）は，不承認となる。このほか，⑤として，①から④までに当たらなくても，通常の管理処分をするに当たり過分の費用または労力を要する土地として政令で定めるもの（同項5号）も不承認となる。

6　申請却下事由や不承認事由が定められた理由

　本件の土地 *a* は，建物も建っていない更地で，雑草が生えているだけである。そして，土地の境界線も明らかであり，他の権利の設定もない。そうすると，却下事由や不承認事由に当たる事実はなさそうである。そもそも，なぜこうした却下事由や不承認事由が規律されているのか。

　却下事由や不承認事由には，第三者の権利の対象になっているなど第三者との調整が必要になる場合（却下事由②③⑤，不承認事由④など）や，土壌汚染や危ない崖地その他通常の管理を阻害する事由がある場合（却下事由④や不承認事由①②③など）である。前に述べたように，この制度が正当化できるためには，所有者が容易に国に負担を転嫁するような不当性を防止（モラルハザードの防止）する必要があるが，これらの事由は，こうした管理・処分費用の負担が過大になることを阻止するために設けられている。また，こうした事由に該当する土地については，別の法律により，誰が処理費を負担するのか規律されている場合もある。たとえば，土壌汚染対策法は，土地の所有者が除去し，除去に要する費用を原因者に対し請求することを定めている（同法7条・8条。危ない崖地である場合には，急傾斜地の崩壊による災害の防止に関する法律9条・12条）。したがって，相続土地国庫帰属制度以外の他

の制度での解決がなされるべきことから対象外としているものもある。

7　承認に問題があった場合の損害賠償責任と承認の取消し

(1)　承認申請者の損害賠償責任

　申請却下事由（上記4）や不承認事由（上記5）が存在するにもかかわらず承認された場合で，これによって国に損害が生じたとき，その事由の存在する事実を知りながら（つまり，故意により），それを告げずに承認を受けた者は，国に対し損害賠償責任を負う（相続土地国庫帰属法14条）。故意に限定される理由は，承認を与える際に国も調査をしている以上，その調査が不完全であったという不利益を承認申請者だけが負担するのは適当でないからである。

(2)　承認の取消し

　法務大臣は，承認申請者が偽りなど不正の手段により承認を受けた場合，その承認を取り消すことができる（相続土地国庫帰属法13条）。これは，土壌汚染があるのに，それがないと信じさせる詐術を用いたような場合である。仮に，承認申請者が過失により汚染に気づいていなかった場合，承認を取り消すことはできない。この場合も，(1)と同様，承認を与える際に国が調査をしていることを考慮して，不正手段があった場合に限定して認められている。

　承認が取り消されれば，国庫への土地所有権の帰属は，遡って効力を失う。すでに国が土地を売却などしていた場合等，そうした土地の取得者の権利関係が覆されることになるため，承認を取り消すには，それらの者の同意が必要である。

> **発展問題**
>
> 　本問について，Bが，相続土地国庫帰属制度の承認申請をしたものの承認が認められなかった場合（例えば，地中に何らかの埋蔵物が見つかった等），なお，所有権一般の法理に従って土地αの所有権を放棄することができるか検討しなさい。また，Bが承認申請をするのではなく，相続放棄することとした場合に，2つの制度の相違点を論じなさい。

●】参考文献【●

村松秀樹＝大谷太編著『Q&A 令和３年改正民法・改正不登法・相続土地国庫帰属法』（きんざい・2022）／松尾弘『物権法改正を読む』（慶應義塾大学出版会・2021）／七戸克彦『新旧対照解説改正民法・不動産登記法』（ぎょうせい・2021）

（原　恵美）

高齢者の自筆証書遺言

A（85歳）が2020年1月30日に死亡した。Aの遺産は自宅である甲不動産と預金である。Aには，亡夫（2013年に死亡）との間に2人の子（長男X・長女Y）がいる。Aは，2017年1月1日付で，「ゆいごん　世話になった長女に私の財さんぜんぶをまかせます」と記された自筆証書遺言（本件遺言）を残していた。本件遺言に方式違反はない。

Aは，夫の死後，甲不動産に一人で暮らしていたが，2014年夏に転倒して歩行障害を患い，日常生活に支障を来すようになった。Aは，同居して面倒を看るようにXに頼んだが，Xは，Xの妻とAの不仲を理由に拒絶した。そこで，遠方に住んでいたYが，自身の自宅を処分して，甲不動産に引っ越して同居し，Aの世話をすることになった。Aは近所の友人に「Yには本当に感謝している」とよく言っており，A・Yの関係は最後まで円満であった。Aは，2016年夏頃から物忘れが酷くなり，翌年2月初めに病院でB医師による診察を受けたところ，軽度の認知症と診断された。この時点では，Aはさほど大きな支障なく他人と意思疎通できていたが，2018年末に体調不良で入院してから認知症も悪化し，2019年10月には中等度から重度の認知症と診断されるに至った。

本件遺言は，Aの死後，Aの着物箪笥の引出しの奥から見つかり，検認手続がなされた。Xは，本件遺言が無効であることの確認を求めて訴えを提起した。Xの請求は認められるか。

●】 **参考判例** 【●

① 最判昭和58・3・18判時1075号115頁

② 最判平成17・7・22判時1908号128頁

③ 最判平成5・1・19民集47巻1号1頁

④ 東京高判平成25・3・6判時2193号12頁

●】解説【●

1　問題の所在：遺言の効力が否定される場合

遺言は，所定の方式に従って意思表示がなされることにより，成立する（960条）。本件遺言は，方式違反がなく，自筆証書遺言として成立している。遺言は，成立すれば，原則として遺言者の死亡時にその内容どおりの効力を生ずる（985条1項）。しかし，遺言（意思表示）の成立過程に問題がある場合や遺言の内容に問題がある場合は，遺言の効力は否定され得る。前者は，遺言無能力，意思の欠缺，意思表示の瑕疵等を理由に遺言の効力が否定される場合であり，後者は，内容の確定不能，遺言事項に該当しないこと，公序良俗・強行法規違反等を理由に遺言の効力が否定される場合である。

本件遺言に関しては，第1に，本件遺言中の「まかせます」という文言の意味が不明確である点に関して，遺言の内容が確定できるかどうか，また，確定できるとして，それが遺言事項に該当するかどうか等が問題になり得る。第2に，本件遺言書作成時から約1ヵ月後にAが認知症に罹患していることが判明しているので，遺言作成時におけるAの遺言能力の有無が問題になり得る。Xの請求は，本件遺言について上記のいずれかの効力否定原因があれば，認められる。

これらの効力否定原因の有無を検討するためには，まず本件遺言の内容を確定する必要がある。

2　本件遺言の内容

⑴　遺言の解釈

遺言の内容を確定するために必要となるのが遺言の解釈である。遺言は相手方のない単独行為なので，契約の解釈の場合のように，表示に対する相手方の信頼を保護する必要はない。したがって，遺言の解釈では，もっぱら遺言書に示された遺言者の真意（主観的意思）の確定が目的となる。そして，

真意の探究にあたっては，遺言書の文言を形式的に判断するだけでなく，遺言書の全記載との関連，遺言書作成当時の事情および遺言者の置かれていた状況などの遺言書外の諸事情を考慮することも許される（参考判例①）。

　遺言書外の諸事情を用いて探究された遺言の主観的意味が，客観的意味と異なる場合は，前者の意味で遺言の内容が確定される（参考判例②）。たとえば，「私の全遺産を友人Ｆに相続させる」という遺言があるとする。「相続させる」という文言は，その客観的意味としては，（相続人に）その相続権に基づいて遺産を承継させることを意味し，非相続人であるＦに「相続させる」ことはできない以上，この遺言は無効な内容を定めたものということになりそうである。しかし，遺言者が「相続させる」という文言を「与える」という意味で用いたこと（主観的意味）が解釈で明らかになれば，この主観的意味により，この遺言はＦへ全遺産を「与える（取得させる）」内容であるとされる。ここで，遺言でなし得る事項（遺言事項）は法定されているところ，非相続人に遺産を取得させるという内容は，遺言事項のうちの遺贈（964条）にあたるので，この遺言はＦへの全財産の「遺贈」と解釈される。このように，遺言の解釈においては，主観的意味によって確定される遺言の内容が遺言事項に該当するかどうか，および，どの遺言事項に該当するのかも，常に意識する必要がある。いくら内容が確定できても，遺言事項に該当しない内容の遺言であれば，効力を生じないからである。

　本件遺言は「世話になった長女に私の財さんぜんぶをまかせます」というものである。「世話になった長女」がＹを指し，「私の財さんぜんぶ」がＡの全遺産（甲不動産と預金）を意味することに問題はないだろう。これに対して，「まかせる」という文言は，客観的には「事の処置などを他のものにゆだねて自由にさせる」・「相手の思うままにさせる」ことを意味する。したがって，文言の客観的意味によれば，本件遺言は，Ａの全遺産について，Ｙに，⑦相続分の指定を委託する趣旨か（902条），④遺産分割方法の指定を委託する趣旨か（908条），⑨相続分と遺産分割方法の両方の指定を委託する趣旨か，⑩遺産分割手続を委託する趣旨であると考えられる。他方で，遺言書の全記載との関連（「まかせる」とされたのが「世話になった」長女である点），遺言書作成当時の事情および遺言者の置かれていた状況（Ｙは，Ａと同

居してその世話をしていたこと，Ａは，自分の世話をしてくれるＹに感謝していたこと，Ａ・Ｙの関係が円満だったこと）も考慮すれば，文言の客観的意味と異なるが，Ａは「取得させる」という意味で「まかせる」という文言を用いた可能性がある。そうすると，本件遺言におけるＡの意図は，㋪Ａの全遺産をＹに取得させる，すなわち，包括遺贈する（964条）趣旨であると考えられる。

　本問のような「（財産を）まかせる」という遺言について，遺贈か否かが問題になった裁判例はいくつかあるが，その判断は分かれている（遺贈の可能性を認めたものに，東京高決平成9・8・6家月50巻1号161頁，大阪高判平成25・9・5判時2204号39頁があり，遺贈ではないとしたものに，東京高判昭和61・6・18判タ621号141頁がある）。判断を分けたのは遺言書外の事情である。このように，同じ（不明確な）文言についての解釈であっても，遺言書外の事情の援用により，個別事案ごとに解釈結果は異なり得る。

　なお，遺言書外の事情の援用は解釈において不可避であることが多いが，遺言書外の事情を無制限に用いた自由な解釈を認めると，遺言の文言からまったくかけ離れた解釈結果で遺言内容が確定されるおそれがある。これは，遺言に厳格な方式要件が課されている趣旨に反する。そのため，遺言の解釈においては，真意の探究という要請と要式性の関係をどのように調整するかが重要な問題となることに留意すべきである。

⑵　**本件遺言の有効性**

　以上のように5つの解釈可能性が考えられるものの，㋐〜㋓であれば本件遺言は無効である。まず，本件遺言が㋓であれば，遺言事項に該当しないので，無効である。本件遺言が㋐・㋑・㋒・㋪ならば，遺言事項に該当する。しかし，通説・裁判例によれば，相続分や遺産分割方法の指定の委託を受ける者は相続人以外の者でなければならず，相続人の一人に対する指定の委託は無効である（指定の公正を期待できないことがその理由である。中川善之助＝泉久雄『相続法〔第4版〕』〔有斐閣・2000〕262頁・334頁。相続分の指定の委託について大阪高判昭和49・6・6家月27巻8号54頁，遺産分割方法の指定の委託について東京高判昭和57・3・23判タ471号125頁）。したがって，本件遺言が㋐〜㋒である場合も，やはり無効となる。そうすると，Ｘの請求は，

本件遺言が⑦〜㋓のいずれかとされる場合に認められることになる。しかし、そもそも、本問の事実関係からは、5つの解釈可能性のうち㋔がAの意思解釈として最も自然であるように思われる。そうでないとしても、判例（参考判例③）によれば、ある遺言について複数の解釈可能性がある場合に、遺言が有効になる解釈と無効になる解釈とが考えられるときは、前者によるべきだとされる（有効解釈）。この立場をとるならば、本件では、遺言が有効となる唯一の解釈である㋔によるべきこととなろう。そうすると、無効な内容の遺言であることを理由とするXの主張は認められないことになる。

3　遺言能力

本件遺言の内容が㋔であるとしてもなお遺言が無効になり得る場合として、Aの遺言能力の有無を検討しよう。

満15歳以上で（961条）、意思能力がある者は、遺言をすることができる（遺言能力）。意思能力については、これを一般的・抽象的な事理弁識能力ととらえる立場と、行為の法的な意味（当該法律行為をすればどうなるか）を理解する能力ととらえる立場がある。「意思能力」として要求される能力の程度は、前者の立場に立つ場合には満7歳程度の知的判断能力ということになるが、後者の立場に立つ場合には一律かつ抽象的には定まらず、対象となる具体的な行為の種類・内容等によって異なることになる。今日では、後者の立場が有力である。なお、後者の立場による場合に、遺言能力の判断の対象となる「具体的な行為」とは、遺言そのもの（遺言全体）ではなく、遺言内容を構成する個別の遺言事項（遺贈、相続分指定、認知など）である。したがって、1つの遺言の中に複数の遺言事項が含まれる場合に、そのうちのある遺言事項について遺言能力が肯定されて、別の遺言事項については否定されるということもありうる。

近時の裁判例の多くも、遺言に要求される意思能力を「遺言事項を具体的に決定し、その法律効果を弁識するのに必要な判断能力たる意思能力」等と定義し、個別具体的事情をもとに「当該遺言者が当該遺言の具体的内容を正確に理解していたかどうか」という観点から、遺言能力の有無を判断する傾向にある。ここでは、後者の立場に立って検討してみよう。

遺言能力の有無の判断にあたっては、ⓐ（遺言作成日やその前後の期間にお

ける）遺言者の知的障害の有無，その程度および内容，ⓑ遺言の内容（内容の複雑さ・遺言がもたらす結果の重大性），ⓒ遺言をする動機・理由（遺言者と相続人や遺言の受益者との関係，遺言作成に至る経緯など）等の諸要素が考慮されるほか，自筆証書遺言については場合によってはⓓ自書した文面（書字の乱れや誤記の有無，体裁）も考慮され得る（石田明彦ほか「遺言無効確認請求事件の研究(下)」判タ1195号〔2006〕81頁以下）。遺言能力も，人に備わった認識機能を前提とする能力である以上，その有無の判断の出発点となるのは，ⓐについての認定であり，これとⓐ以外の要素についての各間接事実やその相関関係が総合考慮されて，遺言能力の有無が判断される（参考判例④）。

　本問のケースでは，Aは遺言作成から約1ヵ月後に認知症と診断されており，遺言作成時においてもすでに認知症に罹患していた可能性が高い。しかし，症状の程度は軽度であり，他人との意思疎通に大きな支障がなかったことから，判断能力の減退があったとしても，その程度は大きくなかった可能性がある（要素ⓐ）。そうすると，Aの遺言能力の存否の判断にあたっては，特に遺言の内容（要素ⓑ）との関係が重要になる。というのは，遺言者に要求される能力の程度・有無は，当該遺言の内容の複雑さや当該遺言によってもたらされる結果の重大性との相関関係に左右されるからである。

　2で検討したとおり，本件遺言は長女への全財産の遺贈を定めたものであるとする。要素ⓑに関しては，本件遺言は抽象的には重大な結果をもたらし得るものであるが（特定の者が全財産を取得する），遺贈する理由として受遺者Yに世話になったことが記載されていること，および，内容が簡明であることを挙げることができる。要素ⓐⓑを併せて考慮するならば，Aは内容を正確に理解して本件遺言をした（Aは遺言能力を有していた）と判断される可能性がある。さらに，要素ⓒに関しては，遺言書の記載，日頃のAの言動やA・Y間の円満な関係から，Aに遺言をする合理的理由があると思われること（世話になったYへの感謝，遺産たる不動産にYが居住していること）を挙げることができ，これも，上記の判断を補強するものとなり得る。

　(1)　本問のケースを変形し，本件遺言は，「長女Yに私の財さんぜんぶをあたえます」というものだったとする。また，Yは，Aの子ではなく，出生時に産院で誤ってAの実子であるWと取り違えられた他人の子であることが，A死亡後に判明し，XがYに対して提起したA・Y間の親子関係不存在確認の訴えが認容され，かつ，Aの実子Wが提起したA・W間の親子関係存在確認の訴えが認容されたとする。このような事態によって，本件遺言の解釈は影響を受けるか。影響を受けるとすれば，本件遺言の解釈はどうなるか。

　(2)　本問のケースにおいて，その後，Aの公正証書遺言（以下，「第2遺言」という）が新たに見付かったとする。第2遺言は，2019年12月1日に，Aが入院していた病室で，証人2名の立会いの下，公証人Zによって作成されたものであり，「甲不動産はXとYがその共有持分を各2分の1として相続し，預金はXが相続する」と記載され，遺言者・証人・公証人の署名・押印のほか，末尾に「遺言者は，手指不自由につき自署不能であるので本職において署名を代書し，印鑑を押捺した」旨のZの付記が記載されていた。なお，第2遺言の作成手続については，以下のような事情があった。すなわち，Zは，Xから事前に聞いたAの第2遺言の内容をあらかじめ書面に記載しておき，遺言作成日においてAの病室へこの書面を持参した。そして，Zが，この書面を証人とAに対して読み上げて，この内容でよいかと確認したところ，Aは「はい，そうです」と返事していた。Yが第2遺言の無効であることの確認を求めた場合に，請求は認められるか。

●】参考文献【●

鹿野菜穂子「遺言能力」野田愛子＝梶村太市＝岡部喜代子『新家族法実務大系(4)』（新日本法規・2008）52頁／岩木宰「遺言能力」判タ1100号（2002）469頁／浦野由紀子・百選Ⅲ 170頁

（浦野由紀子）

遺言の解釈
──後継ぎ遺贈

Aは，自筆証書の遺言書（本件遺言書）を作成し，その2年後に死亡した。本件遺言書には，全部で10項にわたる記載があったが，その第7項（本件条項）には，「①甲不動産（Aが経営していた『乙木材』と称する会社が，その資材置き場等として使用していた土地建物）を妻Bに遺贈する，②Bの死亡後は，C_1・C_2（いずれもAの弟。以下，「Cら」という）が甲不動産を各2分の1の割合で分割所有する」との記載があった。本件遺言書には，本件条項以外に，第3項にA死亡後の乙木材の経営に関する条項（乙木材の経営をCらにゆだねることなど），第4項にBの生活保障に関する条項（甲不動産を乙木材に賃貸し，その賃料はBの生存中はBが取得するものとすること，Bの生存中にCらは甲不動産につきBの賃料収入を妨げるような処分をしてはならないことなど），第5項には甲不動産以外の他の財産に関する条項などが置かれていたほか，第10項には，「Bが一括して遺贈を受けたことにしたほうが租税の負担が著しく軽くなるときは，Bが全部を相続したことにし，その後に前記の割合で分割することにしても差し支えない」旨が記載されていた。なお，乙木材は，AがCらと協力して経営してきたものであり，Aは生前Cらに，従前どおり甲不動産を置き場として経営を持続してほしい旨を繰り返し言っていた。A・B夫婦の間には，子Dがいたが，Dは乙木材の事業には関わらず医師として働いている。

Bは，本件条項に基づき，BがAから甲不動産の単純遺贈を受けたものであるとして，甲不動産につきB名義への所有権移転登記を済ませた。

これに対し，Cらは，本件条項はCらに対する遺贈であると主張

し，Bに対して，B名義の上記登記の抹消登記手続を求めている。B
はこれを拒むことができるか。

●】参考判例【●

① 最判昭和 58・3・18 判時 1075 号 115 頁
② 最判平成 17・7・22 判時 1908 号 128 頁
③ 最判平成 13・3・13 判時 1745 号 88 頁

●】解説【●

1 遺言の解釈における遺言者の真意の探究

　遺言制度は，遺言をした者の意思を尊重し，遺言者の死後，その意思表示
に法的な効力を認め，その実現を確保するための制度である。しかし，遺言
の中には，その趣旨が明確でないものも少なくなく，その場合，遺言の解釈
が問題となる。

　遺言の解釈も法律行為の解釈の1つであるが，契約と異なり，遺言は相手
方のない単独行為であることから，遺言の解釈においては，相手方の信頼の
保護や取引の安全を考慮する必要はなく，遺言者の真意（遺言者が表示に付
与した意味）の探究が行われるべきであると考えられている（中川善之助＝泉
久雄『相続法〔第4版〕』〔有斐閣・2000〕483 頁など通説）。判例も，すでに大
審院がそのような考えを示してきたし（大判昭和 5・4・14 評論 19 巻 672
頁），最高裁も，本問と類似の事案において，「遺言の解釈にあたつては，遺
言書の文言を形式的に判断するだけではなく，遺言者の真意を探究すべき」
であるという解釈準則を改めて明示した（参考判例①）。そして，遺言書が多
数の条項からなる場合において，そのうちの特定の条項を解釈するにあたっ
ても，単に遺言書の中から当該条項のみを他から切り離してその文言を形式
的に解釈するだけでは十分ではなく，「遺言書の全記載との関連」なども考
慮すべきだとした（参考判例②も同様）。

2　真意の探究と要式性との関係

　遺言者の真意の探究の際に遺言書外の事情も広く用いることができるのかは，さらに問題となる。遺言については，厳格な方式が要求されているところ，遺言書外の事情を無制限に用いてよいということになると，遺言の記載からまったく離れた解釈を許すことにもなりかねない。そこで，真意の探究と要式性との調整をいかにして図るのかが問題となるのである。

　この点につき，学説には，要式性を厳格に解して遺言書外の事情の考慮を認めない見解（柳川勝二『日本相続法註釈㊦』〔巌松堂書店・1920〕308頁）もあったが，学説の多数は，遺言書外の事情の援用を認めるべきだとしてきた。ただし，後者の中でも，遺言書外の事情の援用を制限なく認めるものと（近藤英吉『判例遺言法』〔有斐閣・1938〕94頁，高野竹三郎「遺言の解釈」早法29巻2＝3号〔1954〕309頁など），要式性との関係で限度があるとするもの（来栖三郎「遺言の解釈」民商78巻5号〔1978〕571頁以下）に分かれていた。

　参考判例①は，遺言書の特定の条項の解釈において，「遺言書の全記載との関連」とともに，「遺言書作成当時の事情及び遺言者の置かれていた状況など」も考慮して，遺言者の真意を探究し当該条項の趣旨を確定すべきであるとした。同判決は，最高裁として初めて，遺言書外の諸事情を解釈資料として用いることができるという考え方を明らかにしたものである。その後，参考判例②も，「法的に定められたる相続人を以って相続を与へる」との遺言条項につき，遺言作成時の諸事情を考慮することなく文言を形式的に解釈した原審の判断には審理不尽の違法があるとした。

　一方，参考判例③は，「遺言書の記載自体から遺言者の意思が合理的に解釈し得る本件においては，遺言書に表れていない……事情をもって，遺言の意思解釈の根拠とすることは許されない」として，遺言書外の事情を用いることのできる場合の限界を示した（同判決は，「不動産」の遺贈につき，遺言書外の事情に照らして建物のみの遺贈と解釈した原判決を破棄し，建物と土地を一体として遺贈する趣旨だと解釈したものである）。

　つまり，遺言書に記載された遺言者の意思が遺言書自体からは明確でない場合には，それがいかなる意味で記載されたかを明確にする必要があり，それを明確にするための解釈資料として，遺言書作成時の事情や遺言者の置か

れていた状況など，遺言書外の諸事情を考慮することができ，また考慮するべきであるが，逆に，遺言書の記載において遺言者の意思を合理的に確認できる場合に外部的事情に依拠してこれを修正することや，遺言書に記載されていない事項を外部的な証拠によって遺言者の意思とすることは遺言の要式性に反し，許されないとする趣旨といえよう。

3　いわゆる「後継ぎ遺贈」とその背景

　本問で直接問題となっているのは，本件遺言書の第7項の解釈である。同項は，本件不動産をBに遺贈し，Bの死亡後はCらに分割所有させることを定めており，いわゆる「後継ぎ遺贈」を内容とするものとみえる。後継ぎ遺贈とは，「受遺者甲の受ける財産上の利益がある条件が成就しまたはある期限が到来した時から乙に移転するという内容の遺言」を指すものとして旧法時から理解されていた（穂積重遠『相続法第2分冊』〔岩波書店・1947〕404頁）。典型的には，受遺者を甲としたうえで，受遺者甲が死亡した後には，甲の相続人に遺贈の目的物を相続させるのではなく，被相続人の指定する別の者に遺贈の目的物を与えるというものである。

　「後継ぎ遺贈」は，すでに明治民法の家督相続制度の下で利用されていた。明治民法の施行前には，たとえばAの相続人Cが幼少である場合に，Cが成人するまで仲継ぎとして他の者Bが相続人となる「仲継相続」が慣習として用いられていたが，明治民法は，相続順位を破ることになるという理由からこれを認めなかった。しかし，後継ぎ遺贈は，仲継相続と同じ効果を生じさせる制度として利用できるといわれていた。その後，戦後の改正によって民法は，家督相続を廃止し，個人の自由意思の尊重と共同均分相続制を，近代的相続制度の原則として採用した。しかし，たとえば農業経営やその他の事業の経営をする者が，一方で，相続による資産の細分化によって経営の基盤が失われることを防止し，また従前から当該事業に携わってきた者などを後継者として選定することによって，自らの死後における事業の継続を図り，他方で，それと同時に生存配偶者など一定の者の生活保障を図りたいと望む場合も少なくない（あるいは，順次，自らの指定する一定の者の生活保障を図りたいという場合もあろう）。そこで，現行民法の下でも，このような要請に基づいて，「後継ぎ遺贈」が行われることがあった。本問の事例

も，このような目的によるものであったといえよう。

4 「後継ぎ遺贈」の有効性

このような後継ぎ遺贈（特に第2次遺贈）の効力をどう解するかは1つの問題とされてきた（中川善之助＝泉久雄『相続法〔第4版〕』〔有斐閣・2000〕569頁）。従来の学説においては，後継ぎ遺贈について，(i)第2次受遺者の遺贈利益を保障しようとすれば第1次遺贈の受遺者の処分権を制限しなければならず，第1次受遺者の所有権が空虚なものになること，(ii)第1次受遺者が死亡した場合にその相続人と第2次受遺者との法律関係の説明が困難となること，(iii)第1次受遺者の債権者と第2次受遺者との法律関係も不明確であることなどを指摘し，第2次遺贈は無効だとする見解（無効説）が通説とされてきた（中川＝泉・前掲577頁，泉・後掲参考文献も参照）。これに対し，近時は，後継ぎ遺贈をめぐる法律問題は既存のルールの適用により処理され得るとする有効説も有力に主張されている（米倉明「後継ぎ遺贈の効力について」タートンヌマン3号〔1999〕1頁以下など。ただし，米倉説が有効とするのはあくまでも，Bの死亡によりBへの遺贈は将来に向かって失効し，同時に，Bの死亡を不確定期限としてAからCらに対して遺贈がなされる型の後継ぎ遺贈である）。

参考判例①の原審は，本問類似の事案において，本件条項による遺贈は「後継ぎ遺贈」であるとしたうえで，後継ぎ遺贈を有効とすると，第1次受遺者の受ける遺贈利益の内容が不明確となり，第1次受遺者，第2次受遺者および第三者の相互間の法律関係が不明確であることなどの観点から，第2次受遺者の遺贈利益に法的保護を与えるのは相当でないとし，本件では，Bへの第1次遺贈は単純遺贈として有効であるが，Cらへの第2次遺贈の部分は，Aの希望を述べたにすぎず（遺贈としての）効力はないとした。

しかし，これに対して参考判例①は，これを遺言の解釈の問題としてとらえた。すなわち，本件遺言は，問題となっている本件条項のほかに多数の条項からなっており，本件条項を解釈するにあたっては，他の条項との関連や遺言作成時の諸事情などを考慮するべきであるとした。そのうえで，本件遺言の趣旨は，㋐原審のようにBに対する「単純遺贈」とAの単なる希望を述べたにすぎないと解する余地もないわけではないが，㋑本件不動産の所有

権をＣらに移転すべき債務をＢに負担させたＢへの「負担付遺贈」と解するか，また，⑰Ｃらに対しては，Ｂ死亡時に本件不動産の所有権がＢに存するときには，その時点において本件不動産の所有権がＣらに移転するとの趣旨の遺贈であると解するか，さらには，㋐Ｂは遺贈された本件不動産の処分を禁止され実質上は本件不動産に対する使用収益権を付与したにすぎず，Ｃらに対するＢの死亡を不確定期限とする遺贈であると解するかの各余地も十分にありうるのであり，原審としては，本件遺言書の全記載，本件遺言書作成当時の事情などをも考慮して，本件遺言の趣旨を明らかにすべきであったとして，原判決を破棄し差し戻した。

5 本件条項の解釈

以上を前提とすると，本件条項はいかに解釈されるべきであろうか。本問は，参考判例①をモデルにしたものであるが，いくつかの点で事情に違いもある。

本件遺言のうち，本件条項だけを切り離してとらえると，Ｂに対する単純遺贈で，その他はＡの希望を述べたにすぎないと解する余地も考えられるが，必ずしも明確ではない。先に１と２で確認した遺言の解釈に係る準則に従えば，本件条項の趣旨を解釈するにおいては，遺言全体の記載との関連や，さらには遺言作成時の事情等も考慮に入れて遺言者の意思が探究されるべきことになろう。そして，より具体的に本件条項については，第10項，第３項，第４項などの他の条項との関連，そしてさらに，甲不動産の利用に関する従前の経緯と乙木材の経営をめぐる諸事情に照らしてこれをみると，Ｂへの「遺贈」としているのは，Ｂが生存している間，甲不動産についての収益権を与える趣旨であるととらえることが可能であるように思われる。つまり，参考判例①の示した上記解釈可能性の最後のもの（Ｂは遺贈された本件不動産の処分を禁止され，実質上はＢに本件不動産に対する使用収益権を付与したにすぎず，「Ｃらに対するＢの死亡を不確定期限とする遺贈」）と解される可能性があるといえよう。

6 信託との関係

上記４で述べたとおり，後継ぎ遺贈の有効性については学説に議論があり，現行民法の下では無効説も有力であった。しかし，今日では，信託法が

改正されて受益者連続信託（同法91条）が新設され，これを用いることにより，数次にわたり財産の引継先を指定できるという意味で，後継ぎ遺贈に近い効果を導くことが可能となった（信託については，本書52を参照）。

> **関連問題**
>
> 　Aは，妻であるBとの間に子供ができなかったので，友人夫婦に生まれた子Cについて，実子として養育する意図で，A・B夫婦の嫡出子として出生の届出をし，実の親子関係と同様の生活をしてきた。その後，Bが病気で死亡し，その数年後，Aは，自筆証書遺言書（本件遺言書）を作成して死亡した。
>
> 　本件遺言書の第4項には，「他の条項で特に定めたものを除き，遺言者は法的に定められたる相続人をもって相続を与える」旨の記載があった。Aの妹Dと弟Eは，CはAの子ではなく，自分たちが法定相続人であると主張して，遺産に属する甲不動産等につき各法定相続分の割合で持分を有すると主張しているが，この主張は認められるか（参考判例②参照）。

●】参考文献【●

浦野由紀子・百選Ⅲ 170頁／泉久雄・昭和58年度重判91頁／川淳一「負担付遺贈・後継ぎ遺贈・遺言信託」野田愛子＝梶村太市総編集『新家族法実務大系(4)遺言・遺留分』（新日本法規・2008）249頁以下／浦野由紀子「遺言の解釈」久貴忠彦編集代表『遺言と遺留分(1)遺言〔第3版〕』（日本評論社・2020）355頁／床谷文雄「後継ぎ遺贈なるもの」同書305頁

（鹿野菜穂子）

遺贈・特定財産承継遺言と代襲

　A女には2人の実子B男とC女がいた。Aは，Bに，A所有の土地の上にB所有の一戸建てを建てさせ，死亡する前の約15年間，その家でBとともに生活していた。Bには死別した配偶者との間の一人娘D女がいて，Dもその家で暮らしていた。ただ，Bは仕事で忙しく，AはDとは非常に折り合いが悪く，Aの面倒を日常的にみていたのは，遠方から週3回通ってくるCだった。

　Aは，2013年2月14日に，Aが所有する財産全部をBに「相続させる」旨を記載した1ヵ条からなる公正証書遺言を作成し，その後，新たな遺言は作成されなかった。

　2019年9月11日にAは死亡したのだが，その少し前，2014年5月19日にBが死亡していた。Aの相続人はC，および，Bを代襲するDの2名ということになった。

　ところで，Aは，2016年の後半頃から急に，判断能力や意思疎通には問題ないものの，身体の自由がまったくきかない状態となり，介護保険ではまかないきれない多額の介護費用がかかる状態になっていた。そのこともあって，Aが残した遺産は，AがB・Dと同居していた建物の敷地の所有権だけだった。CはDに遺産分割協議を申し入れたのだが，Dは土地所有権は自分が父に代わって全部相続したものとして譲るところがなかった。そこで，CはDを相手として，問題の土地について法定相続分に相応する2分の1の持分があることの確認を求めて訴えを提起した。この訴えは認められるだろうか。

●】解説【●

1 代襲とは

(1) 被代襲者と代襲原因

相続開始以前に，すなわち，被相続人の死亡以前に，相続人となるはずだった被相続人の子（第1順位の血族相続人）や兄弟姉妹（第3順位の血族相続人）が死亡していた場合には，その死亡した者に代わって，その者の子が死亡した者の相続分を相続する（887条2項・889条2項。もっとも，再代襲に有無について，民法889条2項が同法887条2項のみを準用し同条3項を準用していないことに注意）。これを代襲相続という。相続人となるべき者が相続権を失うという点では，相続欠格，相続人の廃除，および，相続放棄も同じであるが，これら3つのうち代襲相続の原因となるのは相続欠格と相続人の廃除であり，相続放棄はそうならない（887条2項）。

第2順位の血族相続人である直系尊属についてはそのような規定はないが，別の仕方で血族を遡ることになる（889条1項2号）。他方，相続人となるはずだった者の配偶者はそもそもこの扱いを受けない。

(2) 代襲原因の前提

この代襲というものは，代襲相続という言葉自体が明らかにしているように，権利義務承継の原因が（血族）相続権であることを前提にしている。すわなち，権利義務の取得原因が遺贈である場合であって，遺言者の死亡以前に受遺者が死亡したときには，遺贈は無効となり（994条），受遺者の血族の誰かが代襲によって受遺者としての地位を承継するということはない。包括受遺者を相続人と「同一」に扱うことを規定する民法990条は，代襲に関する条文の準用の根拠にはならない。また，通説によれば，遺贈の失効の効果に関する同法995条ただし書にいう「別段の意思表示」とは，もっぱら，

ある遺贈が失効した場合に他の受遺者にも失効した遺贈の目的物に関する権利が帰属するかどうかに関わるものであり，本問の扱うトピックとは関係がない。もちろん，「受遺者が遺言者の死亡以前に死亡した場合には，その子が受遺者となる」旨の遺言（補充遺言の一種）は有効であるが，それは受遺者の指定に停止条件が付されているからなのであり，代襲とは関係がない。

2　遺贈と「相続させる」旨の遺言

このようなことを前提にすると，相続人を名宛人とする相続財産を「相続させる」旨の遺言があった場合に，その遺言の法的意義をどのように解するかが重要な問題になる。

まず確認しておくべきことは，民法典は，相続人に対する遺贈なるものの存在を前提とした規定を持っているということである。特別受益者の相続分に関する民法903条2項がそれである。そして，仮に，「相続させる」という文言を，相続人に対する遺贈であると解釈するならば，「相続させる」旨の遺言における受遺者が被相続人＝遺言者の死亡以前に死亡した場合には，その遺贈は無効ということになり（994条），その結果，遺贈の対象である財産権は，共同相続人による共同相続の対象となる。

これに対して，遺言によるそのような処分を遺贈ではなく，権利の取得原因が相続であるなにかであると解するならば，事情はまったく異なる。権利の取得原因が相続ならば，代襲に関する規定の適用が可能となるからである。そして，もし，代襲が認められるとすると，遺言による処分の対象である財産は，その財産を割り付けられた特定の相続人としての地位を民法の規定に従って代襲する者が取得することになる。共同相続人による共同相続の対象にはならないのである。

この点について判例は，まず，特定の財産を特定の相続人に「相続させる」旨の遺言について，そのような遺言は，遺贈と解釈すべき特別の事情がない限り，その特定の財産をその特定の相続人に単独で相続させることを内容とする遺産分割の方法の指定（908条）をしたものと解釈すべきであるとした（参考判例①。なお，改正1014条は，この形での遺産分割方法の指定を内容とする処分に特定財産承継遺言という名称を付与している）。

この解釈を前提にすると，次には，本問の場合のように被相続人の有する

財産全部を特定の相続人に「相続させる」遺言があった場合にどう解釈するかが問題になる。仮に問題の処分を遺贈であるとすれば，特定の相続人を受遺者とする全部包括遺贈があったと解釈することで必要十分である。しかし，問題の処分を特定財産承継遺言であるとする場合，すなわち，財産の取得原因を相続とする場合には，なぜ，共同相続人のうち特定の相続人が全部の財産を相続によって取得することができるかを説明しなければならないことになる。

この点に関する解釈を明確に示した判例はないようであるが，一般の理解は，判例は，そのような場合にも，遺贈と解釈すべき特別の事情がない限り，その処分はやはり遺産分割の方法の指定であり，ただ，それに併せて，全部の財産を割り付けられた相続人の相続分を「全部」とする相続分指定（902条）がされているという解釈をとっている（参考判例②の原審），というものである。

3　「相続させる」旨の遺言と割り付けられた財産の相続に関する代襲

⑴　被相続人＝遺言者の意思

被相続人の有する財産全部を特定の相続人に「相続させる」遺言があった場合に，その処分は，原則として，相続分指定を伴う特定財産承継遺言だと解するとすると，ここまでの説明からわかるとおり，割り付けられた財産の承継について，条文の素直な解釈としては代襲の規定が適用されることになる。しかし，ここには1つ，大きな問題がある。それはこういうことである。

まず，判例が「相続させる」旨の遺言を原則としては遺贈ではないと解釈する最も大きな理由は，その処分を仮に遺贈と解釈すると，受遺者が権利取得するためには，遺言の執行として遺言執行の義務を負う者（共同相続人または遺言執行者）による受遺者への権利移転が必要になるということを踏まえ，「相続させる」旨の遺言を残した被相続人＝遺言者の意思は，そのような手順の多い権利移転の仕方を回避したいということだった，と解する点にある。要するに，権利移転の原因を相続とすることによって被相続人から財産の割り付けを受けた相続人への直接の権利移転を生じさせ，たとえば不動産の承継について，問題の不動産の割り付けを受けた相続人の単独申請による相続登記を可能にするということこそが，そのような処分をする被相続人

＝遺言者一般に共通の意思であると解する，ということである。そして，「相続させる」旨の遺言が実務上使われるようになった経緯等に照らして判断して，この理解はおそらくそのとおりである。

それでは，特定財産承継遺言によって相続財産を割り付けられた相続人が被相続人＝遺言者の死亡以前に死亡した場合の扱いについてはどうか。特定財産承継遺言をすることを選びとる際の被相続人＝遺言者一般に共通の意思は，相続財産に関する直接の権利移転，すなわち財産の割り付けについて代襲を生じさせることを含むといえるのか。

実のところ，特定財産承継遺言一般を支える意思が「特定」の相続人へ権利の直接移転を生じさせることであるということから考えると，そのような代襲を生じさせることが特定財産承継遺言一般を支える意思であるとはいいがたい面がある。そのような処分をするに際して，被相続人＝遺言者は，ある特定の相続人がその財産の割り付けを受けるに相応しいかは当然考えるものの，その相続人の代襲者がそうであるかまでは考えていないのがむしろ普通である，ともいえそうだからである。現に，判例は，この点について，「『相続させる』旨の遺言をした遺言者は，通常，遺言時における特定の推定相続人に当該遺産を取得させる意思を有するにとどまるものと解される」としている（参考判例②）。

(2)　特定財産承継遺言よる権利移転に関する代襲の可否

特定財産承継遺言は少なくとも一般的には割り付けに関する代襲を認める意思を含んではいないということがいえるとして，そのことを理由に，特定財産承継遺言による財産の割り付けに関しては代襲を認めないといえるかというと，それはまた別の問題である。権利移転の原因を遺贈ではなく相続であるとした以上，問題となる権利移転に関して，代襲の規定の適用は不可避であるという解釈も十分成り立つ。遺言事項は本来法定されていると解すべきところ，相続を原因とする権利移転について代襲の規定の適用を排除することは，遺言事項として，民法上，少なくとも明示的には認められていないからである。

こういうと，その次に考えるべきことは，遺言においてどの程度遺言者の意思を尊重すべきかということである。遺言における遺言者の意思の尊重

の度合いは，あくまで遺言事項法定主義の形式的な枠の中でのみ遺言者の意思を尊重すべきであるという立場から公序良俗に反しない限りできるだけ遺言者の意思に忠実な結果を導くように法を解釈すべきであるという立場まで，さまざまなものがあり得る。

　この点に関する判例の立場は，「遺言書において表明されている遺言者の意思を尊重して合理的にその趣旨を解釈すべき」というものであり（参考判例①），どちらかというと遺言者の意思の実現に重きを置いているということができる。

　そこで，ここまできてはじめて，それでは，法のどのような解釈によれば，「相続させる」旨の遺言における権利移転の原因を相続であるとすることとその権利移転への代襲規定の不適用ということを両立させることができるのかを考えるべきことになる。

　この点について判例は，問題の「遺言に係る条項と遺言書の他の記載との関係，遺言書作成当時の事情及び遺言者の置かれていた状況などから，遺言者が，」「当該推定相続人の代襲者その他の者に遺産を相続させる旨の意思を有していたとみるべき特段の事情のない限り，」「相続させる」旨の遺言は，その遺言によって相続財産を相続させるものとされた推定相続人が被相続人＝遺言者の死亡以前に死亡した場合には，「その効力を生ずることはない」としている（参考判例②）。遺言が効力を生じなければ，その遺言によってされている遺産分割方法の指定も相続分指定も効力を生じないことになるのだから，割り付けの対象となった財産は，代襲者を含む共同相続人による共同相続の対象となり，割り付けに関する代襲ということは生じない，ということである。

　結論という点からいえば，これが被相続人＝遺言者の通常の意思に合致するということになろう。ただ，なぜ，その場合にそのような遺言は効力を生じないといえるのか，ということが実は答えを求められている問題なのであって，判例のようにいっただけでは，なお，答えとしては不十分であるというほかない。

　比較的すぐに思いつくのは，遺贈の失効に関する民法994条1項の準用または類推適用ということである。しかし，そういってしまうと，準用または

類推適用の根拠が問題になりそうである。

　もちろん，遺言者の意思重視を強調したうえで，遺言の解釈としてその結論を導き出すことは考えられるのであって，判例の読み方としてはそう読むのがおそらくは自然ではある。しかし，いかに遺言者の意思を重視する立場をとるにせよ，遺言事項は本来法定されているということとの関係をどう考えるべきかという問題は，やはり残るというべきである。

▸ 関連問題 ◂

　本問の事例において，遺言の中に「Bが遺言者の死亡以前に死亡した場合には，Dが代襲するものとする」という条項があったとする。このとき，Cが週3回通ってきてAの面倒をみたことのうち，せめて2009年後半以降の介護に関して寄与分を主張しようと考えた。この主張は可能か。

●】 参考文献 【●

伊藤正晴・最判解民平成23年度（上）89頁／浦野由紀子・平成23年度重判88頁／松川正毅・民商146巻2号（2012）34頁／西希代子・法協131巻5号（2014）1070頁

（川　淳一）

遺言執行者の地位と権限
──特定財産承継遺言・第三者遺贈の場合

　Ａは，自己が所有し登記名義も有する土地のうちの２筆（甲土地・乙土地）につき，「甲土地を友人のＢに遺贈する。乙土地を子のＣに相続させる。これらについて，遺言執行者としてＤを指定する」旨の公正証書遺言を作成した。

　その後，Ａが死亡し，ＣとＥがＡを共同で相続した。ＣとＥは，いずれもＡの子である。また，このＡの遺言の内容を知ったＤは，遺言執行者に就職することを承諾した。

　⑴　Ｂは，甲土地につき自らへの所有権移転登記を実現するために，誰に対してどのような請求をすることができるか。また，乙土地につき，Ｃへの所有権移転登記はどのようにして実現することができるか。

　⑵　その後，乙土地につき，Ｃが登記を備える前に，Ｅが，遺産分割協議書を偽造して相続を原因とする単独名義の所有権移転登記を備えた。この場合に，Ｄは，Ｅに対して，どのような請求をすることができるか。

　⑶　その後，甲土地につき，Ｂが登記を備える前に，Ｃ・Ｅが，相続を原因とする所有権移転登記（持分の割合を，法定相続分に対応する各２分の１とするもの）を備え，そのうえで，甲土地をＦに売却する契約をＦとの間で結んだ。現在，甲土地はＦが占有している一方，その登記名義はＣ・Ｅのままである。Ｂは，Ｆに対して甲土地の明渡しを求めたいと考えているが，この請求は認められるか。

●】参考判例【●

①　大判大正５・11・８民録 22 輯 2078 頁

② 最判昭和 39・3・6 民集 18 巻 3 号 437 頁

③ 最判昭和 43・5・31 民集 22 巻 5 号 1137 頁

④ 最判昭和 51・7・19 民集 30 巻 7 号 706 頁

⑤ 最判昭和 62・4・23 民集 41 巻 3 号 474 頁

⑥ 最判平成 3・4・19 民集 45 巻 4 号 477 頁

⑦ 最判平成 11・12・16 民集 53 巻 9 号 1989 頁

●】解説【●

1 はじめに

　遺言者は，遺言の効力が生ずる時には死亡している（985 条）。そのため，遺言の内容を実現するために必要となる行為がある場合に，そうした行為を遺言者自身がすることはできない。そこで，遺言者に代わって，遺言の内容を実現するために行為する者が必要となることがある。この役割を担う者としては，遺言者の地位を包括承継する相続人が考えられる。他方で，特に指定・選任された者がこの任にあたることもあり，この者を遺言執行者という。

　遺言執行者は，遺言の内容を実現するため，相続財産の管理その他遺言の執行に必要な一切の行為をする権利義務を有する（1012 条 1 項）。本問では，A の遺言は相続財産のうち甲土地・乙土地に関するものであるので，D が 1012 条 1 項に基づき有する権利義務は，この両土地に関してとなる（1014 条 1 項。同項の規律は，1011 条から 1013 条の各規定に及ぶ）。

　ある遺言について，遺言執行者がどのような権利義務を有するかは，当然に明白であるというわけでは必ずしもない。遺言執行者の権利義務は，「遺言の内容を実現するため」のものであり，具体的にどのような権利義務が認められることになるかは，遺言ごとに，その解釈を通じた遺言の内容の確定と，その内容を実現するために遺言の執行として必要となる行為とは何か，を個別に明らかにすることによって定まることになる。

2 遺贈による不動産の所有権移転とその移転登記

⑴ 遺贈の場合

　本問⑴で，甲土地については，A 所有の特定物の遺贈があった場合が問

題となっている。

遺言者所有の特定物が遺贈された場合，当該目的物の所有権は，その遺言の効力発生時に，直接に受遺者に移転する（参考判例①。参考判例⑤も参照）。これによると，甲土地の所有権は，Ａの死亡により何らの行為を要せず受遺者に移転するのであり，このことに関して遺言の執行に必要な行為は特にない。もっとも，その所有権移転を公示する移転登記は，当然に実現されるわけではない。そして，遺贈を原因とする所有権移転登記手続は，受遺者が単独ですることはできない（不登60条。ただし，本設例とは異なるが，遺贈が相続人に対するものである場合に関しては，令和３年法律第24号による改正後の不登63条３項を参照）。そこで，Ｂは，移転登記手続をするよう求めていくことになるが，その請求の相手方が誰かが問題となる。

遺贈による不動産の所有権の移転には，民法177条の適用があるとされている（参考判例②）。そうすると，受遺者は，同条にいう第三者に該当する者には，登記を備えなければ，遺贈による甲土地の所有権の取得を対抗することができないことになる。こうしたことにかんがみると，対抗要件具備のために遺贈を原因とする遺言者から受遺者への所有権移転登記手続をすることは，遺贈の履行として，遺言を執行するために必要な行為であると解される。そこで，遺言執行者がある場合には，これをする権利義務を遺言執行者は有し，かつそれにとどまらず，遺贈の履行は，遺言執行者のみが行うことができる（1012条２項）。この移転登記手続をすることを求める訴えを受遺者が提起する場合も，この訴えの被告適格を有するのは遺言執行者にかぎられ，遺言者の相続人は被告適格を有しないと解される（参考判例③。相続人を被告とする訴えは却下すべきものとなる）。また，この場合，遺言執行者は，法定訴訟担当として訴訟を追行するものと理解されている（参考判例④は，参考判例③を挙げて「受遺者が遺贈義務の履行を求めて訴を提起するときは遺言執行者を相続人の訴訟担当者として被告とすべきである」とし，また，「遺言執行者は，遺言に関し，受遺者あるいは相続人のため，自己の名において，原告あるいは被告となる」とする）。

それゆえ，ＡからＢへの甲土地の所有権移転登記手続をすることを求める訴えをＢが提起する場合，Ｂは，Ｄを被告とすべきであるということに

なる。

(2) 特定財産承継遺言の場合

次に，乙土地についての遺言では，遺贈とは明記されず，相続人の1人である C に相続させる旨が示されている。こうした，遺産に属する特定の財産を特定の相続人に相続させる趣旨の遺言は，判例によれば，「遺言書の記載から，その趣旨が遺贈であることが明らかであるか又は遺贈と解すべき特段の事情がない限り，遺贈と解すべきではな」く，「特定の遺産を特定の相続人に単独で相続により承継させようとする遺言は，……民法 908 条……にいう遺産の分割の方法を定めた遺言であ」って，「このような遺言にあっては，……当該遺言において相続による承継を当該相続人の受諾の意思表示にかからせたなどの特段の事情がない限り，何らの行為を要せずして，被相続人の死亡の時（遺言の効力の生じた時）に直ちに当該遺産が当該相続人に相続により承継されるものと解すべきである」とされている（参考判例⑥）。このような，遺産の分割の方法の指定として遺産に属する特定の財産を共同相続人の1人または数人に承継させる旨の遺言のことを，民法上，特定財産承継遺言とよんでいる（1014 条2項。以下，特定財産承継遺言により財産を承継する相続人を，受益相続人とする）。

以上によると，乙土地に関する遺言について，遺贈と解すべき特段の事情がなければ，この遺言は特定財産承継遺言ということになる。そうすると，乙土地は，特段の事情がないかぎり，何らの行為を要せずして，A の死亡時にただちに C に相続により承継されることになる。

そして，この承継を公示する被相続人から受益相続人への所有権移転登記は，登記実務上，受益相続人のみで申請することができるとされている。これは，特定財産承継遺言の場合，所有権の承継原因は相続であるところ，相続を原因とする移転登記は登記権利者が単独で申請することができるとされている（不登 63 条2項）ことによる。これによると，C は単独で，A から C への相続を原因とする所有権移転登記を申請することができる。

他方で，特定財産承継遺言がされた場合，遺言執行者は，受益相続人が民法 899 条の2第1項に規定する対抗要件を備えるために必要な行為をすることができることが，明文で規定されている（1014 条2項）。もっとも，被相

続人が遺言で別段の意思を表示したときは，その意思に従う（同条4項）。それゆえ，そのような別段の意思が表示されていないときは，Dもまた，単独で，AからCへの相続を原因とする所有権移転登記を申請することができる。

3 遺言の執行の妨害行為

(1) 受益相続人以外の相続人名義の所有権移転登記がされた場合

本問(2)では，乙土地につき，Aの相続開始後に，受益相続人以外の相続人であるE単独名義の相続を原因とする所有権移転登記がされている。上述のように，乙土地の所有権は，Aの死亡時にただちに受益相続人Cに承継されるとすれば，このE名義の登記により，遺言に基づいて生じるべき所有権移転と異なる権利変動の内容が公示された状況となっている。このような場合に，遺言執行者は，どのような手段をとりうるかが問題となる。

判例には，「本件のように，甲〔引用者注：受益相続人〕への所有権移転登記がされる前に，他の相続人が当該不動産につき自己名義の所有権移転登記を経由したため，遺言の実現が妨害される状態が出現したような場合には，遺言執行者は，遺言執行の一環として，右の妨害を排除するため，右所有権移転登記の抹消登記手続を求めることができ，さらには，甲への真正な登記名義の回復を原因とする所有権移転登記手続を求めることもできると解するのが相当である。この場合には，甲において自ら当該不動産の所有権に基づき同様の登記手続請求をすることができるが，このことは遺言執行者の右職務権限に影響を及ぼすものではない」とするものがある（参考判例⑦。なお，同判決は，参考判例④とは異なり，本件における遺言執行者が訴訟担当者であるかどうかについて，特段の言及はない）。これは，平成30年法律第72号による相続法の改正により民法1014条2項が新設される前のものであるが，現行法においても，同項のもとで，受益相続人が登記を備えるために必要な行為であるとして，遺言執行者がこうした請求をすることができると解される。

(2) 相続人による処分がされた場合

本問(3)では，遺贈の目的不動産について，遺贈者の相続人がこれを他人に処分する行為がされている。

先述のように，遺贈による不動産の所有権の移転には，民法177条の適用

があるとされ，たとえば，ある不動産の遺贈につき遺言執行者がない場合に，当該不動産の受遺者と，遺言者の相続人からの当該不動産の譲受人は，対抗関係に立つと解されている（参考判例②は，遺言者の相続人の債権者が，相続人に代位して遺贈の目的不動産について相続を原因とする持分取得の登記をしたうえでその持分を差し押えた等の事情のもとで，当該差押債権者は，受遺者との関係で民法177条にいう第三者に該当するとした）。

　これに対して，遺言執行者があるときは，相続人は，相続財産の処分その他遺言の執行を妨げるべき行為をすることができず（1013条1項），これに違反してした行為は無効とされる（同条2項本文）。この規律によれば，遺言者の相続人からの当該不動産の譲受人は，受遺者が遺贈を原因とする登記を備えていないとしても，その登記の欠缺を主張する正当な利益を有する者とはいえないと解される。そうだとすると，Bは，Fに対して，遺贈による所有権取得を登記なくして対抗することができ，甲土地の明渡請求が認められると考えられる。

　もっともさらに，民法1013条2項本文にはただし書があり，同項本文の無効は，これをもって善意の第三者に対抗することができないとされている（同項ただし書）。

　民法1013条2項は，先述の平成30年改正の際に新設された規定であるが，同項ただし書が適用される場合の処理について，同改正の立案担当者によれば，次のような説明がされている。すなわち，同項ただし書が適用されることで治癒されるのは相続人に処分権限がなかったことに限られ，相続人による処分行為等の相手方との関係では当該行為は有効と扱われることになる，というだけであり，その相手方が当該行為による相続人からの権利取得を当然に他の第三者に対抗することができるわけではない——二重譲渡があったのと同様の状態になるにすぎない——，というわけである（もっとも，民法1013条2項について，立案担当者の説明のような理解を支持しないかは別にして，理論的にみてこうした理解しか成り立たないわけではない旨の指摘もある）。立案担当者の説明のような理解によれば，Fが善意であった場合，BとFは対抗関係に立つということになろう。したがって，Bは，登記がなければ遺贈による所有権取得をFに対抗することができず，甲土地の明渡

請求は認められないことになりうる。

　そこで，本問(3)の請求が認められるかどうかは，Ｆが民法1013条2項ただし書にいう善意であるかどうかが結論に影響を与えるということになる。立案担当者によれば，この規定による善意者保護は相続人に管理処分権がないことを治癒するものであるから，ここでいう善意とは，遺言執行者があり，当該財産の管理処分権が遺言執行者にあることを知らなかったことをいう，とする考え方が示されている。これに従えば，Ｆがこの意味での善意であるかどうかが問題とされることになろう。

関連問題

　(1)　本問(3)で，Ｃ・Ｅの登記の具備およびその後の事情が，Ａの死亡後Ｄが遺言執行者への就職を承諾する前に生じたものであった場合はどうか。

　(2)　本問(3)において，Ｆが1013条2項ただし書にいう善意でない場合，Ｄは，遺言の内容を実現するために，誰に対してどのような請求をすることができるか。

●】参考文献【●

大村敦志＝窪田充見編『解説 民法（相続法）改正のポイント』（有斐閣・2019）100-112頁・149-151頁［羽生香織］・164-182頁［増田勝久］／潮見佳男ほか編著『Before/After 相続法改正』（弘文堂・2019）52-57頁［幡野弘樹］・58-59頁・70-75頁［白須真理子］／堂薗幹一郎＝野口宣大編著『一問一答新しい相続法〔第2版〕』（商事法務・2020）111-117頁・160-163頁・174-176頁／堂薗幹一郎＝神吉康二編著『概説改正相続法〔第2版〕』（金融財政事情研究会・2021）92-100頁・138-144頁・154-159頁／岡成玄太「遺言執行者の訴訟上の地位・権限」法律時報93巻11号（2021）34頁

（野々上敬介）

問題 48 遺贈・死因贈与の撤回

　Ａは，2010年3月15日に，持病の悪化により，長年自ら経営してきた画廊の事業を子Ｂに継がせるとともに，子Ｂとの間で，「Ｂは，2010年4月からＡが死亡するまでの間，毎月15万円をＡに送金すること。それに対し，Ａは，Ａが死亡したときに，Ａの所有する絵画全200点，および画廊の土地・建物をＢに無償で譲り渡す」という内容の合意を取り交わし，それに関する書面を作成した。また，Ａは，2010年4月1日に，画廊とは別のところにある自宅につき，「妻Ｃは，画廊内にある妻Ｃ所有のすべての絵画50点を，子Ｂに無償で譲ること。それに対し，Ａは，自宅の土地・建物を妻Ｃに譲る」という内容の自筆証書遺言をＣの見ている前で作成し，自宅の金庫内で保管していた。2010年8月20日に，Ｂから，画廊内にあるＣ所有の絵画を売ってほしいとの申出がＣに対してなされ，Ｃは，Ａの遺言に従っていずれ無償で譲り渡すつもりであったため，同年9月に自己の所有するすべての絵画50点を無償でＢに譲り渡した。

　その後，画廊の経営方針などをめぐってＡとＢ・Ｃの関係が悪化し，2010年4月から行われていたＡへの送金も，2015年10月分を最後に行われなくなっていた。2018年5月15日にＡは死亡し（ＢとＣがその相続人である），Ａの自宅の金庫の中からは，2010年4月1日付の上記遺言とともに，Ａによる2通の自筆証書遺言が出てきた，1つは，2017年12月25日付で作成されたもので，「Ｄ宗教法人は，Ａの死後1か月以内に，Ａの弔いのための特別の祭事を催すこと。それに対し，Ａは，Ａの所有する絵画全200点，ならびに画廊および自宅の土地・建物は，Ｄ宗教法人に無償で譲り渡す」と書かれていた。もう1つは，2018年4月10日付で作成されたもので，

「2017年12月25日に書いた遺言のうち，Aの所有する絵画全200点をD宗教法人に無償で譲り渡すとした部分については，なかったこととする」と書かれていた。なお，2018年6月30日現在，D宗教法人によるAの弔いのための祭事は行われていない。

以上の事案におけるA・B・C・Dの法律関係について，検討せよ。

●】参考判例 【●

① 最判平成9・11・13民集51巻10号4144頁
② 最判昭和58・1・24民集37巻1号21頁
③ 最判昭和57・4・30民集36巻4号763頁

●】解説 【●

1 死因贈与に対する遺贈の規定の準用

死因贈与とは，贈与者の死亡によって効力が発生する贈与である。遺贈は単独行為であるのに対し，死因贈与は契約であり，その法的性質は相互に異なるものの，死亡を原因として効力を生じる財産処分であるという点は共通しているため，死因贈与には原則として遺贈に関する規定が準用される（554条）。

死因贈与に遺贈に関する規定が準用されない場合として争いなく認められている例としては，①死因贈与は要式行為ではないため，遺言の方式に関する規定（967条以下）は準用されない（最判昭和32・5・21民集11巻5号732頁），②死因贈与は契約であるため，遺言能力に関する規定（961条）や遺贈の放棄・承認に関する規定（986条-989条）は準用されない，といった場合が挙げられる。学説・判例において見解が分かれているのは，遺言の撤回に関する規定（1022条・1023条）が死因贈与に準用されるか否か，という点である ［→3］。

2　遺言の撤回，撤回擬制，撤回遺言の撤回

(1)　遺言の撤回と撤回擬制

遺言の撤回に関しては，民法1022条により，遺言者は遺言の方式に従っていつでもその遺言の全部または一部を撤回することができるとされている。遺言においては，遺言者の最終意思を尊重することがその趣旨に適う取扱いとなるためである。そのため，遺言の撤回権を放棄することも認められていない（1026条）。

遺言の撤回は，原遺言を撤回する遺言（撤回遺言）が作成された場合のほか，①原遺言と抵触する内容の遺言が作成された場合（1023条1項）や，②遺言者によるその後の生前処分が原遺言の内容と抵触する場合（同条2項）に関しても，その抵触する部分につき原遺言を撤回したものとみなされる。この撤回擬制は，原遺言の作成の事実やその内容を遺言者が失念していた場合（遺言者に撤回の意思がない場合）にも生じるものと解されている。

(2)　撤回遺言の撤回

民法1025条によれば，第1遺言を撤回する第2遺言が，さらに後の第3遺言によって撤回されたり（制限行為能力等を理由として）取り消されたりした場合であっても，錯誤・詐欺・強迫による取消しの場合を除き，第1遺言は復活しないとされている（非復活主義）。これは，撤回遺言（第2遺言）を撤回した場合に遺言者が第1遺言を復活させる意思を有しているとは限らず（遺言者がその意思を有していたならば，第1遺言と同内容の遺言を新たに作成することも可能であったはずである），またその意思を有していたか否かを確認するのも困難であることに基づいている。

もっとも，第1遺言を復活させないという取扱いが，その点に関する遺言者の意思の存在が明らかでないことに基づくものであるとすれば，第1遺言を復活させることに関する遺言者の意思が明らかである場合には，遺言者の意思の尊重という観点からも，第1遺言の復活を認めるべきである。したがって，撤回遺言（第2遺言）を撤回する第3遺言において，「第2遺言はすべて無効とし，第1遺言を有効とする」と記載されていた場合のように，遺言者が第1遺言を復活させることを希望していたことが明らかであるときは，第1遺言が復活するものと解されている（参考判例①）。以上の取扱い

は，第3遺言の解釈により第1遺言復活の意思が認められることに基づくものであるため，第1遺言を復活させる旨の明示の記載がない場合であっても，第3遺言の趣旨や記載内容などから第1遺言復活の意思が明らかとなる限り，第1遺言の復活を認めるべきこととなる。以上に照らせば，民法1025条は，（第3遺言の解釈に際して）第1遺言復活の意思が明らかではない場合における任意規定としての機能を果たすものとして位置付けられる。

3　遺言の撤回に関する規定の死因贈与への準用の可否

死因贈与の撤回については遺贈の規定が原則として準用されるところ，遺贈の撤回に関する民法1022条および1023条の規定が準用されるのかについては，見解が分かれている。準用を否定する場合には，書面によらない贈与の解除について定める民法550条の規定等に基づいた贈与の解除の可否が問題となるのに対し，準用を肯定する場合には，同条の規定にかかわらず，民法1022条によっていつでも死因贈与の全部または一部を撤回することができることになる。

(1)　民法1022条・1023条の準用をめぐる学説の状況

以上に関する学説としては，まず，死因贈与に準用されるのは，広い意味での遺贈の効力に関する規定に限るべきであるとして，民法1022条・1023条の準用を否定する見解がある。この見解においては，死因贈与が契約であることに加え，その契約によって受贈者側に発生する期待（死亡時に贈与を受けることに関する期待）を保護する必要があることなどが，その根拠として挙げられている。この見解によれば，死因贈与の撤回が認められるのは，一般の贈与契約と同様，民法550条の規定による場合の他，当事者間の著しい事情の変更や受贈者側の忘恩行為などによって撤回が認められる場合に限られることになる。

それに対し，民法1022条・1023条の準用を肯定し，遺言の方式に関する規定を除いて遺言の撤回に関する規定が死因贈与に準用されるとの見解も有力である。その論拠としては，遺贈の場合と同様に，死因贈与に際しても，贈与者の最終意思を尊重して民法1022条に従った自由な撤回が認められるべきである，という点が挙げられている。なお，この見解の中には，死因贈与の撤回が正義衡平に反する場合や受贈者側の期待・利益が特に保護される

べき場合には，例外的に撤回が否定されるべきである，と主張するものもある。

(2) 民法1022条・1023条の準用をめぐる判例の見解

この問題に関する判例としては，方式に関する部分を除いて民法1022条の規定が死因贈与に準用されるとする大審院の判例（大判昭和16・11・15法学11巻616頁）があり，最高裁においてもこの立場が基本的に採用されている（最判昭和47・5・25民集26巻4号805頁）。

もっとも，判例においては，以上のように民法1022条・1023条の準用が原則として肯定される一方，死因贈与の動機，態様，内容その他の諸事情を総合的に考慮し，死因贈与の拘束力に当事者を服せしめるべき事情が認められる場合には，死因贈与の撤回が認められないものとされている（参考判例②）。死因贈与の撤回が認められない場合の典型例として挙げられるのが，負担付死因贈与のケースである。すなわち，参考判例③によれば，「負担の履行期が贈与者の生前と定められた負担付死因贈与契約に基づいて受贈者が約旨に従い負担の全部又はそれに類する程度の履行をした場合においては，贈与者の最終意思を尊重する余り受贈者の利益を犠牲にすることは相当でないから，右贈与契約締結の動機，負担の価値と贈与財産の価値との相関関係，右契約上の利害関係者間の身分関係その他の生活関係等に照らし右負担の履行状況にもかかわらず負担付死因贈与契約の全部又は一部の取消をすることがやむをえないと認められる特段の事情がない限り，遺言の取消に関する民法1022条，1023条の各規定を準用するのは相当でないと解すべきである」とされている。したがって，負担付死因贈与において負担がすでに履行されているなど，受贈者の利益の保護が特に要請される場合においては，撤回がやむを得ないものと認められる特段の事情がない限り，民法1022条・1023条の準用は否定されることになる。いかなる場合にこの特段の事情が認められるのかについては判例上は必ずしも明確にされてはいないものの，当事者間の著しい事情の変更や受贈者側の忘恩行為などがあった場合については，撤回が認められるべき特段の事情が認められ得るものと解される。

4　負担付遺贈における負担の不履行と遺贈の取消し

負担付遺贈において負担が履行されない場合には，相続人および遺言執行

者は，受遺者に対して履行請求をすることができ，履行の強制も可能である（なお，負担に関する受益者も履行請求をなしうるかについては，見解が分かれている）。もっとも，負担が強制履行になじまないものである場合や，負担の履行がなされない限りは遺贈の効力を与えないことが遺言者の意思に適う場合などについては，負担の不履行を理由として遺贈の効力を失わしめることが適合的となり得る。そこで，民法1027条では，負担付遺贈において，受遺者が負担を履行しないときは，相続人は，相当の期間を定めてその履行の催告をすることができ，その期間内に履行がない場合には遺贈の取消しを家庭裁判所に請求することができるとの規定が置かれている。

　以上の規律は，遺贈の効力を事後的に失わしめるという点では，債務不履行を理由とする解除に類似するものの，負担付遺贈における負担は遺贈における条件でも対価でもないため，負担の不履行が遺贈の取消しを当然に導くべきことにはならない点に留意を要する。その意味では，相当の期間を定めた履行の催告がなされたにもかかわらず履行がなされないことは，遺贈の取消しの要件ではなく，あくまでも家庭裁判所に対する取消請求の要件であるに過ぎない。負担付遺贈の取消しが家庭裁判所の審判にかからしめられているのも，一定の場合には家庭裁判所が遺贈の取消しを認めないことがあり得るという取扱いを前提としたものである。

　負担付遺贈の取消しが認められるべきではない場合の具体例としては，まず，①遺言者が負担の履行を重視していなかった場合が挙げられる。そのような場合に負担の不履行による遺贈の取消しを認めることは，遺言者の意思に反する結果となるため，遺贈の取消しは否定されるべきものと解されている。また，②負担の強制履行が可能であるにもかかわらず，強制履行ではなく遺贈の取消しが相続人によって請求された場合には，受益者が負担の履行による利益を受けることができなくなり，受益者の利益が害されることになり得る。したがって，そのような場合には，受益者の利益を考慮して，遺贈の取消しが否定され得るものと解されている。

関連問題

　Aは，2015年7月1日に，「甲土地を子Bに相続させる」という内容の自筆証書遺言を作成し，さらに同年9月15日に，「甲土地を子Cに相続させる」という内容の自筆証書遺言を作成した。その後，Aは，同年12月10日に，「2015年9月15日に作成した遺言はなかったこととし，2015年7月1日に作成した遺言を有効とする」という内容の自筆証書遺言を作成した。その後，2016年1月3日にAは死亡した（BとCがその相続人である）。以上の事案における甲土地をめぐるA・B・Cの法律関係につき，検討せよ。

●】参考文献【●

潮見佳男『詳解相続法』（弘文堂・2018）423頁／鹿野菜穂子・百選Ⅲ 174頁／加藤永一・昭和57年度重判解76頁／沖野眞已・平成9年度重判解89頁

（石川博康）

配偶者居住権・配偶者短期居住権

　A・B夫婦には子Cがいる。Aの所有する甲建物はA名義で登記され，A・Bが居住しており，Cは独立して暮らしている。その後，Aが遺言を残さずに死亡した。

　(1)　Aの遺産は甲建物（時価1000万円）のほか，預貯金1200万円であった。Bは，友人が近所におり住み慣れてもいるので，甲建物に引き続き居住しつつ，生活費用のために預貯金も取得することを希望している。Cは，法定相続分に応じて遺産を取得できればよいと考えている。B・C間でどのような遺産分割をすることが考えられるか。

　(2)　B・C間の協議により，甲建物については，Bが終身の配偶者居住権を，Cが所有権をそれぞれ取得する旨の遺産分割が成立した。Cは今後，甲建物を売却する予定である。Bは，甲建物の譲受人にも配偶者居住権を主張することができるか。

　(3)　Bは甲建物に居住しているところ，上記(2)の遺産分割後，次の事態が生じた。①災害によって甲建物の外壁が損傷し修繕を要する状態になった場合に，誰が修繕をすることができるか。②数年後，Bは身体機能の衰えを感じるようになり，介護サービス付きの高齢者向け住宅に入居することにした。Bは，配偶者居住権を売却すること，あるいは，甲建物を賃貸することによって，その売却代金や賃料収入を入居資金に充てたいと考えているが，認められるか。

●】**参考判例**【●

①　最判平成8・12・17民集50巻10号2778頁

1 配偶者居住権とは

(1) 配偶者居住権の意義

　被相続人の死亡後，その配偶者の居住環境をどのようにして確保するかは，従来から重要な課題とされている。そのような課題への対応として，配偶者の居住環境を長期的に確保するために平成30年（2018年）相続法改正により導入されたのが，配偶者居住権の制度（1028条以下）である。

　これによると，被相続人の配偶者は，被相続人の財産に属した建物に相続開始の時に居住していた場合において，遺産分割によって配偶者居住権を取得するものとされたときは，その居住していた建物（「居住建物」）の全部について無償で使用収益する権利（「配偶者居住権」）を取得する（1028条1項1号）。本問(1)でも，B・Cの協議によって，甲建物についてBが配偶者居住権を取得する旨の遺産分割をすることが可能であり，この配偶者居住権に基づいて，BはA死亡後も甲建物に居住し続けることができる。

　配偶者居住権の存在意義は，次の点にあるとされる。

　仮に配偶者居住権の制度が存在しないとすれば，本問(1)では，Bの居住環境を確保するために，次のような遺産分割をして対応することが想定される。①Bが甲建物の所有権を取得する旨の遺産分割をすれば，Bは甲建物に所有者として居住することができる。しかし，B・Cの法定相続分は各2分の1であり（900条1号），これに従って分割すると，Bは甲建物の他に預貯金100万円しか取得できない（Cが預貯金1100万円を取得する）。他方で，②Cが甲建物の所有権を取得する旨の遺産分割をしたうえで，その後，BがCとの間で甲建物をCから賃借する旨の賃貸借契約を結ぶことも考えられる。Bは，①よりも多額の預貯金を取得できるとともに，甲建物に賃借人として居住することができる。もっとも，Cが賃貸借契約の締結に応じない可能性もあり，Bの居住環境が確実に確保されるとは限らない。

　これに対して，配偶者居住権の制度によると，上記①②の不都合を回避することが可能である。

　まず，配偶者居住権は居住建物を使用収益する権利にとどまり，譲渡も禁

止されていること（3(2)参照）などから，その評価額は所有権よりも低くなる。その結果，配偶者が居住建物の所有権を取得する場合（上記①）と比べると，居住建物以外の財産をより多く取得できる可能性が高まる。本問(1)でも，例えば，甲建物の配偶者居住権の価額が500万円，配偶者居住権の負担の付いた甲建物の価額が500万円であるとすれば，Bは，配偶者居住権の他に預貯金600万円を取得することができる（Cは配偶者居住権の負担の付いた甲建物と預貯金600万円を取得する）。これによって，Bは，配偶者居住権に基づいて甲建物の居住を確保しつつ，上記①の場合よりも多くの預貯金を取得して生活資金等に充てることができる。

　次に，Bが配偶者居住権を取得すれば，それに基づいて甲建物に居住することができ，上記②のようにCと賃貸借契約を締結する必要はない。Bの居住環境が確実に確保されるわけである（もっとも，Bが甲建物の賃借権を取得する場合〔上記②〕と比較すると，配偶者居住権はBが死亡すると消滅して相続の対象にならない点〔1036条・597条3項〕，所有者の承諾を得ても他人に譲渡できない点〔1032条2項〕など，Bにとって賃借権よりも不利な部分もある。3(2)も参照）。

(2) 配偶者居住権の成立

　(1)で述べたように，配偶者は，被相続人の財産に属した建物に相続開始時に居住していた場合に，遺産分割によって配偶者居住権を取得する（1028条1項1号）。遺産分割には，協議や調停によるもののほか，審判によるものも含まれる。

　もっとも，裁判所が遺産分割の審判によって配偶者居住権を配偶者に取得させることができるのは，㋐配偶者が配偶者居住権を取得することについて共同相続人間に合意が成立しているとき，あるいは，㋑配偶者が配偶者居住権取得の希望を申し出た場合において，居住建物の所有者の受ける不利益の程度を考慮してもなお，配偶者の生活を維持するために特に必要があると認めるとき，に限られる（1029条）。本問(1)でも，遺産分割についてB・C間で協議が調わなかったり協議をすることができず，審判による遺産分割が行われる場合には（907条2項本文），㋐㋑のいずれかに該当するならば，Bは配偶者居住権を取得する。

以上によると，Ｂが遺産分割によって配偶者居住権を取得するためには，基本的にＣも合意していることが必要であり（協議・調停による場合，審判による場合の⑦），Ｃがこれに反対していると，審判による場合の④の要件を満たす必要がある。配偶者の居住環境の確保を強調するならば，④の要件はもっと緩やかでもよさそうであるが，配偶者居住権が設定されることによって居住建物の所有者が受ける不利益も無視することはできず，両者を慎重に調整する観点から④の要件が設けられている。

　いずれにしても，Ｃが反対していると，Ｂが甲建物の配偶者居住権を取得できるかは不透明にならざるを得ない。そこで，Ａが配偶者居住権をＢに確実に取得させたいのであれば，生前に，甲建物の配偶者居住権をＢに遺贈する旨の遺言を作成すればよい（あるいは，遺贈の規定が準用される死因贈与契約をＢと結ぶことでもよい〔554条〕）。これによって，Ａの死後，Ｂは甲建物の配偶者居住権を取得する（1028条1項2号。関連問題(1)）。

(3)　補論──配偶者短期居住権

　本問(1)において，遺産分割によってＢが甲建物の配偶者居住権を取得するとしても，遺産分割がされるまでの間，Ｂの居住環境は確保されるだろうか。

　民法は，被相続人の配偶者の居住を短期的に確保する方策として，配偶者短期居住権の制度を設けている（1037条以下）。すなわち，配偶者は，被相続人の財産に属した建物に相続開始時に無償で居住していた場合には，一定の期間，その居住していた建物（「居住建物」）について無償で使用する権利（「配偶者短期居住権」）を有する（1037条1項）。一定の期間とは，配偶者を含む共同相続人間で遺産分割をすべき場合であれば，遺産分割により居住建物の帰属が確定した日または相続開始時から6か月を経過する日のいずれか遅い日までである（同項1号）。

　したがって，Ｂは，遺産分割によって甲建物の帰属が確定した日またはＡ死亡から6か月を経過する日のいずれか遅い日までは，配偶者短期居住権に基づいて甲建物を無償で使用することができる。その結果，以上の期間について，Ｂは，自己の持分（法定相続分に対応する持分である2分の1〔898条〕）を超えて甲建物を使用しているものの，その持分を超える使用の対価

（甲建物の賃料相当額の２分の１）をＣに償還する義務（249条２項）を負わない（関連問題(2)）。

なお，配偶者でない相続人（被相続人の子など）は，被相続人の財産に属した建物に相続開始時に無償で居住していても，配偶者短期居住権を取得することはない。もっとも，判例①は，「共同相続人の１人が相続開始前から被相続人の許諾を得て遺産である建物において被相続人と同居してきたときは，特段の事情のない限り，被相続人と右同居の相続人との間において，被相続人が死亡し相続が開始した後も，遺産分割により右建物の所有関係が最終的に確定するまでの間は，引き続き右同居の相続人にこれを無償で使用させる旨の合意があったものと推認される」とした。これによると，被相続人が死亡した時から少なくとも遺産分割までの間は，被相続人の地位を承継した他の相続人等を貸主，同居相続人を借主とする建物の使用貸借契約（593条）が成立するので，同居相続人は同契約に基づいて建物を無償で使用することができる。配偶者でない相続人は，以上の構成によって居住環境を確保することが可能である（配偶者短期居住権はもともと，この構成を参考にして立法化されたものである）。

2　配偶者居住権の対抗

(1)　配偶者居住権の登記および登記を備えさせる義務

配偶者居住権は，これを登記したときは，居住建物について物権を取得した者その他の第三者に対抗することができる（1031条２項・605条）。物権を取得した者その他の第三者には，居住建物の所有権を譲り受けた者，居住建物に抵当権の設定を受けた者，居住建物を差し押さえた債権者などが含まれる（民法605条に関する議論を参照されたい）。

以上によると，本問(2)のＢは，配偶者居住権の登記を備えていれば，Ｃから甲建物の所有権を譲り受けた者（例えばＤ）が登場しても配偶者居住権を対抗でき，甲建物を引き続き無償で使用収益することができる。これに対して，配偶者居住権の登記を備えていなければ，Ｂは配偶者居住権をＤに対抗することができない。

そこで，Ｂにとっては，配偶者居住権の登記を備えることが重要となる。配偶者居住権の登記は配偶者と居住建物の所有者との共同申請によるから

（不登60条），Ｃが共同申請に協力すればよいが，問題はＣが協力しない場合である。民法はこの点を手当てする規定を設けており，居住建物の所有者は，配偶者居住権を取得した配偶者に対し，配偶者居住権の設定登記を備えさせる義務を負うとした（1031条1項）。したがって，Ｃが共同申請に協力しない場合には，ＢはＣに対して上記義務の履行を求める訴訟を提起し，登記手続を命ずる確定判決を得ることによって，配偶者居住権の設定登記を単独で申請することができる（不登63条1項）。

(2) 建物賃借権との違い

配偶者居住権は，登記をすれば第三者にも対抗することができる点で，建物賃借権と類似している（605条参照）。しかし，次の点では重要な違いがある。

第1に，配偶者居住権では，上述のように，居住建物の所有者が配偶者に対して登記を備えさせる義務を負う。これに対して，建物賃借権では，特約のない限り，賃貸人は賃借人に対して同様の義務を負わないと解されており（大判大正10・7・11民録27輯1378頁），賃貸人が協力しなければ賃借権の登記をすることができない。

第2に，賃借権の登記が現実にはされていないことを受けて，建物賃借権では，建物の引渡しがあればその賃借権を第三者に対抗できるという特別なルールが採用され，賃借人の保護を図っている（借地借家31条）。これに対して，配偶者居住権には，このルールは適用されず，対抗要件は登記に限定される。それは次の理由による。⑦配偶者居住権は配偶者が相続開始時に居住建物に居住していることを要件とするから，仮に引渡しを対抗要件とすれば，ほぼすべての事案で，配偶者居住権は対抗要件を備えることができてしまう。その結果，被相続人の債権者が相続開始前に居住建物を差し押えるなどの債権保全手段を講じてしまい，配偶者の居住がかえって確保されない事態になる。④配偶者居住権は無償の使用収益権であり，その存続期間中は賃料等を取得することができない以上，第三者に権利の内容を公示する必要性が高い。

したがって，Ｂが配偶者居住権を第三者に対抗するためには，甲建物に居住している（＝引渡しあり）だけでは足りず，配偶者居住権の登記を備える

必要がある。

3 配偶者と居住建物の所有者との法律関係

配偶者居住権は，「賃借権類似の法定の債権」と理解されている（要件・効果が契約ではなく法律によって定まることから，「法定の」債権となる）。これを受けて，配偶者と居住建物の所有者との法律関係は，全体的に見ると，賃貸借に類似するものになっている（賃貸借の規定が準用されている場合もある。1035条2項・1036条を参照）。

もっとも，具体的に見ると，配偶者居住権の制度趣旨等を反映して，賃貸借とは異なる規律が採用されている場合も多い。本問(3)は，そのような場合のいくつかを取り上げている。賃貸借の規律とも比較しながら見ていこう。

(1) 居住建物の修繕

賃貸借では，賃貸人が賃貸物の使用収益に必要な修繕をする義務を負い（606条1項），一定の要件を満たした場合に，賃借人が自ら修繕をすることができる（607条の2）。

これに対して，配偶者居住権では，①配偶者が居住建物の使用収益に必要な修繕を自らすることができ（1033条1項），②居住建物が修繕を必要とするにもかかわらず，配偶者が相当の期間内に修繕をしないときには，居住建物の所有者が修繕をすることができる（同条2項）。居住建物の修繕について最も利害関係を有しているのは居住建物を実際に使用している配偶者であり，また，居住建物の通常の必要費（通常の修繕費用はこれに含まれる）が配偶者の負担になること（1034条1項）とのバランスも考慮して，修繕の権限をまずは配偶者に与えた上で（①），配偶者が修繕しない場合に限り，居住建物の所有者が修繕できる（②）としたわけである。

なお，②を補足するルールとして，居住建物が修繕を要する場合には，配偶者は，居住建物の所有者に対し，遅滞なくその旨の通知をしなければならない（1033条3項本文）。居住建物の所有者に修繕の機会を与えるためである（したがって，居住建物の所有者が要修繕状態をすでに知っている場合〔同項ただし書〕や配偶者が自ら修繕する場合〔同項本文括弧書〕には，通知は不要である）。

以上によると，本問(3)(a)では，Bが自ら甲建物を修繕することができ，B

が相当の期間内に修繕をしないときに限り，Cが修繕することができる。また，Bは，Cが要修繕状態をすでに知っている場合やBが自ら修繕する場合を除き，Cに対し，甲建物が修繕を要することを遅滞なく通知する義務を負う。

(2) 居住建物の譲渡禁止および賃貸

賃貸借では，賃貸人の承諾を得なければ，賃借権の譲渡や賃貸物の転貸をすることはできない（612条1項。賃借人がこれに違反して第三者に賃借物を使用収益させたときは，賃貸人は賃貸借契約を解除することができる〔同条2項〕）。

配偶者居住権では，①配偶者居住権の譲渡は禁止されており，居住建物の所有者の承諾を得ても譲渡することはできない（1032条2項）。配偶者居住権の制度は，配偶者が相続開始後も従前の居住環境で生活を継続できるようにするために設けられたものであり，第三者への譲渡を認めることはそのような制度趣旨に適合しないからである。したがって，本問(3)(b)のBは，配偶者居住権を売却することはできない。

他方で，②配偶者は，居住建物の所有者の承諾を得れば，第三者に居住建物の使用収益をさせることができる（1032条3項。配偶者が承諾を得ずに第三者に使用収益させた場合には，一定の要件の下で，居住建物の所有者は配偶者居住権の消滅請求をすることができる〔同条4項〕）。これは，まさに本問(3)(b)のBのように，配偶者が介護施設に入居するなどの事情の変更等によって居住建物に居住する必要がなくなった場合に，配偶者居住権の価値を回収する手段として設けられたルールである。そこで，Bは，Cの承諾を得れば，甲建物を賃貸して賃料収入を得る（その収入を入居資金に充てる）ことが可能である。

なお，やや細かい話になるが，本問(3)(b)のBの希望を実現するために，解釈上認められる方法を紹介しておく（関連問題(3)）。B・C間で，Bが配偶者居住権を放棄することを条件として，これによって利益を受けるCがBに金銭を支払う旨の合意をする方法である（実質的には，B・C間の合意により，CがBの配偶者居住権を買い取ることになる）。配偶者居住権も権利である以上，Bが自分の意思でこれを放棄して消滅させることは許されると解されており，また，Cが承諾するのであれば，金銭支払の負担をCに負わせて

もとくに不都合はない。そこで，B・C間に以上の合意が成立すれば，B
は，配偶者居住権を放棄することで，Cから金銭の支払を受ける（それを入
居資金に充てる）ことが可能である。もっとも，以上の方法はあくまでも
B・C間の合意に基づくものであり，B・C間の合意がない場合に，Bが，C
に対し，配偶者居住権の買取りを請求することはできない（配偶者居住権の
制度を導入する際に，このような買取請求権を認めることも検討されたが，採用
されなかった）。

関連問題

(1) 本問において，生前のAは，甲建物の配偶者居住権をBに確実
に取得させるために，どのような方法をとることが考えられるか。

(2) 本問(1)のBは，遺産分割によって甲建物の配偶者居住権を取得
するまでの間，甲建物に居住しているとする。Cは，Bが甲建物の持分
（2分の1）を超えて使用していることについて，Bに対し，甲建物の賃
料相当額の2分の1を支払うよう請求することができるか。

(3) 本問(3)のBは，入居資金を調達するために，その他にどのよう
な方法をとることが考えられるか。

●】参考文献【●

潮見佳男『詳解相続法』（弘文堂・2018）316頁／大村敦志＝窪田充見編『解
説 民法（相続法）改正のポイント』（有斐閣・2019）35頁［石綿はる美］／髙
橋眞・百選Ⅲ 144頁／堂薗幹一郎＝野口宣大『一問一答新しい相続法〔第2
版〕』（商事法務・2020）9頁

（秋山靖浩）

問題 50　遺留分における基礎財産の算定

　被相続人Aは，2021年4月1日に死亡した。Aの相続人は，夫B
と，A・B間の子であるC男，D女の計3名である。Aの遺産として
は，自宅の土地・建物（2021年4月1日時点での評価額は計7000万
円），銀行預金（同2000万円），高級ダイヤモンド（同1000万円）が
あった。また，Aには，信用金庫からの借入債務があり，2021年4
月1日時点での残債務額は1億円であった。

　Aは遺言をしており，それによると，自宅の土地・建物はBに相
続させる，銀行預金はDに相続させる，高級ダイヤモンドはE（Aの
姪）に遺贈する，とされていた。またAは，2020年2月1日に，土
地甲および土地乙をCに贈与しており，Cは同日，甲および乙の所
有権移転登記を受けた。贈与当時の評価額は甲が4000万円，乙が
1億円であったが，その後の地価下落により，2021年4月1日時点
の評価額は，甲が3000万円，乙が9000万円になっていた。

　遺産からの取り分が少ないと思ったBとDは，それぞれ2021年
4月15日と同年5月1日に，CとEに対して遺留分侵害額請求権行
使の意思表示をした。

　本問においてBとDの遺留分は侵害されているか，また侵害され
ているとして，BとDはそれぞれ誰に対してどのような請求ができ
るかを検討せよ。

●】参考判例【●

① 最判昭和57・3・4民集36巻3号241頁
② 最判昭和51・3・18民集30巻2号111頁
③ 最判平成21・3・24民集63巻3号427頁

1 はじめに

日本の遺留分制度の下では，兄弟姉妹を除く法定相続人に，被相続人から無償で取得することのできる財産の価額の最低限度が設けられている。このような最低限度額の保障がある者を，遺留分権利者という（1042 条）。

ここでいう「最低限度額」は，固定された額ではなく，相続財産の額の多寡や，遺留分権利者のメンバー構成・人数に応じて変動する，計算によって算出される額である（以下では「遺留分額」という）。また，ここでいう「相続財産」として，被相続人の死亡時に残された財産しか考慮しないとすると，被相続人が生前贈与をして死亡時には何も財産を残さなかったような場合に，遺留分権利者に保障を与えようとした意味が失われてしまう。そこで，遺留分額の計算の際には，被相続人が生前にした無償処分も勘案される。

ある遺留分権利者について，遺言や法定相続のルールに基づいて，あるいは生前処分に基づいて，被相続人から無償で得た財産の額が，遺留分額に満たないことを，当該遺留分権利者の遺留分が「侵害されている」という。遺留分の侵害は，被相続人が無償処分（遺言処分や生前贈与）をしなかった場合には生じない。別の言い方をすると，遺留分の侵害が起こる場合には，それを惹き起こした被相続人の無償処分があるということである。ここで，遺留分の侵害を受けた遺留分権利者は，遺留分侵害を惹き起こした無償処分を受けた者（受遺者や受贈者）に対して意思表示をする（1048 条にいう遺留分侵害額請求権の行使）ことにより，遺留分侵害額に相当する金銭の給付を目的とする債権を発生させることができる（1046 条。以下ではこの金銭債権・債務を「侵害額債権」「侵害額債務」と呼ぶことにする。なお，「遺留分侵害額を負担する」〔1047 条〕とは，侵害額債務を負うという意味である）。

なお，民法 1048 条は，上記の意思表示（裁判外でもよい。以下では「遺留分侵害額請求権行使の意思表示」という）を同条所定の期間内に行う必要があるという意味であり，それさえされていれば，それにより発生した侵害額債務の履行を求める訴えが，同条所定の期間内に提起される必要はない（2018年相続法改正前の事例だが，参考判例①）。ただし，侵害額債権について別

途，消滅時効（166条1項）を考える必要はある。

　本問では，BとDはいずれも，Aの相続開始時から1年以内に，CとEに対して遺留分侵害額請求権行使の意思表示をしているので，民法1048条の規定との関係では何ら問題は生じない。

2　遺留分額の計算

　本問での遺留分権利者であるB・C・Dの遺留分額はそれぞれいくらか。

　遺留分額の計算のベースとなる相続財産（「基礎財産」と呼ばれる）の額の計算方法は，民法1043条に定められている。同条によると，基礎財産は，被相続人が死亡時に残した積極財産（これには，遺言処分の対象となった財産も含まれる）だけでなく，被相続人が残した消極財産も勘案され（特別受益〔903条〕や寄与分〔904条の2〕の場合とは異なる），さらに前述のように，被相続人がした生前贈与も民法1044条が定める限度で加味される。なお，実務上，遺留分額の計算や，それを前提とする遺留分侵害額の計算（3を参照）の際に用いる財産の価額は，相続開始時点における評価額であり，金銭が生前贈与されていた場合には，その贈与額を現在の貨幣価値に換算して評価するものとされている（参考判例②）。

　本問において，Aが相続開始時に残した積極財産の額は，自宅の土地・建物7000万円＋銀行預金2000万円＋高級ダイヤモンド1000万円＝1億円であるが，基礎財産の額の算出にあたっては，これに，相続開始前の10年間にされたCへの生前贈与（1044条3項）の目的となった土地甲の価額3000万円および土地乙の価額9000万円（相続開始時の評価額を用いることに注意）を加算し，また，Aが残した債務1億円を控除する（1043条1項）。この結果，基礎財産の価額は1億2000万円となる。

　次に，B・C・Dそれぞれの遺留分額を計算しよう。これは，基礎財産の価額に民法1042条1項の割合を乗じ，さらに，遺留分権利者が数人ある場合（民法1042条2項にいう「相続人」とは，同条1項にいう「兄弟姉妹以外の相続人」すなわち遺留分権利者を指す。堂薗幹一郎＝神吉康二編著『概説改正相続法〔第2版〕』〔金融財政事情研究会・2021〕118頁注2）には，各遺留分権利者の法定相続分の割合も乗ずることによって，算出される。なお，本問では関係しないが，相続を承認して相続人となったが遺留分は放棄したという者が

いても，他の遺留分権利者の遺留分額が増えることはない（1049条2項）。

よって，Bの遺留分額は，法定相続分が2分の1なので1億2000万円×2分の1×2分の1＝3000万円，CとDの遺留分額は，法定相続分が各4分の1なので，1億2000万円×2分の1×4分の1＝各1500万円となる。

3 純取り分額，遺留分侵害額の計算

次に，B・C・Dが，被相続人Aからそれぞれどれくらいの額の財産を無償で受けるのか（「純取り分額」と呼ばれる）を考える。この額と，2で計算した遺留分額とを比較し，前者のほうが小さければ，当該遺留分権利者の遺留分は侵害されていることになる。

純取り分額は，民法1046条2項に基づいて算出される。

ⓐ　民法1046条2項1号は，当該遺留分権利者が被相続人の無償処分によって得た財産の価額である。同号の「遺贈」には，特定財産承継遺言（1014条2項括弧書）や相続分の指定（902条）による財産の承継も含まれると解され（民法1046条1項の括弧書および1047条1項柱書の最初の括弧書も参照），「贈与」としては，遺留分算定の基礎財産としてカウントされる贈与の範囲に時間的制限がある（1044条）のとは異なって，相続開始よりもかなり前にされたものも含まれるというのが，改正法立案担当者の立場である（堂薗幹一郎＝野口宣大編著『一問一答新しい相続法〔第2版〕』〔商事法務・2020〕136頁注2に挙げられている，相続開始の30年前にされた贈与がある事例を用いた計算例を参照）。

ⓑ　民法1046条2項2号は，遺産のうち遺言で処分されなかったものから，当該遺留分権利者が，相続を原因として（必要があれば遺産分割を経て）得ることになる財産の価額である。

ⓒ　民法1046条2項3号は，当該遺留分権利者が承継することになる相続債務（遺留分権利者承継債務）の額である。基本的には法定相続分の割合に応じて当然分割された額を考えればよいが，相続分の指定がある場合には，指定相続分の割合によって計算する（同号で民法899条が参照されているのもこの趣旨である。堂薗＝野口編著・前掲147頁。2018年相続法改正前のものだが，参考判例③も，全財産を「相続させる」旨の遺言がされた事例について，同様の考え方に立っていた）。

純取り分額は，ⓐにⓑを加算し，ⓒを控除することによって求められる。そして，純取り分額が2で計算した遺留分額に満たない場合に，その不足額が遺留分侵害額となる。民法1046条2項柱書は，数式の表現の仕方は少し異なるものの，このことを定めている。

以上を踏まえて，本問でのB・C・Dのそれぞれの純取り分額を計算しよう。なお，本問では，Aの積極財産はすべて遺言によって処分されているため，ⓑはゼロである。また，ⓒの債務の承継割合としては，相続分の指定がないから，法定相続分によることになる（Bについては，1億円×2分の1＝5000万円。CとDについてはそれぞれ，1億円×4分の1＝2500万円）。

そうすると，Bの純取り分額は，Bのための特定財産承継遺言の目的となった自宅の土地・建物の合計価額7000万円から，相続債務の承継額5000万円を控除した2000万円である。Cの純取り分額は，生前贈与の目的となった土地甲と土地乙の価額合計1億2000万円から，相続債務の承継額2500万円を控除した9500万円である。Dの純取り分額は，Dのための特定財産承継遺言の目的となった銀行預金2000万円から，相続債務の承継額2500万円を差し引いた－500万円である。

他方で，2で計算したように，Bの遺留分額は3000万円，C・Dの遺留分額は各1500万円である。そうすると，Cは，純取り分額9500万円－遺留分額1500万円＝8000万円とプラスの数字になるので，遺留分の侵害を受けていないが，Bは，純取り分額2000万円－遺留分額3000万円＝－1000万円で，1000万円だけ遺留分が侵害されており，またDについても，純取り分額－500万円－遺留分額1500万円＝－2000万円で，2000万円だけ遺留分が侵害されていることになる。

4　遺留分侵害額に相当する金銭の支払を誰に対して請求できるか

そうすると，遺留分を侵害されたBとDは，遺留分侵害額請求権行使の意思表示により，それぞれ1000万円と2000万円の侵害額債権をもつことになるが，誰がその債務者となるのだろうか。これを定めるのが，民法1047条，とりわけ同条1項各号である。

本問では，Aによる無償処分として，「遺贈」（Eに対する遺贈のほか，BおよびDのための特定財産承継遺言による財産の承継もこれに含まれる。民法1047

条 1 項柱書の最初の括弧書参照）のほか，C への「贈与」もある。同項 1 号に
よれば，これら 2 つのうち，まずは「遺贈」が遺留分侵害という結果を惹き
起こしたとの評価を受け，よって，まずは「受遺者」（民法 1046 条 1 項括弧
書の定義参照）が，侵害額債務を負うことになる。

　そして，B・D・E に対する「遺贈」の目的の価額は，それぞれ 7000 万
円，2000 万円，1000 万円である。そうすると，民法 1047 条 1 項 2 号によ
り，B・D・E は，7000：2000：1000 の比率で侵害額債務を負うことになる
ようにも思える。しかしながら，遺留分を侵害されている当の B・D が侵害
額債務を負うことになるのは，どう考えてもおかしい。

　この点に対応するために設けられているのが，民法 1047 条 1 項柱書の 3
つ目の括弧書である。この括弧書の趣旨は，もともとは遺留分を侵害されて
いなかった遺留分権利者が，他の遺留分権利者による遺留分侵害額請求権の
行使のせいで，遺留分額に相当する価額の財産すら手もとに残せないことに
なってしまうという帰結を避けることにある（堂薗＝野口編著・前掲 153 頁）。
そうすると，ましていわんや，もとから遺留分を侵害されている遺留分権利
者は，侵害額債務を負わされるべきでない。もっとも，この括弧書を卒然と
本問に適用してしまうと，たとえば遺留分額が 3000 万円の B についてみた
場合，「当該価額」にあたるのは「特定財産承継遺言……の目的の価額」で
ある自宅の土地・建物の価額 7000 万円であるから，遺留分額との差額であ
る 4000 万円の限度で侵害額債務を負う可能性があることになってしまう。
これは，この括弧書が相続債務のない場合を想定して書かれているためだと
考えられる。実際には，B は自宅の土地・建物（価額合計 7000 万円）を取得
する反面で，3 でみたように，相続債務も 5000 万円分承継するのであるか
ら，「当該価額」は 7000 万円 − 5000 万円 = 2000 万円だと考えるべきであろ
う。

　話をもとに戻そう。本問では，B が D よりも先に遺留分侵害額請求の意
思表示をしており，B はこの意思表示によって遺留分侵害額である 1000 万
円の支払を受けたいと考えている。しかるに，上述したように，「受遺者」
のうち B と D は侵害額債務を負わされるべきでないから，残る「受遺者」
は E だけである。そして，E は価額 1000 万円の高級ダイヤモンドの遺贈を

受けたから，民法1047条1項1号により，ちょうど1000万円だけ（同項柱書の「遺贈……の目的の価額……を限度として」を参照），Bへの支払義務を負うことになる。

本問では，これに続いて，Dが，遺留分侵害額請求の意思表示をしており，これによって，遺留分侵害額である2000万円の支払を受けようとしている。「受遺者」Eはすでに上記以上の侵害額債務を負うことはないから，今度は「受贈者」Cが，侵害額債務を負うことになる（1047条1項1号・3号）。Cは土地甲および乙の贈与を受けていて，それらの相続開始時の価額合計は1億2000万円であり，他方で相続債務は2500万円分を承継するにすぎない。したがって，Cは2000万円の全額につき，Dへの支払義務を負うことになる（同項）。

なお，以上では，遺留分侵害額請求権行使の意思表示を先にしたBをいわば早い者勝ちとする立場によって記述したが，意思表示の先後にかかわらずBとDを平等に扱うという考え方もある（前田陽一ほか『民法Ⅵ親族・相続〔第6版〕』〔有斐閣・2022〕440頁〔前田陽一〕）。

■関連問題■

　本問の事例を少し改めて，2020年2月1日のCへの生前贈与がなく，土地甲および土地乙がAの遺産に含まれていたという事例であったとして，本問と同様の検討をせよ。

●】参考文献【●

潮見佳男『詳解相続法』（弘文堂・2018）506頁／白須真理子・百選Ⅲ178頁

（金子敬明）

共同相続人に対する遺留分侵害額請求

　被相続人Ａの家族は，妻Ｂと息子Ｃ，長女Ｘと二女Ｙであったが，Ｂはすでに死亡していた。Ａは 2014 年 1 月 10 日に死亡した。同月 17 日に遺言書が発見された。その遺言書には，Ｃには甲銀行の 500 万円の預金債権を，Ｘには乙銀行の 100 万円の預金債権を，Ｙには丙銀行の 1000 万円の預金債権および α 不動産（評価額 3800 万円）を遺贈することとされていた。Ａにはそのほか，600 万円相当の株式があった。さらにＡは，Ａが死亡する半年前に，β 不動産（評価額 1200 万円）をＹに贈与していた。ＡがＹに財産上の優遇をしたのには，理由があった。Ｙは，ＡがＢと死別した後に，Ａと同居するようになり，高齢で足が不自由となったＡの身の回りの世話をしたり，リハビリの手伝いをしたり病院に連れて行ったりするなどＡに多大な貢献をしてきたのである。これに対して，Ｃ・ＸはＡの世話をしたことは一度もなく，とくにＸは，大学を卒業した後Ａとは離れて生活し数年に 1 度しか会うことがなく，Ａの死亡する前の 10 年間はほとんど音信不通の状態であった。

　しかし，Ｘは，上のようなＡの遺言や生前贈与に納得がいかず，遺産分割の協議を申し入れ，協議においてＣとＹに財産に関する請求をした。

　Ｘは，ＣとＹに，具体的にどのような請求をすることができるか。

●】参考判例【●

① 最判昭和 51・3・18 民集 30 巻 2 号 111 頁
② 最判平成 8・1・26 民集 50 巻 1 号 132 頁
③ 最判平成 10・2・26 民集 52 巻 1 号 274 頁

④ 最判平成 10・3・24 民集 52 巻 2 号 433 頁

⑤ 最判平成 10・6・11 民集 52 巻 4 号 1034 頁

⑥ 最判平成 24・1・26 判時 2148 号 61 頁

●】解説【●

1 はじめに

本問は，遺留分を侵害する遺贈や生前贈与について，遺留分権利者が遺留分の請求をする場面を扱っている。遺留分制度は，家督相続を中心に置いていた時代には，家族外の第三者に遺贈や贈与等が行われた場合において，その一定の家族が遺産の最低限の取り分を第三者から取り戻せるようにすることを目的としていた。しかし，家督相続の制度が廃止された後は，遺留分が問題となる実際の多くの事例では，被相続人が家族外の第三者になした生前贈与や遺贈ではなく，被相続人が家族に行った生前贈与や遺贈等が問題にされている。つまり，遺留分の請求は，共同相続人間で行われることが多いのが現状である。本問はまさに，共同相続人間の遺留分の請求の事例である。共同相続人に対する請求では，請求の相手方も遺留分権利者であること（兄弟姉妹以外の相続人は遺留分権利者である。民法 1042 条 1 項），遺留分の請求が遺産分割の中で行われることが多いことなどから生ずる特有の問題がある。以下ではこれらの問題について考えてみよう。

2 個別的遺留分額

本問では，遺留分権利者は，C・X・Y の 3 人である（1042 条 1 項）。

まず，各遺留分権利者が確保できる遺留分額（個別的遺留分額）を算定しよう。遺留分額算定の基礎となる財産は，遺贈の対象となった 5400 万円（500 万円 + 100 万円 + 1000 万円 + 3800 万円）と遺贈の対象ではない株式 600 万円に（1043 条 1 項），相続が開始する半年前になされた Y への生前贈与 1200 万円（1044 条）を加えた 7200 万円である。

C・X・Y 3 人の遺留分の総額は 7200 万円の 2 分の 1 である 3600 万円である（1042 条 1 項）。したがって各自の遺留分額（個別的遺留分額）は，3600 万円 × 3 分の 1（法定相続分）= 1200 万円となる（1042 条 2 項）。

3 遺留分侵害額

　次に，3人の遺留分権利者が遺贈や相続等によって取得する財産の額を計算し，それぞれ個別的遺留分額を確保できているかをみてみよう。

　Xは，100万円の遺贈を受けている。また，遺贈の対象とならなかった600万円の株式については，遺贈・贈与の特別受益を考慮した具体的相続分によると（903条），Xは330万円，Cは270万円を相続することができる（計算は下記〈計算式〉による。寄与分については，ここでは考慮しない。1046条2項2号）。したがって，Xが遺贈（100万円）と相続（330万円）によって取得できる財産の総額は430万円である。

　Yについては，1000万円および3800万円の遺贈により取得できる財産の総額は4800万円である。

　Cについては，500万円の遺贈，270万円の相続により，取得できる財産の総額は770万円である。

　ここで，Xについて，遺贈・相続により取得する額と，個別的遺留分額との差を考えてみる。Xは，遺贈・相続により330万円分しか取得できず，自己の1200万円の個別的遺留分額を確保することができない。そこで，差額である870万円が，遺留分を侵害された額（遺留分侵害額）となり，同額の遺留分侵害額請求権を行使することができる。

〈計算式〉
遺贈を除く財産（600万円の株式）の特別受益を考慮した具体的相続分による分配の仕方（903条1項）

みなし相続財産：500万円＋100万円＋1000万円＋3800万円＋600万円＋
　　　　　　　　1200万円＝7200万円
みなし相続財産を法定相続分により分割した額：7200万円÷3＝2400万円
各相続人の具体的相続分
Y：2400万円－1000万円－3800万円－1200万円＝－3600万円
　　　　　　　　　　　→相続により取得できる額ゼロ（903条2項）
C：2400万円－500万円＝1900万円
X：2400万円－100万円＝2300万円

600万円の株式を，C：X＝1900万円：2300万円で分ける

→ C ≒ 270万円　X ≒ 330万円

＊上の計算の仕方は，実務・学説において一般に採用されているいくつかの方
　法の1つである

　なお，Cは，自己の個別的遺留分額である1200万円と遺贈・相続により
取得できる770万円の差額である430万円の額の遺留分侵害額請求権を行使
することができるが，本問では権利を行使していない。遺留分侵害額請求権
を行使するか否かは権利者の意思にゆだねられている。したがって，以下で
は財産に関する請求をする意思を示しているXの請求のみを考えていくこ
ととする。

4　遺留分侵害額請求の限度

　それでは，Xが870万円の額の遺留分侵害額請求権を実際に行使する場
合に，誰に対して請求することができるか。民法1046条1項によると，請
求の相手方は受遺者または受贈者である。もっとも，請求には順序があり，
受贈者に対しては，受遺者に対して請求した後でなければ請求できない
（1047条1項1号。同条4項によると受遺者の無資力による損失は遺留分権利者
が負担する）。そこで，本問では，受贈者としてのYに対してではなく，受
遺者としてのCおよびYに対してまず請求することになる。

　しかし，ここで注意が必要である。Cに対して遺留分侵害額請求権を行使
することができるだろうか。問題は，請求を受けたC自身も遺留分権利者
であり，1200万円の額の個別的遺留分を確保できる立場にあるということ
である。上でみたようにCが遺贈・相続により取得できる額は770万円に
すぎない。自身が個別的遺留分を確保できないという状況で，Xから遺留
分侵害額請求を受けてさらに遺留分が侵害されるというのは遺留分制度の趣
旨に反するであろう。したがって，遺留分侵害額請求は，相手の個別的遺留
分の額を超える遺贈や贈与等の価額を限度として認められるというべきであ
る。このような趣旨で，判例は，2018年相続法改正前の遺留分減殺の事案
において，減殺の対象となり得る「目的の価額」（改正前1034条）とは，当
該遺贈の全額ではなく，当該相続人の個別的遺留分額を超える部分のみであ

ると判示している（参考判例③，⑥）。改正により，このような判例の立場が明文化された（1047条1項）。

　本問では，Yは，自身の個別的遺留分の額（1200万円）をはるかに超える4800万円相当の遺贈を受けている。したがって，Xは，自身の870万円の額の遺留分侵害額請求権を，CではなくYに対してのみ行使することができる。

　なお，Y自身も遺留分権利者であるから，個別的遺留分である1200万円を超える部分（4800万円－1200万円＝3600万円）の限度でXの遺留分侵害額（870万円）を負担する。つまり，YはXの遺留分侵害額の全額を負担しなければならない。

5　共同相続人間での遺留分侵害額請求の相手方

　ところで，被相続人Aは相続人であるC・X・Yに遺贈をしていることが前提となっている。Xは，相続人でありかつ受遺者であるYに遺留分侵害額請求をしている。しかし実際には，被相続人が遺言で特定の不動産や預金債権などの特定の財産を相続人に与える処分をしたときは，遺贈ではなく特定財産承継遺言（1014条2項）がされていると解されることが多い。また，被相続人が特定の相続人について法定相続分より多くの相続分を指定する遺言をすれば（たとえば，Cに遺産全体の9割を与える遺言。後述の発展問題も相続分指定の事例である），これにより他の相続人の遺留分を侵害することになる。そこで，受遺者だけではなく，特定財産承継遺言により財産を承継した相続人，および相続分指定を受けた相続人も，遺留分侵害額請求の相手方となることが明示されている（1046条1項）。

6　遺留分侵害額請求権の内容

　上述4でみたように，Xは，Yに対して870万円の遺留分侵害額を請求することができる。ここで，Xは具体的にどのような内容の権利を行使することができるかを考える。Xは，Yに対して，遺贈された不動産の返還を請求できるか，また預金債権の譲渡を請求できるか。2018年相続法改正前は，Xが遺留分減殺請求権を行使すれば，遺留分を侵害する範囲でYへの遺贈は効力を失うこととされていた。これによると，X・Yは不動産を共有し，預金債権を準共有することとなる。しかし，これでは，Xは遺留分

減殺請求権を行使した結果，Yとの共有関係を解消するために，別の紛争に巻き込まれることになり，X・Yの両者にとって負担が大きく，またこのような状況は両者が望む結果とは異なる場合が多い。そこで，相続法改正により，遺贈の効力を失わせる遺留分減殺請求権は，金銭債権のみを発生させる遺留分侵害額請求権に変更された。遺留分侵害額請求権は形成権であり，Xは行使の意思表示をすることにより，870万円の金銭債権を取得することができる。これにより，遺留分を侵害する遺贈の効力が失われることはないから，XはYに対して遺贈の目的である不動産や預金債権について権利を主張することはできない。

7　遺産分割協議の申入れと遺留分侵害額請求の関係

　本問において，Xは，Aによる遺言や生前贈与に納得がいかず，遺産分割協議を申し入れているが，Xが遺留分侵害額請求権を行使する意思表示をしていたかどうかまでは明らかではない。ここで，Xによる遺産分割協議の申入れに，遺留分侵害額請求権を行使する意思表示が含まれているかどうかを考えてみよう。このことが問題になるのは，遺留分侵害額請求権が，「遺留分権利者が，相続の開始及び遺留分を侵害する贈与又は遺贈があったことを知った時から1年間」という短期の時効により消滅するからである（1048条）。つまり，遺産分割協議が長引き，協議の申入れから1年以上が経過した段階で，XがYに対して遺留分侵害額請求権を行使するのに対して，Yが，時効を援用する可能性がある。このような場合でも，Xは，遺産分割協議を申し入れた時点で，すでに遺留分侵害額請求権を行使していたといえるのであれば，遺留分侵害額請求権が時効により消滅することはない。

　判例は，2018年相続法改正前の遺留分減殺の事案について，「遺産分割と遺留分減殺とは，その要件，効果を異にするから，遺産分割協議の申入れに，当然，遺留分減殺の意思表示が含まれているということはできない」と判示している（参考判例⑤）。もっとも，同判決では，遺言者が全財産を共同相続人の1人に遺贈しており，他の共同相続人は，遺留分を減殺しなければ，遺産を取得できる立場になかった。このような状況では，他の共同相続人による遺産分割協議の申入れには，遺留分減殺の意思表示が含まれると解されるとの結論を，同判決は示している。このような判断は，遺産分割を求

めることも，遺留分の減殺をすることも，遺産の取得を求める点で共通するという理解を前提としている。

これに対して，本問では，上の判例のように全財産が遺贈の対象とされていたのではなく，遺贈の対象とされなかった600万円相当の株式がなお遺産として存在する。Xの遺産分割協議の申入れは，この株式の分割を求める趣旨であるとみるのが素直な見方である。また，遺留分減殺請求とは異なり，現行法の遺留分侵害額請求は，遺産の取得を求めるものではなく，金銭債権を発生させるのみである。このように考えると，遺留分侵害額請求権の行使と，遺産分割協議の申入れとは，性質が大きく異なり，遺産分割協議の申入れに遺留分侵害額請求権を行使する意思表示が含まれていたと解するのは難しい。以上のことから，本件では，Xは遺産分割協議の申入れとは別に，遺留分侵害額請求権行使の意思表示（黙示の意思表示を含む）をしなければ，時効により遺留分侵害額請求権を失う立場にあるといえる。

8　特別受益・寄与分が遺留分の算定に与える影響

本問では，Yへのβ不動産の生前贈与は，相続開始の半年前になされており，相続開始前の1年間になされたものとして，遺留分算定の基礎財産に算入されるのは間違いない（1044条1項）。では，事例を変えて，この生前贈与が相続開始の8年前に行われていた場合には，結論に違いが生ずるか。民法1044条1項によると，生前贈与が遺留分算定の基礎財産に算入されるのは，贈与者と受贈者に遺留分権利者を害する意図があった場合を除き，贈与が相続開始前の1年間になされたときのみである。したがって，8年前の贈与は，原則として遺留分算定の基礎財産に算入されないということになる。しかし，共同相続人に対する特別受益となる贈与は（903条），共同相続人間の公平性を遺留分の算定において図る趣旨で，相続開始前の10年間にされたものまでが，遺留分算定の基礎財産に算入されることとされている（1044条3項）。

これは，2018年相続法改正により，相続人に対する特別受益となる贈与は期間制限なく遺留分算定の基礎財産に算入されうるとする判例（参考判例④）の基準を，期間制限について相続開始前の10年間と明確にして条文化したものである。

なお，本問では，Yが多額の遺贈と生前贈与を受けたのは，Yが被相続人と同居して世話をするなどの貢献をしてきたからである。共同相続人によるこのような貢献は，遺産分割において寄与分として評価され，共同相続人間の実質的公平を図るように法定相続分が修正される（904条の2）。同様に，遺留分の算定においても，共同相続人による貢献を評価して共同相続人間の公平性を図るべきではないかが問題となる。

　しかし，特別受益とは異なり（1044条3項，1046条2項2号），寄与分は遺留分のところで規定されず，遺留分の算定において考慮されないのが原則である。もっとも，Yは，Aの身の回りの世話をして貢献したことについて，Aとの契約に基づいて報酬請求権を取得したなどとして，財産法上の請求権を主張することが考えられる。これによれば，Yは，Xが上述の算定方法に基づく遺留分侵害額請求権を行使するのに対して，自身がAから受けた遺贈や贈与については，貢献の対価として取得したとして遺留分算定の基礎財産から除外することを主張することがありうる。

発展問題

　被相続人Dの家族は，妻Eと子F・G・Hであった。Dは，相続分をE：4分の1，F：6分の1，G：12分の7とし，Hの相続分をゼロと指定する遺言をしていた。Dが残した財産はγ不動産（評価額1440万円）のみであった。遺留分を侵害されたHは，誰にどのような請求をすることができるか。

●】参考文献【●

浦野由紀子・百選Ⅲ 190頁／横山美夏・百選Ⅲ 194頁

（青竹美佳）

信託と相続

　一代で巨万の富を築いた S の相続人は S の子どもである A 1 人だけである。自分の余命が短いことを悟った S は，稀代の浪費家である A の将来を慮り，友人 B を受託者として，その全財産を信託財産とする信託を設定した。S が設定した信託は，以下のような内容である。すなわち，S が生存中は S 自身，S 死亡後は A，A 死亡後は A 死亡時に生存している A の子どもを受益者とする。A の子どもが複数いる場合には，子どもの受益権割合は等しいものとし，先に亡くなった子どもの受益権は，残った子どもたちに平等の割合で帰属する。信託継続中は，受益者には，毎年度，信託財産を元本とする全収益を分配するが，信託財産の元本自体は分配しない。信託は，A 死亡時に A の子どもが存在しない時あるいは受益者となった A の子どもがすべて死亡した時のいずれかに終了し，信託財産は，残余財産受益者である S の母校○○大学に帰属させるというものである。

　民法が定める相続制度においては，S がこの信託で企図した死後の財産承継を実現できるか否かを考えよ。

●】参考判例【●

① 東京高判平成 28・10・19 判時 2326 号 41 頁
② 東京地判平成 30・10・23 金法 2122 号 85 頁
③ 東京地判平成 30・9・12 金法 2104 号 78 頁

●】解説【●

1 信託とは何か

　信託という法制度は，中世のイギリスにおいて誕生したものであり，日本には大正時代に導入された。信託は，財産の所有者（委託者）が，一定の財産を受託者に移転し，受託者は指示された目的にしたがって，その財産を管理し，得られた利益を受益者に交付するというものである。通常，財産の移転を受けた者は，移転を受けた財産を自由に用いることができるが，信託では，受託者は，その財産の用い方について一定の指示を受けており，その指示通りに財産を扱わなければならない。

　本問では，Sを委託者，Bを受託者，A，Aの子どもたち，そして，○○大学を受益者とする信託が設定されている。信託法3条は，信託の設定方法として，委託者・受託者間の契約（同条1号），遺言（同条2号）および信託宣言（同条3号）の3つを定めている。ここで，信託宣言とは，委託者自身が，自己が有する一定の財産について，「以後，この財産を信託財産として別扱いする」と宣言することによって，信託を設定する方法である。本問では，SとBの間の契約によって信託が設定されている。

2 死後の財産承継のための信託

(1) 遺言代用信託

　民法では，Sが自分の死後の財産承継のために用いることができる制度は，死因贈与（民554条）と遺言（民960条以下）の2つである。死因贈与にあっては，贈与契約は，贈与者の生存中に贈与者・受贈者間で締結されるが，贈与者の死亡まで，その効力は生じない。これに対して，本問の信託は，死因贈与とは異なり，委託者Sが生存中にBとの間で締結した信託契約は，締結と同時にその効力も生じている。死因贈与は，遺言と同様な機能を果たすことから，民法554条は，「その性質に反しない限り，遺贈に関する規定を準用する」と規定している。遺言は，できるだけ死に近い時点での遺言者の最終意思を尊重すべく，遺言の方式に従ってする限りは，いつでも撤回できる（民1022条）ことから，民法1022条の死因贈与への準用が問題となる。この点，学説は分かれているが，最判昭和47・5・25（民集26巻

4号805頁）は，死因贈与も，遺贈と同様，贈与者の最終意思を尊重すべく，民法1022条がその方式を除いて準用され，いつでも撤回できると判示した。

　さて，本問で委託者SがBとの間で締結した信託契約は，死因贈与とは異なり，締結と同時にその効力が生じているが，信託法90条が規定する遺言代用信託とよばれる信託である。遺言代用信託には，本問の信託のように「委託者の死亡の時に受益者となるべき者として指定された者が受益権を取得する旨の定めのある信託」（同条1項1号）と「委託者の死亡の時以後に受益者が信託財産に係る給付を受ける旨の定めのある信託」（同項2号）の2種類がある。前者にあっては，受益者が受益権を取得するのは委託者の死亡時であるのに対して，後者にあっては，信託成立時から受益者は受益権を取得してはいるが，同人が信託財産に係る給付を受けるのは委託者の死亡時以後であるとの差がある。しかし，遺言代用信託にあっては，後者の受益者も，前者の受益者と同様に，委託者の死亡時までは，受益者としての権利は有しない（同条2項）。

　このような信託が遺言代用信託とよばれる由縁は，両者ともに，委託者の死後の財産承継を目的として設定される信託であり，受益者は，委託者が死亡してはじめて，財産（受益権あるいは信託財産に係る給付）を享受することができるからである。そこで，遺言代用信託にあっても，遺言と同様に，委託者の最終意思を尊重するべく，信託法90条1項は，遺言代用信託にあっては，委託者は，いつでも，受益者を変更する権利を有すると規定している。ただし，遺言代用信託にあっては，遺言さらには死因贈与とは異なり，委託者は，信託自体の撤回権は有していない。しかし，信託は，委託者と受益者の合意により，いつでも終了することができる（信託164条1項）。前述したように，遺言代用信託の場合，委託者の生存中は，受益者の権利を有するのは委託者だけである。したがって，委託者は，いつでも，信託を終了することができるので，信託をいつでも撤回できるのと同じである。

　なお，信託法の多くの条文には，「信託行為に別段の定めがあるときは，その定めるところによる」との規定がある。ここで，「信託行為」とは，信託契約によって設定された信託にあっては，信託契約を指す（信託2条2

項）。そこで，遺言代用信託であっても，信託契約において，委託者には受益者変更権はないと規定することも（同法90条1項），信託を終了するには，委託者・受益者と受託者の合意が必要であると規定することも可能である（同法164条3項）。このように信託にあっては信託行為によって信託法の規定とは別の定めをすることができるので，死後の財産承継に信託を用いると，非常に柔軟な制度設計が可能となる。

(2) 受益者連続信託

本問の信託では，当初受益者はSであるが，その後，受益者は，S死亡後はA，A死亡後はAの子どもたち，Aの子どもたちがすべて死亡したら○○大学という具合に連続している。すなわち，本問の信託は，「受益者の死亡により，当該受益者の有する受益権が消滅し，他の者が新たな受益権を取得する旨の定め（受益者の死亡により順次他の者が受益権を取得する旨の定めを含む。）のある信託」（信託91条）である。このようなタイプの受益者連続型信託は，別名，後継ぎ遺贈型信託とよばれる。

後継ぎ遺贈とは，たとえば，「妻に全財産を遺贈し，妻が死亡した場合には，残存する財産を長男に移転する」旨の遺言のように，受遺者Aの受ける遺贈利益を，ある条件の成就または期限の到来によってBに移転させる旨の遺贈である。民法上は後継ぎ遺贈の有効性については議論がある（問題45参照）のに対して，信託においては後継ぎ遺贈型信託の有効性は異論なく認められている。なお，信託法91条は後継ぎ遺贈型信託の存続期間に制限を設けており，これは強行規定である。

3　信託ならできること

2で述べた後継ぎ遺贈の他にも，民法の相続ではできないことでも，信託を用いるとできることがある。

まず，民法では，相続人および受遺者となれる者は，同時存在の原則により，相続開始時である被相続人の死亡時（882条）に生きていること（胎児を含む。民886条・965条）が必要である。これに対して，信託においては，信託設定時に未だ存在していない者も受益者とすることができる。そこで，死後の財産承継のために信託を用いると，被相続人死亡時に存在していないために，相続人，受遺者になれない者であっても，被相続人である委託者が

設定した信託の受益者として，被相続人の相続財産の分配に与ることができる。本問の信託では，Ａの子どもであれば，Ｓ死亡時に存在していない者であっても，Ａ死亡時に存在していれば，受益者として，Ｓの遺産の分配に与ることができる。このように，信託を死後の財産承継のために用いると，民法上，要求されている同時存在の原則を免れることができる。

　では，相続において，なぜ，同時存在の原則が要求されるのだろうか。それは，大陸法の相続の本質は被相続人の人格の承継にあり，被相続人の人格を承継した相続人に被相続人の財産が帰属するという構造をとるからである。これに対して，信託の母法である英米法においては，被相続人の死亡により，同人の財産は，独立財産として，誰にも属していない財産のように扱われる。すなわち，英米法においては，相続は，人格ではなく，財産の承継である。したがって，たとえ，被相続人死亡時に未存在の者であっても，受益者として，被相続人の財産の分配に与ることができるというわけである。

　次に，民法上の相続においては，相続財産が形を変えずに，相続人の手に渡る。したがって，相続人は，生きている間は，手にした相続財産を自由に使用・収益・処分することができ，死亡に際しては残った財産を自身の相続人や受遺者に承継させることができる。これに対して，本問の信託のＡは，生きている間，Ｓの相続財産から上がる収益を享受できるだけであり，Ａの受益権はＡの死亡により消滅する。Ａの子どもたちの受益権は，Ａの受益権を相続したものではなく，Ａの受益権と同様に，Ｓの設定した信託により与えられたものである。Ａが手にするのは，相続財産自体ではなく，相続財産が転換された受益権である。さらに，この受益権は，時間軸でも区切られており，Ａの死亡により消滅する。信託により，絶対的な所有権は，その形を変えられ，時間軸でも区切られる。このように，信託は，民法が前提とする絶対的な所有権を，民法が知らない異質な財産権に変換する制度である。そのために，信託と遺留分の問題に象徴されるように，絶対的な所有権制度を前提とする相続制度に信託を整合させられるかという問題を抱えることになった。

4　信託と遺留分

　3で述べたように，死後の財産承継に信託を用いると，相続人や受遺者は，

時間軸で区切られるとともに，相続財産が形を変えた財産権である受益権を取得することになる。しかし，遺留分制度は，絶対的な所有権制度を前提として，死者の財産が，時間軸で区切られることも，形を変えることもなく，相続人に承継される相続制度を前提にして構築されている。そのために，遺留分制度は，信託制度が導入されていても，遺留分権利者に相続財産自体の一定割合を受け取る権利を与える制度か，あるいは，信託制度が導入された以上は，相続財産が受益権に転換されたままで承継されることを許容する制度かが争われている。具体的には，遺留分の算定に際して相続財産に算入される財産は，前者では信託財産であるのに対して，後者では受益権になる。

相続法改正前においては，遺留分を侵害された遺留分権利者には，遺留分減殺請求権が与えられており（改正前民1031条），減殺の対象は，信託財産説にあっては信託財産，受益権説にあっては受益権であった。そこで，遺留分減殺請求権が行使されると，信託財産説にあっては，信託財産の全部あるいは一部が遺留分権利者のものになるために，信託が破壊されてしまうという欠点があった。これに対して，受益権説では，受益権の帰属に変動は生じるが，信託自体は減殺の影響を受けずに維持される反面，受益権の多様性に対応しにくいという欠点があった。

相続法改正により，遺留分侵害の効果は，遺留分権利者に遺留分侵害額請求権という侵害額に応じた金銭債権を認めるものになった（民1046条）（問題[51]参照）。そこで，受益権説の方が，信託財産説に比して，圧倒的に信託の維持が図れるという改正前の状況は変化したのではないかと考えられる。また，遺留分権利者にとっては，信託財産と受益権の評価額が同じであれば，信託財産説，受益権説のどちらを採用しても，変わりはないと考えられる。しかし，自由に使用・収益・処分できる信託財産に比べて，一般的に，受益権の評価額は低廉になると言われる。さらに，そもそも，時間軸で区切られた受益権の金銭評価が可能かという問題もあり，信託と遺留分の問題は，いまだ，その解決の糸口すら見えない状況にある。

Sの相続人はSのこどもであるX1人だけである。Sは，遺言により，Yを受託者，Xを受益者として，自分の相続財産すべてに信託を設定した。受益権の内容は，Xが50歳になるまでは，Xには，毎年度，信託財産を元本とする全収益を分配するが，信託財産の元本自体は分配しない。本信託は，Xが50歳になった時に終了し，その時に存在している信託財産はXに帰属させるというものである。Xが25歳になった時にSは死亡した。Xは，Yに対して，遺留分侵害額請求訴訟を提起した。Xの請求は認められるか。

●】参考文献【●

道垣内弘人『信託法』（有斐閣・2017）の該当箇所／道垣内弘人「誰が殺したクックロビン」法教 339 号（2008）82 頁以下／角紀代恵「信託と遺留分をめぐって」『信託法制の新時代』（弘文堂・2017）51 頁以下／溜箭将之「信託と遺留分の相克は解けないか」立教法学 101 号（2020）94 頁以下

（角　紀代恵）

判例索引
(参考判例として掲載されたものは太字で示した)

391

392

Law Practice 民法Ⅲ【親族・相続編】〔第2版〕

2015年10月15日　初　版第1刷発行
2022年 7 月20日　第2版第1刷発行

編　者　　棚 村 政 行　水 野 紀 子
　　　　　潮 見 佳 男

発 行 者　　石 川 雅 規

発 行 所　　鬻 商 事 法 務

〒103-0025 東京都中央区日本橋茅場町3-9-10
TEL 03-5614-5643・FAX 03-3664-8844〔営業〕
TEL 03-5614-5649〔編集〕
https://www.shojihomu.co.jp/

落丁・乱丁本はお取り替えいたします。　印刷／そうめいコミュニケーションプリンティング
©2022 M.Tanamura N.Mizuno Y.Shiomi　　　　　　　　Printed in Japan
Shojihomu Co., Ltd.
ISBN978-4-7857-2978-3
＊定価はカバーに表示してあります。